U1017055

科技文献检索与论文写作

丁俊男　许　楠　于少鹏　王天鹅　梁雄伟　主　编

哈爾濱工業大學出版社
HITP HARBIN INSTITUTE OF TECHNOLOGY PRESS

内容简介

《科技文献检索与论文写作》是一本专为高等院校本科学生设计的综合性教材，旨在为学生提供系统的科学研究方法及毕业论文写作指导。本书是以哈尔滨学院本科生课程近十年的教学内容作为基础，以科学研究创新与能力培养、科技文献检索和学术（毕业）论文写作为主要内容，经过分析、归纳、探索而形成的一部理论联系实际的教材。本书共 9 章，覆盖了从科学研究、文献检索基本概念和方法技巧、科学研究选题、论文撰写与修订到论文投稿与毕业论文写作的完整过程，帮助学生掌握科研技能，提升学术写作能力。

本书适用于高等院校的环境科学、地理学、生物学、生态学及其相关专业的本科生、研究生及初入学术研究领域的青年学者阅读。同时，也可作为高校教师指导学生科研与论文写作的辅助教材。

图书在版编目（CIP）数据

科技文献检索与论文写作 / 丁俊男等主编. —哈尔滨：哈尔滨工业大学出版社，2025.5. —ISBN 978-7-5767-2104-1

I.G252.7；H152.3

中国国家版本馆 CIP 数据核字第 2025MB0028 号

科技文献检索与论文写作

KEJI WENXIAN JIANSUO YU LUNWEN XIEZUO

策划编辑 李艳文 范业婷
责任编辑 佟 馨
出版发行 哈尔滨工业大学出版社
社 址 哈尔滨市南岗区复华四道街 10 号 邮编 150006
传 真 0451-86414749
网 址 http://hitpress.hit.edu.cn
印 刷 哈尔滨圣铂印刷有限公司
开 本 787 毫米×1092 毫米 1/16 印张 23 字数 545 千字
版 次 2025 年 5 月第 1 版 2025 年 5 月第 1 次印刷
书 号 ISBN 978-7-5767-2104-1
定 价 78.00 元

前　言

在现代高等教育和科研活动中，掌握科学研究方法和论文写作技能是每一位学子迈向学术成功的关键环节。《科技文献检索与论文写作》这本教材旨在为学生提供系统全面的指导，帮助他们在学术研究和论文写作中获得卓越表现。

掌握科学研究方法不仅是完成学业的要求，更是学术探索的基石。本书从科学与科学研究、科技文献检索与利用、科技文献的阅读与分析等方面，系统阐述了科学研究的基本过程和方法。本书力求通过理论讲解与实例分析相结合的方式，使学生不仅理解科学研究方法的理论基础，还能掌握具体的操作技能，培养科学思维和研究能力。

在论文写作部分，本书详细介绍了论文的选题、论文写作流程与规范、实战练习与案例分析、学术论文的投稿与发表、毕业论文的撰写、学术成果与评价等方面，帮助学生构建扎实的研究基础。本书深入探讨了各种研究方法的适用场景和操作步骤，从论文结构、写作规范到修改润色，提供了全方位的写作指导。论文结构章节详细解构了题目、摘要、关键词、引言、结果分析、结论、参考文献、致谢和附录等部分的写作要点，强调学术写作的格式要求和引用标准，帮助学生避免学术不端行为。此外，本书还涵盖了论文答辩的准备工作，包括毕业论文答辩的准备、答辩要求、答辩技巧及应对策略，帮助学生在答辩中表现出色。针对高等院校学生毕业设计的任务书和开题报告、论文中期报告进行了详细介绍和解读。

本书的编写工作分工如下：第一章、第二章、第八章和第九章由丁俊男编写，共计21.7万字；第三章和第七章由许楠编写，共计12.5万字；第四章和第五章由王天鹅编写，共计12.8万字；第六章由梁雄伟编写，共计7.5万字；于少鹏负责统稿。

本书不仅适用于高等院校本科生和研究生，也可作为青年学者科研写作的入门指南。同时，它也是高校教师指导学生科研与论文写作的重要参考书。本书由黑龙江省高等教育教学改革研究一般项目（本科教育）（项目编号SJGYB2024769）资助，在此深表感谢。

感谢所有为本书编写付出努力的同人和给予宝贵意见的读者。希望本书能够帮助广大读者掌握科学研究与论文写作的技能，助力学术之路，取得优异成果。

由于编者的水平和能力有限，书中疏漏和不当之处在所难免，敬请广大同行、专家和读者批评指正！

编者
2025年3月

目　　录

第一部分　科技文献检索

第二部分　论文写作

第一部分
科技文献检索

第一章　科学与科学研究

如果说我比别人看得更远些，那是因为我站在巨人的肩膀上。（If I have seen further it is by standing on the shoulders of Giants.）——艾萨克·牛顿

第一节　科学的定义与特征

一、科学的定义

1.科学的传统概念

什么是科学呢？科学不仅是学术领域的研究和探索，也与我们的日常生活密切相关。日常生活中我们常用的智能手机集成了多种科学技术，如通信技术、计算机科学、材料科学等。它不仅是通信工具，也是娱乐、工作和学习的重要设备。从冰箱、洗衣机到微波炉，这些电器设备都是基于电学、热力学和材料科学等领域的科学原理制造的，极大地提高了生活的便利性。科学研究也带来了医学的巨大进步，如疫苗的研发、疾病诊断技术的提高、外科手术的改进等，这些都直接影响了我们的健康和寿命。通过科学技术的应用、科学思维的培养、科学教育的普及以及科学在社会中的应用，我们可以更好地理解和改善生活，解决面临的问题，推动社会进步。同时，科学的发展和对未来的展望也激励我们持续学习和探索，不断追求知识和创新。在日常生活中，人们常把"科学"或"科学的"理解为"真的""可靠的""有理的""客观的""进步的"等，这是一个简单、模糊的意会，但又似乎明了的概念。"科学"一词便成为最受敬重的那一部分知识的名称。

2.科学词义的演变

"科学"（science）一词的根源是拉丁语单词"scientia"，意为"知识"或"学问"。该词由"scire"派生，意为"知道"或"了解"。在古希腊和古罗马，知识和学问被称为"scientia"，这个词主要用于描述任何系统化的知识，而不仅仅是我们今天所理解的自然科学。古希腊哲学家如亚里士多德将"科学"视为一种关于自然现象和宇宙的系统知识。他的作品《物理学》《论天》《生物学》都被视为古代科学的重要文献。在中世纪的欧洲，科学知识主要受到神学和哲学的支配。科学（scientia）包括神学、哲学和自然学科，重点在于解释神的创造和自然界的秩序。阿拉伯学者翻译了许多希腊和罗马的科学著作，并在此基础上进行了大量原创性研究，如天文学、数学和医学，这些成果后来传入欧洲，对欧洲中世纪的科学发展产生了重要影响。文艺复兴时期的科学研究开始从神学和哲学中独立出来，强调观察和实验。达·芬奇的解剖学研究和哥白尼的天文学

研究标志着这一转变。这一时期的重要人物如伽利略、牛顿和笛卡尔等，奠定了现代科学的基础，使“科学”逐渐从哲学和神学中独立出来，成为一门强调实证和验证的独立学科。17 世纪的科学革命是科学词义演变的关键阶段。伽利略、牛顿、开普勒等科学家的工作将“科学”定义为通过观察、实验和数学解释自然现象的系统知识。牛顿的《自然哲学的数学原理》是这一时期的代表作。到 18 世纪末和 19 世纪初，科学（science）主要指自然科学，如物理学、化学和生物学。这一时期，科学成为描述和解释自然界现象的主要工具。19 世纪末，社会科学（如社会学、心理学、经济学）开始独立出来，采用科学的方法研究人类社会现象。这扩展了科学的含义，使其不仅包括自然科学，还包括社会科学。20 世纪，科学技术的快速发展进一步扩展了科学的定义。科学不仅是知识体系，也是推动技术进步和经济发展的重要力量。当代科学强调跨学科研究，融合自然科学、社会科学和工程学科，解决复杂的全球性问题，如气候变化、公共健康和信息技术。科学的公众理解和科学教育变得越来越重要，科学被视为推动社会进步和决策制定的基础。科学普及和教育提高了公众的科学素养。现代科学强调科学方法论的核心地位，通过观察、实验、数据分析和理论构建来探索和理解自然现象与社会现象。“科学”一词的词义演变反映了人类知识体系和方法论的发展历程。从古代的系统化知识，到中世纪的神学和哲学，再到现代的自然科学和社会科学，科学的定义不断扩展和深化。今天，科学不仅是理解自然和社会的工具，也是推动技术进步和社会发展的重要力量。

3.科学的定义

科学是反映事实真相的学说，科学与事实真相的关系是密不可分的。科学家们在不同的历史时期和背景下对“科学”进行了多种定义，这些定义反映了科学方法、科学知识、科学实践等不同方面。亚里士多德认为科学应当揭示事物的根本原因和原理，通过逻辑推理和系统观察来解释自然现象。卡尔·波普尔认为科学是一种可证伪的知识体系，科学理论必须是可检验和可证伪的，如果一个理论不能被观察或实验所证伪，那么它就不属于科学范畴。阿尔伯特·爱因斯坦认为科学是一种试图使广泛现象系统化的努力，强调科学的系统性和逻辑性，科学是一种通过观察和实验来揭示自然规律的尝试。理查德·费曼认为科学是一种探索自然现象的过程，依靠观察、实验和逻辑推理来理解世界。斯蒂芬·威廉·霍金认为科学是一种通过理论和实验相结合来理解宇宙的系统性尝试。科学家们对科学的定义多种多样，但大致可以归纳为以下几个方面：①系统性：科学是关于自然和社会现象的系统知识。②方法论：科学依赖于观察、实验、归纳和验证的方法。③可证伪性：科学理论必须能够被检验和证伪。④发展性：科学知识不断积累和更新，通过范式转换和科学革命推动进步。⑤实用性：科学是一种解决问题的有效工具。⑥集体性：科学是科学共同体的集体探索活动。这些定义反映了科学作为一种知识体系和研究方法的多样性和复杂性。

《韦伯斯特新世界词典》给“科学”下了这样一个定义：科学是从确定研究对象的性质和规律这一目的出发，通过观察调查和实验而得到的系统的知识。这一定义首先规定了科学的对象，确定研究对象的性质与规律。这个研究对象是不依赖于我们认识主体而存在的客观世界，这个世界有着自己的规定性和发展规律。这一点是一切科学的前提。《辞海》（第六版）科学的词条为：“运用范畴、定理、定律等思维形式反映现实世界各种现象的本质和规律的知识体系。”科学应该按照内在逻辑关系把已知知识条理化、系统化、综合化，使之成为反映客观事实和规律的知识体系，而且这种知识体系仍旧在不断地补充和完善。

广义的科学概念是哲学、社会科学、自然科学、思维科学等所有学科的总称，涵盖了以下内容：广义能量学、广义宇宙学、广义心理学（超心理学）、广义全息律。

狭义的科学概念则专指自然科学，甚至专指基础理论科学。

二、科学的特征

科学具有以下几个主要特征。

（1）客观性。

客观性是科学的根本特征，是科学理论建立的基础。客观性主要表现在三方面：研究对象是客观存在的，内容是客观的，评价标准是客观的。自然界的一切事物都有其原因，但所有的自然现象并不以其表面上的偶然性因素，或以任何人的意志为转移，科学的目的就在于发现这些客观现象之间的因果联系，并通过这种发现来改造自然。科学的客观性意味着科学研究应当以客观事实和数据为基础，不受研究者个人主观因素的影响。研究结果应当是任何人在相同条件下重复实验或观察都能得到的相同结论。客观性确保了科学研究的可靠性和普适性，使科学知识能够被普遍接受和应用。如果研究结果受到个人偏见或主观臆断的影响，那么这些结果将无法被其他科学家验证和重复，从而失去其科学价值。科学研究依赖于客观的数据分析方法，如统计分析和数值模拟。数据分析能够揭示数据中的规律和趋势，排除偶然性和随机因素的影响。例如，在社会科学研究中，使用统计方法分析调查数据可以得出可靠的结论。科学研究的结果应当能够被其他独立的研究者验证。独立验证是确保科学研究客观性的重要手段，如果一个研究结果只能由一个团队或个体重复，那么其客观性和可靠性将受到质疑。科学研究成果通常通过学术期刊和会议论文的形式公开发表，供其他科学家评审和检验。这种公开性确保了科学研究的透明性和客观性，任何人都可以检验和重复这些实验。例如，詹姆斯·沃森和弗朗西斯·克里克提出的 DNA 双螺旋结构，通过 X 射线晶体学数据和其他实验结果得到了验证。这一发现由多位科学家和实验室独立重复和确认，确保了其客观性和科学价值。科学的客观性要求研究者尽量排除个人偏见和主观臆断，通过严格的实验设计和数据分析来确保研究结果的公正性。而主观性则可能导致研究结果受到个人观点和情感的影响，从而失去科学价值。科学研究使用标准化的方法和工具，以确保结果的一致性和可重复性。例如，物理实验使用标准的测量仪器和方法，化学分析使用标准的试剂和流程，这些都为科学研究的客观性提供了保障。科学的客观性是确保科学研究可靠性和普适性的关键特征。通过严格的实验设计、客观的数据分析、独立的验证和公开的发表，科学研究能够避免个人偏见和主观臆断，确保研究结果的公正性和可重复性。这种客观性使得科学知识能够被普遍接受和应用，推动了人类对自然界和社会现象的理解和进步。

（2）系统性。

系统性是科学的重要特征之一，指的是科学研究和科学知识的组织方式具有高度的条理性和规范性。科学研究是一种有组织、有计划的活动，通过系统的观察和实验，积累和分析数据，以揭示自然界的规律和本质。这种系统性确保了科学研究的条理性和规范性。科学知识以系统的方式进行组织和分类，形成逻辑严密、层次分明的知识体系。例如，物理学、化学、生物学等学科各自构成了系统的知识框架，每个学科内部又有更细致的分支，如物理学中的力学、热学、光学等。科学研究方法具有系统性，包括假设提出、实验设计、数据收集、数据分析、结论验证等步骤。每一个步骤都必须有条不紊地进行，确保研究过程的规范性和结果的可靠性。科学观察不是随意的，而是有计划、有步骤的。科学家根据研究目标设计观察方案，系统地收集数据，从而确保数据的全面性和准确性。科学理论的构建也是系统化的，理论必须建立在已有的观察和实验数据基础上，符合逻辑推理的规则。科学理论通常由基本假设、推导过程和结论构成，整个过程具有严格的逻辑关系。总之，系统性确保了科学研究和科学知识的有序性、规范性和可靠性，是科学区别于其他知识体系的重要特征之一。通过系统的观察、实验、理论构建和知识传播，科学不断地推进人类对自然界的认识和理解。

（3）可验证性。

科学的可验证性是指科学理论和假设必须能够通过观察和实验进行检验和验证。如果一个理论或假设无法通过实际观测或实验来验证，它就不能被视为科学的。可验证性确保了科学研究的客观性、可靠性和公正性，作为科学方法的核心特征之一，它使科学理论能够被独立检验和重复验证，从而确认其正确性或发现其错误。这种特征使科学区别于其他知识体系，如哲学或宗教，后者的主张往往不具备这种可验证性。科学家通过设计实验和进行观察来验证假设。可验证性还要求实验和观察能够被其他科学家重复。如果其他科学家按照相同的方法重复实验并获得相同的结果，这就证明了理论的可靠性。例如，孟德尔的遗传学实验在其他科学家的重复实验中得到了验证，从而确立了遗传学的基本原理。斯蒂芬·霍金提出的黑洞辐射理论（霍金辐射）虽然在理论上是可验证的，但由于技术限制，目前尚未通过实验直接验证。然而，科学界正在不断努力寻找验证这一理论的方法。科学的可验证性确保了科学理论的客观性和可靠性，通过实验、观察、数据分析和重复实验来检验和验证理论。可验证性使科学理论能够被独立检验和重复验证，确保了科学研究的严谨性和可信度。这一特征使科学区别于其他知识体系，成为理解和探索自然现象的强大工具。

（4）普遍性。

科学揭示的是规律性的联系，这种联系就表现在其普遍性上，即在相同条件下，同样的原因往往会产生同样的结果。科学的普遍性是指科学知识和方法具有跨越文化、地域和时间的广泛适用性和一致性。这种普遍性使科学成为理解和解释自然现象的强大工具，无论是在不同的国家、不同的社会背景还是不同的历史时期，科学理论和方法都能够被广泛接受和应用。科学研究揭示了自然界中普遍适用的法则，如牛顿的万有引力定律和爱因斯坦的相对论。这些自然法则在不同的环境和条件下都是一致的。例如，万有引力定律不仅适用于地球上的物体运动，也适用于行星和恒星之间的引力作用。科学实验和观察在世界各地都可以重复进行，并得到相同的结果。这种一致性确保了科学知识的可靠性和普遍性。例如，水的沸点在标准大气压下是 100 ℃，这一事实在全球范围内都是一致的。科学方法同样具有普遍性，科学方法是一套标准化的研究程序，包括提出假设、设计实验、收集数据、分析结果和得出结论。这些方法在不同的文化背景下都被广泛接受和应用，确保了科学研究的客观性和一致性。科学知识是通过长期的积累和不断的验证得到的，具有时间上的普适性。例如，达尔文的进化论尽管在 19 世纪提出，但其基本原理至今仍然适用，并不断得到新的证据支持和扩展。科学理论具有自我修正的能力，随着新的发现和技术的进步，科学理论不断发展和完善。例如，经典力学在某些条件下被相对论和量子力学取代，但在宏观世界中仍然适用。科学教育在全球范围内被广泛推广和接受，从小学到大学，科学课程是教育体系的重要组成部分。无论是在发达国家还是发展中国家，科学教育都是培养学生理解自然现象和掌握科学方法的重要手段。通过博物馆、科普书籍、电视节目和互联网，科学知识被广泛传播，提高了公众对科学的理解和兴趣。例如，科普作家和科学家通过写作和讲座向大众介绍复杂的科学概念，使科学知识更加普及。科学知识为技术和工程的发展提供了基础，这些技术和工程在全球范围内被广泛应用。例如，电力技术、计算机技术和生物技术都是基于科学原理发展起来的，并在全球各地得到广泛应用。面对气候变化、公共卫生和能源危机等全球性挑战，科学提供了普遍适用的解决方案。例如，疫苗的研发和推广是应对全球传染病的重要手段，而可再生能源技术是解决能源危机的关键。科学的普遍性体现在自然法则的一致性、科学方法的跨文化适用性、科学知识的时间普适性、科学教育和普及的全球化以及科学应用的广泛性。这种普遍性使科学成为理解和解决自然现象和社会问题的强大工具，无论在何时何地，科学知识和方法都能够被广泛接受和应用。

（5）可证伪性。

科学是从观察自然现象开始的，所有发现与结论都必须经过实践的检验才能确证。不能通过实验确证的知识不能叫作科学。科学的可证伪性是哲学家卡尔·波普尔提出的一个重要概念，用来区分科学理论和非科学理论。可证伪性指的是一个理论必须能够被经验事实所反驳或证伪，只有能够被证伪的理论才是真正的科学理论。可证伪性是指科学理论必须具备可以通过实验或观察被证明为错误的可能性。如果一个理论无法被任何可能的观察或实验所反驳，那么它就不具备可证伪性，从而不属于科学范畴。波普尔提出可证伪性是为了区分科学与伪科学。科学理论应当能够提出具体的、可检验的假设，并且在某些条件下能够被证明为错误。例如，爱因斯坦的广义相对论假设了光线在引力场中的弯曲，这一假设可以通过天文观测来检验。可证伪性也推动了科学的进步。科学家通过不断检验和试图证伪现有理论，发现其不足并提出改进，从而推动科学的发展。科学理论正是通过这种反复的检验和修正逐步完善的。弗洛伊德的精神分析学说常被批评为缺乏可证伪性。弗洛伊德的理论往往是过于解释性的，可以对任何行为进行合理化解释，却没有明确的条件可以被证伪，这使得它在波普尔的标准下不被视为科学。在科学研究中，研究者提出假设，然后设计实验或观察来检验这些假设。一个科学假设必须具有可证伪性，即它必须能够被实验或观察所验证或证伪。例如，“所有天鹅都是白色的”这一假设可以通过发现一只黑天鹅来证伪。科学的可证伪性还强调实验和观察的可重复性。如果一个实验结果能够被其他科学家独立重复并得到相同的结果，这就加强了理论的可靠性和科学性。虽然可验证性和可证伪性都很重要，但波普尔强调可证伪性是区分科学与非科学的关键标准。可验证性强调理论能够被验证为正确，而可证伪性强调理论能够被证明为错误。一个理论必须具备在明确的条件下能够被证伪的可能性，才能称为科学。科学理论不是一成不变的，通过不断地证伪和修正，科学理论逐步发展和完善。新的实验和观察可能会发现现有理论的不足，从而促使科学家提出新的、更完善的理论。总之，科学的可证伪性是确保科学理论能够被实际观察和实验检验的重要特征。通过强调理论的可证伪性，科学方法能够区分科学与非科学，推动科学的进步和发展。可证伪性要求科学理论具备被事实或实验所反驳的可能性，这种特征确保了科学研究的严谨性和客观性。

（6）开放性。

科学上的所有发现都要面对经实践或实验验证的成功或失败的可能，而且人类对自然的认识是一个不断由浅入深、由片面到全面的过程，科学处于动态之中，科学不相信一劳永逸，不接受亘古不变，科学是开放的。科学研究的结果通常通过学术期刊、会议论文和研究报告等形式公开发表。这种公开性使得其他科学家可以检验、重复和扩展这些研究，确保了科学知识的透明性和可靠性。科学研究的数据和方法应尽可能公开共享，以便其他研究者可以验证和利用这些数据。开放数据平台和数据存储库为研究数据的共享和再利用提供了便利。许多科学问题复杂多样，往往需要多学科的合作才能解决。科学的开放性促进了不同学科之间的合作和知识整合，从而推动了科学的进步。例如，气候变化研究需要气象学、海洋学、生物学和社会科学的共同努力。科学研究是全球性的活动，国际合作有助于共享资源、技术和知识，从而解决全球性问题。大型科学项目如国际空间站和人类基因组计划都是国际合作的典范。科学的开放性还体现在科学普及和教育上。通过科普书籍、电视节目、博物馆和网络资源，科学知识得以广泛传播，提升了公众的科学素养。公民科学是指公众参与科学研究的过程。公众可以通过收集数据、参与实验和分析结果来为科学研究做贡献。例如，鸟类观测项目和气候变化数据收集项目都依赖公众的参与。科学的开放性要求研究者遵守科学伦理和诚信原则，确保研究过程和结果的透明、诚实与可信。这不仅增强了公众对科学的信任，也促进了科学共同体的健康发展。科学家有责任向公众解释他们的研究及其潜在影响，确保科学研究有益于社会。这种社会责任感体现了科学的开放性和公共性。总之，科学的开放性通过透明、共享、合作和公众参与，确保了科学研究的公正性和可靠性，促进了科学知识的传播和应用。开放性使科学成为一项全球性的公共事业，增强了科学的社会影响力和公众理解，有助于科学的不断进步和社会的发展。

（7）发展性。

科学的发展性指的是科学知识、理论和方法随着时间不断积累、修正和完善的特征。这种特征使得科学能够不断应对新的挑战和问题，不断深化和扩展人类对自然和社会的理解。科学是一个不断积累知识的过程。每一代科学家都在前人工作的基础上，进行观察、实验和理论构建，从而推动科学的进步。例如，从牛顿力学到爱因斯坦的相对论，再到量子力学，科学知识在不断积累和扩展。科学理论在不断的发展中被继承、修正和完善。例如，牛顿的经典力学虽然在宏观世界中仍然适用，但在微观世界和高速运动中，爱因斯坦的相对论和量子力学提供了更为准确的描述。科学理论必须能够被证伪。通过实验和观察，如果发现现有理论的不足，科学家会提出新的假设和理论来解释新的发现。这种过程确保了科学理论的不断改进和发展。技术进步推动了科学的发展。新技术提供了新的工具和方法，使得科学家能够进行以前无法进行的实验和观测。例如，中国自 2003 年成功发射首个载人飞船神舟五号以来，先后成功实施了多次载人飞行任务，建立了自己的空间站"天宫"。科学的发展性体现在其不断探索未知领域的能力。科学家们不断提出新的问题，并通过研究来寻找答案。例如，当前的基因编辑技术、人工智能以及宇宙学中的暗物质和暗能量研究，都是科学前沿领域的探索。科学的发展还体现在跨学科研究上。许多复杂问题需要多个学科的知识和方法来解决，跨学科研究推动了科学的新发展。例如，生物信息学结合了生物学和计算机科学，极大地促进了基因组学的发展。科学研究的全球化使得科学的发展具有更强的合作性和共享性。2023 年，神舟十六号完成了中国空间站应用和发展阶段的首次载人任务，宇航员在轨道上驻留了 154 天，完成了包括航天医学、生命生态学、生物技术等领域的 70 项空间实验，推动了我国航天领域科学的快速发展。中国自主研发的大型客机 C919 成功完成试飞测试并已交付使用，这标志着中国在高科技制造业上的重要突破。中国的"深海勇士"号完成了第 500 次下潜，最大深度达 4 546 m，为深海科学研究提供了重要支持。科学的数据共享和开放获取使得研究成果能够迅速传播和应用，促进了全球科学共同体的协同创新。例如，开放获取期刊和预印本服务器使最新的研究成果得以及时共享。科学教育是推动科学发展的重要因素。通过教育培养新一代的科学家和研究者，确保科学知识和方法的传承与创新。科学传播和科普活动提高了公众对科学的理解和支持，激发了更多人对科学研究的兴趣，促进了科学的发展。科普书籍、科学博物馆、电视节目和互联网平台都在科学传播中发挥了重要作用。总之，科学的发展性体现在科学知识和理论的累积、修正和完善过程中。通过不断地探索、证伪以及新技术的应用、跨学科研究和全球合作，科学不断深化和扩展对自然和社会的理解。同时，科学教育和科普活动也推动了科学的发展。科学的这种发展性使其成为人类认识世界和解决问题的强大工具，不断推动社会进步和技术创新。

（8）新颖性。

①细分与综合的统一越来越明显。科学在形成过程中表现为不断分化和高度综合的趋势。科学研究更加专门化、精细化、微观化，由此产生各种层次的分支学科，形成多领域多学科的庞大有序的大科学体系。随着分化的加深，各领域多学科之间的联系越来越紧，相互沟通、交叉、渗透、融合、协同和互补，从而使整个科学在人、社会与自然领域统一起来，形成当代科学相互作用、普遍联系、统一不可分割的整体。

②学科交叉和文理渗透越来越深入。分化的结果之一是产生了众多的学科交叉和文理渗透的多学科群，这种交叉与渗透不仅有同一领域内部各个学科的交叉，而且有自然科学和社会科学两大领域相关学科的交叉和渗透，还包括不同学科之间的理论迁移、概念引申、方法嫁接和手段互用等，并由此改变了以往的自然科学与社会科学互不相涉的分离状态。

③科学创新的难度与意义越来越大。21 世纪是不断产生科学技术奇迹的世纪，也是

科学理性充分发展的世纪。相对论、量子论为现代科技革命奠定了基础，粒子物理学使人类对物质世界的认识延伸到夸克层次，信息论、控制论、系统论与混沌学等自组织理论和非线性科学的发展，使人类对自然的认识不断走向复杂与综合，信息、生物与新材料等技术领域的长足进展，极大地拓展了人类利用、改造和控制自然的能力。但正是科学的这种发展，导致科学和技术创新的难度相对于现有的可利用资源而言越来越大，创新周期也越来越长。

④人类受科学的制约越来越强。科学已成为人类社会普遍的文化理念，科学技术的高速发展和广泛运用促进了我们进入信息化发展阶段，科学技术渗透到我们日常生活的每个角落。科技给社会提供了发展的动力，但必须认识到，随着科技的发展，社会正越来越依赖科技；反过来，科技对人类的制约性不断增强。

第二节　科学研究

一、科学研究的定义和内容

1.科学研究的定义

“科学研究”一词的来源可以追溯到拉丁文和希腊文。研究的英文单词“research”来源于中世纪法语“recherche”，意为“寻求”或“搜索”。这个词由“re-”前缀（表示“再次”或“反复”）和动词“cherche”（寻找）组成，源自拉丁文“circare”，意思是“环绕”或“巡视”。因此，科学研究（scientific research）可以理解为系统地和反复地追求和获取知识的过程。这个词组反映了科学研究的本质，即通过系统的方法和反复验证来获得新的知识和理解。

《牛津大辞典》和经济合作与发展组织（OECD）对科学研究所下的定义为“研究与开发，是为了增加知识量，知识包括人类文化和社会知识的探索以及利用这些知识去发明新用途所从事的系统创造性工作”。“系统创造性工作”便是创造知识、整理知识以及开拓知识新用途的探索工作。

科学研究一般是指利用科研手段和装备，为了认识客观事物的内在本质和运动规律而进行的调查研究、实验和试制等一系列的活动，为创造发明新产品和新技术提供理论依据。

科学研究实质上是由两部分组成的：一部分是创造知识，即创新、发现和发明，是探索未知事实及其规律的实践活动；另一部分是整理知识，即对已有知识分析整理，使其规范化、系统化，是知识继承的实践活动。由此可以给科学研究下这样一个定义：科学研究是人们探索未知事实或未完全了解事实的本质和规律以及对已有知识分析整理的实践活动。

科学研究是科学领域中的探索和应用，是科学活动的具体表现和中心内容。它包括对已经产生的知识的整理、统计，图表及其数字的搜集、整理、编辑、加工和分析的工作。

2.科学研究的内容

周新年认为科学研究的内容包括 3 个层次：阐释前人智慧，完善前人智慧，创造新的智慧。

（1）阐释前人智慧。

①文献综述：系统地检索、评估和总结已有的研究成果，了解当前研究的状态和进展。通过文献综述，研究者可以掌握前人的研究方法、结果和结论，从而为自己的研究奠定基础。

②理论解读：通过对已有理论和概念的深入理解和解释，研究者能够更好地理解研究问题的背景和意义。这一层次的研究有助于明确现有知识的边界，识别研究空白和未解之谜。

（2）完善前人智慧。

①验证与改进：通过实验、观察和数据分析，验证前人的研究结论，并在此基础上进行改进和完善。例如，通过重复实验来验证已有研究的可靠性，或通过改进实验设计来获得更准确的结果。

②扩展应用：将前人的理论和方法应用到新的领域或情境中，以测试其普适性和适用性。研究者可以通过扩展已有理论的应用范围，来检验其在不同条件下的有效性。

（3）创造新的智慧。

①创新理论：提出新的理论和模型，以解释未被充分理解的现象或解决现有理论无法解释的问题。这一层次的研究通常涉及原始创新和突破性发现。

②新方法与技术：开发新的研究方法和技术，以提高研究的效率和准确性。创新的方法和技术可以为科学研究带来新的工具和手段，推动研究的进步。

③实证发现：通过实证研究发现新的规律和现象，为科学知识的积累做出贡献。这些发现可能包括新的实验结果、新的数据或新的观察结论。

这三个层次共同构成了科学研究的内容体系，从理解和解释前人的智慧，到在此基础上进行完善，再到创造新的知识和智慧，科学研究的每一个层次都在推动知识的前沿，促进科学和技术的不断进步。

具体内容是通过各种科学研究方法，对客观存在的事实和确凿材料进行加工整理，从感性认识上升到理性认识，以找出客观事物和过程的发展变化规律，创造出新的科学知识，发明和创造出新技术、新工艺、新设备、新产品等。科学研究的生命在于突破。科学研究的内容是探索未知，创造知识；验证知识，完善知识；整理知识，继承知识。即根据科学研究的定义，科学研究应该包括三方面的实践活动：观察或探索未知事实的本质及其规律的实践活动，验证与发现有关事实的本质及其规律的实践活动，对已有知识的分析、整理、综合以及规范化、系统化的实践活动。

二、科学研究的主要目的

科学研究的主要目的是通过系统化和方法化的探究过程，获取新的知识，验证假设，解决具体问题，并推动科学、技术和社会的发展。这一过程不仅涉及对自然界和人类社会现象的理解和解释，还包括将所获知识应用于实际，造福人类。中国科学院对科学研究目的的解释是探索自然界和人类社会的未知现象，获取新知识，提出和验证理论与假设，解决实际问题，并促进科技进步和社会发展。中国科学技术协会认为科学研究的目的是通过系统的探究过程，揭示自然和社会的基本规律，促进科学技术的创新和发展，为国家经济建设、社会进步和人民生活水平的提高提供重要支撑。著名的科学研究方法学术著作《科学研究方法论》对科学研究目的的解释为，科学研究的最终目的是通过系统和严谨的研究方法，获取关于自然和社会现象的新知识，验证现有理论和假设，提出新的科学理论，解决实际问题，推动科学技术的发展和社会进步。国家自然科学基金委员会是中国支持基础研究和应用基础研究的主要机构，根据其官方网站的介绍：科学研究的核心目的是探索自然和社会的未知领域，获取和积累新知识，推动科学技术创新，提升国家综合竞争力，并为解决社会和经济重大问题提供科学依据和技术支持。这些解释都强调了科学研究在探索未知、验证理论、创新技术、解决问题和推动社会进步中的重要作用。

三、科学研究的类型

科学研究的类型分两大类：自然科学研究与人文社会科学研究。二者既有联系，又有区别，二者的联系主要表现为立足于客观的科学研究，二者的区别则基于所研究的对象的不同。社会现象与天文、物理、化学、生物等诸类自然现象相比，至少有复杂程度、因果联系方式、受认识主体的影响程度、先期主体意识的差别。

现代自然科学开始于19世纪末叶，但在整个19世纪，自然科学的巨大成就便激发了人们运用自然科学的方法来研究社会现象的热情，形成了一股被列宁称之为“从自然科学奔向社会科学的强大潮流”。到了20世纪初，由于科学与技术的紧密结合和互相促进，现代科学技术的发展及其所产生的影响，达到了前所未有的高度和深度，现代科学技术的发展表现出了新的特点：发展速度越来越快，学科相互渗透；社会化程度越来越高，科研、生产联合体形成。时代对科学研究提出了新的、更高的要求。爱因斯坦说：“在我们之外有一个巨大的世界，它独立于我们人类而存在，在我们面前就像一个伟大而永恒的谜，然而至少有些部分是我们的观察和思想所能及的。”因此，自然科学研究与人文社会科学研究不仅是可能的、可行的，同时也是迫切的。所谓社会科学研究，就是人们从一定的社会科学学科角度出发，应用某些方法和技术对社会现象或事物所做的系统分析或解释，简称社会研究。它是一种有目的的智力活动，也是一种有方向的社会活动。通过这种活动，我们可以获得有关社会现象或事物的知识，解决一定的理论或现实问题，包括政治学、经济学、法学、教育学、文艺学、史学等。所谓自然科学研究，是指研究自然界的物质结构、形态和运动规律的科学，包括物理学、化学、生物学、天文学、气象学、地质学、农学、医药学、数学和各种技术科学等。美国学者沃勒斯坦说：“自然科学一直都在朝着一个新的方向转变，它日益地将宇宙看成是不稳定的、不可预测的。于是，宇宙便被设想成是一种能动的实在，而不是一架受处于自然之外的人操纵的自动机器。与此同时，社会科学也在朝着一个新的方向转变，日益地表现出对自然的尊重。自然科学与社会的趋同比以往更加明显，以至于我们完全有理由相信，两者都是在处理各种复杂的系统。”正如沃勒斯坦所指出的，自然科学与社会科学目前既有趋同的表现或迹象，同时还存在区别，社会科学研究有着与自然科学不同的特点：必须坚持个体性与整体性的统一、实证性与理解性的统一、事实判断与价值判断的统一。狄尔泰认为：社会现象的主体是人。而人的思想、观念、意志、情感、行为等都具有个别性、非确定性、非量化性，这就使人文社会科学的研究不可以像自然现象那样采用客观的、定量的、实证的方法。自然科学研究与人文社会科学研究在研究对象、方法论、研究方式、具体方法与技术上表现出了融会、交叉与互补、差异，不同创造性学科的特点，首先在于不同的共有价值的集合。

从研究过程看，自然科学研究可分为基础研究、应用研究与开发研究；从研究性质看，科学研究可分为探索性研究、发展性研究；从研究方法看，科学研究可分为实验研究、调查研究和观察研究。

我国把自然科学研究分成基础研究、应用研究和开发研究三类。每类研究在目标、特点、影响等方面都有所不同。以下是对这三类研究的详细比较分析，见表 1.1。

表 1.1　三类自然科学研究的比较分析

项目	基础研究	应用研究	开发研究
研究目标	①探索自然现象和基本规律，追求科学真理和知识积累 ②不以直接应用或商业价值为主要目标	①针对特定问题进行研究，以解决实际问题和满足社会需求为目标 ②研究结果通常具有明确的应用前景	①将科学研究和技术成果转化为具体产品、工艺或服务 ②以实现商业化、产业化为主要目标
研究特点	①强调理论性和科学性 ②通常需要较长的时间来获得成果 ③研究成果往往具有广泛的适用性和基础性	①介于基础研究和开发研究之间 ②既需要一定的理论基础，又注重实际应用 ③研究周期相对较短，成果转化率较高	①强调实用性和市场需求 ②研究周期短，见效快 ③风险较高，但收益也较高
研究影响	①为应用研究和开发研究提供理论基础和科学依据 ②促进科学知识的进步，推动科技前沿的发展	①直接服务于社会和经济的发展需求 ②推动技术进步和产业升级，促进经济增长	①直接推动新产品、新技术和新服务的出现 ②对经济发展具有直接和显著的推动作用

基础研究注重长期的知识积累和科学发现，时间周期长。应用研究介于基础研究和开发研究之间，兼顾理论和应用，时间周期中等。开发研究注重短期内的产品化和市场化，时间周期短。基础研究强调理论深度和科学性，风险相对较小但周期长。应用研究强调解决实际问题和技术创新，风险适中。开发研究强调实用性和市场需求，风险较高但见效快。基础研究是科技进步的源头，提供理论基础。应用研究直接解决实际问题，推动技术进步。开发研究促进新产品和新技术的市场化，推动经济增长。

四、科学研究的方法

1.方法的定义

方法的定义是指在处理某个问题或实现某个目标的过程中，所采用的一系列有序的步骤、程序和策略。这些步骤和策略是经过设计和安排的，旨在有效地达到预期的结果。传统定义强调方法的系统性、逻辑性和可重复性。周新年认为方法是指人们在一切活动领域内，从理论上或实践上掌握现实，为达到某种目的而采取的途径、手段、工具和方式的总和。方法作为一个有结构的系统，由目的、知识、程序、格式和规则五个要素构成。目的作为方法的核心，决定了其他要素的设置和运作方向；知识提供了理论和信息基础；程序确保了步骤的系统性和连贯性；格式提供了组织框架；规则保证了过程的规范性和结果的可靠性。这些要素相互协调，共同实现方法的有效性和科学性。

2.科学研究的方法

科学研究的方法是指科学家和研究人员用来探索自然世界、获得新知识、验证假设和理论的系统化步骤和策略。它是一种逻辑和经验结合的研究方式，旨在确保研究过程的客观性、系统性和可重复性。科学研究的方法较多，在学术论文写作中，常见的方法有实验研究法、文献研究法、比较研究法、实地研究法、访问研究法、调查研究法、社会网络研究法、统计分析研究法等。

①实验研究法是指通过在受控条件下操纵一个或多个变量，观察这些操纵对其他变量的影响，以确定因果关系的方法。实验研究法在科学研究中广泛应用，特别是在自然科学和社会科学领域。

②文献研究法是通过系统搜集、整理、分析和总结已有的文献资料，以获取相关信息、识别研究现状、提出新观点和理论的方法。它是社会科学、人文科学、自然科学等领域研究中的重要方法之一。

③比较研究法是指通过对两个或多个对象在某些方面进行系统比较，找出其异同点，从而揭示其本质特征和规律的一种研究方法。这种方法广泛应用于社会科学、自然科学和人文科学中，用于理解复杂现象、验证理论、评估政策等。

④实地研究法是一种通过直接观察和参与研究对象所在地的研究方法，特别适用于研究复杂的社会现象和自然环境。它具有真实、深入和灵活的优点，但也存在时间长和成本高、主观性和伦理安全问题等局限。通过系统的步骤和科学的方法，实地研究法在各领域中广泛应用，为理论研究和实践提供重要支持。

⑤访问研究法是指通过与研究对象进行面对面或远程的访谈，收集第一手资料，以了解其观点、经验、态度和行为的一种研究方法。该方法广泛应用于社会科学、市场研究、医学研究等领域，特别适用于探索复杂的主观体验和社会现象。

⑥调查研究法是指通过问卷、访谈或观察等方式，系统地收集关于特定问题或现象的数据和信息，以了解和分析人们的行为、态度、意见和特征的一种研究方法。这种方法广泛应用于社会科学、市场研究、公共卫生等领域。

⑦社会网络研究法通过分析个体和群体之间的关系，揭示社会结构和行为模式。它

具有揭示隐藏结构、结合定量和定性分析、进行动态分析的优点，但也存在数据收集难、隐私和伦理问题、复杂性和计算量大等局限。通过系统的步骤和科学的方法，社会网络研究法在各领域广泛应用，为理论研究和实践提供重要支持。

⑧统计分析研究法是一种通过系统收集、整理和分析数据，以揭示数据内在规律和关系的研究方法。它具有定量分析、广泛适用和科学性强的优点，但也存在数据质量依赖、复杂性和假设限制等局限。通过系统的步骤和科学的方法，统计分析研究法在各领域中广泛应用，为理论研究和实践提供重要支持。

现代科学研究方法不仅继承了古代和近代的科学研究方法，而且有了一些新的变化：一是观察、实验与理论思维、逻辑与非逻辑思维密切结合；二是数学方法越来越广泛地被用到各个科学部门（包括某些社会科学部门）；三是产生了控制论、信息论、系统论、耗散结构论、协同学及突变论等新理论，这些新理论是崭新的研究方法，运用良好的科学研究方法，可在研究工作中少走弯路，达到事半功倍的效果。

五、科学研究的基本过程

科学研究的基本过程是一个系统化的步骤集合，如图 1.1 所示。通过这些步骤，研究人员能够系统地探索自然现象、确定研究问题、搜集文献资料、加工整理资料与事实，并得出科研结论和评价。这个过程旨在确保研究的客观性、系统性和可重复性。以下是科学研究的基本过程。

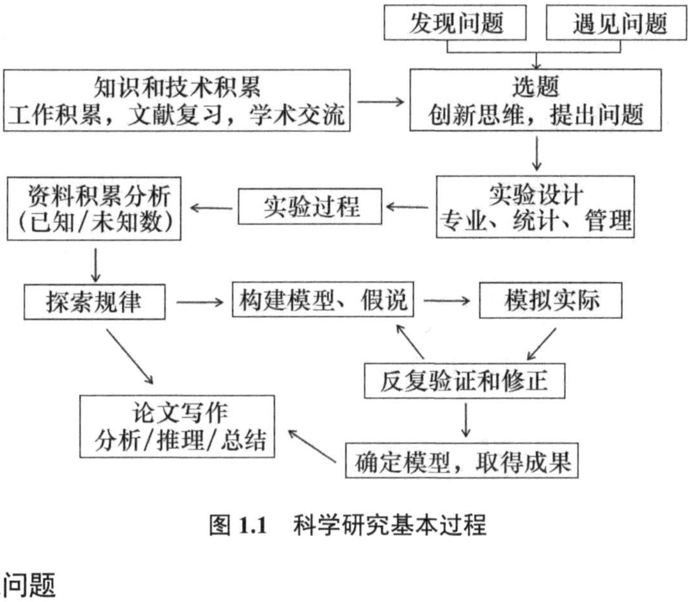

图 1.1　科学研究基本过程

1.确定研究问题

确定研究问题是科学研究的起点，它决定了整个研究的方向和框架。通过识别研究领域、进行文献综述、发现研究空白、提出和细化研究问题、评估研究问题，研究者能够最终确定一个具体、明确、有研究价值的问题。这一步骤的成功与否直接影响到后续研究的质量和成果。

2.搜集文献资料

文献资料的搜集是科学研究的重要环节，通过系统的步骤和科学的方法，研究者可以有效地收集、筛选和管理相关文献，为研究提供坚实的理论基础和丰富的数据支持。这一过程需要充分利用学术资源平台、文献管理工具和检索技巧，确保所搜集文献的质量和相关性。同时，文献资料的搜集贯穿于科学研究的每一个过程，确保研究过程的科学性和系统性。通过系统搜集、分析和应用文献，研究者能够建立坚实的理论基础，设计科学的研究方法，解释和验证研究结果，并提出有意义的结论和建议。这一过程需要持续不断地查阅和更新文献资料，以确保研究的前沿性和可靠性。

3.加工整理资料与事实

主要通过科学抽象建立科学概念，并运用比较、分类、类比、归纳、演绎、分析、综合等方法，对所研究的现象和变化规律做出解释和说明。研究者能够从原始数据中提取出有价值的信息，为研究结论的得出提供坚实的基础。这个过程需要严格遵循科学的方法和步骤，确保数据的准确性、完整性和可分析性，从而提高研究结果的可靠性和科学性。

4.得出科研结论和评价

得出科研结论和评价是科学研究过程的最后阶段，也是至关重要的阶段。结论是对研究发现的总结，而评价是对研究过程和结果的反思与评估。科学的结论和合理的评价不仅能够展示研究成果，还能为未来的研究提供宝贵的经验和指导。

自然科学研究的基本过程包括确立科研课题、进行文献综述、提出研究假设、理论技术检验、建立创新体系，如图 1.2 所示。社会科学研究的基本过程包括提出研究课题、收集整理资料、资料分析判断、提出研究论点、结论检验推出，如图 1.3 所示。这些步骤相互联系，确保研究的系统性、科学性和可重复性，推动科学知识的积累和应用。

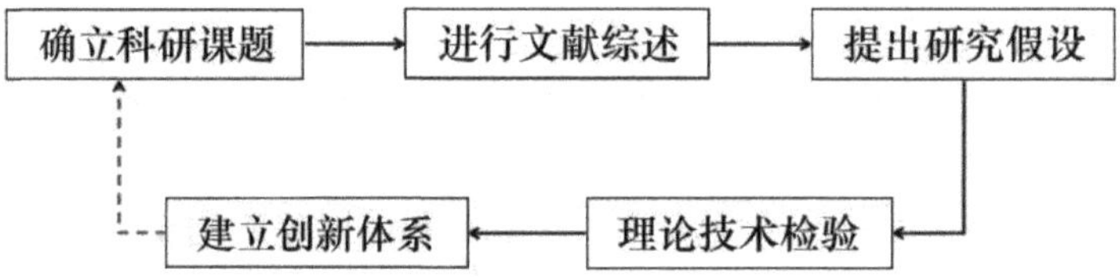

图 1.2　自然科学研究基本过程

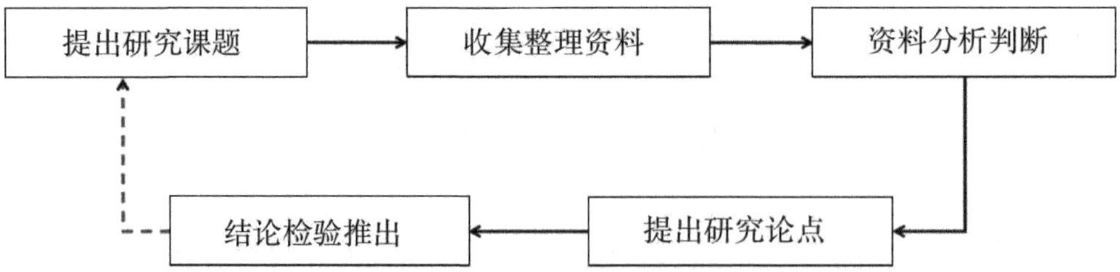

图 1.3　社会科学研究基本过程

六、科学研究对社会发展的贡献

科学研究的具体目的可以从以下几个方面进行详细探讨。

1.探索和扩展知识的边界

科学研究的首要目的是探索未知领域，扩展人类知识的边界。通过提出新问题、设计新实验和应用新方法，科学家们不断发现新的现象，解释未知的机制，填补知识的空白。这种探索精神不仅推动了各个学科的发展，还促进了跨学科的融合，形成了综合性的科学知识体系。例如，天文学研究揭示了宇宙的奥秘，生物学研究揭示了生命的本质，物理学研究揭示了物质的基本结构和运动规律。

2.验证和完善已有的理论

科学研究的另一个重要目的是验证和完善已有的理论。科学理论是对自然现象和规律的抽象概括与系统解释，但任何理论都必须经过反复验证才能被广泛接受。研究者通过设计实验和观察现象，检验已有理论的正确性和适用范围，发现其中的不足和局限，提出改进和完善的建议。这种验证和完善的过程不仅保证了科学理论的可靠性和准确性，还推动了理论的发展和创新。

3.创新技术和方法

科学研究的一个重要目的是创新技术和方法，以提高生产力，改善生活质量，解决实际问题。科学研究中的新发现和新理论往往带来技术上的突破和革新。例如，量子力学的发展催生了半导体技术和现代电子工业，基因工程技术的发展促进了生物医药和农业的进步，信息技术的发展改变了人类的交流方式和社会结构。科学研究的技术创新不仅推动了经济的发展，还带来了社会的变革和进步。

4.解决实际问题

科学研究的另一个主要目的是解决具体的实际问题，包括自然灾害、环境污染、能源危机、疾病防治等。通过科学研究，人类可以更好地理解这些问题的根源，寻找有效的解决方案。例如，气象学研究可以预报天气和预警自然灾害，环境科学研究可以监测和治理污染，医学研究可以发现疾病的病因和开发新的治疗方法，能源研究可以寻找可再生能源和提高能源利用效率。科学研究在解决实际问题中的应用，不仅提高了人类的生存质量，还增强了人类应对挑战的能力。

5.培养科学精神和方法

科学研究的目的是培养科学精神和科学方法。科学精神包括求真务实、理性思维、批判质疑、勇于创新等方面，它不仅是科学研究的内在要求，也是现代社会的重要价值观。科学方法是指科学研究中所采用的一系列系统化、规范化的步骤和程序，包括观察、实验、数据分析、理论建构等。通过科学研究，研究者不仅掌握了科学知识，还培养了科学精神和科学方法，这对个人的成长和社会的发展都有重要意义。

6.促进学术交流和合作

科学研究的另一个目的是促进学术交流和合作。科学研究是一项全球性的事业，任何一个国家和地区的研究成果都可能对全人类产生深远的影响。通过学术会议、论文发表、合作研究等形式，研究者可以分享自己的研究成果，交流思想和经验，激发新的灵感和创意。同时，学术交流和合作也有助于整合资源，发挥各自的优势，共同应对科学研究中的重大挑战。

7.传承和创新文化

科学研究的一个重要目的是传承和创新文化。科学是人类文化的重要组成部分，科学研究不仅是对自然和社会现象的探究，也是对人类智慧和文化的传承和发展。通过科学研究，人类不断积累知识，创新思想，推动文化的进步和繁荣。例如，天文学的发展激发了人类对宇宙的无限遐想，物理学的发展揭示了自然界的深层规律，生物学的发展揭示了生命的奇迹。这些科学研究不仅丰富了人类的知识体系，还拓展了人类的精神世界。

8.提高教育质量和水平

科学研究的另一个重要目的是提高教育质量和水平。科学研究不仅为教育提供了丰富的内容和资源，还为教育提供了先进的理念和方法。通过科学研究，教育工作者可以了解最新的科学知识和技术，掌握科学的教育理论和方法，提高教学质量和水平。同时，科学研究还培养了大量的高素质人才，为社会的发展和进步提供了智力支持。例如，大学和研究机构的科学研究，不仅为学生提供了良好的学习环境和实践机会，还培养了他们的科学素养和创新能力。

9.增强国家竞争力

科学研究的一个重要目的是增强国家竞争力。科学技术是现代国家竞争力的重要组成部分，科学研究是推动科学技术发展的重要途径。通过科学研究，国家可以掌握核心技术，提升产业水平，增强国际竞争力。

10.促进社会进步和文明发展

科学研究的最终目的是促进社会进步和文明发展。科学研究不仅推动了物质文明的发展，还促进了精神文明的进步。通过科学研究，人类可以更好地理解自己和世界，改善生活质量，提高社会的公正性和公平度。科学研究还促进了文化的多样性和交流，推动了人类社会的和平与合作。例如，现代医学的发展延长了人类的寿命，提高了生活质量；信息技术的发展促进了全球化和信息化，提高了社会的效率和透明度。科学研究在促进社会进步和文明发展中的作用，是不可替代的。

总之，科学研究的主要目的是通过系统的、方法化的探究过程，获取新的知识，验证假设，解决实际问题，推动科学、技术和社会的发展。科学研究不仅探索和扩展了知识的边界，验证和完善了已有的理论，创新了技术和方法，解决了具体的实际问题，还培养了科学精神和方法，促进了学术交流和合作，传承和创新了文化，提高了教育质量和水平，增强了国家竞争力，促进了社会进步和文明发展。这些目的共同构成了科学研究的重要意义和价值，也是推动科学事业不断前进的动力所在。

第三节　科学研究的伦理与法律法规

一、科学研究的伦理与规范

科学研究在推动人类文明进步和社会发展方面起着至关重要的作用，但其必须遵循一定的伦理原则和规范，以确保研究过程和结果的公正性、安全性与社会责任性。研究人员应尊重受试者的权利和尊严，避免伤害和风险，遵循公正与公平、诚实与透明的原则，并承担相应的社会责任。这些伦理原则不仅保障了受试者的权益，也维护了科学研究的公正性和可信度。

科学研究的伦理规范包括知情同意、伦理审查、数据管理、学术诚信和利益冲突管理。研究人员应确保受试者在充分了解研究的前提下自愿参与，并在伦理委员会的监督下进行研究。数据管理应严格遵循隐私保护和保密要求，学术诚信是科学研究的基石，利益冲突应如实披露以避免影响研究的公正性。这些规范确保了科学研究的合规性和透明度。

提升科学研究伦理水平的措施包括加强伦理教育、完善伦理审查机制、推动国际合作与交流、强化科研诚信管理和增强社会责任感。科研机构应将伦理教育纳入培训体系，建立独立的伦理审查委员会，积极参与国际伦理标准的制定，建立健全的科研诚信管理制度，研究人员应关注研究的社会影响，确保研究成果服务于社会利益。这些措施可以有效提升科学研究的伦理水平，确保科学研究为人类文明进步和社会发展做出积极贡献。

二、学术诚信与科研伦理

学术诚信和科研伦理是科学研究的基石，对维护科学的公正性、可靠性和社会信任至关重要。学术诚信涉及诚实、透明、责任和公正，研究人员应如实报告研究数据和结果，避免造假和剽窃，确保研究过程公开可查，并对自己的研究结果和影响负责。科研伦理则强调尊重受试者的权利和尊严、避免伤害、公正选择研究对象、考虑研究对社会的长期影响，并承担相应的社会责任。这些原则不仅保障了科学研究的伦理性和合法性，也维护了科学的公信力。

学术诚信和科研伦理的具体规范包括知情同意、伦理审查、数据管理和利益冲突管理。知情同意要求受试者在充分了解研究信息后自愿参与，例如塔斯基吉梅毒实验中违反这一原则的案例凸显了其重要性。伦理审查由独立机构负责，如美国的机构审查委员会（IRB）和中国的医学伦理委员会，确保研究设计符合伦理标准。数据管理要求确保数据的准确性和完整性，防止数据造假和泄露。利益冲突管理则要求研究人员披露可能影响研究公正性的经济利益或其他利益冲突，以保障研究的独立性和公正性。

提升学术诚信与科研伦理水平的措施包括加强伦理教育、完善伦理审查机制、推动国际合作与交流、强化科研诚信管理和增强社会责任感。科研机构和高校应将伦理教育纳入科研人员的培养和培训体系。建立独立的伦理审查委员会，通过严格的伦理审查程序确保研究符合伦理标准。积极参与国际伦理标准的制定和推广，如世界卫生组织（WHO）和国际科学理事会（ICSU）通过合作推动全球科研伦理标准的提升。建立健全的科研诚信管理制度，明确科研诚信的基本要求和行为准则，对于违反科研诚信的行为及时调查处理，给予相应的处罚。同时，研究人员应关注科学研究的社会影响和伦理后果，确保研究成果服务于社会利益。

三、研究中的伦理审查

科学研究中的伦理审查是确保研究符合伦理标准和法律法规的重要机制，旨在保护受试者的权利和尊严，防止可能的伤害，并确保研究的公正性和透明度。伦理审查须遵循尊重受试者、无伤害原则、公正性和隐私保护等关键原则。例如，研究人员必须确保受试者在知情同意的基础上自愿参与研究，并且研究过程中的任何数据和信息都应得到严格保密。

1.伦理审查的程序

伦理审查通常由独立的伦理委员会进行，这些委员会由具有不同专业背景的成员组成，确保多角度的审查和评估。研究人员需要向伦理委员会提交详细的研究方案，包括研究目的、方法、受试者选择标准、知情同意过程、潜在风险和受益分析等。伦理委员会通过审查会议讨论和评估研究方案，并根据审查结果提供反馈。通过审查的研究项目在实施过程中仍需接受伦理委员会的持续监督，确保研究过程符合伦理标准。

2.实例分析与挑战

一些著名的伦理案例凸显了伦理审查的重要性。例如，塔斯基吉梅毒实验严重违反了知情同意和无伤害原则，导致许多受试者因未获治疗而去世。这一事件促使美国在1974年通过了《国家研究法案》，规范人类研究。另一个例子是亨利埃塔·拉克斯的细胞研究，她的癌细胞在未经同意的情况下被广泛用于医学研究，引发了关于知情同意和隐私保护的讨论。

3.提升伦理审查水平的措施

为了提升伦理审查水平，应加强伦理教育，帮助研究人员树立正确的伦理观念，掌握伦理审查的基本知识和技能。完善的伦理审查机制和独立的伦理委员会可以确保审查流程和标准的规范化和透明度。推动国际合作与交流，借鉴国际先进经验，提升本国伦理审查水平，同时，制定和完善相关法律法规，为伦理审查提供法律保障。这些措施共同确保科学研究在追求知识和真理的同时，维护人类社会的伦理和道德标准。

四、科学研究中的法律法规

科学研究是推动社会进步和技术创新的重要力量。然而，科学研究的过程涉及复杂的伦理和法律问题。为了确保科学研究的合法性和伦理性，各国制定了一系列法律法规，旨在规范研究行为，保护受试者的权益，促进科研诚信，并保障社会利益。

1.知情同意

知情同意是科学研究中的核心法律要求，确保受试者在充分了解研究的目的、过程、潜在风险和利益后自愿参与。知情同意的基本原则包括信息充分性、自愿性和能力判断。信息充分性要求研究人员向受试者提供足够的信息，使其能够做出知情的决定。自愿性则要求受试者在没有任何强迫或压力的情况下自愿参与研究。能力判断则涉及评估受试者是否具备理解信息和做出决定的能力。

美国的《联邦法规》（*Code of Federal Regulations*，CFR）要求所有涉及人类受试者的研究必须获得知情同意。具体而言，研究人员必须向受试者详细说明研究的目的、方法、可能的风险和预期的好处，并回答受试者的所有疑问。受试者必须在完全了解这些信息后签署知情同意书。类似地，欧盟的《临床试验法规》（*Clinical Trials Regulation*，CTR）也规定了知情同意的详细要求，以确保研究的透明度和受试者的权益。

2.数据管理

科学研究中的数据管理涉及数据的收集、存储、使用和共享。为了保护研究数据的完整性和受试者的隐私，各国制定了严格的数据管理法规。数据管理的核心原则包括数据的准确性、完整性、保密性和可追溯性。

欧盟的《通用数据保护条例》（GDPR）对数据保护提出了严格要求。GDPR规定，科研数据必须在合法、公正和透明的前提下处理，并确保数据的安全性。研究人员在收集和处理受试者数据时，必须获得明确的同意，并在数据使用过程中保护受试者的隐私。例如，任何涉及个人数据的科研项目都必须进行数据保护影响评估（DPIA），以识别和缓解潜在的隐私风险。例如，荷兰心理学家迪德里克·斯塔佩尔因捏造实验数据而被撤销多篇论文的事件，引发了对学术诚信的广泛讨论。斯塔佩尔的行为不仅破坏了学术界的公信力，也对社会造成了严重影响。为了应对科研诚信危机，荷兰政府加强了对学术不端行为的监管，科研机构也进一步完善了科研诚信管理制度。为了防止类似事件的发生，各国科研机构纷纷加强数据管理，确保研究数据的准确性和完整性。

3.知识产权保护

知识产权保护法律，如《专利法》《著作权法》和《商标法》，确保研究成果的合法权益归属研究人员或机构。知识产权保护的核心原则是保护创新，鼓励发明创造，同时防止知识产权侵权行为。

科学研究中的知识产权保护涉及专利、版权和商业秘密等多个方面。例如，科研人员开发的新技术或新产品可以通过申请专利来保护其知识产权。《专利法》赋予发明者对其发明的独占权，防止他人未经授权使用、生产或销售该发明。《著作权法》则保护研究人员在科学论文、书籍和其他作品中的原创表达，确保其知识产权不受侵犯。商业秘密保护法律则确保研究机构的技术秘密和商业信息不被非法获取或披露。

4.科研诚信

科研诚信是科学研究的基石，各国通过法律法规对学术不端行为进行规制和惩戒。科研诚信包括数据的真实性、研究过程的透明性和对他人工作的尊重。学术不端行为，如数据造假、剽窃和抄袭，不仅损害了科学研究的公正性和可信度，也对社会造成了负面影响。

中国的《科学技术进步法》和《高等学校预防与处理学术不端行为办法》明确规定了对数据造假、剽窃和抄袭等行为的处罚措施。例如，科研人员如果被发现有学术不端行为，将面临撤销论文、取消资助资格和职业生涯受限等惩罚。美国国家科学基金会（NSF）和国家卫生研究院（NIH）也有相应的科研诚信政策，要求研究人员遵守高标准的科研道德。例如，2014 年，斯坦福大学的研究人员因捏造研究数据而被撤销多篇论文，这个事件强调了数据管理的重要性。捏造数据不仅违反了科研诚信，也破坏了公众对科学研究的信任。

5.法律监管

法律监管是确保科研诚信的重要手段。各国的科研管理机构通过制定和实施法律法规，对科研活动进行监管和指导。法律监管不仅涉及学术不端行为的惩戒，还包括科研项目的审核和监督、研究数据的管理和保护，以及科研成果的应用和转化。例如，中国的《科学技术进步法》和《国家自然科学基金条例》规定了科研管理机构的职责和权限，确保科研活动符合法律和伦理要求。美国的《联邦科学诚信政策》（*Federal Research Misconduct Policy*）规定，所有接受联邦资金资助的科研项目必须遵守科学诚信标准。研究机构必须建立科研诚信办公室，负责处理学术不端行为举报和调查。

《学位法》是高等教育领域中规范学位授予和管理的重要法律法规。其目的不仅在于保证学位授予的质量，还在于维护学术道德和科研诚信。科研诚信是科学研究的基石，直接影响到学术界的公正性、可信度和社会信任度。本书将详细探讨《学位法》对科研诚信的具体说明，包括其基本原则、法律框架、实施细则以及相关实例，分析其对科学研究和高等教育的重要性。

《学位法》的基本原则之一是维护和促进科研诚信。科研诚信涉及科学研究中的诚实、公正、透明和责任等方面，是学术研究的重要伦理规范。《学位法》明确规定，学术不端行为如数据造假、剽窃和抄袭等将受到严厉的法律制裁。其核心在于保障科学研究的真实性和可信度，确保学术成果的公平性和可靠性。2024 年 4 月 26 日通过的《学位法》明确规定，学位论文或者实践成果被认定存在代写、剽窃、伪造等学术不端行为的，经学位评定委员会决议，学位授予单位不授予学位或者撤销学位。

6.国际合作与法律互认

科学研究的全球化趋势使得国际合作变得越来越重要。跨国科研合作不仅有助于资源共享和技术交流，还能促进不同国家和地区之间的理解与合作。然而，国际合作也带来了法律和伦理上的挑战，不同国家和地区的法律法规与伦理标准存在差异，如何协调和互认成为关键问题。为了促进国际科研合作，各国在法律法规方面进行协调和互认。

科学研究中的法律法规为科研活动提供了必要的法律保障和伦理规范。这些法规涵盖知情同意、伦理审查、数据管理、知识产权保护和科研诚信等多个方面，确保科学研究的合法性、公正性和社会责任性。通过制定和实施严格的法律法规，各国不仅保护了研究参与者的权益，维护了科研诚信，还促进了科学研究的可持续发展。在全球化背景下，国际合作和法律互认也变得越来越重要，推动了科学研究的规范化和标准化。科学研究不仅追求知识和技术的突破，更需要在法律和伦理的框架内进行，以确保其对社会的积极贡献和长期可持续性。

第四节 科学研究的趋势与挑战

一、多学科交叉研究

在当今快速变化和高度复杂的世界中，科学研究正面临着前所未有的机遇和挑战。传统的单一学科研究模式已不足以应对复杂的科学问题和社会需求。多学科交叉研究应运而生，成为现代科学研究的重要趋势之一。多学科交叉研究不仅促进了学科之间的知识交流与融合，也推动了创新和技术突破。下面将探讨多学科交叉研究的意义、优势、面临的挑战及其具体实例。

多学科交叉研究的意义与优势如下。

1.推动创新与技术突破

多学科交叉研究通过整合不同学科的知识和方法，能够激发新的研究思路和创新。例如，生物学与信息技术的结合催生了生物信息学，为基因组学、蛋白质组学等领域带来了革命性的突破。生物信息学利用计算机技术处理和分析生物数据，使得科学家能够快速解读复杂的生物信息，为医学和生物工程的发展提供了重要支撑。

2.解决复杂科学问题

现代社会面临的许多重大科学问题，如气候变化、能源危机、公共卫生问题等，往往具有高度的复杂性和多维性，单一学科的研究方法难以全面解决。多学科交叉研究通过融合不同学科的视角和技术手段，能够提供更全面和系统的解决方案。例如，气候变化研究需要地理学、气象学、环境科学、经济学等多个学科的共同参与，才能准确评估和应对气候变化的影响。

3.促进学科发展与合作

多学科交叉研究不仅有助于解决实际问题，还能促进学科自身的发展和进步。在交叉研究过程中，各学科之间的知识和技术不断碰撞和融合，催生出新的研究领域和学科方向。例如，纳米技术就是物理学、化学、材料科学、生物学等多个学科交叉融合的产物，现已广泛应用于医学、电子、环境等领域。

多学科交叉研究需要不同学科的研究人员密切合作，但学科之间的知识体系、研究方法和术语存在显著差异，往往形成沟通障碍。这种障碍可能导致合作效率低下，甚至影响研究成果的质量。因此，促进跨学科的交流与理解，建立共同的研究语言和框架，成为多学科交叉研究的关键挑战之一。

多学科交叉研究通常需要大量的资源投入，包括资金、设备和人力等。然而，传统的科研资源分配机制往往倾向于单一学科，这给多学科交叉研究带来了资金和资源的获取困难。此外，多学科研究项目的复杂性和规模通常较大，对研究管理提出了更高的要求，需要有效的协调和管理机制。

多学科交叉研究作为现代科学研究的重要趋势，具有推动创新、解决复杂问题和促进学科发展的巨大潜力。然而，其在实施过程中也面临着学科壁垒、资源管理和评价体系等诸多挑战。通过加强跨学科教育、优化政策支持和资源配置、建立科学合理的评价体系，可以更好地推动多学科交叉研究的发展，为科学研究和社会进步做出更大的贡献。

二、大数据与人工智能在科学研究中的应用

随着信息技术的飞速发展，大数据与人工智能（AI）在科学研究中的应用变得越来越广泛。大数据技术通过处理和分析大量复杂的数据，为科学研究提供了丰富的资源和工具；而人工智能技术通过模拟人类智能，提供了强大的计算能力和智能算法。这两项技术的结合，不仅推动了科学研究的创新和发展，也在多个领域带来了革命性的变化。

大数据技术在科学研究中首先体现在数据的收集与管理上。科学研究通常需要处理大量的实验数据、观测数据和测量数据，这些数据的收集和管理对研究的成功至关重要。大数据技术提供了高效的数据存储和管理解决方案，使得研究人员能够方便地存储、检索和管理海量数据。例如，在天文学研究中，天文望远镜每天都会收集大量的观测数据，这些数据需要高效的存储和管理系统来处理。大数据技术通过分布式存储和云计算技术，提供了高效的数据管理方案，确保数据的安全性和可用性。

大数据技术的核心优势在于其强大的数据分析和处理能力。通过对大量数据的分析，研究人员可以发现数据中的模式和趋势，从而获得新的科学发现。大数据分析技术包括数据挖掘、机器学习、统计分析等方法，能够对复杂的数据进行深入分析，提取有价值的信息。例如，在生物医学研究中，基因组学和蛋白质组学的研究需要分析大量的基因和蛋白质数据。大数据分析技术通过对这些数据的深度挖掘，发现与疾病相关的基因和蛋白质，揭示疾病的分子机制，为疾病的诊断和治疗提供重要依据。

人工智能技术通过模拟人类智能，提供了强大的智能数据分析能力。AI 技术包括机器学习、深度学习、自然语言处理等方法，能够对大量数据进行智能分析，自动提取数据中的有用信息，发现数据中的隐藏规律。例如，在医学研究中，AI 技术可以通过分析患者的医疗数据，自动识别疾病的早期症状，提供个性化的诊疗方案。AI 技术还可以辅助医生进行医学影像分析，提升诊断的准确性和效率。

人工智能技术还可以用于智能实验设计与优化，通过模拟和优化实验过程，提高实验效率和结果的准确性。AI 算法可以自动设计实验方案，优化实验参数，预测实验结果，减少实验成本和时间。例如，在材料科学研究中，AI 技术可以通过模拟和优化材料的实验过程，快速筛选出具有优异性能的新材料，加速材料的研发和应用。

人工智能技术通过自动化科学发现，为科学研究提供了新的可能性。AI 系统可以自动从大量数据中提取科学知识，生成新的假设和理论，验证实验结果，加速科学发现的过程。例如，IBM 的沃森（Watson）系统通过分析大量科学文献，自动发现了新的药物靶点和治疗方法，显著提升了药物研发的效率。

智能农业是大数据和人工智能在农业领域的应用，通过收集和分析农业数据，优化农业生产过程，提高农业生产效率和质量。大数据技术用于收集和管理农作物的生长数据、土壤数据、气候数据等，AI 技术用于分析这些数据，预测农作物的生长状况，优化灌溉、施肥和病虫害防治方案。例如，智能农业系统通过分析气象数据和土壤数据，自动调整灌溉和施肥方案，提高了水资源和肥料的利用效率，减少了环境污染。

智能城市是大数据和人工智能在城市管理和服务中的应用，通过收集和分析城市数据，优化城市规划和管理，提升城市服务水平。大数据技术用于收集和管理交通、能源、环境等城市数据，AI 技术用于分析这些数据，优化交通流量、能源利用和环境保护方案。例如，智能交通系统通过分析交通数据，自动调整交通信号灯的时间，优化交通流量，减少交通拥堵，提高交通效率。

大数据和人工智能在科学研究中的应用为科学发现和技术创新提供了强大的工具和手段。通过数据收集与管理、智能数据分析、自动化实验设计与优化，大数据和人工智能技术在精准医学、智能农业、智能城市等多个领域取得了显著成效。然而，其在应用过程中也面临着数据隐私与安全、技术复杂性与可解释性、跨学科合作与人才培养等诸多挑战。未来，通过不断完善技术、优化管理、加强跨学科合作，大数据和人工智能将在科学研究中发挥更大的作用，推动科学技术的持续进步和社会发展。

三、全球化与国际合作

全球化与国际合作是现代科学研究的重要特征和发展趋势。在全球化背景下，科学研究的资源、技术和知识得以在全球范围内共享和传播，这为解决全球性问题提供了新的机遇和挑战。国际合作不仅促进了科学进步和技术创新，也推动了全球经济和社会的发展。下面将详细探讨全球化与国际合作在科学研究中的作用、优势、面临的挑战。

全球化使得科学研究的资源和技术可以在全球范围内共享。通过国际合作，研究人员能够访问和利用全球最先进的设备、技术和数据资源，从而推动科学研究的协同创新。

许多科学问题具有全球性和跨国界的特征，如气候变化、传染病、能源短缺和环境污染等。这些问题需要全球科学界的共同努力，才能找到有效的解决方案。通过国际合作，科学家们可以共享数据和研究成果，协调研究策略，联合应对全球性挑战。例如，气候变化问题需要全球范围的气象数据共享和模型协同，才能准确预测和应对。国际合作有助于促进科技和经济的发展。通过国际合作，发展中国家可以引进发达国家的先进技术和管理经验，加速本国科技进步和经济发展。发达国家也可以通过合作获取更多的市场和资源，实现双赢。国际合作为全球科技创新和经济增长提供了强大的动力。

全球化与国际合作在科学研究中发挥着重要作用，通过资源共享、协同创新和解决全球性问题，推动了科学进步和技术创新。然而，国际合作也面临着文化和语言障碍、知识产权和数据共享、政治和经济因素等挑战。通过加强政策支持与协调、促进跨文化交流与理解、建立科学合理的合作机制，我们可以更好地推动全球化与国际合作的发展，为科学研究和社会进步做出更大的贡献。未来，全球化与国际合作将在解决全球性问题、促进科技进步和经济发展方面发挥更加重要的作用。

四、科研成果转化与产业化

科研成果转化与产业化是将科学研究成果应用于实际生产和生活的重要过程，也是推动科技进步和经济发展的关键环节。科研成果的转化和产业化，可以将创新的科学技术和发明应用于市场，创造经济价值，提升社会生产力和生活质量。

（一）科研成果转化与产业化的意义

1.促进科技进步与创新

科研成果转化与产业化是科技创新的重要推动力。通过将实验室的研究成果转化为实际产品和服务，可以加速新技术的应用和推广，推动科技进步。例如，信息技术、生物技术和新材料等领域的科研成果，通过产业化转化，带来了计算机、互联网、生物医药、新能源等高科技产业的快速发展。

2.推动经济发展

科研成果的产业化直接促进了经济发展。新技术和新产品的推出不仅创造了新的市场需求，还带动了相关产业链的发展，增加了就业机会，提高了经济效益。例如，智能手机的普及不仅推动了通信产业的发展，还带动了电子制造、软件开发、物流等多个相关产业的快速增长。

3.提高社会生产力和生活质量

科研成果的转化与产业化，可以大幅提高社会生产力和生活质量。新技术的应用提高了生产效率，降低了生产成本，改善了产品性能和质量，为人们提供了更便捷、更高效的生活方式。例如，农业科技的应用提高了农作物的产量和质量，促进了农业现代化，保障了食品安全和供应。

（二）科研成果转化与产业化的过程

1.科研成果的评估与筛选

科研成果转化的第一步是对科研成果进行评估与筛选。评估内容包括科研成果的技术创新性、市场前景、经济效益和应用可行性等。通过评估，筛选出具有较高转化价值的科研成果，为下一步的转化提供依据。

2.技术转移与合作

科研成果的转化通常需要通过技术转移与合作来实现。科研机构可以通过与企业合作、技术许可、专利转让等方式，将科研成果转移给具备产业化能力的企业。企业通过进一步开发和应用，将科研成果转化为市场产品和服务。

3.产品开发与市场推广

企业在获取科研成果后，需要进行产品开发和市场推广。产品开发包括产品设计、工艺优化、生产试验等环节，确保科研成果能够转化为符合市场需求的产品。市场推广包括市场调研、营销策略制定、渠道建设等，确保产品能够顺利进入市场并被消费者接受。

4.产业化与规模化生产

科研成果成功转化为市场产品后，企业需要进行产业化和规模化生产。通过建立生产线、优化生产工艺、提高生产效率，实现科研成果的大规模生产和应用，满足市场需求，创造经济效益。

第二章　科技文献检索与利用

你唯一绝对必须知道的就是图书馆的位置。（The only thing that you absolutely have to know, is the location of the library.）——阿尔伯特·爱因斯坦

第一节　信息与信息道德规范

一、信息概述

1.信息的定义

控制论的创始人维纳认为信息是人们在适应外部世界并且使这种适应反作用于外部世界的过程中同外部世界进行交换的内容的名称。

信息在现代社会中具有多方面的重要作用，涵盖决策支持、知识传播、科学研究、经济发展、社会管理、技术创新、文化交流和生活质量提升等方面。信息的有效获取、管理和利用，能够显著提升个人、组织和社会的整体效能与发展水平。信息是物质的一种属性，是物质的一种存在形式。信息不是事物本身，而是存在于事物当中，是事物运动的状态与方式，是对事物运动方式的抽象反映。

2.信息检索

信息检索（information retrieval）是用户进行信息查询和获取的主要方式，是查找信息的方法和手段。狭义的信息检索仅指信息查询（information search），即用户根据需要，采用一定的方法，借助检索工具，从信息集合中找出所需要信息的查找过程。广义的信息检索是信息按一定的方式进行加工、整理、组织并存储起来，再根据信息用户特定的需要将相关信息准确地查找出来的过程，又称信息的存储与检索。一般情况下，信息检索指的就是广义的信息检索。

3.信息素养

信息素养的基本定义是寻找、评价和有效利用信息的能力。信息素养基本学习技能包括：创新思维能力、人际交往与合作精神和实践能力。

（1）创新思维能力。

创新思维能力是指在面对问题和挑战时，能够提出新颖、独特和有效的解决方案的能力。这一能力在信息素养中尤为重要，主要体现在：①问题解决能力，能够利用信息技术和资源，分析问题、提出假设并设计解决方案。②创意和创新，能够通过信息和数据激发创意，进行创新性的思考和实践。③批判性思维，能够对信息的来源、内容和用途进行评估，辨别信息的真实性和可靠性。④灵活性和适应性，能够适应快速变化的信

息环境，灵活运用新技术和新方法。

（2）人际交往与合作精神。

人际交往与合作精神是指能够与他人有效沟通、合作和协作的能力。这种能力在信息社会中至关重要，主要包括以下方面：①沟通能力，能够清晰地表达自己的观点，理解他人的信息，通过各种媒介进行有效沟通。②团队合作，能够在团队中协作，共同解决问题，分享信息和资源，实现共同目标。③社交网络，能够利用社交网络和在线平台，与他人建立联系，进行信息交流和知识分享。④跨文化交流，能够理解和尊重不同文化背景的信息和观点，进行跨文化的沟通与合作。

（3）实践能力。

实践能力是指将所学知识和技能应用于实际问题和任务中的能力。这一能力在信息素养中体现为：①信息检索与处理能力，能够高效地搜索、获取、筛选和整合信息，并根据需要进行处理和应用。②技术应用能力，能够熟练使用各种信息技术工具和软件，进行数据分析、信息管理和内容创作。③项目管理能力，能够计划、组织和管理与信息相关的项目，确保任务按时完成并达到预期效果。④持续学习能力，能够不断更新知识和技能，适应新技术和新信息的变化，保持学习的主动性和积极性。

为了提升高校学生的信息素养，2018 年 3 月教育部高校图工委信息素养教育工作组发布了《关于进一步加强高等学校信息素养教育的指导意见》，该指导意见从多个方面对高校信息素养教育提出了具体要求和指导原则，旨在培养学生的创新思维能力、人际交往与合作精神以及实践能力。随着数字媒体和互联网的普及，信息素养被认为是学生必须掌握的基本技能之一，这包括辨别信息真伪、理解信息来源、分析和使用信息等能力。信息在现代社会中具有极大的价值，它在提高个人和集体的生活质量方面发挥着重要作用，从健康与医疗、教育与学习，到生活与学习、社交与娱乐，再到工作与职业发展以及社会服务与管理，信息技术的应用使得我们的生活更加便捷和丰富。充分利用信息资源和信息技术，将继续推动社会的进步和个人生活质量的提升。

4.知识、情报和文献的定义

知识是人们在改造客观世界的实践中所获得的认识和经验的总和。人们在改造客观世界的过程中认识了的信息，是信息的一部分。知识依存于信息，信息是知识的载体，知识是信息的内核。知识是人们在实践的过程中经过提炼和加工的信息，信息是人脑思维的原始材料，知识是大脑对信息加工后的产物。

关于情报的定义，国内外学术界还没有定论。但如果要找一下共同的认识，那么情报是指传递着的有特定效用的知识。知识性、传递性和效用性是情报的三个基本属性。情报的知识性是指情报是经过分析和处理的系统化知识。它不仅包含数据，还包括解释、分析和理解，其具有知识的深度和广度，起到帮助理解和解释复杂信息环境的作用。情报的传递性是指情报可以通过各种渠道和媒介进行传播和共享，能够迅速在个人、组织和系统之间进行有效传播，确保决策者和相关人员及时获得所需信息。情报的效用性是指情报的实用性和针对性，能够为特定目的服务，解决实际问题或支持决策，直接影响决策和行动的有效性，提高工作效率和成果。

文献是用文字、图形、符号、声频、视频等技术手段记录人类知识的一种载体。文献不仅包括各种图书和期刊，而且包括会议文献、科技报告、专利文献、学位论文、科技档案等各种类型的出版物，甚至包括用声音、图像以及其他手段记录知识的全部现代出版物。

由上述可见，情报是知识中的一部分，文献是情报的一种载体。文献不仅是情报传递的主要物质形式，也是吸收利用情报的主要手段。

二、信息道德规范

1.信息道德的定义

信息道德是指在信息的采集、加工、存储、传播和利用等信息活动的各个环节中，用来规范其间产生的各种社会关系的道德意识、道德规范和道德行为的总和。它通过社会舆论、传统习俗等，使人们形成一定的信念、价值观和习惯，从而使人们自觉地通过自己的判断规范自己的信息行为。

信息道德作为信息管理的一种手段，与信息政策、信息法律有密切的关系，它们各自从不同的角度实现对信息及信息行为的规范和管理。信息道德以其巨大的约束力在潜移默化中规范人们的信息行为，信息政策和信息法律的制定与实施必须考虑现实社会的道德基础，所以说，它是信息政策和信息法律建立和发挥作用的基础。而在自觉、自发的道德约束无法涉及的领域，以法制手段调节信息活动中的各种关系的信息政策和信息法律则能够发挥充分的作用。信息政策弥补了信息法律滞后的不足，其形式较为灵活，有较强的适应性；而信息法律则将相应的信息政策、信息道德固化为成文的法律、规定、条例等形式，从而使信息政策和信息道德的实施具有一定的强制性，更加有法可依。信息道德、信息政策和信息法律三者相互补充、相辅相成，共同促进各种信息活动的正常进行。

2.信息道德的特点

（1）无特定的制定主体。

信息政策是一种行政手段，是由国家、地区或者国际组织的行政机关制定的。信息法律是一种法律手段，是由相应的立法机关制定的。而信息道德是一种道德手段，是依靠社会舆论和人们内心的信念形成的一种行为规范，并没有一个明确的制定主体。信息政策和信息法律是由统治阶级制定的，反映统治阶级的意志和利益；而信息道德的形成尽管也有统治阶级的导向作用，但更多的是社会经济关系的体现，是自发形成的，存在于人们的意识中，而无须统治阶级的认可和发文颁布。

（2）执行手段独特。

由于制定主体不同，信息政策、信息法律和信息道德的执行手段也有所不同。信息政策根据其政策的作用范围，针对一定的部门或主体进行执行，相关的政策制定部门可以对违反者施以行政处罚，因此，信息政策的执行具有一定的强制性。但是，信息政策的具体内容的表述具有一些不确定性，加上执行过程中受到外界因素的影响，其强制性也大打折扣。信息法律是由立法机关制定和认可的，其实施受到国家强制力量的监督，任何违反信息法律的行为都必然受到惩罚，因此，信息法律的约束力是强制的，其执行力度是最大的。而信息道德的执行并没有任何机构或者组织来管理，它依靠社会舆论和社会评价以及人们内心的信念、传统习惯和价值观来维持。通过人们内在的道德来自觉实现，其约束力具有很大的弹性。

（3）作用范围最广泛。

信息政策是不同的行政部门就信息活动的某些方面所制定的规范，是一定时期内的行为准则，针对性强，但是它会随着国家政权的变化而变化，容易受国内外形势或重大事件的影响，因此信息政策具有一定的阶段性和灵活性，其作用范围也有一定的局限性。信息法律由于必须兼顾公平和效率，对所有的信息主体都具有法律效力，可以说信息法律的作用范围比信息政策普遍、稳定、实效性更长，并且不会随着领导人的变更而有很多变化。尽管信息道德的约束力具有很大的弹性，完全根据社会成员和组织个人的道德意识而变化，但是从作用范围上看，信息道德的作用范围比信息政策和信息法律的作用范围都要广，它涉及信息活动的各个层次和环节以及相关的社会生活的各个领域，有最普遍的约束力。可以说，信息道德的调节范围既包括信息政策和信息法律能调节的因素，也包括信息政策和信息法律不能调节的方面。

（4）其他特点。

换个角度来看，信息道德功能的发挥也是多方面的，它引导人们对自己信息行为的认识，启示人们科学地洞察和认识信息时代社会道德生活的特征和规律，从而正确地选择自己的信息行为，设计自己的信息生活；调节信息活动中的各种关系，指导和纠正个人的信息行为，同时也可以指导和纠正团体的信息行为，使其符合信息社会基本的价值规范和道德准则，从而使社会信息活动中个人与他人、个人与社会的关系变得和谐与完善；对人们的信息意识的形成、信息行为的发生有很多教育功能，通过舆论、习惯、传统，特别是良心，培养人们良好的信息道德意识、品质和行为，从而提高人们信息活动的精神境界和道德水平；最终对个人和组织等信息行为主体的各种信息行为产生约束或激励，从而发挥其对信息管理顺利进行的规范作用。

3.信息道德的构成

信息道德包括两个方面，即信息道德的主观方面和信息道德的客观方面。前者指人类个体在信息活动中以心理活动形式表现出来的道德观念、情感、行为和品质，如对信息劳动的价值认同，对非法窃取他人信息成果的鄙视等，即个人信息道德。后者指社会信息活动中人与人之间的关系以及反映这种关系的行为准则与规范，如扬善抑恶、权利义务、契约精神等，即社会信息道德。

4.信息道德的层次

信息道德的三个层次即信息道德意识、信息道德关系、信息道德活动。

信息道德意识是信息道德的第一层次，包括与信息相关的道德观念、道德情感、道德意志、道德信念、道德理想等，是信息道德行为的深层心理动因。信息道德意识集中体现在信息道德原则、规范和范畴之中。

信息道德关系是信息道德的第二层次，包括个人与个人的关系、个人与组织的关系、组织与组织的关系。这种关系是建立在一定的权利和义务的基础之上，并以一定的信息道德规范形式表现出来的，如网络条件下的资源共享。网络成员既有共享网上信息资源的权利（尽管有级次之分），也要承担相应的义务，遵循网络的管理规则，成员之间的关系是通过大家共同认同的信息道德规范和准则维系的。信息道德关系是一种特殊的社会关系，是被经济关系和其他社会关系所决定、所派生出的人与人之间的信息关系。

信息道德活动是信息道德的第三层次，包括信息道德行为、信息道德评价、信息道德教育和信息道德修养等。这是信息道德的一个十分活跃的层次。信息道德行为即人们在信息交流中所采取的有意识的、经过选择的行动；根据一定的信息道德规范对人们的信息行为进行善恶判断即为信息道德评价；按一定的信息道德理想对人的品质和性格进行陶冶就是信息道德教育；信息道德修养则是人们对自己的信息意识和信息行为的自我解剖、自我改造。信息道德活动主要体现在信息道德实践中。

总的来说，作为意识现象的信息道德，它是主观的东西；作为关系现象的信息道德，它是客观的东西；作为活动现象的信息道德，则是主观见之于客观的东西。换句话说，信息道德是主观方面即个人信息道德与客观方面即社会信息道德的有机统一。

5.信息道德缺失的行为

（1）有意造成网络交通混乱或擅自闯入网络及其相连系统。

该行为主要表现为通过大量请求占用目标网络资源，导致其无法正常运行或瘫痪；散布病毒、蠕虫、木马等恶意软件，破坏计算机系统、窃取数据或造成网络瘫痪；未经授权访问他人的计算机系统、网络或数据库，进行数据窃取、篡改或破坏；通过截获和分析网络通信数据，窃取敏感信息如密码、银行账号等；扫描目标网络的开放端口，以寻找潜在的漏洞进行入侵；利用伪装的电子邮件、网站或消息，诱骗用户提供敏感信息，如密码、信用卡号等；拦截并篡改两个通信方之间的网络流量，获取或篡改信息。这些行为不仅违反了信息道德，还可能触犯法律，造成严重的经济损失和社会危害。因此，防止和打击这些行为是确保网络安全的重要工作。

（2）商业性地或欺骗性地利用大学计算机资源。

该行为主要表现为使用大学计算机或网络资源进行个人或企业的商业活动，如运营在线商店、提供有偿服务等，而未获得学校许可；长时间占用大学的计算机资源进行与学术无关的活动，影响其他合法用户的使用；以虚假的学术或研究项目为借口，申请使用高性能计算机资源、服务器或存储空间，然后将这些资源用于商业目的；利用大学的计算机资源进行不当的数据处理和分析，可能涉及欺诈或其他非法行为，如伪造研究数据以获取商业利益；使用大学的计算机资源访问、窃取或滥用敏感数据，如学生信息、研究数据、知识产权等，并将这些信息用于商业目的或出售；违反大学的计算机和网络使用政策，进行任何形式的商业活动或欺骗行为，包括但不限于广告发布、商业邮件发送、商业软件开发等。这些行为不仅违反了大学的计算机使用政策和道德规范，还可能涉及法律责任。大学通常会对滥用计算机资源的行为进行严肃处理，包括但不限于纪律处分、暂停或取消计算机资源使用权限，甚至法律诉讼。因此，尊重和遵守大学的计算机资源使用规定是每个用户的责任。

（3）偷窃资料、设备或智力成果。

该行为主要表现为盗取纸质或电子形式的机密文件，如商业计划、客户数据、研究报告等；非法复制或传输敏感信息，未经授权访问他人的文件或数据库；盗窃物理设备，如计算机、硬盘、服务器、移动设备等，导致信息泄露或财产损失；盗窃专业设备，如实验室仪器、研究设备等，影响学术或商业研究工作；盗用他人的创意、发明、研究成果或知识产权，如专利、商标、版权作品等；未经授权复制或使用他人的作品，如论文、软件代码、设计图纸等；未经许可录制会议、讲座、实验过程等，窃取他人的研究和创意；非法复制软件、电影、音乐等受版权保护的内容；通过欺骗手段获取他人的登录凭证、机密信息或设备访问权限，如通过网络钓鱼、电话诈骗等方式。这些行为不仅违反了信息道德和法律法规，还可能对受害者和社会造成严重的经济和声誉损失。因此，保护资料、设备和智力成果的安全和完整是每个人的责任，采取有效的安全措施和遵守道德规范至关重要。

（4）未经许可而接近他人的文件。

该行为主要表现为通过破解密码、使用他人账户或利用系统漏洞等手段，进入他人的文件系统、电子邮件账户或数据库；在未经许可的情况下，访问他人的计算机、USB（通用串行总线）设备、移动硬盘等存储介质，查看或复制文件；在工作场所或学校等环境中，利用职务或角色的便利，未经授权查看或复制同事、学生或客户的文件；通过欺骗手段（如伪装成合法用户）获取访问权限，查看或下载他人的文件；在网络共享环境中，未经文件所有者的明确许可，访问和下载共享文件夹中的内容；在网络通信过程中拦截他人的文件传输，获取其中的内容。这些行为严重侵犯了他人的隐私权和数据安全，违反了信息道德和相关法律法规。

未经许可访问他人文件的行为可能导致以下后果：根据相关法律法规，未经授权访问他人文件可能构成犯罪，行为人可能面临刑事处罚和民事赔偿；在工作场所，未经授权访问他人文件可能导致纪律处分、解雇甚至法律诉讼。这样的行为会破坏人与人之间的信任，影响个人声誉和职业前途。每个人都应尊重他人的隐私和数据安全，未经许可不得访问他人的文件。

（5）伪造电子邮件信息。

伪造发件人的电子邮件地址或显示名称，使接收者误以为邮件来自可信任的个人、机构或公司；使用虚假的电子邮件账户或域名，模仿合法的发件人身份；通过伪造电子邮件，引诱接收者点击恶意链接、下载恶意附件或提供敏感信息，如登录凭证、信用卡号码等；伪装成银行、政府机构或知名公司的电子邮件，要求接收者进行紧急行动（如密码重置、账户验证等）；伪造电子邮件内容，散布虚假信息或谣言，误导接收者或制造恐慌；伪造官方通知、新闻公告或内部消息，导致误解或混乱。通过伪造电子邮件，获取接收者的信任，从而获取敏感信息或促使接收者执行某些操作（如转账、提供个人信息等）；通过伪造电子邮件，诱使接收者下载并安装恶意软件，如病毒、蠕虫、间谍软件等，从而对计算机系统进行破坏或窃取信息。

伪造电子邮件信息的行为不仅违反了信息道德，还可能触犯法律，具体后果包括：根据不同国家和地区的法律法规，伪造电子邮件信息可能构成欺诈、身份盗窃、计算机犯罪等，行为人可能面临刑事处罚和民事赔偿。伪造电子邮件信息的行为会严重损害个人或企业的信誉，导致信任危机和社会关系破裂。通过伪造电子邮件进行欺诈或攻击，可能导致受害者的经济损失，包括财产损失、商业机会丧失等。为了维护信息道德和法律法规的遵守，每个人都应尊重他人的隐私和信息安全，避免进行任何形式的电子邮件伪造行为。如果发现自己成为伪造电子邮件的受害者，应及时采取措施保护自己，包括报告相关部门、更改密码和加强安全防范措施。

6.信息道德规范的若干观点

（1）对社会和大众的福利应有所贡献。

①提供可靠和有用的信息。确保信息的准确性、完整性和及时性，为大众提供可靠的信息资源，帮助他们做出明智的决策。通过开放数据和信息共享，支持社会各界获取有用的信息，促进知识的传播和创新。

②提升公共服务效率和质量。应用信息技术改进公共服务，如医疗、教育、交通和社会福利等领域，提高服务的效率和质量。发展智慧城市、智慧医疗等项目，改善市民的生活质量和社会福利。

③推动数字普惠。通过互联网和信息技术，消除数字鸿沟，让更多的人能够平等地获取和利用信息资源。支持和推动信息技术教育，特别是在欠发达地区，提升公众的信息素养和技能。

④保护环境和资源。利用信息技术优化资源管理和环境保护，如智能电网、环境监测系统等，促进可持续发展。推动绿色信息技术的发展，减少信息技术设备和服务的能耗与环境影响。

⑤应急响应和灾害管理。利用信息技术支持应急响应和灾害管理，提高应对突发事件的效率和效果。开发和应用地理信息系统（GIS）、大数据分析等技术，提升灾害预测、预警和响应能力。

⑥促进社会公益和慈善事业。利用信息技术支持社会公益和慈善活动，如在线捐赠平台、志愿者管理系统等，提升公益事业的透明度和效率。推动社区信息化，提升社区居民的生活质量和社会参与度。

⑦保护和传承文化。通过数字化手段保护和传承文化遗产，如数字博物馆、数字图书馆等，促进文化的传播和交流。支持和推广本地文化与传统，增强文化认同和社会凝聚力。

⑧促进经济发展和就业。支持数字经济的发展，创造新的商业模式和就业机会，推动社会经济的可持续发展。通过信息技术提升企业的竞争力和创新能力，促进产业升级和转型。

这些具体措施可以有效地利用信息技术和资源，为社会和大众的福利做出积极的贡献，实现信息社会的共同繁荣和可持续发展。

（2）避免伤害他人，诚实和值得信赖。

①保护个人隐私和数据安全。遵守隐私保护法律法规，确保在收集、存储、处理和传输个人信息时采取适当的安全措施。避免未经授权的访问、泄露或滥用他人的个人信息。尊重他人的隐私权，避免在网上发布或传播他人的敏感信息。

②防止虚假信息传播。在发布和分享信息时，确保其真实性和准确性，避免传播虚假或误导性信息。对信息来源进行核实，避免因传播不实信息而对他人造成伤害或困扰。及时纠正错误信息，并公开发布更正声明。

③反对网络欺凌和骚扰。避免在网上进行言语攻击、侮辱、威胁或其他形式的骚扰行为。支持并保护受网络欺凌或骚扰影响的人，采取措施制止和报告此类行为。在网络交流中保持尊重和友善，营造健康和谐的网络环境。

④维护信息系统和网络安全。避免进行任何形式的黑客攻击、恶意软件传播或其他破坏信息系统和网络安全的行为。采取预防措施，保护信息系统免受潜在的安全威胁。遵守信息系统和网络使用的相关法律法规和道德规范。

⑤保持真实透明的信息交流。在信息交流过程中，保持诚实和透明，不夸大或歪曲事实。对信息来源、数据处理方法和结果进行公开和透明的说明，增强信息的可信度。

⑥遵守承诺和协议：在信息技术和资源使用过程中，遵守相关的法律法规、协议和道德规范。履行承诺，确保自己所做的承诺和声明与实际行为一致。

（3）行为要公平且不能有歧视，尊重财产权。

①平等对待。在所有信息技术应用和决策中，不论是招聘、资源分配还是服务提供，都应保证平等，不受性别、年龄、种族、宗教、性取向或社会经济地位等的影响。设立和遵守反歧视政策，确保工作环境和信息平台的公平性。

②包容性和多样性。在设计和实施信息技术解决方案时，考虑到不同用户群体的需求和文化背景，确保技术产品和服务的包容性。促进信息和技术领域的多样性，鼓励不同背景的人员参与和贡献。

③反对歧视性行为。在信息传播和社交网络中，积极反对和制止任何形式的歧视、偏见或恶意行为。建立和维护安全、尊重和支持的环境，防止网络欺凌和骚扰。

④公平资源分配。在公共资源的分配中，采取公平、公正的原则，避免资源的不均衡分配。促进数字平等，确保每个人都有平等的机会获取信息和技术资源。

⑤遵守知识产权和版权。在使用、复制或传播他人的创作和发明时，确保遵循相关法律法规，获得必要的授权和许可。尊重创作者的权益，避免侵犯版权、专利和商标等知识产权。

⑥合法使用技术和软件。确保使用的所有软件和技术工具均为合法授权版本，避免使用盗版或破解软件。遵循软件许可协议和技术使用条款，合法、合规地使用技术产品。

⑦保护和维护财产。保护个人和企业的知识产权与技术资产，防止未经授权的访问、盗用或破坏。实施适当的安全措施，确保数据和信息系统的安全和完整。

⑧尊重合同和协议。在所有合同和协议中，公平、诚信地履行约定的条款和义务，避免违约行为。在业务和技术交易中，尊重合同约定，维护公平竞争环境。

⑨促进公平竞争。在商业活动中，遵守公平竞争原则，避免通过不正当手段获得竞争优势。支持和维护创新与市场竞争，保护知识产权，推动健康的市场环境。

遵循这些原则，可以确保在信息技术和数据处理过程中公平对待每个人，尊重财产权利，并维护社会的和谐与公正。

（4）保护知识产权。

①了解和遵守知识产权法律。熟悉各种知识产权类型，包括专利、版权、商标和商业秘密，以及它们各自的保护范围和要求。遵守国家和地区的知识产权法律法规，了解不同国家的知识产权保护要求。

②注册和申请。对创新的技术、产品或方法申请专利保护，确保发明的独占权和市场竞争优势。为品牌名称、标志或标识申请商标注册，保护品牌的识别性和声誉。对原创作品（如文学、艺术、音乐作品等）进行版权登记，保护创作内容的版权。

③实施保护措施。使用技术手段保护知识产权，如加密、数字水印和访问控制，以防止未授权使用和泄露。在与合作伙伴、员工或承包商签署合同或协议时，明确知识产权的所有权和使用权，并包含保密条款。对商业秘密和敏感信息实施严格的保密措施，限制对这些信息的访问和传播。

④监测和维护。定期监测市场，识别可能的侵权行为或不正当使用，并采取相应措施。在发现侵权行为时，及时采取法律行动，保护自己的知识产权权益，包括发送停止侵权通知、提起诉讼等。定期更新和维护知识产权，如续费专利或商标注册，确保其有效性。

⑤教育和培训。对员工进行知识产权教育和培训，提高他们对知识产权重要性和保护措施的认识。提升全社会对知识产权保护的意识，促进合法使用和尊重他人知识产权。

⑥国际保护。通过国际知识产权组织申请国际保护，确保在多个国家和地区的知识产权得到有效保护。了解和遵守不同国家和地区的知识产权法律和保护标准，确保国际业务和市场活动中的知识产权安全。

⑦合法使用和尊重。在使用他人的知识产权（如软件、作品、技术等）时，获得必要的授权和许可，避免侵权行为。尊重他人的知识产权，合理引用和标明出处，避免抄袭和不正当使用。

这些措施可以有效地保护知识产权，维护创新和创作的成果，促进公平竞争和可持续发展。

（5）经授权后再使用计算机和通信资源。

①获取明确授权。在使用计算机和通信资源之前，确保从合法的资源所有者或管理员处获得明确的授权或许可。在安装软件、访问网络服务或使用企业资源时，阅读并同意相关的用户协议或服务条款，确保合法使用。

②遵守使用政策。遵守所在组织或机构的计算机和通信资源使用政策，包括信息安全、数据保护和网络访问的相关规定。根据权限和角色，访问适当的资源和数据，不得超越授权范围。

③合法获取和使用软件。确保使用的软件是经过合法授权的，避免使用盗版或未授权的软件。在安装和使用软件时，按照许可证条款和条件进行操作，避免侵犯版权或专利。

④数据和信息访问。只有在获得适当授权的情况下，才能访问、处理或传输他人的数据和信息。定期审查和管理访问权限，确保只有授权人员能够访问敏感或受保护的数据和系统。

⑤安全和合规措施。采取必要的安全措施，保护计算机和通信资源免受未授权访问和潜在威胁，如使用强密码、启用双重认证和定期更新安全补丁。遵循相关的法律法规和行业标准，确保数据处理和资源使用的合规性。

⑥监控和审计。实施监控和日志记录，跟踪和审查对计算机和通信资源的访问及使

用情况，确保行为符合授权和政策要求。定期进行安全审计，评估资源使用和安全性，识别和纠正任何未经授权的访问或使用行为。

⑦教育和培训。对用户进行培训，提高其对授权要求、使用政策和安全实践的认识，确保他们在使用计算机和通信资源时遵守规定。定期组织信息安全意识活动，强调授权和合法使用的重要性。

⑧处理未授权行为。在发现未授权访问或使用行为时，及时报告并采取纠正措施，防止进一步的违规行为。对未授权行为进行调查，采取必要的应对措施，如修复安全漏洞、更新访问权限和调整使用政策。

这些措施可以确保在使用计算机和通信资源时始终经过授权，维护信息安全和合法性，保护组织和个人的权益。

（6）尊重个人隐私，保护信息使用者的秘密。

①合法收集和处理数据。在收集个人信息前，获取数据主体的明确同意，并告知他们数据的用途和处理方式。确保收集和处理个人数据的目的合法，并符合数据保护法律法规。

②数据最小化。仅收集和处理实现特定目的所必需的个人数据，避免收集多余的信息。限制对个人数据的访问，确保只有授权人员能够接触到这些数据。

③保护数据安全。使用加密技术保护个人数据在传输和存储中的安全，防止未经授权的访问和泄露。实施强有力的访问控制措施，确保只有授权人员能够访问敏感数据。

④隐私政策和透明度。制定并公开隐私政策，明确数据收集、使用、存储和分享的方式，增强透明度。告知用户的数据权利，如访问、修改、删除和限制处理的权利，并提供相应的操作途径。

⑤机密信息的分类和管理。对信息进行分类，标明机密性级别，并根据分类采取相应的保护措施。对机密文件进行妥善管理和储存，确保只有授权人员可以访问。

⑥信息安全措施。使用加密技术保护机密信息在存储和传输中的安全。确保机密信息的物理存储环境安全，如使用锁定的档案柜或安全的数据中心。

⑦签署保密协议。与员工、合作伙伴和第三方签署保密协议，明确机密信息的使用和保密义务。在保密协议中列明违约的后果和责任，保障机密信息的保护。

⑧安全访问控制。使用强身份验证手段（如多因素认证），确保只有授权人员可以访问机密信息。根据工作需要分配访问权限，定期审查和更新权限设置，防止权限滥用。

⑨监控和审计。实施信息系统的监控措施，跟踪和记录对机密信息的访问和操作行为。定期进行安全审计，检查信息保护措施的有效性，识别并解决潜在的安全问题。

⑩应急响应和处理。制订和演练信息安全事件应急响应计划，确保在发生数据泄露或安全事件时能够迅速采取应对措施。在发生机密信息泄露或安全事件时，及时报告相关部门，并采取措施减少损害。

这些措施可以有效地尊重个人隐私和保护信息使用者的机密，确保信息安全和合规，建立和维护公众与用户的信任。

（7）遵守相关的法律规范。

遵守相关法律规范是确保信息安全和合规的基础。首先，在收集和处理个人数据时，必须获得数据主体的明确同意，并告知他们数据的用途和处理方式，确保合法性。数据收集应遵循最小化原则，仅获取实现特定目的所必需的信息，并限制对这些数据的访问。保护数据安全是关键，需使用加密技术保障数据在传输和存储中的安全，并实施强有力的访问控制。隐私政策应公开透明，告知用户的数据权利，并提供操作途径。同时，对机密信息进行分类管理和妥善储存，签署保密协议以明确使用和保密义务。应实施身份验证和权限管理，定期审查和更新访问权限。监控和审计信息系统活动，确保安全措施的有效性，并制订应急响应计划，处理可能的数据泄露或安全事件。

这些措施可以有效遵守法律规范，保护个人隐私和机密信息，建立和维护用户信任。

第二节　科技文献及其检索与利用

一、科技文献的定义与类型

1.科技文献的定义

为了把人类知识传播开来和继承下去，人们用文字、图形、符号、声频、视频等手段将其记录下来，或写在纸上，或摄制在感光片上，或录到唱片上，或存储在磁盘上。这种附着在各种载体上的记录统称为文献。文献是各种媒介和形式的信息的集合，包括文字、声像、电子信息、数据库等。即文献是记录知识的一切载体。

科技文献是指记录和传播科学技术研究成果和发展动态的正式出版物。它包括学术论文、专利、技术报告、技术标准、数据集、学位论文等形式，是科学研究、技术开发和知识传播的重要资源。

2.科技文献的类型

（1）按文献的载体不同划分。

①书写型。如书法作品、手稿、书信等，书写型文献不仅具有深厚的历史和文化保存价值，而且拥有独特的保存和收藏价值。书法作品以其精美的书写艺术和文字表达，反映了创作者的艺术风格和文化修养。在科学技术领域，书法作品可能记录了重要的研究成果或学术思想，其优雅的书法形式也使得这些文献成为珍贵的文化遗产。手稿作为科研人员和学者在研究过程中生成的原始记录，包含了大量的实验数据、笔记和草稿。

②印刷型。如传统的图书、期刊等，是信息传递的重要形式，其优点在于便于阅读和使用方便。传统的图书和期刊通过印刷技术将大量的信息以书面形式呈现，具有较高的阅读舒适度和易于查阅的特点。印刷型文献通常经过编辑和排版，内容结构清晰，能够为读者提供系统的知识和信息。这种形式的文献非常适合深度阅读和学术研究，因为其稳定的格式和可靠的印刷质量能够确保信息的准确性和长期保存。

③电子型。如电子期刊和电子图书，是现代信息传播的重要形式，其主要优点包括存储密度高、存取速度快，以及便于管理和更新。电子型文献通过数字化技术将信息以电子格式保存，可以在短时间内存储大量数据，并且可以通过互联网快速访问和检索。这种形式的文献极大地方便了读者获取信息，支持了随时随地的远程访问，符合现代社

会对信息即时性的需求。电子期刊和电子图书的存储密度高，使得用户可以在一个设备上存储大量的文献资源，显著节省了物理空间。电子文献的搜索和检索功能也使得查找特定信息变得更加高效，相较于传统印刷型文献，电子型文献能够提供更为快捷和精准的信息获取方式。

④缩微型。如缩微胶片和缩微胶卷，是一种将文献缩小到微小尺寸的保存方式，具有其独特的优点和局限性。缩微型文献的主要优势在于其极高的存储密度和长期保存能力。通过缩微技术，可以将大量的文献和资料压缩到较小的介质上，从而节省物理空间和存储成本。这种方法特别适用于需要长期保存的大量文献，如历史档案和重要文献资料。缩微胶片和缩微胶卷通常具有极高的稳定性，可以在适当的条件下保存数十年甚至数百年，避免了数字文献所面临的技术更新和数据丢失问题。这些文献可以抵御物理环境的影响，如温度和湿度变化，从而确保长期的保存和可访问性。

⑤视听型。如唱片和录音带，直接记录声音和图像，具有独特的保存和传播优势。它们能够真实还原声音和图像内容，提供原始的听觉和视觉体验。唱片和录音带直接捕捉声音，保留了音乐、语言等的原始特性；而录像带和电影胶卷则记录动态画面和视频内容，展现了丰富的视觉和听觉信息。这使得视听型文献在保存历史事件、文化活动和艺术表现方面发挥了重要作用，是了解过去社会和文化的珍贵资料。

（2）按出版形式不同划分。

①图书。图书作为一种出版形式，其主要特点在于内容系统、全面和成熟可靠。图书通常经过严谨的编辑和排版，内容组织有序，能够提供某一领域的广泛和深入的知识。由于图书内容经过作者、编辑和审稿人员的多轮审核，确保了信息的准确性和可靠性，使其在学术研究和专业参考中具有较高的权威性。

②期刊。期刊具有显著的特点。首先，期刊的数量庞大，涵盖了几乎所有学科和领域，满足了不同专业和兴趣群体的需求。其次，期刊的类型多样，包括学术期刊、专业期刊、行业期刊等，提供了针对不同领域和受众的专业信息和研究成果。期刊的内容丰富，通常包含最新的研究成果、行业动态、技术进展和专业知识，能够提供全面的学术和实践信息。此外，期刊的发布周期较短，如每月、每季度或每年，确保了信息的快速更新和时效性。

③会议文献。会议文献是指在各种科技会议上宣读的论文或书面发言，具有传递及时和针对性强的特点。由于会议通常涉及当前领域的最新研究成果和技术进展，这些文献能够迅速反映前沿问题和创新，确保信息的时效性。会议文献围绕特定学科领域或研究主题进行，具有较强的针对性，集中展示了与会议主题相关的研究成果和技术进展，满足了参会者对了解特定领域深入信息的需求。因此，会议文献为科研人员和技术专家提供了重要的资源，有助于及时了解领域内的最新动态和研究成果。

④政府出版物。政府出版物是指由各国政府部门及其设立的专门机构发表和出版的文件。这些文献可以分为行政文件和科技文献两大类。行政文件包括政策文件、法律法规、政府报和年度预算等，主要用于记录和传播政府的政策方针、法规制度及行政管理信息。这类文献对于公众了解政府政策、法规和行政决策具有重要作用。科技文献主要是由政府出版的有关科技发展政策文件、科技研究报告、专利文献、标准文献、地质水

文和航空航海线图以及解密的科技档案等。

⑤专利文献。专利文献是专利局公布或归档的与专利相关的文献，包括专利说明书、专利公报、专利分类资料、专利检索工具以及专利申请过程文件等。专利文献具有报道迅速、法律性强和内容新颖的特点。它们通常在专利申请和批准的各个阶段迅速发布，能够及时反映技术领域的新发明和创新。由于涉及法律文件和程序，这些文献具有法律效力，是确认专利权和进行法律追索的重要依据。同时，专利文献介绍了最新的技术发明和创新，展示了前沿的科技进展和技术应用。研究人员可以通过查阅专利文献精准选择研究课题，避免重复研究已有技术或发明，从而提高研究效率并推动技术进步。

⑥学位论文。学位论文是高等院校和科研机构的研究生或本科生为取得学位而撰写并提交的科学论文。这些论文具有独创性和系统性，通常围绕特定的研究课题进行深入探讨，展示了作者在该领域的研究成果和学术贡献。学位论文不仅体现了作者对相关领域的深入理解和独立研究能力，还展示了严谨的科学方法和创新的研究思路。由于其经过严格的评审过程，学位论文具有较高的参考价值，为相关领域的研究提供了宝贵的理论基础和数据支持，并且为学术界和实践领域的发展提供了新的见解和建议。此外，学位论文还反映了当前学术研究的热点问题和前沿动态，有助于推动学术交流和技术创新。

⑦标准文献。如国际标准、国家标准和企业标准等，它们主要用于规定技术要求和操作规范。这些文献具有规章性和法律性，旨在确保产品、服务和过程的一致性、可靠性和安全性。国际标准通常由国际标准化组织（International Organization for Standardization，ISO）发布，广泛适用于全球范围内的技术和管理实践。国家标准由各国政府或标准化机构制定，适用于特定国家的行业和市场。企业标准则由企业内部制定，针对其自身生产和服务的特殊需求。标准文献提供了技术规定和规范，为行业提供了统一的参考框架，有助于推动国际和国内的技术交流与合作，保障产品质量和服务水平。

（3）按照文献中信息量的多少、内容的加工深度，以及功能的不同划分。

①一次文献。一次文献指作者以其本人原创的研究成果为基础撰写的原始创作，主要包括专著、期刊论文等。这类文献直接呈现了作者的研究发现、数据分析和理论创新，代表了最初的研究工作和学术贡献。一次文献通常经过严谨的研究和审核过程，提供了新颖的观点和详细的实验结果，是学术领域知识积累的基础。由于其原创性和真实性，一次文献在科学研究和学术讨论中具有重要的参考价值和核心地位。

②二次文献。二次文献是通过收集、整理、加工和编排大量无序、分散的一次文献，形成的文献形式，用于提供检索和获取一次文献线索的工具。这类文献包括索引、文摘和数据库等，其主要功能是系统化地呈现一次文献的信息，以便读者能够高效地查找所需的原始研究成果。二次文献不仅对一次文献的特征进行详细的记录，还按特定的顺序组织和分类，帮助研究人员快速找到相关的研究资料。通过二次文献，用户可以获得关于一次文献的概要、主题、作者和出版信息等，从而更好地进行文献综述、研究设计和信息检索。二次文献在科学研究和学术交流中发挥着重要的支持作用，是提升研究效率和促进学术沟通的重要工具。

③三次文献。三次文献是围绕某一专题，利用二次文献进行检索，并在此基础上吸取一次文献的内容而撰写的新文献。这类文献包括综述、述评等，其主要功能是对特定

领域或课题的研究现状进行总结和评述。三次文献通过整合和分析大量的二次文献信息，提供了对相关研究成果的全面概述和批判性分析。它不仅总结了已有的研究成果，还提出了研究趋势和未来的研究方向，为研究人员和学术界提供了有价值的参考和指导。三次文献在科技研究中扮演着桥梁的角色，有助于理解和整合大量的原始研究数据和分析结果，推动领域内的知识发展和科学创新。

④零次文献。零次文献是指未经任何信息加工，直接记录在载体上的原始信息，如实验数据、观测记录等。这类文献呈现了最初的、未经处理的原始数据和信息，通常以实验记录、测量结果、观察笔记等形式存在。零次文献的特点是直接性和原始性，它提供了最基础的研究数据和信息，是科学研究的根基。由于未经过整理和分析，零次文献的内容通常需要进一步加工和解释，以便在后续的研究中发挥作用。作为原始资料，零次文献在验证实验结果和开展进一步研究时具有重要的参考价值。

3.科技文献的特点

（1）数量庞大，增长迅速。

科技文献的数量极其庞大，并且不断增长。随着科学技术的迅速发展和研究的深入，每年都会有大量的新文献发布，记录最新的研究成果和技术进展。

（2）文种繁多，但呈明显的英文化趋势。

科技文献的文种繁多，随着国际交流的加强和全球化的推进，科技文献逐渐呈现出明显的英文化趋势，英文文献在全球范围内占据了主导地位。

（3）文献分布既集中又分散，但呈现专题化或专集化趋势。

科技文献的分布既有集中在特定领域或学科的趋势，也有分散在不同研究方向的特点。文献通常围绕特定专题进行组织，逐渐形成专题化或专集化的趋势，以便于深入探讨某一领域的问题。

（4）知识老化加快，文献寿命缩短。

随着科技进步和知识更新的速度加快，科技文献的知识老化现象也越来越明显。新技术和新发现的快速出现使得已有文献的参考价值迅速减少，文献的寿命相对缩短。

（5）交流传播及变化速度加快。

科技文献的交流和传播速度显著加快。现代信息技术的发展使得文献的获取、分享和交流变得更加迅速和便捷，推动了知识的快速传播和科学研究的及时更新。

二、科技文献检索的定义和步骤

1.文献检索的定义

文献检索是指收集整理特定文献并按一定方式组织和存储，同时根据信息需求查找出相关信息的过程。根据用户信息需求，利用检索工具或检索系统从文献信息集合中找出用户所需要的文献的过程。

2.科技文献检索的基本步骤

文献检索包括三个主要环节。

①文献内容分析与编码，产生信息记录及检索标识。

②组织存储，将全部记录按文件、数据库等形式组成有序的信息集合。

③用户提问处理和检索输出。

3.文献检索的发展历史

计算机信息检索的三个发展阶段包括：

（1）脱机检索阶段。

1954 年，美国海军兵器中心首先采用 IBM-701 型计算机建立了世界上第一个科技文献检索系统，实现了单元词组配检索，检索逻辑只采用“逻辑与”，检索结果只是文献号。

1958 年，美国通用电气公司将其加以改进，输出结果增加了题名、作者和文献摘要等项目。

1964 年，美国化学文摘社建立了文献处理自动化系统，使编制文摘的大部分工作实现了计算机化，此后又实现了计算机检索。

1964 年，美国国立医学图书馆建立了计算机数据库，即医学文献分析与检索系统，不仅可以进行逻辑“或”“与”“非”等运算，而且还可以从多种途径检索文献。

本阶段检索的特点是处理时间长，人机不能对话。

（2）联机检索阶段。

20 世纪 60 年代中期到 70 年代初，计算机分时技术、通信技术、计算机网络、检索软件等发展，用户可以通过检索终端设备与检索系统中心计算机进行人机对话，从而实现对远距离之外的数据库进行检索的目的，即实现了联机信息检索。

美国的 DIALOG 系统（DIALOG 对话系统）：它是美国在 20 世纪 60 年代末推出的早期商业在线检索系统之一，允许用户通过终端设备远程访问中心计算机上的各种数据库，实现高效的远程信息检索。系统支持人机对话模式，用户通过输入检索查询与系统互动，系统则返回相关的文献和数据。DIALOG 系统涵盖了广泛的领域，包括科学、技术、医学和商业等，提供了强大的索引和检索工具。作为早期的商业化在线检索服务，DIALOG 系统不仅服务于学术界，还扩展到企业和政府机构，展示了信息检索服务的商业潜力，对后续的检索技术和在线信息服务的发展具有重要的影响。

ORBIT 系统（书目情报分时联机检索系统）：它是 20 世纪 60 年代末至 70 年代初由美国系统发展公司经营的一种早期在线检索系统，允许用户通过终端设备实时在线访问远程计算机中的数据库，从而实现高效的信息检索。ORBIT 系统专注于书目情报的分析，提供了深入的检索和数据管理功能，包括使用特定的检索语言（Orbit Query Language）来满足复杂的检索需求。系统支持多种数据存储和管理功能，如索引、分类和存档，适用于学术研究、政府和商业机构等多个领域。ORBIT 系统在信息检索技术的发展中具有重要地位，其检索语言和分析方法对后续的在线信息服务产生了深远的影响。

（3）网络化联机检索阶段。

从 20 世纪 70 年代初到现在，由于电话网、电传网、公共数据通信网、卫星通信技术都可为情报检索传输数据，每个系统的计算机成为网络上的节点，每个节点链接多个检索终端，各节点之间以通信线路彼此相连，网络上的任何一个终端都可联机检索所有数据库的数据。这种联机信息系统网络的实现，使人们可以在很短的时间内查遍世界各地的信息资料，使信息资源共享成为可能。开展商业性国际联机检索服务的大机构已达200余家，像美国的戴罗格联机信息检索系统公司（DIALOG Online Information Service, Inc.）已成为全世界最著名的联机检索服务机构。

美国化学文摘社（American Chemical Society，ACS）：是一个全球知名的化学专业组织，致力于推动化学领域的科学研究和教育。ACS出版了许多重要的科学期刊和杂志，如*Journal of the American Chemical Society*、*Chemical Reviews* 和 *ACS Nano*。

Web of Science：是一个由Clarivate Analytics（科睿唯安，原汤森路透集团知识产权与科技事业部）提供的综合性学术资源数据库。它覆盖了广泛的学科领域，主要包括自然科学、社会科学与人文科学等。Web of Science 提供了对多个学术期刊、会议论文、专利等的引用数据和文献检索服务。用户可以通过它进行文献检索、跟踪引文、分析研究趋势等。

爱思唯尔（Elsevier）：是全球领先的学术出版公司之一，专注于提供科学、技术和医学领域的高质量出版物和信息服务。

三、科技文献的利用

1.文献的检索语言

（1）分类检索语言。

分类检索语言是一种通过将各种知识领域的类目按分类原理系统排列，并使用代表类目的分类号作为文献标识的检索方法。这种方法基于分类法，以知识的属性来描述和表达信息内容。常见的分类法包括杜威十进分类法、国际十进分类法、美国国会图书馆图书分类法、国际专利分类表和中国图书馆分类法。其中，杜威十进分类法将所有知识领域分为10个主要类别并细分子类，国际十进分类法类似于杜威分类法但广泛应用于不同国家，美国国会图书馆图书分类法将知识领域分为20多个大类用于学术研究，而国际专利分类表则用于专利的分类和管理。在中国，主要采用中国图书馆分类法，这种分类法将知识分为22个主要类目，并在每个类目下细分子类，用于组织和检索中文文献。各大中文数据库通常依据这一分类法进行文献的整理和检索，确保信息资源的高效管理。

（2）主题检索语言。

主题词（subject headings）也称为叙词，是用于准确描述文献内容的规范化名词术语，这些术语受到词表的限制。采用主题词法编制的索引被称为主题索引（subject index）。

在自然科学领域，最具代表性的是《汉语主题词表（自然科学卷）》。这个词表的目的是确保作者、主题标引者和检索者在用语上的一致性，从而避免因主题词选择不当而导致漏检、误检或空检。

《汉语主题词表（自然科学卷）》的核心部分是字顺表，它包含了大量的主题词及其同义词和近义词，按字母顺序排列。这个词表涵盖了自然科学领域的关键概念，包括物理学、化学、生物学、地球科学等。通过使用这个词表，文献的编目和检索变得更加系统化，确保了信息的准确传达和高效检索。

（3）副主题词和关键词检索语言。

副主题词是对主题词的进一步限定，用于将同一主题的不同方面的文献分开集中。例如，在地理信息科学中，副主题词可以用来细化“地理信息系统”这一主题词，以涵盖特定的应用领域或技术，如“遥感数据处理”“地理数据可视化”等。

关键词法是为了适应计算机自动编制索引的需求而发展起来的一种方法。关键词是代表文献内容的主要词汇，通常直接取自文献原文，而不做规范化处理。关键词法灵活且适用于自动化检索系统，但可能不如主题词法系统化。

例如，假设有一篇文献标题为《地理信息系统在城市规划中的应用与挑战》。在这篇文献中，关键词可能包括“地理信息系统”“城市规划”和“应用挑战”。这些关键词直接反映了文献的主要内容，但不做规范化处理。

如果我们将这些关键词与主题词进行对比，可能会得到如下的对应关系：

“地理信息系统”→“地理信息科学”（主题词）

“城市规划”→“城市规划与管理”（主题词）

“应用挑战”不一定会作为主题词出现，可能会与特定的副主题词结合，如“技术挑战”“应用问题”等。

通过关键词法，检索者可以直接使用文章中出现的词来进行检索，而副主题词则有助于在主题词的基础上进一步细分和集中相关文献。

（4）代码语言——分子式，CAS 号等。

代码语言是指利用代表事物的代码作为标识系统的检索语言。这种语言通过使用特定的代码，如分子式、CAS 号（Chemical Abstracts Service Number）等，来进行信息检索和组织。代码语言的主要特点是精确和系统化，它使得对特定事物的检索更加高效。

例如，美国的《化学文摘》使用了化合物分子式索引和环状化合物的环系索引。这些索引通过化合物的分子式或环系结构代码来标识和检索化学物质，从而提供了一个高效的检索系统，用于查找相关的化学信息和文献。

2.文献检索途径

（1）主题途径。

这是一种主要的检索方法，通过使用主题词和关键词来进行文献检索。这种方法的主要特点是查全率较高，即能够覆盖广泛的相关文献。主题途径通过对文献内容进行详细的主题分析，确保检索结果尽可能全面，包括了主题词法和关键词法的优势。

①主题词法：利用标准化的主题词来进行检索，这些词是经过规范化的，能够精确描述文献的主题。通过使用主题词法，可以系统地检索到与主题相关的文献，降低漏检和误检的可能性。

②关键词法：直接使用文献中出现的主要词进行检索。这种方法灵活且适应计算机自动编制索引的需要，能够涵盖文献中的重要概念和主题。

结合主题词和关键词，主题途径可以提供更全面的检索结果，帮助用户获得尽可能多的相关信息。

（2）篇名途径。

这是通过文献的篇名、书名或刊名来进行检索的方法。这种方法主要利用文献的标题或出版物的名称作为检索入口，以找到特定的文献或资源。篇名途径适用于当用户知道文献的具体标题或出版物名称时，通过这些信息快速定位和获取所需的文献。

①篇名：通过文献的标题进行检索。例如，输入文章标题或章节标题来查找相关文献。

②书名：通过书籍的标题进行检索。例如，输入书名来查找特定的书籍和相关章节。

③刊名：通过期刊或杂志的名称进行检索。例如，输入期刊名称来查找在特定期刊上发表的文章。

篇名途径的优点是能够快速准确地找到已知标题的文献，但它要求用户必须了解文献的具体名称。在图书馆数据库和在线学术资源中，篇名途径是一种常用的检索方法，尤其适用于精确检索和获取特定文献。

（3）著者途径。

通过作者的姓名作为检索入口来查找文献。用户可以通过输入作者的名字来定位其发表的作品。这种方法特别适用于当用户知道文献作者的姓名时，通过该信息快速获取相关文献和资源。

①中文数据库：在中文数据库中，使用著者途径检索时需要注意作者姓名的重名问题。因为中文姓名常常重复，检索时可能需要结合其他信息，如作者的单位、研究领域或具体作品，以区分同名作者。

②英文数据库：在英文数据库中，检索时需要注意作者姓名的顺序。通常，英文姓名的顺序是“姓氏，名字”（如“Smith，John”）。确保输入姓名的顺序正确，以便准确找到所需的文献。

著者途径的优点在于能够直接获取某位特定作者的所有相关文献，是进行作者研究和评估学术贡献的有效方法。

（4）著者地址。

根据作者的地址或单位进行检索的方法。这种方法通常用于统计和分析文献的发表情况，特别是为了了解某一单位或地区的研究成果和科研活动。

通过著者地址途径，可以实现以下目的：分析特定单位或地区的文献发表数量和类型，评估该单位或地区的科研产出和影响力。了解某一机构的研究领域和重点，评估其在特定学科领域的研究成果。识别和分析研究机构之间的合作情况，了解研究网络和合作关系。

在实际操作中，用户通常需要输入作者的机构名称、单位地址或所在城市，以检索该单位或地区的相关文献。例如，输入“北京大学”或“Harvard University”来查找这些机构的发表文献。此方法有助于获取有关特定研究机构或地区的详细科研信息。

（5）刊名途径。

查找和引用期刊文章时，需要准确掌握期刊名、年份、卷号、期号等信息。首先，通过学术数据库或期刊官网搜索期刊名（如 *Journal of Soil Science*）。找到期刊后，按年份浏览内容，如 2023 年。接着，确定该年份的卷号（如 Volume 12），表示该年度的出版序列。然后，选择具体的期号（如 Issue 3），表示该卷内的分期序列。最后，浏览该期的目录，找到所需的文章。

（6）分类途径。

按照预设的分类系统逐步查找相关文献或信息。此方法基于知识领域的分类结构，允许用户从广泛的类别开始，逐渐缩小范围，找到具体的主题或领域中的文献。分类途径通常涉及以下步骤：

①选择大类：根据所需的信息领域或主题，选择一个广泛的分类类别。例如，在图书馆分类系统中，可能从“科学”类别开始。

②逐步细分：在大类别下逐步细分至更具体的子类别。例如，在“科学”类别下，进一步选择“生物科学”或“化学”。

③定位详细分类：根据具体的研究兴趣或信息需求，选择更详细的分类。例如，在“生物科学”下，进一步选择“植物学”或“动物学”。

④查找文献：根据最终选择的分类，查找和获取相关的文献、书籍或期刊文章。

分类途径的优点在于能够系统化地检索和组织信息，特别适用于当用户对主题有一定了解并希望从广泛到具体地寻找相关文献时。这种方法常用于图书馆目录、数据库和信息管理系统中。

（7）序号途径。

图书的 ISBN 号、期刊的 ISSN 号、索书号、专利号、标准号、报告号等，这些编号系统确保了文献和资源的唯一标识和准确检索，有助于文献管理、研究和信息访问。

3.布尔检索

布尔逻辑运算符用于制定复杂的检索策略，以确保获取最相关的文献。以下是如何在自然科学研究中应用这些布尔逻辑运算符的示例。

（1）AND（逻辑与）。

功能：用于检索同时包含多个科学概念的文献。这种方法能够缩小检索结果范围，确保文献涵盖所有相关主题。

例子：假设你正在研究“气候变化”和“植物生长”的关系。使用检索词“气候变化 AND 植物生长”将返回所有同时讨论这两个概念的文献。这对于研究气候变化如何影响植物生长的详细情况特别有效。

（2）OR（逻辑或）。

功能：用于检索包含至少一个指定概念的文献。这种方法能够扩展检索结果范围，确保文献涵盖任意一个或多个相关主题。

例子：如果你对“光合作用”和“光谱分析”的研究感兴趣，可以使用检索词“光合作用 OR 光谱分析”。这样可以找到所有涉及光合作用、光谱分析或两者同时涉及的文献，适用于研究与光相关的广泛主题。

（3）NOT（逻辑非）。

功能：用于检索包含某一概念但排除另一个概念的文献。这种方法能够帮助过滤掉不需要的内容，进一步精确检索结果。

例子：如果你研究“海洋酸化”但不关心“温室气体”的影响，可以使用检索词“海洋酸化 NOT 温室气体”。这样可以找到讨论海洋酸化但不涉及温室气体的文献，对于专注于海洋酸化的特定方面非常有用。

（4）复杂组合。

例子："光合作用 AND （植物生长 OR 氮循环） NOT 海洋"，这个查询将返回所有讨论"光合作用"且同时涉及"植物生长"或"氮循环"的文献，但排除那些涉及"海洋"的文献。这种组合查询能够帮助你找到关注光合作用与特定植物生长或氮循环相关的文献，而不包括海洋领域的研究。

通过使用这些布尔运算符，研究者可以更加精确地制定检索策略，获取最相关的研究成果和数据。

4.截词检索和通配符检索

截词检索即把检索词截断，取其中的一部分，再加上截词符，以其为检索式输入检索。截词检索主要用于西文数据库检索。

常见的截词符包括星号"*"和问号"？"。星号表示匹配的字符数量不受限制，而问号的匹配字符数则受到限制。如输入"computer*"，就可以找到"computer、computers、computerised、computerized"等单词，而输入"comp?ter"，则只能找到"computer、compater、competer"等单词。

截词检索根据截词位置不同分为前截断、后截断和中截断三种。

（1）前截断。

前截断用于后方一致检索，截词符放在被截词的左边，可与后截断一起使用。例如，输入*magnetic，可检索"electro-magnetic、thermo-magnetic"。

（2）后截断。

后截断用于前方一致检索，截词符放在被截词的右边。后截断主要用于下列检索：词的单复数检索，如 company 与 companies；年代检索，如 199？（20 世纪 90 年代）；词根检索，如 socio*，可以检索"sociobiology、socioecology、sociology"等。

（3）中截断。

中截断用于前后一致检索，把截词符放在词的中间。如 organi?ation，可检索"organisation、organization"，这种方式查找英美不同拼法的概念最有效。

截词检索根据截断的字符数量不同，分为有限截断和无限截断两类。

（1）有限截断。

有限截断限制被截断的字符数量。例如，输入 educat??，表示被截断的字符只有两个，可以检索"educator、educated"两个词。

（2）无限截断。

无限截断不限制被截断的字符数量。例如，输入 educat?，可以检索"educator、educators、educated、educating、education、educational"等。

5.检索结果评价

查全率是指系统在进行某一检索时，检出的相关文献量与系统文献库中相关文献总量的比率。

查准率是指系统在进行某一检索时，检出的相关文献量与检出文献总量的比率。

（1）影响查全率的因素。

①检索策略过于简单：如果检索策略过于简单，仅使用基本的关键词或单一的检索

条件，可能无法涵盖所有相关的文献。简单的检索策略通常无法考虑到主题的复杂性或文献的多样性，导致遗漏相关文献。使用更复杂的检索策略，结合多个关键词、布尔运算符和主题词，可以提高查全率。

②选词和进行逻辑组配不当：检索词的选择和布尔运算符的组合对检索结果有重要影响。如果选择的检索词不准确或组合不合理，可能无法涵盖所有相关文献。例如，使用不常见的同义词或未包含相关变体的检索词可能导致信息遗漏。准确选择检索词并合理地使用布尔运算符可以提高查全率。

③检索途径和方法太少：如果只使用有限的检索途径和方法，可能无法覆盖所有的资源。不同的数据库和检索系统可能有不同的文献收录范围和索引方式。使用多种检索途径（如主题词法、关键词法、分类法等）和方法可以确保更全面的文献覆盖。

④检索人员业务不熟练和缺乏耐心：检索人员如果对检索工具和策略不熟悉，可能会导致检索不够全面，例如，不熟悉数据库的高级检索功能、布尔运算符的使用，或缺乏检索技巧和策略。培训和经验积累可以提高检索的准确性和全面性。

⑤检索系统不具备截词功能和反馈功能：截词功能允许检索系统自动识别和处理检索词的不同形式（如词根、词缀等），提高检索的全面性。如果系统没有截词功能，可能会遗漏含有不同词形变化的文献。反馈功能可以提供检索结果的相关性提示和调整建议，帮助优化检索策略。如果系统缺乏这些功能，可能无法全面获取所有相关信息。

⑥检索时不能全面描述检索要求：如果在检索时未能全面准确地描述信息需求，可能导致检索结果不符合预期。例如，没有明确界定研究问题、目标或主题可能会影响检索策略的设计和实施，从而影响查全率。准确描述检索要求有助于制定更有效的检索策略，确保获取所有相关的文献和信息。

（2）影响查准率的因素。

①组配错误：组配错误指的是在构建检索策略时，对检索词或布尔运算符的组合不正确。这可能导致检索结果包含不相关的文献。例如，将不相关的主题词通过“AND”连接，可能会得到包含多个无关主题的结果。正确的检索策略需要准确组合检索词和逻辑运算符，以确保检索结果的相关性。

②检索词专指度不够：检索词专指度不够指的是使用的关键词或主题词过于宽泛或模糊，无法准确描述研究主题或问题。例如，使用“生物”作为检索词，可能会得到涉及所有生物学领域的文献，而不是特定的研究领域。使用更专门化和具体的术语可以提高检索结果的相关性。

③检索宽于检索要求：检索宽于检索要求指的是检索的范围超出了实际的研究需求，可能包含大量与研究问题无关的文献。例如，使用宽泛的检索词会得到大量的文献，这些文献中可能包含与实际研究目标不相关的内容。限制检索范围并使用更具体的检索条件可以提高查准率。

④截词部位不当：截词部位不当指的是在使用截词功能时，选择了不适当的位置或形式，导致检索结果不准确。例如，截词位置不当可能导致检索到词干形式的多种变体，这些变体可能与实际的研究问题不相关。精确设置截词位置和形式可以帮助获取更相关的文献。

⑤检索中使用逻辑运算符不当：在检索过程中使用逻辑运算符不当会影响检索结果的相关性。例如，使用“OR”运算符连接两个广泛的概念可能会得到大量不相关的文献；而使用“AND”连接过于狭窄的概念可能会过度限制检索范围。合理使用布尔运算符，并确保它们的用法符合检索目标，可以提高检索结果的相关性。

四、文献数据库

1.文献数据库的概念

文献数据库（document database）是指计算机可读的、有组织的相关文献信息的集合。通过将整理和加工后的文献信息输入计算机系统，利用计算机技术进行编辑和排版，最终输出的内容可以用于印刷成文摘刊物和各种索引。这些文摘刊物和索引为研究人员和学者提供了便捷的参考资源。同时，保存在计算机中的机读文件不仅作为二次文献编辑出版的副产品存在，而且可进一步发展为独立的文献数据库。

这种文献数据库具有多重优势：首先，它能够快速检索和访问大量的文献信息，极大地提高了信息获取的效率。其次，计算机系统可以对文献信息进行多维度的分类和索引，使得用户能够根据不同的需求进行精准搜索。同时，文献数据库的数字化存储方式节省了物理空间，便于长期保存和管理。此外，随着网络技术的发展，许多文献数据库还支持在线访问和更新，进一步扩展了其应用范围和便利性。

文献数据库在学术研究、技术开发、情报分析等领域中扮演着重要角色。它不仅为研究人员提供了丰富的信息资源，还促进了信息共享和学术交流。通过不断更新和完善，文献数据库将持续为科学研究和知识传播提供有力的支持。

2.文献数据库结构

（1）文档（file）。

在检索系统中，文档可以理解为一个子数据库，它是一个组织良好的信息集合，用于存储和管理特定领域的文献信息。每个文档包含了一个特定主题或分类的文献条目，能够提供相关的参考数据，支持用户对信息的检索和访问。在文献数据库的结构中，文档是一个基本的组成单元，通过不同的文档可以系统地组织和分类大量的文献资源。

（2）记录（record）。

记录是构成文献数据库的基本单元，主要用于揭示文献的内容特征和体表特征。每条记录代表一篇具体的文献，包括了该文献的所有重要信息，如标题、作者、出版信息等。记录的设计旨在提供足够的细节，以便用户能够准确理解文献的内容，并进行有效的检索。记录是数据库中信息存储和检索的核心元素。

（3）字段（field）。

字段是组成记录的数据项，每个字段包含了记录中的一个特定信息片段。常见的字段包括篇名（标题）、著者（作者）、出处（出版信息）等。每个字段都有自己的字段表示符，用于标识和区分不同类型的信息。例如，一个记录中的“篇名”字段用于存储文章标题，“著者”字段用于记录作者姓名，而“出处”字段则包括了期刊名、出版年份等详细信息。字段的设计和组织确保了信息的准确存储与便捷检索，使得用户能够根据需要快速找到所需的文献。

3.文献数据库的类型

（1）事实数据库（factual database）。

事实数据库用于存储有关人物、结构、课题研究动态等一般事实性资料信息。它记录了大量的事实性数据，便于用户检索和使用。例如中国知网（CNKI），包含很多可以检索数据和事实的子库，又如 CNKI 年鉴、中国经济社会发展统计数据等。

（2）数值数据库（numeric database）。

数值数据库提供数值型信息，如统计数据、实验数据、测量数据、化学成分和临床数据等。它通常用于存储和检索各种量化的数据。美国地质调查局（USGS）的地质数据管理系统（Geological Data Management System）是一个典型的数值数据库，它包含地震数据、矿产资源数据和地下水测量数据等。这些数据对于地质研究和资源管理至关重要。

（3）书目数据库（bibliographic database）。

书目数据库系统检索的是目录、题录和文摘等二次文献，主要提供文献的出处和概要信息。常见的书目数据库有：生物学文摘、全国报刊索引、中国学术期刊文摘、Inspec 等。它提供文献的书目记录、摘要和引用信息，帮助研究人员找到相关的研究资料。

（4）全文数据库（full text database）。

全文数据库存储文献的全文或主要原始文献，主要为检索者提供原文服务。用户可以对文献进行全文检索和查询。地理信息系统（GIS）数据库中的全文资料，如《地理研究》期刊的全文数据库，用户可以访问有关地理学和环境科学领域的研究论文、技术报告和案例研究的完整文本，支持详细的文献分析和研究。

（5）超文本数据库（hypertext database）。

超文本数据库存储声音、图像和文字等多种信息，支持多媒体信息的检索和展示。蛋白质数据库（PDB）是一个超文本数据库，提供蛋白质三维结构的信息。

（6）知识库（knowledge base）。

知识库可分为两类：一类是指专家系统设计所应用的规则集合，包含规则所联系的事实及数据，它们的全体构成知识库；另一类是指具有咨询性质的知识库。

4.文献数据库遵循的原则

（1）满足用户检索目的。

①基于查全目的：对于科研选题、规划与开发、文献综述写作等场景，需要尽可能全面地获取相关文献。这时，应使用多个数据库进行检索，以确保覆盖所有相关的研究领域和信息源。例如，在进行文献综述时，可能需要综合不同领域的数据库，如 Web of Science Database（科学网络数据库）、Scopus Database（斯高帕斯数据库）。

②基于查准目的：对于需要获取特定事实性和数值型数据的检索，如寻找具体实验数据、统计资料或技术标准，应优先选择专业的事实性和数值型数据库，如美国地质调查局（USGS）数据库或化学文摘社（CAS）数据库，以提高检索的准确性和相关性。

（2）覆盖范围全面。

①数据库的深度及规模：选择数据库时应考虑其内容的全面性和深度，确保数据库

能够覆盖研究领域的核心文献和最新研究成果。

②收录学科范围：确保数据库涵盖了相关学科的广泛范围。例如，在环境科学领域，选择的数据库应包括气候变化、生态学、地质学等多方面的文献。

③文献质量：优选高质量的数据库，这些数据库通常有严格的文献筛选和审查机制，确保收录文献的学术水平。

④时间范围：选择能够覆盖所需时间范围的数据库，包括历史文献和最新出版物。

⑤地理范围：根据研究需求选择覆盖特定地理区域或具有全球性覆盖的数据库。

⑥机构来源：数据库的机构来源也很重要，如国际权威机构和专业组织提供的数据库通常具有更高的可信度。

（3）检索成本合理。

有的数据库收取使用费用和检索结果输出的费用，在预算有限的情况下，应充分利用免费资源和开放获取资源。

①免费资源：例如，PubMed 提供免费的医学和生命科学文献，中国国家知识产权局提供专利信息，美国专利全文数据库和欧洲专利检索系统提供专利数据。这些资源可以大大降低检索成本。

②开放获取资源：利用开放获取的数据库和期刊，如 DOAJ（Directory of Open Access Journals），可免费访问大量的学术文献和研究成果。

（4）检索平台友好。

①界面设计：检索平台的界面设计应美观、简洁，确保用户体验良好。

②标准化：平台应提供标准化的检索模式和风格统一的界面，使用户能够快速上手和进行有效检索。

③多角度、多维度检索：平台应支持多种检索方式，如关键词检索、作者检索、主题检索等，满足不同的检索需求。

④简便：界面操作应简便流畅，减少用户的迷失度和页面噪声干扰，提供精准的检索结果。

⑤快速定位：平台应帮助用户快速定位到相关文献，提供有效的过滤和排序功能，以便用户能迅速找到所需信息。

5.文献数据库的评价标准

（1）收录内容准确无误。

数据库中的文献和数据应经过严格的审查和验证，以确保其准确性。错误或不准确的信息会影响研究的可靠性和有效性。评价数据库时，应检查其是否有有效的校验和更新机制，以保持数据的准确性。

（2）收录的广度与深度。

①广度：数据库应涵盖相关领域的广泛文献和数据，包括不同的主题、学科和研究领域。这保证了用户能够获取全面的信息资源。

②深度：数据库应深入到领域内的重要和核心文献，包括历史文献、经典研究以及最新成果。深度收录能够帮助用户进行深入研究和系统分析。

（3）来源权威可信。

①权威性：数据库应由权威和可信的机构、组织或出版商提供。这些来源通常具备较高的学术水平和公信力，如国际知名的学术出版社、政府机构和专业协会。

②可信度：数据库应具有良好的声誉和用户评价，能够为用户提供可靠的文献和数据支持。评价数据库时，参考专业机构和领域专家的推荐与评估。

（4）更新速度与规律。

①更新速度：数据库应定期更新，及时收录最新的研究成果和数据。快速的更新速度可以确保用户获取到最新的信息，支持当前的研究需求。

②更新规律：评价数据库的更新规律，了解其更新频率和计划。例如，某些数据库可能按月、季度或年更新，用户应选择符合需求的更新周期。

（5）检索功能。

①检索精度：数据库应提供准确和灵活的检索功能，支持多种检索方式（如关键词、作者、主题、出版年份检索等），帮助用户快速找到相关文献。

②高级检索：提供高级检索选项，允许用户进行复杂查询和筛选，以提高检索结果的相关性和精确度。

③检索结果呈现：检索结果应清晰明了，能够有效地展示文献的关键信息，并支持进一步的文献获取和分析。

（6）系统稳定性。

数据库系统应具有高稳定性，能够持续可靠地运行，避免频繁的系统故障或中断。系统的稳定性直接影响用户的使用体验和工作效率。

（7）技术支持。

数据库应提供有效的技术支持和帮助服务，解决用户在使用过程中遇到的问题。良好的技术支持可以提升用户满意度和使用效果。

五、常用中文全文事实型数据库资源

（一）中国知网（CNKI）

1.背景介绍

国家知识基础设施（National Knowledge Infrastructure，NKI）的概念由世界银行《1998年度世界发展报告》提出。1999 年 3 月，以全面打通知识生产、传播、扩散与利用各环节信息通道，打造支持全国各行业知识创新、学习和应用的交流合作平台为总目标，中国知网启动了中国知识基础设施工程（China National Knowledge Infrastructure，CNKI），得到了全国学术界、教育界、出版界、图书情报界的大力支持和密切配合。

2.发展历程

中国知网的发展经历了多个阶段，每个阶段都有显著的进展和成就：

1999 年：中国知网正式启动，初步建设了期刊文献数据库，并开始收录国内的学术期刊。此时，平台主要关注基础文献资源的积累和整合。

21 世纪最初十年：平台扩展了资源种类，增加了学位论文、会议论文、标准和专利等文献类型。此阶段的重点是提升数据库的全面性和多样性，以满足更广泛的用户需求。

21 世纪第二个十年：中国知网开始整合大数据分析和人工智能技术，推出了高级数据处理和分析功能。同时，平台开始与国际学术资源对接，拓展了国际化服务。2013 年，CNKI 的国际合作项目逐步开展，包括与国际数据库的合作及资源互换。2019 年，CNKI 实现了文献资源的全面升级，支持更加精准的检索和数据分析。

近年：中国知网持续创新，推出了知识图谱、智能推荐等先进功能。2020 年，平台上线了新版界面和增强的用户互动功能，以提升用户体验。2023 年的数据显示，CNKI 数据库包含了超过 1 亿条文献记录，支持丰富的检索条件。

3.主要功能

（1）文献检索与获取。

①基本检索。中国知网提供了多种检索方式，以满足不同用户的需求。

a.关键词检索：用户可以通过输入关键词进行文献检索。系统会根据关键词匹配相关文献，并提供检索结果列表。

b.作者检索：用户可以通过输入作者姓名，检索该作者的全部文献。这项功能特别适用于查找某一领域内专家的研究成果。

c.标题检索：用户可以根据文献标题进行检索，这有助于快速找到特定主题的文献。

②高级检索。中国知网的高级检索功能允许用户进行复杂查询。

a.布尔运算符：支持使用 AND、OR、NOT 等布尔运算符进行逻辑组合。例如，用户可以检索“气候变化 AND 农业”以获得相关研究成果。

b.字段限制：用户可以根据标题、作者、摘要、关键词等字段进行检索。这种精确检索方式有助于用户快速找到与研究主题最相关的文献。

c.时间范围限制：用户可以限制检索结果的时间范围，以获取特定时间段内的研究成果。

③全文获取。中国知网提供了对文献全文的访问。

a.下载服务：用户可以下载期刊文章、学位论文、会议论文的全文。平台支持 PDF 和 HTML 格式，满足不同用户的需求。

b.在线阅读：用户可以在线阅读文献内容，无须下载。这种方式适用于快速浏览文献。

（2）引文分析与追踪。

①引文分析功能帮助用户了解文献的影响力。

a.引用次数：用户可以查看某篇文献的引用次数，了解其在学术界的影响力。

b.引用文献：用户可以查看某篇文献引用了哪些其他文献。这有助于追踪研究的历史背景和参考文献。

c.被引情况：平台还提供了被引情况分析，用户可以了解哪些研究人员或机构引用了某篇文献。

②引文追踪功能允许用户探索文献的引用链。

a.追踪引用：用户可以追踪某篇文献的引用链，了解其后续的研究发展。通过这种追踪方式，用户可以发现相关的研究成果和学术动态。

b.引用分析图：平台提供了可视化的引用分析图，帮助用户直观地了解文献的引用网络。

（3）数据分析与研究工具。

①文献计量分析工具为用户提供了关于文献的统计信息。

a.文献数量：用户可以查看某一领域的文献数量，以评估研究的规模和密度。

b.作者影响力：平台提供作者的影响力分析，用户可以了解研究人员在某一领域的贡献和地位。

c.研究热点：通过分析关键词的频次和出现趋势，用户可以识别研究领域的热点话题和发展趋势。

②研究趋势分析工具帮助用户了解研究领域的发展动态。

a.关键词趋势：用户可以查看某一关键词的使用趋势，了解研究热点的变化。例如，近年来“人工智能”关键词的使用频次大幅上升，反映了该领域的快速发展。

b.领域发展：平台提供的领域发展分析帮助用户了解各学科的研究进展和未来趋势。通过分析领域内文献的发表数量和质量，用户可以预测领域的发展方向。

（4）知识管理与服务。

①知识图谱功能构建了学科领域的知识网络。

a.概念关系：平台通过知识图谱可视化展示学科内的主要概念及其关系，帮助用户理解不同研究主题的相互联系。例如，生物医学领域的知识图谱包括疾病、治疗方法、药物等主要概念及其关系。

b.研究路径：知识图谱还展示了研究的路径和发展脉络，帮助用户发现领域内的研究空白和未来的研究方向。

②个性化推荐服务基于用户的行为数据。

a.推荐文献：平台根据用户的检索历史和阅读习惯，推荐相关的文献资源。例如，用户经常检索环境科学相关文献，系统会推荐最新的环境科学研究成果。

b.定制服务：用户可以设置个人兴趣和研究方向，平台将提供定制化的文献推荐和信息更新。

4.资源类型与覆盖范围

（1）期刊资源。

中国知网的期刊资源覆盖广泛。

①核心期刊：平台收录了中国最具影响力的核心期刊，如《科学通报》《中国社会科学》《生物医学工程学杂志》等。这些期刊在学术界具有重要地位和影响力。例如，《科学通报》是中国科学院主办的综合性科学期刊，在国际上也有较高的影响力。

②地方期刊：平台还包括各省市的地方学术期刊，如《江苏社会科学》《湖南师范大学学报》等。这些期刊关注地方性研究和学术交流，提供了丰富的地方性研究成果。

（2）学位论文。

中国知网的学位论文资源覆盖各个学科和研究方向。

①硕士论文：平台收录了全国各大高校的硕士学位论文，展示了研究生阶段的科研

成果。

②博士论文：平台还收录了博士研究生的学位论文，展示了高级研究的成果和学术贡献。博士论文通常涉及前沿科学技术和深度学术研究。

（3）会议论文。

中国知网的会议论文资源涵盖各种学术会议的研究成果。

①国际会议：平台收录了国际学术会议的论文，展示了全球范围内的研究进展。

②国内会议：平台还收录了中国各类学术会议的论文，展示了国内的研究动态和学术交流。这些论文反映了国内各领域的最新研究和发展。

（4）专利与标准。

中国知网提供专利和标准的检索服务。

①专利文献：平台收录了中国和国际专利的详细信息，支持技术和创新研究。

②行业标准：包括各行业的标准文献，为行业规范和技术标准的查询提供支持。标准文献有助于了解行业的技术要求和规范。

（5）年鉴与统计数据。

中国知网还提供年鉴和统计数据，涵盖各个领域的统计信息。

①年鉴：包括中国各类年鉴，提供年度统计和行业数据。例如，《中国统计年鉴》记录了全国经济、社会和科技的年度数据，为用户提供了全面的统计信息。

②统计数据：涵盖各类统计数据，为研究和决策提供数据支持。统计数据可以用于经济分析、政策研究和社会调查等。

5.特点与优势

（1）权威性。

中国知网作为国家级的学术资源平台，拥有权威的来源和严格的审核机制。

①来源权威：平台汇集了中国最重要的学术机构、出版社和研究机构的资源，如中国科学院、清华大学、北京大学等。

②审核机制严格：中国知网对收录的文献进行严格的审核，确保信息的准确性和可靠性。每篇文献都经过专业的编辑和审校，以保证其学术质量。

（2）资源全面。

中国知网的资源覆盖面广，涵盖了期刊、学位论文、会议论文、专利、标准等多种类型的文献。

①全面性：平台的资源种类繁多，涵盖了各个学科领域和研究方向。例如，环境科学、医学、工程技术、社会科学等多个领域的文献资源都在平台上得到充分展示。

②多样性：中国知网不仅提供传统的文献资源，还包括数据、年鉴、统计信息等多种形式的资源，为用户提供了丰富的学术支持。

（3）更新及时。

中国知网定期更新资源，确保用户能够获取到最新的信息。

①动态更新：中国知网收录了 1912 年至今我国产出的各类文献，且每日更新，确保用户能够获取到最新的研究成果和数据。更新的频率和速度确保了信息的时效性和前沿性。

②历史数据：除了最新的文献，平台还保留了大量的历史数据和文献，为用户提供了全面的历史记录和研究背景。

（4）用户友好。

中国知网的界面设计美观、操作简便，提供了多种检索方式和功能。

①界面设计：平台界面简洁大方，用户可以方便地进行文献检索和获取。设计的美观性和操作的简便性提升了用户的使用体验。

②功能丰富：提供了多种检索方式、数据分析工具和个性化服务。例如，高级检索功能允许用户进行复杂查询，知识图谱和个性化推荐服务进一步提升了平台的实用性。

（5）数据安全与隐私保护。

中国知网注重用户数据的安全与隐私保护。

①数据加密：平台对用户的个人信息和检索数据进行加密处理，保护用户的隐私。

②隐私政策：中国知网制定了严格的隐私政策，确保用户的数据不会被未经授权的第三方获取或使用。

中国知网作为中国最大的学术资源平台，为科研人员、学生和教育工作者提供了全面的文献资源和高效的知识服务。平台通过文献检索、引文分析、数据分析、知识管理等功能，推动了学术研究和知识传播的发展。未来，中国知网有望继续扩展资源和功能，提升技术水平，进一步推动学术研究和知识应用。通过不断优化和创新，中国知网将继续发挥其在知识基础设施中的核心作用，为全球研究人员和学习者提供更优质的知识服务。

（二）万方数据库知识服务平台

1.背景介绍

北京万方数据股份有限公司（简称万方数据）是科技部唯一直属的高新技术企业，拥有深厚的行业背景和技术优势。万方数据由中国科学技术信息研究所控股，该所是国家文献法定收藏单位，负责对国家重要文献进行收藏和保存。这一背景确保了万方数据在信息资源收集和管理方面的权威性与可靠性。万方数据是中国最早从事信息内容服务的股份制企业之一，具有丰富的行业经验和创新能力。作为中国第一批开展互联网服务的企业，万方数据在数字化和网络化服务方面具有先发优势和技术积累。

2.发展历程

万方数据的发展经历了多个重要阶段，每个阶段都伴随着平台的扩展和提升。

21 世纪初：万方数据初步建立了基础的学术资源数据库，主要提供期刊文献服务。此阶段平台致力于资源的积累。

2005 年：万方数据知识服务平台扩展了资源类型，包括学位论文、会议论文、标准和专利等，进一步增强了数据库的全面性和深度。

21 世纪第二个十年：引入先进的数字技术和数据处理技术，提升了平台的功能和用户体验。2013 年，平台上线了数据可视化和高级检索功能，提升了数据分析和信息检索的效率。

近年：持续更新和扩展资源，推出了智能服务功能，以及个性化推荐和智能分析工具。

3.主要功能

（1）文献检索与获取。

①基本检索。万方数据知识服务平台提供多种检索方式，帮助用户快速找到所需文献。

a.关键词检索：用户可以通过输入关键词进行检索，系统会匹配相关文献并展示检索结果。

b.作者检索：通过输入作者姓名检索其所有文献，适用于查找特定研究人员的研究成果。

c.标题检索：根据文献标题进行检索，以找到特定主题的相关文献。

②高级检索功能允许用户进行复杂查询。

a.布尔运算符：支持使用 AND、OR、NOT 等布尔运算符进行逻辑组合查询。例如，检索“环境污染 AND 健康”以获取相关研究成果。

b.字段限制：根据标题、作者、摘要、关键词等字段进行检索，以精准查找相关文献。

c.时间范围设置：设置时间范围，获取特定时间段内的文献，如检索 2015 年至 2020 年间的所有相关文章。

③全文获取。万方数据知识服务平台提供文献全文的获取服务。

a.下载服务：用户可以下载期刊文章、学位论文、会议论文的全文，支持 PDF 格式下载，方便离线阅读。

b.在线阅读：用户可以直接在线阅读文献内容，无须下载，适用于快速浏览文献和查找所需信息。

（2）引文分析与追踪。

①引文分析功能帮助用户了解文献的学术影响。

a.引用次数：用户可以查看文献的引用次数，了解其在学术界的影响力。

b.引用文献：用户可以查看某篇文献引用了哪些其他文献，了解研究的参考背景。

c.被引情况：用户可以分析被引情况，了解哪些研究人员或机构引用了某篇文献。

②引文追踪功能帮助用户探索文献的引用链。

a.追踪引用：用户可以追踪某篇文献的引用链，发现相关的研究成果和学术动态。

b.引用分析图：提供可视化的引用分析图，帮助用户直观了解文献的引用网络。

（3）数据分析与研究工具。

①文献计量分析工具提供关于文献的统计信息。

a.文献数量：用户可以查看某一领域的文献数量，评估研究规模。

b.作者影响力：提供作者的影响力分析，用户可以了解研究人员在某领域的贡献。

c.研究热点：分析关键词的频次和出现趋势，用户可以识别研究领域的热点话题。

②研究趋势分析工具帮助用户了解领域的发展动态。

a.关键词趋势：用户可以查看关键词的使用趋势，了解研究热点的变化。例如，“人工智能”关键词的使用频次显著增加，反映了该领域的快速发展。

b.领域发展：提供领域发展分析，用户可以了解各学科的研究进展和未来趋势。

（4）知识管理与服务。

①知识图谱功能构建了学科领域的知识网络。

a.概念关系：展示学科内的主要概念及其关系，帮助用户理解不同研究主题的联系。

b.研究路径：展示研究的路径和发展脉络，帮助用户发现领域内的研究空白和未来的研究方向。

②个性化推荐服务基于用户的行为数据。

a.推荐文献：根据用户的检索历史和阅读习惯，推荐相关文献资源。例如，用户经常检索社会科学相关文献，系统会推荐最新的社会科学研究成果。

b.定制服务：设置个人兴趣和研究方向，平台提供定制化的文献推荐和信息更新。

4.资源类型与覆盖范围

（1）期刊资源。

万方数据知识服务平台的期刊资源包括中文期刊和外文期刊，资源覆盖广泛。

①核心期刊：收录了中国最具影响力的核心期刊，如《中华医学杂志》《中国社会科学》《计算机研究与发展》等。

②地方期刊：包括各省区市的地方学术期刊，如《广东社会科学》《西南民族大学学报》等，关注地方性研究和学术交流。

（2）学位论文。

万方数据知识服务平台的学位论文资源涵盖各个学科和研究方向。

①硕士论文：收录了全国各大高校的硕士学位论文，展示研究生阶段的科研成果。

②博士论文：收录了博士研究生的学位论文，展示高级研究的成果和学术贡献。

（3）会议论文。

万方数据知识服务平台的会议论文资源涵盖各种学术会议的研究成果。

①国际会议：收录了国际学术会议的论文，展示全球范围内的研究进展。

②国内会议：收录了中国各类学术会议的论文，展示国内的研究动态和学术交流。

（4）专利与标准。

万方数据知识服务平台提供专利和标准的检索服务。

①专利文献：收录了中国和国际专利的详细信息，支持技术和创新研究。

②行业标准：收录了各行业的标准文献，为行业规范和技术标准的查询提供支持。

（5）年鉴与统计数据。

万方数据知识服务平台提供年鉴和统计数据，涵盖各个领域的统计信息。

①年鉴：收录了中国各类年鉴，提供年度统计和行业数据。例如，《中国统计年鉴》记录了全国经济、社会和科技的年度数据。

②统计数据：涵盖各类统计数据，为研究和决策提供数据支持。

5.特点与优势

（1）权威性和可靠性。

万方数据知识服务平台具有权威性和可靠性。

①来源权威：汇集了中国主要的学术机构、出版社和研究机构的资源，如中国科学

院、清华大学、北京大学等。

②审核机制严格：对收录的文献进行严格审核，确保信息的准确性和可靠性。每篇文献经过专业的编辑和审校，保证其学术质量。

（2）资源全面。

万方数据知识服务平台的资源覆盖面广，涵盖了期刊、学位论文、会议论文、专利、标准等多种类型的文献。

①全面性：资源种类繁多，涵盖了各个学科领域和研究方向。例如，医学、工程技术、社会科学、环境科学等领域的文献资源都在平台上得到充分展示。

②多样性：不仅提供传统的文献资源，还包括数据、年鉴、统计信息等多种形式的资源，为用户提供了丰富的学术支持。

（3）数据安全与隐私保护。

万方数据知识服务平台注重用户数据的安全与隐私保护。

①数据加密：对用户的个人信息和检索数据进行加密处理，保护用户的隐私。

②隐私政策：制定了严格的隐私政策，确保用户的数据不会被未经授权的第三方获取或使用。

（三）维普中文期刊服务平台

1.背景介绍

维普中文期刊服务平台由重庆维普资讯有限公司开发和运营，是中国领先的学术期刊数据库服务平台之一。自成立以来，平台致力于为科研人员、教育工作者、学生等提供全面的学术资源，旨在提升学术研究的效率和质量。该平台通过整合国内外重要的期刊资源，提供一站式的学术资源获取和利用服务，成为中国学术界的重要工具和资源库。

2.发展历程

维普中文期刊服务平台主要提供中文期刊的检索与下载服务，是国内较早涉足电子期刊服务的平台之一。早期的服务主要集中在科学技术领域，为科研人员和学术机构提供了便捷的文献获取途径。

20 世纪 90 年代，随着学术需求的增加和信息技术的发展，维普中文期刊服务平台开始逐步扩展其资源类型和覆盖范围。从最初的科学技术扩展到社会科学、医学、人文艺术等多个学科领域，同时，不断积累技术和经验，提高了文献检索和处理能力。

3.主要功能

维普中文期刊服务平台提供了多种功能，旨在为用户提供便捷的学术资源获取和利用服务。主要功能包括以下几个方面。

（1）期刊检索。

①关键词检索：用户可以通过输入关键词快速检索相关的期刊文章。

②高级检索：提供多条件组合检索，如作者、题名、刊名、年限等，帮助用户精确定位所需文献。

③分类导航：通过学科分类导航，用户可以浏览和查找特定学科领域的期刊资源。

（2）全文获取。

①在线阅读：支持在线阅读期刊文章，用户无须下载即可浏览全文。

②PDF 下载：提供期刊文章的 PDF 格式下载，方便用户离线阅读和保存。

（3）个性化服务。

①推荐系统：基于用户的搜索和阅读历史，推荐相关的期刊文章和学术资源。

②订阅功能：用户可以订阅特定期刊或主题，及时获取最新的研究进展。

（4）学术交流。

①评论与分享：用户可以对文章进行评论、评分和分享，促进学术交流与合作。

②论坛与社区：提供学术论坛和社区平台，用户可以在此讨论学术问题，分享研究心得。

4.资源类型与覆盖范围

维普中文期刊服务平台涵盖了广泛的学术资源类型和领域，提供了丰富的资源种类和全面的学科覆盖。

（1）资源类型包括以下几个方面。

①学术期刊：包括国内外重要的学术期刊，涵盖广泛的学科领域。

②会议论文：收录国内外重要学术会议的论文集。

③学位论文：提供大量优秀的硕士、博士学位论文。

④科技报告：涵盖各类科技报告和研究成果。

⑤标准与专利：收录国内外重要的标准文献和专利信息。

（2）覆盖范围。

①学科覆盖：覆盖自然科学、工程技术、医学、社会科学、人文艺术、管理学等多个学科领域。

②地域覆盖：不仅包含中国国内的学术资源，还涵盖了大量国际期刊和研究成果。

5.特点与优势

维普中文期刊服务平台具有以下特点和优势。

（1）全面性。

平台整合了多种类型的学术资源，覆盖了广泛的学科领域，满足了不同用户的研究需求。

（2）高效性。

先进的检索技术和个性化推荐系统，帮助用户快速、精准地找到所需文献。

（3）便捷性。

用户可以在线阅读和下载全文，提供了极大的便捷性。

（4）互动性。

通过评论、分享、评分等功能，促进学术交流与合作。

（5）持续更新。

平台资源不断更新，确保用户可以及时获取最新的研究成果和学术动态。

（四）超星

1.背景介绍

超星是超星集团开发的一款综合性学术资源搜索平台，旨在为用户提供高效、全面的学术资源检索服务，涵盖多种类型的学术资源，包括图书、期刊、学位论文、会议论文、报纸、专利、标准等。超星集团是中国知名的数字图书馆和知识服务提供商，是全球最大的中文在线图书馆之一。

2.发展历程

超星集团成立于 1993 年，最初以数字图书馆建设为主要业务。早期的超星主要提供数字图书的检索和阅读服务，为图书馆和学术机构提供了丰富的数字资源。进入 21 世纪，其开始扩展其资源类型，逐步涵盖了期刊、学位论文、会议论文、报纸等多种学术资源。同时，系统不断提升技术能力，提高了资源检索和处理的效率。

3.主要功能

（1）资源检索。

①关键词检索：用户可以通过输入关键词快速检索相关的学术资源。检索结果按相关性排序，帮助用户高效找到所需文献。

②高级检索：提供多条件组合检索，如作者、题名、刊名、年限等，帮助用户精确定位所需期刊文章。

③分类导航：通过学科分类导航，用户可以浏览和查找特定学科领域的资源。

（2）全文获取。

①在线阅读：支持在线阅读学术资源，用户无须下载即可浏览全文。系统提供高清晰度的在线阅读界面，提升阅读体验。

②PDF 下载：提供学术资源的 PDF 格式下载，方便用户离线阅读和保存。下载过程简单快捷，用户只需几步操作即可完成下载。

（3）个性化服务。

①推荐系统：基于用户的搜索和阅读历史，推荐相关的学术资源。推荐系统采用先进的算法，保证推荐结果的准确性和相关性。

②订阅功能：用户可以订阅特定学科或主题，及时获取最新的研究进展。订阅后，用户会收到新资源发布的通知，确保不遗漏重要文献。

（4）学术交流。

①评论与分享：用户可以对资源进行评论、评分和分享，促进学术交流与合作。评论功能提供了一个学术讨论的平台，用户可以在此交换意见和看法。

②论坛与社区：提供学术论坛和社区平台，用户可以在此讨论学术问题，分享研究心得。论坛分为不同的主题和学科，用户可以根据兴趣选择参与。

4.资源类型与覆盖范围

超星资源发现搜索系统涵盖了广泛的学术资源类型和领域，提供了丰富的资源种类和全面的学科覆盖。

（1）资源类型。

①图书：包括中外文图书，涵盖广泛的学科领域。平台收录了数百万册图书资源，提供了丰富的学术和教学资源。

②学术期刊：收录国内外重要的学术期刊，涵盖自然科学、社会科学、医学、人文艺术等多个领域。平台为用户提供了丰富的学术资源。

③学位论文：提供大量优秀的硕士、博士学位论文。学位论文是学术研究的重要成果，平台收录了来自各大高校的优秀学位论文，供用户参考。

④会议论文：收录国内外重要学术会议的论文集。会议论文是学术研究的重要组成部分，平台提供了丰富的会议论文资源，帮助用户了解最新的研究动态。

⑤报纸资源：涵盖各类国内外重要报纸资源，提供丰富的新闻和资讯。报纸资源提供了丰富的历史和时事资料，帮助用户了解社会发展和历史事件。

⑥专利：收录国内外重要的专利信息，提供丰富的技术和创新资料。专利资源帮助用户了解最新的技术创新和行业发展。

⑦标准：提供各类标准文献，包括国内外重要的行业标准和国家标准。标准文献是技术创新的重要保障，平台提供了丰富的标准资源，帮助用户了解行业标准和技术规范。

（2）覆盖范围。

①学科覆盖：覆盖自然科学、工程技术、医学、社会科学、人文艺术、管理学等多个学科领域。平台涵盖了所有主要学科领域，满足不同学术用户的需求。

②地域覆盖：不仅包含中国国内的学术资源，还涵盖了大量国际期刊和研究成果。平台与多个国际学术机构和出版商合作，提供丰富的国际学术资源，满足用户的国际学术需求。

5.特点与优势

超星资源发现搜索系统具有以下特点和优势。

（1）全面性。

平台整合了多种类型的学术资源，覆盖了广泛的学科领域，满足了不同用户的研究需求。用户可以在一个平台上访问到多种学术资源，避免了在多个平台之间切换的麻烦。

（2）高效性。

先进的检索技术和个性化推荐系统，帮助用户快速、精准地找到所需文献。平台采用了最新的检索算法和推荐技术，确保用户能够快速找到相关文献，提升研究效率。

（3）便捷性。

用户可以在线阅读和下载全文，提供了极大的便捷性。平台提供了高清晰度的在线阅读界面和快捷的下载服务，用户可以随时随地获取和利用学术资源。

（4）互动性。

通过评论、分享、评分等功能，促进学术交流与合作。平台提供了丰富的互动功能，用户可以在此进行学术讨论和交流，促进学术合作和研究创新。

（5）持续更新。

平台资源不断更新，确保用户可以及时获取最新的研究成果和学术动态。平台与多个学术机构和出版商合作，定期更新学术资源，保证用户获取最新的研究成果和学术信息。

（五）读秀学术搜索

1.背景介绍

读秀学术搜索是一个知名的学术资源检索平台，由北京世纪读秀技术有限公司开发和运营。它的设计初衷是为广大研究人员、学生、教师以及其他学术用户提供一个便捷、高效的学术资源获取平台。随着信息技术的发展和学术研究需求的增加，传统的纸质图书和期刊已经难以满足快速、海量的信息获取需求。因此，数字化学术资源平台应运而生，而读秀学术搜索正是其中的佼佼者。

2.发展历程

读秀学术搜索自成立以来，经历了多次升级和改版，以不断满足用户的需求和提升用户体验。以下是其主要的发展历程：

初创阶段：读秀学术搜索最初只是一个简单的学术文献检索工具，主要功能是提供基本的文献搜索和部分全文阅读服务。这个阶段的平台资源较为有限，但为用户提供了基本的学术资源获取途径。

扩展阶段：随着用户数量的增加和需求的多样化，读秀学术搜索开始扩展资源库和功能模块。平台增加了更多类型的文献资源，包括学位论文、会议论文、报纸文章等。同时，系统功能也得到了优化，检索速度和准确性显著提升。

整合阶段：为了提高用户的使用体验，读秀学术搜索开始与各大高校图书馆和学术机构进行合作，整合了大量的馆藏资源。通过这些合作，平台的资源覆盖范围大幅扩展，用户可以访问更多的学术文献。

智能化阶段：随着人工智能技术的发展，读秀学术搜索引入了智能推荐系统和大数据分析技术。平台能够根据用户的搜索历史和阅读偏好，提供个性化的文献推荐服务，进一步提高了用户的研究效率。

3.主要功能

读秀学术搜索的功能设计充分考虑了学术用户的需求，主要功能包括以下几个方面。

（1）文献检索与下载。

这是读秀学术搜索的核心功能。用户可以通过输入关键词、作者、标题、ISBN 等多种方式进行文献检索。平台提供了高级检索功能，允许用户进行精确查询，提高检索的准确性和效率。

（2）全文阅读与下载。

读秀学术搜索不仅提供文献的基本信息，还支持部分文献的全文阅读功能。用户可以在线浏览文献全文，部分资源可以下载阅读。对于一些受版权保护的文献，平台提供了文献传递服务，用户可以通过申请获取文献的部分章节。

（3）引用管理。

在学术写作过程中，文献引用是非常重要的一环。读秀学术搜索为用户提供了文献引用格式导出功能，支持多种常见的引用格式（如 APA、MLA、Chicago 等），方便用户在学术写作中引用和管理文献。

（4）个性化推荐。

平台利用大数据分析和机器学习技术，根据用户的搜索和阅读行为，提供个性化的文献推荐服务。这一功能帮助用户发现更多相关的学术资源，提高研究的全面性和深度。

（5）文献传递。

对于平台上未提供全文的文献，用户可以通过文献传递服务获取需要的内容。平台与多家图书馆和学术机构合作，为用户提供文献的扫描和传递服务，满足用户的研究需求。

4.资源类型与覆盖范围

读秀学术搜索的资源类型丰富多样，覆盖面广，具体包括以下几类：

（1）图书。

平台收录了大量的学术图书，涵盖了各个学科领域。用户可以通过检索获取图书的详细信息和部分全文内容。

（2）期刊论文。

平台收录了海量的期刊论文，涵盖了国内外重要的学术期刊。用户可以检索到最新的研究成果和学术动态。

（3）学位论文。

平台收录了大量的硕士和博士学位论文，用户可以通过检索获取这些高质量的研究成果，了解学术前沿和研究热点。

（4）会议论文。

平台还收录了大量的学术会议论文，这些论文通常代表了最新的研究方向和成果，对学术研究具有重要参考价值。

（5）报纸文章。

平台收录了一些重要报纸的学术文章和专题报道，为用户提供了多样化的信息来源。

（6）其他文献。

除了上述主要类型的文献，平台还收录了一些专利文献、标准文献等特殊类型的资源，为用户提供全面的学术支持。

5.特点与优势

读秀学术搜索具有以下几个显著特点和优势。

（1）资源丰富。

平台收录了大量的学术资源，覆盖了多个学科领域，能够满足不同用户的研究需求。无论是图书、期刊论文还是学位论文，用户都可以在平台上找到所需的文献。

（2）检索功能强大。

平台提供了多种检索方式和高级检索功能，用户可以通过多种条件组合进行精确查询，提高了检索的效率和准确性。

（3）全文阅读与获取。

平台不仅提供文献的基本信息，还支持部分文献的全文阅读和下载。对于未提供全文的文献，用户可以通过文献传递服务获取所需内容，极大地方便了用户的研究工作。

（4）引用管理便捷。

平台提供了多种引用格式的导出功能，用户可以轻松管理和引用文献，提高了学术写作的效率和规范性。

（5）个性化推荐智能化。

平台利用大数据和人工智能技术，根据用户的行为数据提供个性化推荐服务，帮助用户发现更多相关的学术资源，提升研究的全面性和深度。

（6）合作广泛。

读秀学术搜索与多家高校图书馆和学术机构合作，整合了大量的馆藏资源，用户可以访问更多的学术文献，拓展了研究的广度和深度。

（7）用户体验优良。

平台界面简洁友好，操作便捷，用户可以轻松上手。系统响应速度快，检索结果准确，提供了良好的用户体验。

（六）百链云图书馆

1.背景介绍

百链云图书馆是一个集成了大量学术资源和文献的数字图书馆平台，旨在为高校、科研机构以及广大学术用户提供便捷、高效的学术资源获取和管理服务。百链云图书馆是由北京超星集团有限公司开发并运营的一个云端图书馆平台。随着互联网和信息技术的发展，传统的图书馆服务逐渐向数字化、网络化、智能化转变。百链云图书馆正是顺应这一趋势，通过整合多种学术资源，利用云计算和大数据技术，为用户提供全方位的学术资源服务，有全文权限的提供全文地址，无全文权限的提供免费的文献传递。

2.发展历程

百链云图书馆自成立以来，经历了多个发展阶段，不断提升其技术水平和服务质量。

初创阶段：百链云图书馆最初以一个数字图书馆的形式出现，主要提供电子书和期刊的在线阅读服务。平台初期的资源相对有限，但已能满足基本的学术需求。

扩展阶段：随着用户需求的增加，百链云图书馆逐步扩展资源库，包括学位论文、会议论文、报纸文章等。平台还与多家学术机构和出版社建立了合作关系，丰富了资源种类和数量。

整合阶段：百链云图书馆开始整合各大高校和科研机构的馆藏资源，形成一个庞大的学术资源网络。通过这种资源共享和整合，用户可以访问到更多的学术文献和数据。

智能化阶段：引入人工智能和大数据分析技术，实现智能推荐和个性化服务。百链云图书馆通过分析用户行为数据，提供个性化的文献推荐和检索服务，显著提升了用户体验。

3.主要功能

百链云图书馆的功能设计旨在满足用户多样化的学术需求，主要包括以下几个方面。

（1）文献检索。

用户可以通过输入关键词、作者、标题、ISBN 等进行文献检索。平台提供了高级检索功能，支持多种条件组合查询，提高了检索的精度和效率。

（2）全文阅读与下载。

百链云图书馆提供了大量文献的全文阅读功能，用户可以在线浏览和下载所需文献。对于一些受版权保护的文献，平台提供了文献传递服务，用户可以申请获取文献的部分章节。

（3）引用管理。

平台提供文献的引用格式导出功能，支持多种常见的引用格式（如 APA、MLA、Chicago 等），方便用户在学术写作中引用和管理文献。

（4）个性化推荐。

利用大数据和人工智能技术，百链云图书馆根据用户的搜索和阅读行为，提供个性化的文献推荐服务，帮助用户发现更多相关的学术资源。

（5）资源共享。

百链云图书馆与各大高校和科研机构合作，实现资源共享。用户可以通过平台访问到合作机构的馆藏资源，极大地拓展了文献获取的渠道。

（6）在线工具。

平台提供多种在线工具，如笔记、书签、文献管理等，方便用户进行学术研究和文献整理。

4.资源类型与覆盖范围

百链云图书馆的资源类型丰富多样，覆盖范围广泛，具体包括以下几类。

（1）图书。

平台收录了大量的电子图书，涵盖了各个学科领域。用户可以通过检索获取图书的详细信息和部分全文内容。

（2）期刊论文。

百链云图书馆收录了大量的期刊论文，包括国内外重要的学术期刊，用户可以检索到最新的研究成果和学术动态。

（3）学位论文。

平台收录了大量的硕士和博士学位论文，用户可以通过检索获取这些高质量的研究成果，了解学术前沿和研究热点。

（4）会议论文。

百链云图书馆收录了大量的学术会议论文，这些论文通常代表了最新的研究方向和成果，对学术研究具有重要参考价值。

（5）报纸文章。

平台收录了一些重要报纸的学术文章和专题报道，为用户提供了多样化的信息来源。

（6）专利文献。

平台还收录了大量的专利文献，为用户提供最新的技术和研究成果，支持科技创新和应用研究。

（7）标准文献。

百链云图书馆收录了各种行业标准和国家标准文献，用户可以通过检索获取这些重要的参考资料。

5.特点与优势

百链云图书馆具有以下几个显著特点和优势。

（1）资源丰富。

平台收录了大量的学术资源，覆盖了多个学科领域，能够满足不同用户的研究需求。无论是图书、期刊论文还是学位论文，用户都可以在平台上找到所需的文献。

（2）检索功能强大。

百链云图书馆提供了多种检索方式和高级检索功能，用户可以通过多种条件组合进行精确查询，提高了检索的效率和准确性。

（3）全文阅读与获取。

平台不仅提供文献的基本信息，还支持部分文献的全文阅读和下载。对于未提供全文的文献，用户可以通过文献传递服务获取所需内容，极大地方便了用户的研究工作。

（4）引用管理便捷。

百链云图书馆提供了多种引用格式的导出功能，用户可以轻松管理和引用文献，提高了学术写作的效率和规范性。

（5）个性化推荐智能化。

平台利用大数据和人工智能技术，根据用户的行为数据提供个性化推荐服务，帮助用户发现更多相关的学术资源，提升研究的全面性和深度。

（6）资源共享广泛。

百链云图书馆与多家高校和科研机构合作，实现资源共享。用户可以访问更多的学术文献，拓展了研究的广度和深度。

（7）用户体验优良。

平台界面简洁友好，操作便捷，用户可以轻松上手。系统响应速度快，检索结果准确，提供了良好的用户体验。

六、外文全文数据库介绍

（一） ScienceDirect 数据库

1.背景介绍

Elsevier（爱思唯尔）是世界上最大的学术出版公司之一，成立于 1880 年，总部位于荷兰阿姆斯特丹。作为一家跨国出版公司，Elsevier 出版的期刊和图书全部数字化，覆盖计算机科学、工程技术、能源科学、环境科学、材料科学、数学、物理、化学、天文学、医学、生命科学、经济管理、社会科学等多个学科领域。Science-Direct 是 Elsevier 提供的一个在线全文数据库，旨在为研究人员提供快速、便捷的学术资源获取途径，网址为 https://www.sciencedirect.com。

2.发展历程

ScienceDirect 自 1997 年推出以来，经历了多次更新和扩展，逐步发展成为一个综合性的学术资源平台。1997 年，ScienceDirect 正式上线，最初仅提供一部分期刊的在线访问服务。随着互联网的普及和用户需求的增长，平台的资源和功能逐渐丰富。进入 21 世纪，ScienceDirect 不断扩展其资源库和功能模块。平台增加了更多的期刊和图书，涵盖了更多的学科领域。

3.主要功能

ScienceDirect 提供了一系列强大而便捷的功能，满足用户多样化的学术需求。

（1）全文检索。

用户可以通过输入关键词、作者、标题、DOI（数字对象唯一标识符）等进行全文检索。平台支持高级搜索功能，允许用户通过多种条件组合进行精确查询，提高了检索的效率和准确性。

（2）全文阅读与下载。

ScienceDirect 提供了大量期刊和图书的全文阅读和下载服务。用户可以在线浏览全文，也可以下载 PDF 格式的文献进行离线阅读。

（3）引用管理。

平台提供文献的引用格式导出功能，支持多种常见的引用格式（如 APA、MLA、Chicago 等），方便用户在学术写作中引用和管理文献。

（4）个性化推荐。

利用大数据和人工智能技术，ScienceDirect 根据用户的搜索和阅读行为，提供个性化的文献推荐服务，帮助用户发现更多相关的学术资源。

（5）支持多种设备访问平台。

ScienceDirect 支持多种设备访问，用户可以通过计算机、平板计算机和手机等多种设备访问平台，随时随地获取学术资源。

（6）数据分析与可视化。

平台提供数据分析和可视化工具，帮助用户进行研究数据的分析和展示，提高研究的深度和广度。

4.资源类型与覆盖范围

ScienceDirect 的资源类型丰富多样，覆盖范围广泛，具体包括以下几类。

（1）期刊。

平台收录了超过 2 500 种学术期刊，涵盖科学、技术、医学等多个学科领域。用户可以通过平台了解最新的研究成果和学术动态。

（2）图书。

ScienceDirect 提供了 1 万多本数字化图书，用户可以通过检索获取图书的详细信息和全文内容。这些图书涵盖了各个学科领域，提供了丰富的研究和学习资源。

（3）会议论文。

平台收录了大量的学术会议论文，这些论文通常代表了最新的研究方向和成果，对学术研究具有重要参考价值。

（4）参考工具书。

ScienceDirect 提供了多种参考工具书，包括百科全书、手册等，为用户提供权威的参考资料。

（5）专利文献。

平台还收录了一些专利文献，为用户提供最新的技术和研究成果，支持科技创新和应用研究。

5.特点与优势

ScienceDirect 具有以下几个显著特点和优势。

（1）资源丰富。

平台收录了大量的学术资源，覆盖了多个学科领域，能够满足不同用户的研究需求。无论是期刊、图书还是会议论文，用户都可以在平台上找到所需的文献。

（2）检索功能强大。

ScienceDirect 提供了多种检索方式和高级检索功能，用户可以通过多种条件组合进行精确查询，提高了检索的效率和准确性。

（3）全文阅读与下载。

平台不仅提供文献的基本信息，还支持部分文献的全文阅读和下载。用户可以在线浏览全文，也可以下载 PDF 格式的文献进行离线阅读，极大地方便了用户的研究工作。

（4）引用管理便捷。

ScienceDirect 提供了多种引用格式的导出功能，用户可以轻松管理和引用文献，提高了学术写作的效率和规范性。

（5）个性化推荐智能化。

平台利用大数据和人工智能技术，根据用户的行为数据提供个性化推荐服务，帮助用户发现更多相关的学术资源，提升研究的全面性和深度。

（二）Wiley Online Library 数据库

1.背景介绍

Wiley Online Library 是由约翰·威利父子出版公司（John Wiley & Sons，Inc.，以下简称 Wiley）开发和管理的一个全球领先的学术资源平台。Wiley 是一家拥有深厚历史背景和广泛出版经验的国际出版公司，其历史可以追溯到 1807 年。Wiley Online Library 是其数字平台的核心部分，在工商管理、化学、计算机科学、地球与环境科学、教育学、工程学、法律、生命科学、数学与统计学、医学和卫生、物理和天文学、高分子与材料科学、兽医学、食品科学、艺术、人类学、心理学、社会学等领域学术文献的出版方面具有权威性。收录有 1 500 种在线期刊、19 000 多种在线图书、参考工具书、实验室指南等，是相关学科的核心资料，其中被 SCI 收录的核心期刊超过 1 200 种。网址为 https: //onlinelibrary.wiley. com。

2.发展历程

Wiley 于 1807 年在美国纽约创立。最初，公司专注于出版教科书和技术书籍。随着时间的推移，Wiley 扩展了其出版领域，涵盖了自然科学、工程技术、医学、商业和人文学科等多个领域。随着互联网的普及，Wiley 开始积极进行数字化转型。1997 年，公司推出了 Wiley Online Library 的前身——Wiley InterScience，这是一个在线访问学术期刊和书籍的平台。随着技术的发展和用户需求的增加，Wiley 对其数字平台进行了多次升级和扩展。

2010 年 8 月，Wiley 正式向全球推出了新一代在线资源平台“Wiley Online Library”以取代已使用多年并获得极大成功与美誉的“Wiley InterScience”。同时，所有的内容和许可都已转移至新的平台，确保为用户和订阅者提供无缝集成访问权限。Wiley Online Library 集成了更多的资源和功能，成为全球科研人员和学术界的重要工具。在随后的几年中，Wiley 不断扩展其平台的功能和内容。公司通过收购和建立战略合作伙伴关系扩大了资源库，并且致力于技术创新，例如提供先进的搜索功能和用户体验改进。Wiley Online Library 的内容库持续扩张，涵盖了更多的学科领域和资源类型。

3.主要功能

（1）综合搜索引擎。

Wiley Online Library 提供了强大的搜索功能，允许用户通过输入关键字、作者、期刊名称、书籍标题等进行检索。用户可以使用布尔运算符（AND、OR、NOT）来精确检索相关文献。

（2）高级过滤器。

用户可以根据出版年份、期刊类别、文章类型、学科领域等条件进行筛选，更快速地找到所需的资源。高级过滤器使得用户可以缩小搜索范围，找到最相关的文献。

（3）个性化推荐。

Wiley Online Library 提供个性化推荐功能，根据用户的历史搜索和阅读记录，推荐相关的文献和资源。这种个性化服务可以帮助用户发现他们可能感兴趣的内容。

（4）全文和摘要访问。

用户可以直接访问所需文章的全文，或先阅读文章的摘要。这种功能使得用户能够快速评估文献的相关性，从而决定是否深入阅读。

（5）参考文献管理。

Wiley Online Library 允许用户将文献保存到个人账户中，并提供导出引用格式的功能，支持多种常见的引用格式（如 APA、MLA、Chicago）。这对于科研人员撰写论文非常有帮助。

（6）支持多种设备访问平台。

Wiley Online Library 支持多种设备访问平台，包括台式机和移动设备。无论用户在何处，都可以通过计算机、平板计算机或智能手机访问其学术资源。

（7）在线工具资源。

平台提供了许多在线工具，如数据集、图表和互动内容。这些工具可以帮助用户进行更深入的分析和理解。

（8）社区和交流功能。

Wiley Online Library 允许用户创建个人档案、关注其他研究人员和参与学术讨论。这些功能促进了学术交流和合作。

4.资源类型与覆盖范围

（1）期刊文章。

Wiley Online Library 是一个涵盖了广泛学科的期刊文章数据库。其期刊涵盖了生命科学、物理、化学、工程学、医学、社会科学和人文学科等领域。平台提供了从基础研究到应用研究的各种类型的期刊文章。

（2）图书。

平台包含大量的电子图书，包括教科书、专业参考书和学术专著。这些图书涵盖了各个学科领域，适用于本科生、研究生以及专业研究人员。

（3）学术期刊和图书系列。

Wiley Online Library 还提供了多个学术期刊系列和图书系列，这些系列具有长期的学术影响力，为研究人员提供了高质量的连续出版资源。

（4）会议论文和报告。

部分领域的会议论文和报告也被收录在平台中，提供了最新的研究成果和学术交流机会。

（5）数据集和附加资源。

Wiley Online Library 提供了丰富的数据集和附加资源，这些资源支持数据分析、模型构建和研究验证。

（三）SpringerLink 数据库

1.背景介绍

SpringerLink 是由德国著名的学术出版集团施普林格出版集团（Springer Group）推出的在线学术资源平台。施普林格出版集团成立于 1842 年，总部设在柏林，专注于自然科学、工程技术和医学（STM）领域的出版。SpringerLink 平台旨在为学术研究人员提供便捷的访问途径，使他们能够获取最新的科研成果和学术资源。施普林格出版集团作为全球领先的学术出版商，其出版物涵盖了广泛的学科领域，包括物理学、生命科学、工程学、医学、计算机科学、环境科学等。通过 SpringerLink，施普林格出版集团将其丰富的数字化资源，提供给全球的研究人员、教育工作者和学生。网址为 https://link.springer.com。

2.发展历程

SpringerLink 平台于 1996 年正式推出，最初是为了提供可在线访问的施普林格出版集团出版的期刊。随着互联网技术的发展，SpringerLink 迅速扩大了其资源库，增加了电子书和其他数字内容。21 世纪最初十年是 SpringerLink 平台快速发展的时期。在这一阶段，平台引入了高级搜索功能、个性化推荐系统和用户友好的界面设计。这些改进大大提升了用户体验，使研究人员能够更加高效地查找和使用学术资源；进入第二个十年，SpringerLink 继续扩大其资源库，增加了更多的电子书、会议论文集和参考文献，同时平台还引入了数据分析和可视化工具，使研究人员能够更深入地分析数据和发现新的研究趋势。

3.主要功能

（1）基本搜索和高级搜索功能。

SpringerLink 平台提供了强大的搜索功能，用户可以通过输入关键词、作者、期刊名称等进行搜索。高级搜索功能允许用户使用布尔逻辑算符、过滤器和限定符进行更精确的搜索，确保找到最相关的文献。

（2）浏览和导航功能。

用户可以通过分类浏览和导航功能轻松找到感兴趣的内容。SpringerLink 平台按学科领域、资源类型和出版年份等进行分类，用户可以快速浏览和筛选出所需的资源。

（3）个性化设置和推荐系统。

SpringerLink 平台提供个性化设置选项，用户可以根据自己的研究兴趣设置偏好。平台会根据用户的浏览历史和搜索记录，推荐相关的文献和资源，帮助用户发现新的研究方向。

（4）数据分析和可视化工具。

平台引入了先进的数据分析和可视化工具，用户可以对文献数据进行统计分析和图表展示。这些工具帮助研究人员更好地理解数据，发现潜在的研究趋势和模式。

（5）在线阅读和下载。

用户可以在 SpringerLink 平台上直接在线阅读文献，也可以下载 PDF 格式的文献进行离线阅读。平台提供高质量的文献下载选项，确保用户在不同设备上都能获得良好的阅读体验。

（6）引文管理和导出功能。

平台支持多种引文管理工具的集成，用户可以方便地导出文献的引用信息到 EndNote、Mendeley、Zotero 等软件中。这些功能帮助用户更高效地管理和组织参考文献。

4.资源类型与覆盖范围

（1）期刊和文章。

SpringerLink 期刊库收录 2 600 余种学术期刊，学科范围涉及数学、医学、物理与天文、行为科学、生物医学和生命科学、商业与经济、化学和材料科学、计算机科学、地球和环境科学、工程科学、人文、法律、统计学等，其中自然科学类学术期刊近 1 800 种。

（2）电子书。

斯普林格出版集团 2007 年推出的电子书项目，涵盖科技、医学和社会科学等多个学科，每年收录约 3 000 种新出版的专业图书，供读者在线阅读和使用。

（3）会议论文集。

SpringerLink 平台收录了大量的会议论文集，这些论文集记录了各个学术会议的最新研究成果和讨论主题。通过这些论文集，用户可以了解当前研究领域的前沿进展和热点话题。

（4）参考文献和百科全书。

平台还提供了丰富的参考文献和百科全书资源，帮助研究人员查找和验证信息。这些资源涵盖了各个学科的基础知识和重要概念，提供了权威的学术支持。

（5）数据库和其他数字资源。

SpringerLink 平台不仅提供文本资源，还包括多个专业数据库和其他数字资源，如图像库、视频资源和实验数据等。这些多样化的资源类型为用户提供了全面的学术支持。

（6）覆盖的学科领域和专题。

SpringerLink 平台的资源覆盖了自然科学、工程技术、医学、社会科学、人文科学等多个领域。同时，平台还设有多个专题资源库，如环境科学、计算机科学、生物医学等，方便用户进行专题研究。

5.特点与优势

①SpringerLink 平台的所有内容都经过严格的同行评审和编辑审核，确保其学术质量高。高质量的内容使得 SpringerLink 在学术界享有很高的声誉。

②SpringerLink 涵盖了几乎所有的学科领域，提供了从基础研究到应用技术的全面资源。这种广泛的覆盖使其成为各个领域研究人员的重要工具。

③SpringerLink 的搜索和分析工具功能强大，用户可以通过多种方式快速查找和分析文献。这些工具帮助用户节省时间，提高研究效率。

④SpringerLink 平台设计简洁、操作方便，用户可以轻松浏览和访问所需资源。

⑤个性化设置和推荐系统进一步提升了用户体验。

⑥SpringerLink 提供持续的技术支持和用户服务，确保用户在使用过程中遇到问题时能够得到及时的帮助。

⑦平台还定期更新和维护，确保其功能和内容的最新状态。

SpringerLink 在全球范围内拥有广泛的用户基础，其资源被全球的学术机构、研究人员和学生广泛使用。平台的全球化影响力使其成为国际学术交流的重要平台。

第三节 引文检索

一、引文检索及其目的

引文（citation），是学术出版物中对他人成果的引用和标注，用于标明知识来源，是学术规范，更是对原作者尊重的体现。引文能够反映作者的知识背景及其研究体系，通过引用他人研究成果，作者能够展示其学术观点的基础，并表达对相关研究的认可。在学术研究中，引文具有重要的功能。它不仅有助于追踪科研成果的演变进程，还在不同学科间架起联系的桥梁。引用的频次常被用来衡量一篇论文、一个研究者，乃至某种科学思想的学术影响力，成为学术评价体系中的重要依据。

20 世纪中期，美国科学信息研究所（Institute for Scientific Information，ISI）创立者尤金·加菲尔德（Eugene Garfield）奠定了现代引文分析的基础。1955 年，加菲尔德提出了“科学引文索引”（Science Citation Index，SCI）的概念，旨在通过记录和分析学术论文间的引用关系，帮助研究者更好地理解科学的发展路径。ISI 的引文索引体系包括 SCI，社会科学引文索引（Social Sciences Citation Index，SSCI），艺术与人文科学引文索引（Arts & Humanities Citation Index，A&HCI）等，这些工具成为全球学术界广泛使用的资源，用于分析和衡量科研成果的学术影响力。自 ISI 引文索引体系建立以来，全球学术界逐步形成了系统的参考文献标准和规范。随着学术出版的全球化与信息技术的进步，ISI 及其后续机构（如汤森路透和科睿唯安）不断优化引文数据的收集与分析，并推出了广为人知的“期刊引证报告”（Journal Citation Reports，JCR），该报告是学术期刊影响因子（impact factor）的重要数据来源。这些引文数据和分析工具在科研评价、期刊评级、研究人员绩效评估等方面产生了深远影响。

如今，引文关系已超越学术写作中的格式要求，成为现代科学评价体系的核心组成部分。通过合理的引文分析，研究者能够深入了解知识传播的路径，识别学科前沿的动态，为科学进步提供有力的支持和参考。

二、常见的引文检索工具

1.中国科学引文数据库

中国科学引文数据库（CSCD）是由中国科学院文献情报中心与《中国学术期刊（光盘版）》电子杂志社联合主办的权威性科学引文数据库，始建于 1989 年，致力于为科研人员提供高质量的中文学术期刊引文数据。CSCD 覆盖数学、物理、化学、生物学、医药卫生、工程技术、环境科学等多个学科领域，现已成为国内外学者了解和分析中国科学研究成果的核心工具之一。通过与国际知名平台 Web of Science 的整合，CSCD 在全球范围内提升了中国学术研究的可见性和影响力。

CSCD 在 2023—2024 年度收录了 1 341 种来源期刊，包括 318 种英文期刊和 1 023 种中文期刊。这些期刊分为核心库（997 种）和扩展库（344 种）。数据库现已累计收录从 1989 年至今的论文记录约 670 万条，引文记录超过 1.18 亿条。每年新增约 25 万条数据，包含期刊论文的标题、作者、出版物信息等，约 40%的记录附有英文摘要。

2.中文社会科学引文索引

中文社会科学引文索引（CSSCI）是由南京大学投资、南京大学中国社会科学研究评价中心负责开发和维护的权威性人文社会科学引文数据库。自 2000 年首次发布以来，CSSCI 已成为中国学术界评价人文与社会科学研究成果的重要工具，为科研机构和学术研究者提供了高质量的中文期刊文献资源和学术影响力分析数据。

CSSCI 收录了法学、管理学、经济学、历史学、政治学、哲学、中国文学、教育学、新闻学与传播学、社会学等广泛领域的 500 多种中文期刊，均为经过严格遴选的学术期刊。这些期刊代表了国内人文社会科学的前沿研究方向和核心成果，是高质量学术研究的参考基础。CSSCI 以引文分析为核心功能，帮助研究人员追踪学术成果的引用情况，分析其影响力。通过对期刊、作者、研究主题的引文频次、引用来源和被引情况的分析，研究者能够评估不同学术成果的传播路径及其在学科内的影响力，有助于了解学术界的热点议题和学科发展趋势。CSSCI 提供的引文数据和统计分析对科研绩效评价与学术资源配置具有重要作用。高校、研究机构和科研管理部门可利用 CSSCI 的数据对学术成果的质量和影响力进行评价，进而制定学科发展规划、项目评估、人才评定等决策。CSSCI 根据最新的学术动态和学科发展需求，定期对收录期刊进行更新。通过每年对期刊数据的扩展和优化，CSSCI 在保证内容权威性的同时，不断拓宽其收录范围，以保持数据的及时性和适用性。最新的 CSSCI 期刊目录通常会在南京大学中国社会科学研究评价中心官网发布。

CSSCI 提供丰富的期刊和引文数据，帮助研究者进行文献综述、数据分析和学术前沿跟踪。通过引文关系，学者可以识别重要的学术研究，并深入了解领域内研究主题的历史和发展趋势。在高校和科研管理部门，CSSCI 被广泛用于研究绩效的考核和学术排名的制定。通过对研究成果的引用频次、核心期刊的学术评价等数据进行分析，管理者能够做出数据支持的科研资源配置和绩效考核决策。CSSCI 支持不同学科领域的关联分析，有助于学者发现和推动跨学科研究。例如，经济学、管理学、社会学等学科的交叉研究日益频繁，CSSCI 的数据使得跨学科引用和研究网络的追踪更为便利，推动了人文社会科学的多元化发展。CSSCI 在提升中国人文社会科学研究的国际学术影响力方面也发挥了积极作用。通过建立国际化的学术标准和评价体系，CSSCI 逐步吸引国际学者关注中国学术界的研究成果，提高了中国人文社会科学研究的国际可见度。

3.中国知网数据库

中国知网（CNKI）数据库作为国内最广泛使用的学术资源平台之一，覆盖了多个学科领域的中文资源，为科研人员提供了高效、全面的文献检索和引文分析服务。中国知网数据库的创建，极大地推动了中国学术研究资源的数字化发展，成为学术评价和知识传播的重要工具。

中国知网数据库收录了社会科学、基础科学、工程科技、农业科技、医药卫生科技等方面的学术资源，包括期刊、学位论文、会议论文、报纸、专利、标准、电子图书等多种资源类型。其数据源自全国近万种期刊、数百家高校的学位论文库和各类学术会议论文，数据库的广泛性使其成为科研工作者必备的检索工具之一。平台提供了丰富的引文分析功能，帮助学术研究人员跟踪学术成果的引用频次，分析其在不同学科领域的影响力。用户可以通过引用频次、H 指数、被引情况等指标，直观了解不同文献的学术影响力，并通过对比分析识别出重要的研究主题和热点话题。中国知网数据库被广泛应用于学术评价和科研绩效评估中。高校、科研机构、期刊编辑部等常用其数据进行学术评价，支撑期刊影响因子分析、科研项目评估和学术排名制定。引文数据为科研管理者提供了科学的数据支持，有助于提高学术资源配置的合理性。中国知网数据库的数据不断扩展和更新，以确保用户可以获得最新的学术文献。平台定期更新数据库内容，特别关注新增学科和跨学科资源的引入，确保科研人员能够获取到最新、最权威的学术成果。

中国知网数据库不断优化数据挖掘技术，致力于通过大数据和人工智能技术提升引文分析的智能化水平。未来，CNKI 计划进一步扩大数据库的收录范围，并逐步增加国际学术资源的引入，提升数据库的全球竞争力。此外，CNKI 正在开发智能推荐系统，通过个性化推荐帮助用户更便捷地获取相关文献，从而提高学术研究效率。

4.Web of Science 核心合集数据库

Web of Science 核心合集（Web of Science Core Collection）数据库是全球领先的学术引文数据库之一，由科睿唯安提供。作为国际公认的学术资源，Web of Science 核心合集数据库汇集了全球最具影响力的期刊、会议论文、书籍等多种学术资源，为学术研究人员提供了全面的学术检索、引文分析和科研影响力评估服务。

Web of Science 核心合集覆盖了自然科学、社会科学、艺术与人文科学等领域的高质量学术资源。其核心合集包括 SCI、SSCI、A&HCI、会议录引文索引（CPCI）以及图书引文索引（BKCI）等数据库模块，涉及世界范围内数万种学术期刊和会议文献。每年新增的学术资源确保了内容的前沿性和权威性。Web of Science 核心合集通过系统化的引文关系记录，帮助学术研究者追踪研究成果的引用频次和传播路径。研究人员可以借助其提供的引用报告、影响因子、H 指数等数据，深入分析文献、作者及机构的学术影响力，从而识别重要的研究主题和领域发展趋势。Web of Science 核心合集核心合集支持复杂的检索需求，用户可按学科、期刊、文献类型、研究主题、出版年限等多种条件进行检索，提供了细化的筛选和排序功能。此外，其“引文网络”功能能够直观展示学术文献之间的引用关系，有助于用户更高效地构建文献网络。Web of Scienc 核心合集是各类科研机构、高校和科研管理部门的常用学术评价工具。其提供的期刊影响因子数据广泛应用于学术期刊的排名与评价，影响因子数据发布在“期刊引证报告”（JCR）中，成为衡量期刊学术影响力的标准之一。Web of Science 核心合集的引文数据也被广泛应用于研究机构的科研绩效评估中。Web of Science 核心合集涵盖的领域不仅包括自然科学和技术学科，还广泛覆盖社会科学、人文科学和跨学科研究领域。通过多学科资源的互通，Web of Science 核心合集为学者探索跨学科研究的关联性提供了丰富的支持。

三、自引及他引

在学术评价中，“自引”通常指作者引用自己及其合作者的成果。引用文献和被引用文献中只要有一位作者相同，即视为自引。而“他引”则是指文献被其他研究者引用，不包含原作者及其合作团队。这样的区分对于学术影响力的评价具有重要作用。自引在一定程度上可能反映研究的持续性和深度，但过多的自引可能被认为会夸大科研影响力。因此，自引和他引的比例通常在科研评估中被仔细考量，以确保对学术影响力的公正衡量。这种自引和他引的区分在各种引文数据库（如 Web of Science Database、Scopus Database 等）中已被广泛采用，用于研究人员、机构和期刊的学术评价模型中，帮助科研管理者更加精准地评估学术贡献，避免因过度自引而导致学术影响力的虚高。

四、影响因子及分区

影响因子（impact factor，IF）是用来衡量学术期刊影响力的一个关键量化指标，由尤金・加菲尔德提出并推广。影响因子反映了某期刊在特定年份或时期内的平均被引用频率，通常作为评价期刊学术影响力和受欢迎程度的参考依据。其核心理念是通过对期刊过去发表论文的引用情况进行分析，从而量化期刊在学术界的影响。

影响因子通常以两年周期计算，计算公式为

$$影响因子=\frac{该期刊当年被引用的前两年发表的论文总引用次数}{该期刊前两年发表的论文总数}$$

具体来说，影响因子的计算步骤如下。

①统计引用次数：在计算某年份（如 2023 年）的影响因子时，统计该年内，数据库（如 Web of Science Database）中所有引用了该期刊前两年（即 2021 年和 2022 年）发表的论文次数之和。

②统计发表总量：计算该期刊在前两年（2021 年和 2022 年）所发表的论文总数。

③计算影响因子：将引用次数总和除以前两年发表的论文总数，得到该期刊的影响因子。

影响因子已成为期刊影响力评估的重要标准，广泛应用于学术期刊的排名、学术评价、研究绩效考核等方面。较高的影响因子通常意味着期刊的论文被引用较多，显示出较高的学术认可度。然而，影响因子也存在一些局限性。

①学科差异：不同学科领域的引用习惯和论文发表频率差异较大，导致学科间的影响因子差异显著。例如，医学期刊的影响因子通常较高，而一些基础学科（如数学）的期刊影响因子则较低。

②自引影响：部分期刊通过增加自引数量来人为提高影响因子，影响了其作为学术影响力衡量标准的客观性。

③短期偏向：两年周期的计算方式易于忽略一些学术领域中的长期影响力，某些具有长尾效应的研究可能无法得到充分体现。

英文期刊最常用的影响因子一般指美国 ISI 编辑出版的“期刊引证报告”（JCR） 中提供的数据。免费查询影响因子网址为 http://www.fenqubiao.com/。

五、大类分区及期刊分区标准

为科学地评价学术期刊的影响力，中国科学院文献情报中心将“期刊引证报告”（JCR）中收录的期刊分为 13 个学科大类，涵盖了自然科学、工程技术、人文及社会科学等领域。这 13 个学科大类具体为：数学、物理、化学、地学、地学天文、生物、农林科学、医学、工程技术、环境科学与生态学、管理科学、社会科学、综合性期刊。

在每一个大类中，期刊依据其学术影响力被分为四个档次，通常称为一区、二区、三区和四区。一区：学术影响力最高的期刊，占据大类期刊的前 5%。二区：位于大类前 6%~20% 的期刊。三区：位于大类前 21%~50% 的期刊。其他为四区。

这种分区方法不仅为研究人员选择期刊投稿提供了参考依据，还在科研管理和学术评价中广泛应用。

①学术评价：高校和科研机构在评价学术成果时，通常会优先考虑一区和二区的高影响力期刊。研究人员在高分区期刊发表论文通常被视为做出更高质量的学术贡献。

②科研绩效考核：在科研绩效考核中，期刊的分区对科研人员的论文质量评价有重要参考价值。研究人员发表在一区和二区的论文往往对提升科研绩效有更大帮助。

③资源配置：这种分区方式在科研资源配置中也有实际意义。高影响力期刊的研究成果往往获得更多的关注和引用，因此，科研资助和政策支持可能会倾向于在高分区期刊上发表的研究。

尽管这种基于影响因子和被引用率的分区方式为科研评价提供了相对客观的参考，但也存在一些局限性。

①学科差异：不同期刊的影响因子和被引用率差异较大，直接比较不同学科期刊的分区可能存在不公平。

②短期效应：基于影响因子的分区更适合短期评估，可能无法准确反映某些基础学科的长期学术贡献。

③自引影响：一些期刊通过增加自引率以提高影响因子，可能导致分区结果出现偏差。

这种大类分区和四区划分为科研管理与学术评价提供了数据支持，帮助研究人员更有效地定位期刊，提高科研成果的学术传播速度与影响力。

六、小类分区标准

在“期刊引证报告”（JCR）中，期刊不仅被划分为大类（如数学、物理、化学等），还根据具体学科细分为小类，并在小类中按影响力分为四个区，即 Q1、Q2、Q3 和 Q4。这种分区方式为学术评价和期刊选择提供了更细化的标准，便于研究人员找到各自领域内具有较高学术影响力的期刊。

在 JCR 的每一个小类中，期刊的分区依据影响因子和被引率等因素，通过百分比划分成四个档次，具体为：

Q1 区：小类前 25%的期刊。Q1 区期刊代表该小类内学术影响力最高的刊物，其影响因子通常较高，被引率也处于领先地位。这些期刊往往是该领域内最具权威和影响力的学术资源。

Q2 区：小类前 26%~50%的期刊。Q2 区期刊的学术影响力和被引率也较高，是各学科内重要的研究成果。

Q3 区：小类前 51%~75%的期刊。Q3 区期刊的学术影响力适中，被引率尽管相对 Q1 和 Q2 较低，但仍然是学术界认可的研究资源。

Q4 区：小类后 25%的期刊。Q4 区期刊的学术影响力较低，但在特定领域中依然扮演着重要角色，为学者提供了发表研究成果的空间。

小类分区使研究人员能够更精确地找到各自领域中的高影响力期刊，并基于期刊的分区情况决定投稿策略。通常，研究人员希望将高质量的研究成果优先投稿至 Q1 或 Q2 区期刊，以扩大其研究影响力。小类分区在科研评价中起着重要作用。高校、科研机构和学术管理部门通常将发表在 Q1 和 Q2 区期刊的论文视为高水平成果，进而在人才评估、资源配置、项目评估等方面加以考虑。研究人员在 Q1、Q2 区期刊上的发表记录通常会直接影响其科研绩效考核结果。尤其在基础研究领域，高影响力期刊的发表记录能够帮助学者在学术界建立声誉，并获得进一步研究资助。由于学科间的差异显著，小类分区为每个学科提供了针对性的评价标准，有助于科研管理者更公正地评价不同领域的科研成果。

尽管 JCR 的 Q1、Q2、Q3 和 Q4 分区提供了精细化的期刊分类，但也存在一些局限性。

①学科之间的影响因子差异：不同学科之间的引用模式和影响因子标准差别较大，因此直接比较不同学科的期刊分区可能存在不公平。

②依赖短期引用：小类分区通常基于较短期内的引用数据，对某些基础学科的长期影响力和价值难以全面反映。

③潜在的自引偏差：一些期刊可能通过增加自引率等手段提高影响因子，从而影响分区的公正性。

JCR 的小类分区体系，通过 Q1、Q2、Q3 和 Q4 的划分方式，使研究人员能够在更细化的学科层面上进行学术评价和期刊选择。Q1 和 Q2 区期刊代表该领域中较高影响力的期刊，为学术研究和投稿决策提供了权威参考。

第四节　高校图书馆资源与服务

高校图书馆在文献信息资源建设中应统筹纸质资源、数字资源及其他载体资源，确保各类重要文献、特色资源的完整性和连续性。高校图书馆应特别关注与本校教学和科研相关的资源，包括收藏本校或与本校相关的各类教学、科研资料和成果。高校图书馆还可通过寻访和接受社会捐赠，丰富馆藏，逐步形成具有校本特色的文献信息资源体系。

高校图书馆不仅是读者借阅图书的空间，更是学术学习和交流的重要场所。高校图书馆的核心要素包括资源和服务，其服务宗旨是满足广大师生的学术和信息需求，为学校的教学、科研活动提供强有力的支持。现代高校图书馆的资源和服务体系呈现出明显的多元化趋势，主要体现在以下方面。

1.资源的多样性

高校图书馆在传统纸质资源的基础上，逐步扩展数字资源和其他载体资源，如电子书、数据库、多媒体资源等，以应对不同学科、不同用户的需求。通过多样化资源的建设，高校图书馆不仅满足了师生教科研的多样需求，也为学生的课外学习和自我提升提供了丰富的学习材料。

2.服务的多元化

高校图书馆的服务已不仅限于借阅书籍，还包括信息检索、学术咨询、空间预约、电子资源使用指导等多种服务，甚至支持跨校资源共享服务。多元化的服务模式使高校图书馆成为集学习、研究、交流于一体的综合服务平台。

3.校本特色的资源建设

高校图书馆注重构建与本校教学、科研活动密切相关的资源，特别是围绕本校的研究成果、历史文献、学术项目等方面，形成具有校本特色的文献体系，为本校师生和校友提供专属的学术支持。

一、纸质图书

纸质图书是指由出版社正式出版的，具有特定的书名和作者姓名、定价，编有国际标准书号（ISBN）且享有版权保护。这类出版物是知识传播的传统载体，主要包括以下几种类型。

1.专著

专著是一种以某一学科专题为中心的学术著作，深入、系统地探讨特定主题。专著的内容丰富、论述严谨、观点成熟，学术价值高，适合权威学术研究者、专业人士以及研究生使用，是推动学科发展的重要资源。

2.教科书

教科书是为学生和科研工作者进行专业学习编写的系统性教学资料。教科书系统总结并阐述学科中的现有知识和研究成果，结构清晰、内容权威，是课堂教学和学生自学的重要参考书目，也是培养专业人才的主要文献。

3.丛书

丛书是由多本图书组成、以总书名冠名的成套书籍，通常围绕某一主题、用途或特定读者群体编撰。丛书的内容在各册之间既有独立性又具关联性，是针对某一领域的系统性出版物，适用于深入了解特定领域的读者。

4.工具书

工具书是供查找与检索知识和信息用的书籍，例如词典、百科全书、年鉴、手册、指南等。工具书通常按字母顺序或主题分类排列内容，条目清晰、简明，便于快速查找，是日常学习、研究中不可或缺的辅助资料。

纸质图书凭借其物理载体的特性，便于读者阅读和收藏。其内容经过编辑、审校，保证了权威性和准确性，是学术和教育资源中的重要组成部分。在数字资源日益普及的今天，纸质图书依旧以其特有的形式和阅读体验发挥着重要作用，为知识的保存、传播与学术研究提供了基础保障。

二、纸质期刊与报纸

纸质期刊是指围绕某一主题、学科或研究对象，按固定周期出版成册的连续出版物。期刊通常有固定的名称、卷次和年月标志，每期内容围绕特定的研究主题或学科领域。期刊的出版周期多种多样，包括周刊、月刊、双月刊、季刊和半年刊等。每一种期刊都编有国际标准连续出版物号（ISSN），作为其独特的标识符。

纸质报纸是一种统一名称、定期连续出版的出版物，每期收录大量文章、报道、评论、消息等，目的是向读者传递最新的新闻、信息和社会动态。常见的报纸如《人民日报》《光明日报》等，具有广泛的覆盖面和读者群体。

三、特种文献

特种文献是指无法归入图书或期刊类别的特殊文献类型，涵盖了科研、学术、技术、标准等多个领域，主要用于专业研究、技术支持和政策制定等场景。特种文献虽不属于一般的图书或期刊范畴，但在各自的领域中具有重要的参考和应用价值。以下是特种文献的主要类别。

1.科技报告

科技报告记录了科研项目、实验研究和技术开发的全过程，包括实验数据、研究方法、结果分析和结论等。科技报告通常由科研机构或项目负责人编写，是科研人员交流和共享技术成果的重要资源，广泛应用于科学研究、技术开发和成果推广中。

2.学位论文

学位论文是学术人员为获取学位而撰写的系统研究文献。其内容反映了研究者在特定领域中的研究成果和学术观点。学位论文通常包括硕士论文和博士论文，具有创新性和探索性，丰富了学术资源，是学术研究的重要参考文献。

3.专利文献

专利文献详细描述了专利发明的技术方案、原理和用途，提供了对该项发明的保护说明。专利文献通常具有高度的技术创新性，是工业技术开发、技术转移和知识产权保护的重要依据，主要用于技术研发、法律咨询和市场推广。

4.技术标准

技术标准包括国家标准、行业标准、企业标准等，规定了产品质量、技术规范、操作流程等。技术标准为各行业提供统一的规范，确保产品质量和工作流程的一致性，是工程技术、生产制造和质量管理的必备资源。

5.会议文献

会议文献包括会议论文集、会议摘要和会议记录等，汇集了学术会议、研讨会和专业论坛的研究成果和讨论内容。会议文献是展示学科前沿进展和创新成果的重要平台，帮助科研人员及时掌握学科动态和新兴技术。

6.政府出版物

政府出版物是由政府部门出版的政策文件、统计报告、调研报告等，反映了政府在特定领域的政策导向、数据统计和决策依据。政府出版物是政策研究和社会经济分析的重要参考资料，对公共政策研究、社会调查和市场分析具有重要价值。

特种文献为学术研究、技术开发、政策制定等领域提供了重要的参考依据。由于内容专业、信息量大、更新频繁，特种文献在科研机构、企业和政府部门中具有广泛的应用价值。这些资源虽然不属于传统的图书或期刊，但在知识创新和信息共享中起到了不可替代的作用。

四、电子资源

1.电子图书

电子图书是以数字化或电子化形式存储的图书内容，通常通过磁介质或电子介质呈现。电子图书包括电子版（文本格式）和图片版（扫描版）等多种形式，便于用户在计算机、平板计算机、电子书阅读器等设备上阅读。电子图书提供了便捷的检索功能，用户可以快速定位内容，提高了阅读效率。

2.电子期刊

电子期刊是指任何通过电子形式发布的期刊，其内容可以与纸质期刊同步更新，也可以仅以电子形式发布。电子期刊形式多样，主要包括以下两种类型：

（1）纸质与电子同步期刊。

此类电子期刊的内容与纸质期刊保持一致，用户既可以选择纸质版阅读，也可以通过电子版快速检索和查阅。

（2）网络电子期刊。

此类期刊没有纸质版，仅以电子形式发布，通常直接在网络上更新，具有较高的时效性和便捷性。

3.其他数字资源

其他数字资源通常指数据库，以数字化形式存储并通过特定用户界面和检索系统供用户访问。数据库可以包含文献记录、全文内容、数据集合等，并根据资源内容的类型分为不同的类别，如参考数据库、全文数据库、事实数据库等。

电子图书、电子期刊和数据库丰富了信息获取的方式与途径，为用户提供了多样化的学术资源。电子图书适合长时间阅读和研究；电子期刊提供快速、便捷的学术信息；数据库则以多样化的信息资源满足用户的多层次需求。电子资源的多样化不仅提高了信息的可及性，也支持了学术研究的广泛开展。

五、科技查新

（一）科技查新概述

科技查新是科技信息服务的重要组成部分，是一种通过系统的文献检索和情报分析来验证科研课题、研究内容或科研成果新颖性的方法。其核心在于查证某一研究内容在国内外是否已有相关研究成果或公开报道，从而为科研工作提供权威性的文献支持。科技查新是一种文献调研与情报调研相结合的情报研究工作。

（二）科技查新的定义与特点

科技查新是指查新机构根据查新委托人提供的科研资料，通过对相关文献数据库的系统检索，查证其研究内容是否具有新颖性，并出具相关佐证文献的工作过程。其主要特点如下。

①科学性：查新结果必须基于权威数据库和科学分析。

②全面性：需要覆盖国内外相关领域的主要文献和研究成果。

③新颖性验证：重点在于验证研究内容或科研成果是否首次提出或实现。

（三）科技查新的功能与作用

科技查新在科研项目中的作用主要体现在两个方面。

1.科研项目的立项阶段

在科研项目的立项阶段，科技查新能为项目决策提供科学依据。

①了解国内外动态：通过查新，可以掌握研究领域的最新进展与研究热点。

②明确立项依据：验证项目研究内容的科学性和创新性，确保项目具备学术价值。

③保障科学性与可行性：立项时提供翔实的背景资料，支持项目设计和论证。

2.科研成果的申报与鉴定阶段

在科研成果申报与鉴定阶段，科技查新可以起到如下作用。

①辅助成果鉴定：帮助科技管理部门判断科研成果在国内外是否存在相同或类似的研究。

②明确研究水平：通过与已有研究对比，证明科研成果的创新性和领先性。

③提供佐证文献：为成果鉴定和评审提供可靠的文献支撑，提高成果申报的成功率。

（四）科技查新的重要性

随着科研竞争的加剧和创新能力要求的提升，科技查新已成为推动科研创新和提高科研质量的重要工具。其重要性体现在以下几个方面。

①避免重复研究：通过查新，可以减少资源浪费，避免重复研究和低水平重复建设。

②提升科研效率：提供前沿信息，帮助科研人员更高效地制订研究计划。

③支撑科学决策：为科技管理部门和科研机构提供客观、权威的文献依据，优化科研资源配置。

（五）科技查新的流程

科技查新是一个系统性、科学性的过程，通常包括以下几个主要步骤，每一步都至关重要，确保查新结果的准确性和权威性。

1.查新委托

查新工作由委托人发起，首先需要提交一份正式的查新申请。委托人需要提供以下资料。

①查新课题的基本信息：包括课题名称、研究背景、研究内容和研究目标等。

②技术方案或科研成果的详细描述：具体包括技术原理、关键技术、实验方法、预期结果等，以便查新人员全面了解研究内容。

③相关技术领域的现有文献或参考资料：如已有的专利、论文、技术报告等，这些信息可以帮助查新人员更好地把握研究课题的核心内容和方向。

委托资料的完整性和准确性直接关系到查新工作的质量，因此在这一阶段，查新机构通常会与委托人进行充分的沟通，确保信息的全面性。

2.文献检索

文献检索是科技查新工作的核心环节。在这一阶段，查新人员根据课题内容和查新目标，制定详细的检索策略，主要包括。

①选定检索范围：确定所需检索的学科领域和研究方向，明确检索的时间范围和地理区域。

②选择检索工具和数据库：利用权威的国内外数据库和检索工具进行检索，常用的数据库包括 CNKI、万方、维普、Web of Science、IEL、PubMed 等。

③构建检索式：通过组合关键字、主题词、布尔逻辑运算符等，设计科学合理的检索式，以确保检索结果的全面性和准确性。

检索过程中，查新人员需要仔细筛选和记录与课题相关的文献，确保所获得的信息涵盖国内外的研究现状。

3.新颖性分析

新颖性分析是科技查新中最为关键的一步。查新人员在全面分析检索到的文献基础上，对比委托课题的研究内容与已有成果，判断其创新性。具体包括：

①文献比对：将课题的核心内容与检索到的文献进行详细对比，分析研究方法、技术路线、研究成果等方面是否存在相同或类似之处。

②研究空白点识别：找出课题在当前研究领域中的独特性或未被涉及的研究空白，从而确认其创新价值。

③研究水平评估：结合已有研究成果，评估课题在技术深度、学术水平或应用价值等方面的创新程度。

这一过程要求查新人员具备较高的专业素养和分析能力，能够从大量文献中提炼出核心信息并进行科学判断。

4.查新报告

在完成文献检索和新颖性分析后，查新人员需要将工作结果编写成一份正式的查新报告。这份报告是对查新工作的全面总结和权威认证，通常包括以下内容。

①查新项目基本情况：包括查新课题名称、委托人信息、查新背景等。

②查新工作过程：详细描述文献检索的方法、检索工具、检索范围和检索结果。

③新颖性分析结果：对课题研究内容的新颖性进行具体阐述，明确课题在国内外研究中的位置和创新点。

④查新结论：综合分析文献和研究内容后，给出关于课题创新性的新颖性结论，说明其是否具有国内外首次性或创新性。

查新报告是科技管理部门进行决策的重要依据，也是科研人员申请立项、申报成果或专利的重要支持材料。因此，报告内容必须真实、客观、详尽，并符合相关规范和标准。

第三章　科技文献的阅读与分析

科学研究的价值不仅在于发现新知识，更在于如何有效地应用这些知识。（The value of scientific research lies not only in discovering new knowledge, but also in how effectively that knowledge is applied.）——卡尔·波普尔

第一节　文献的内容分析

一、科技文献的基本类型

1.研究型论文

研究型论文是一种用来报告科学研究结果的学术文章。它通过详细描述研究过程和发现与学术界分享知识，从而推动某个研究领域的进展。研究型论文通常包括研究背景、研究目的、研究方法、实验结果、数据分析和结论等内容。通过系统而严谨的撰写，研究者能够将自己的发现公之于众，有助于其他学者验证、批判和应用这些发现。

研究型论文的类型多种多样，根据研究的目的、方法和内容的不同，大致可以分为以下几种。

（1）实验性研究型论文。

实验性研究型论文是最常见的一类研究型论文，主要用于报道通过实验方法获得的科学发现。它涉及实验设计、实验实施、数据采集和分析，以及基于实验结果的讨论和结论。这类论文通常用于自然科学和工程学科，具有较高的再现性和数据严谨性。实验性研究型论文的目的是验证假设、探索因果关系或提供新的实验数据，从而丰富该研究领域的知识。

（2）理论性研究型论文。

理论性研究型论文通常不依赖实验数据，而是通过数学推导、逻辑分析和概念框架来探讨某个科学问题。这类论文的主要目的是提出新的理论、发展已有理论或对现有理论进行修正。理论性研究型论文在物理学、数学、经济学等学科中较为常见，它注重建立模型和提出假设，以解释现象或预测未来的研究方向。

（3）方法学研究型论文。

方法学研究型论文是专注于新方法、新技术或新实验工具的开发和应用。这类论文详细描述新方法的设计原理、优缺点及其应用场景，并通过实验或案例研究验证其有效性。方法学研究型论文在工程学、医学、计算机科学等领域非常重要，因为它提供了新的手段来解决已有问题，提高研究效率和准确性。

（4）案例研究型论文。

案例研究型论文是一种通过对特定案例的深入分析来探讨某一现象或问题的类型。它通常用于社会科学、医学和商业研究领域，通过对单个或少数案例的详细研究，发现特定情境下的规律和特征。尽管案例研究的普适性较低，但它能够提供对特定现象的深刻见解，并为理论的建立和验证提供基础。

（5）研究型论文。

研究型论文在科学研究和学术交流中发挥着至关重要的作用。首先，研究型论文是科学知识积累的基础。通过撰写研究型论文，研究者能够记录和分享他们的发现，使知识得以传播和传承，并为其他研究者提供理论基础和数据支持。其次，研究型论文是学术评价的重要依据。学术界通过研究型论文来评估研究者的贡献和学术水平，研究成果的发表数量和质量通常是衡量学者科研能力的重要指标。同时，同行评审作为研究型论文发表的必要环节，确保了科研工作的质量和可靠性。此外，研究型论文也为科学合作和进步提供了平台。通过阅读其他学者的研究型论文，研究者可以获取最新的科研动态、借鉴研究方法、发现研究空白，并与同行展开合作，共同推动科学的发展。

研究型论文是科学研究的核心成果，是研究者向学术界报告其研究成果的主要手段。它不仅具有学术价值，也对整个科学领域的进步起着关键作用。理解研究型论文的类型和结构，掌握撰写研究型论文的技巧，是每个科研人员的重要任务。通过撰写和阅读研究型论文，研究者们能够在已有知识的基础上提出新问题、探索新方向，推动科学的不断进步和人类社会的发展。

2.综述型论文

综述型论文是一种对某一研究领域已有的研究成果进行系统整理、总结和评价的学术文章。其目的是为读者提供该领域的整体概览，识别研究现状、存在的空白和未来的发展方向。综述型论文不进行新的实验或理论推导，而是通过对已有文献的整合，揭示当前研究的进展、局限以及可能的创新机会。

综述型论文在科学研究中具有重要地位，主要体现在以下几个方面。

（1）信息整合。

综述型论文通过对大量文献的综合和总结，提供对某个研究主题的全面了解。它帮助研究者快速掌握一个领域的核心内容、研究热点和关键问题，从而节省时间和精力。

（2）知识积累和分析。

综述型论文不仅是对已有文献的罗列，还需要作者通过批判性思维，对各个研究成果进行评价，指出其优缺点以及它们在整个研究领域中的地位。通过这样的分析，综述型论文为研究者提供了对已有知识体系的深刻理解。

（3）研究指向。

综述型论文往往通过总结已有研究的不足，为未来的研究提供方向和建议，起到导航作用。研究者可以通过阅读综述，发现现有研究中的空白和未来可能的研究方向，从而制订出更具针对性的研究计划。

（4）科学评估。

综述型论文还对已有的研究成果进行评估，帮助读者理解哪些研究具有较高的可信度，哪些研究存在局限性或需要进一步验证。这种科学评估有助于保持研究的严谨性，并推动科学领域的健康发展。

综述型论文具有以下四个特点。

（1）综合性。

综述型论文通过对大量文献的归纳和整合，提供对某个研究主题的全面了解。它可以帮助读者快速掌握一个领域的核心内容，并获取关于该领域的系统性知识。

（2）批判性。

作者不仅仅是对文献进行简单的罗列，还需要对各个研究成果进行评价，指出其优缺点以及在整个领域中的地位。通过批判性分析，综述型论文能够帮助识别出研究中的不足和需要改进的地方。

（3）指向性。

综述型论文往往通过总结已有研究的不足之处，为未来的研究提供方向和建议，起到导航作用。它帮助研究者确定未来的研究重点，并激发新的研究思路。

（4）信息密集。

综述型论文的信息量大，通常引用大量文献，因此要求作者对领域内的研究有全面而深刻的理解。这使得综述型论文成为科研人员在某一领域深入探索时不可或缺的工具。

综述型论文在科学研究中的作用不可忽视，它为其他研究者提供了清晰的领域概览，是制订研究计划和探索创新方向的重要参考工具。通过对已有研究成果的系统整合和批判性评价，综述型论文帮助研究者发现研究空白和新的研究可能性，推动科学知识的积累和进步。此外，综述型论文还有助于提高科研效率，尤其是对于新进入某一研究领域的科研人员，综述型论文可以帮助他们快速了解该领域的关键问题、研究现状和发展趋势，为他们的研究提供重要的背景知识和理论支持。综述型论文还在科学交流中扮演着重要的角色，它通过对研究进展的总结和分析，促进了学术界对某些关键问题的共识形成，为科学合作提供了基础。因此，综述型论文不仅是对科学知识的总结，也是科学知识进一步发展的催化剂。

3.专利文献

专利文献是指记录发明创造及其技术信息，并依法授予发明者专利权的法律文件。它是科技信息的重要来源之一，既包含大量技术细节，也具有法律意义。专利文献通过详细的说明书描述发明的内容、目的、实施方式及技术特征，为公众提供技术信息的同时也保护发明者的权益。专利文献与其他科技文献相比具有独特的特点和价值。它的作用不仅在于保护发明人的知识产权，还为科研工作者和企业提供了丰富的技术资料，推动了技术的进步和创新。

专利文献的特点包括以下几点。

（1）法律属性。

专利文献不仅是一种技术文献，也是法律文献。它具有法律效力，授予发明者在特定时间和地域内独占使用该发明的权利。这使得专利文献在内容撰写上要具备明确性和权威性，避免模糊描述。

（2）技术性详尽。

专利文献的核心部分是对发明的详细描述，这部分通常非常具体和详尽。发明的各个方面，包括原理、结构、用途和实施方式等，都需要通过文字、图表等形式加以说明，以确保同行能够理解并再现技术。

（3）新颖性。

专利文献中的技术必须具备新颖性，这意味着其技术方案在申请之前在全球范围内从未公开。发明的新颖性是获得专利权的必要条件，这也使得专利文献成为最新科技成果的窗口之一。

（4）公开性。

为了实现技术公开的目的，专利文献在专利申请公布之后就成为公开的科技资料，供公众查阅。这种公开机制既保护了发明人的权益，也为技术发展提供了丰富的参考资料。

专利文献可以按照专利的种类进行分类，大致包括以下几种。

（1）发明专利。

发明专利是针对产品、方法或其改进所提出的技术方案。发明专利文献具有较高的技术含量和创新性，其保护范围广、有效期长（通常为 20 年）。发明专利的申请文件包括权利要求书、说明书、摘要和附图，要求详细描述技术内容，以确保他人可以复现该发明。

（2）实用新型专利。

实用新型专利主要涉及产品的形状、结构或其结合所提出的实用性改进，通常被称为“小发明”或“改良发明”。实用新型专利的保护期为 10 年，适用于技术含量较低但具有实用价值的创新。与发明专利相比，实用新型专利的审查程序较简单，授权速度较快。

（3）外观设计专利。

外观设计专利是针对产品的形状、图案、色彩或其结合所做出的富有美感并适于工业应用的新设计。外观设计专利的保护期为 15 年，主要用于保护产品的外观特征。外观设计专利文献通常包含设计的简要说明和相关的视图，以展示产品的外观细节。

（4）软件著作权。

虽然软件著作权不属于传统的专利类型，但对于涉及软件的发明，软件著作权是重要的保护形式之一。软件著作权是对计算机程序及其相关文档的保护，通常不涉及专利审查，但可以为软件产品提供法律保护，防止未经授权的复制和使用。软件著作权的保护期为作者终生及其去世后 50 年。

撰写专利文献需要掌握一定的技巧，以确保其既符合法律要求，又能够充分保护发明内容。权利要求书的撰写必须清楚地描述发明的保护范围，使用明确的语言，以避免在未来专利维权过程中产生歧义。要保证每个权利要求都能涵盖发明的核心内容。权利要求通常包括主权利要求和从属权利要求，主权利要求应覆盖发明的最核心内容，从属权利要求用于对主权利要求的细化和限定。这样有助于提高专利的稳定性和保护范围的灵活性。

专利文献的阅读与分析：

①理解权利要求书是专利文献的核心部分，通过阅读权利要求，可以确定专利保护的范围和边界。在专利侵权分析中，首先要明确权利要求书中保护的内容。通过仔细解读每一项权利要求，可以判断发明的创新点和专利保护的边界，帮助企业避免侵权风险，并了解竞争对手的技术保护策略。

②分析说明书的实施例部分能够详细展示发明的具体实现。实施例的分析可以揭示发明的具体操作步骤、材料选择以及设计思路，帮助技术人员更好地理解发明的独特之处和可实现性。同时，通过多个实施例的对比，还可以进一步了解发明在不同条件下的适应性和灵活性。

③利用专利数据库进行检索，使用中国专利数据库、欧洲专利局（EPO）及世界知识产权组织（WIPO）等进行专利检索，获取相关领域的现有技术信息，以便于理解发明的创新程度。通过检索，可以获得与发明相关的背景信息，了解该领域的技术发展现状和趋势。此外，还可以通过分析同族专利，判断技术在国际上的保护布局，并进行竞争对手的专利策略分析。掌握这些信息，有助于更好地制定技术研发方向和市场推广策略。

专利文献的撰写涉及技术描述与法律保护的双重要求，因此需要撰写者既具备丰富的技术知识，又具备一定的法律素养。通过对专利文献类型、特点及撰写技巧的了解，申请人可以更好地保护自己的创新成果。同时，专利文献的公开也有助于推动技术的发展和社会的进步。因此，无论是撰写还是阅读专利文献，都需要严谨的态度和专业的知识。

二、文献的分析要点

1.提出科学问题与研究背景

科学研究的第一步是提出科学问题，这是一项探索未知世界的关键步骤。科学问题的提出不仅决定了研究的方向和目标，也决定了研究过程中采用的方法和获得的结果。因此，明确提出科学问题，并通过研究背景来论证其重要性和必要性，是科学研究中不可或缺的环节。

（1）科学问题的定义与提出。

科学问题是科学研究的起点，通常是对特定现象或问题的疑问，需要通过实验、观察和理论分析来回答。在提出科学问题之前，研究者需要对某一领域进行深入的观察和思考，寻找现有知识体系中的空白和不足之处，从而提出具有探究价值的科学问题。一个好的科学问题通常具备以下几个特点。

①明确性。科学问题必须具有明确的边界和清晰的描述。研究者必须对其研究的问题进行精确定义，避免模糊或含糊不清的表述。明确的问题可以帮助研究者清楚地制定研究目标，并设计合适的研究方法。

②可验证性。科学问题必须可以通过实验、观察或数据分析来验证，具有可操作性。这意味着科学问题能够通过科学手段来获得答案。如果一个问题无法验证，那么它就无

法构成科学研究的基础。

③创新性。科学问题应具有创新性，是现有知识体系中尚未解决或者现有答案不够完善的问题。创新性是科学研究的重要驱动力，科学问题的创新性不仅能推动知识的发展，还能带来实际应用的创新。

科学问题的提出来源于对自然现象的观察、对已有文献的分析、实践中的需求以及对现有理论的质疑或扩展。在科学研究的初始阶段，科学问题的提出是研究者洞察力和批判性思维的体现。

（2）研究背景的作用与描述方法。

研究背景是科学问题的支撑部分，主要包括对相关领域的介绍和现有研究的总结，通过对已有知识的分析来论证提出科学问题的合理性和必要性。研究背景的描述需要科学、系统地介绍与研究问题相关的知识，帮助读者理解科学问题的由来和重要性。研究背景的作用主要体现在以下几个方面。

①解释问题的提出原因。研究背景需要说明科学问题产生的动因。这可能包括对某些自然现象的不解、对某些理论的质疑、社会和技术的发展需求等。研究背景的描述应能引导读者了解为什么要提出这一科学问题，以及解决这一问题对科学和社会的意义。

②概述已有研究成果。在提出科学问题之前，研究者需要对已有的相关研究进行总结和概述。这包括已有的研究进展、研究方法和主要结论等。通过对已有文献的分析，研究者可以明确研究的现状，以及现有研究中的不足和未解决的问题。

③识别研究的独特性和创新性。研究背景的描述还需要突出研究的独特性和创新性。通过对已有研究的回顾和分析，研究者可以找到研究空白，并强调所提出的问题是现有研究中尚未解决的，具有独特的研究价值。

撰写研究背景时，应以逻辑严谨、条理清晰的方式展开，重点突出科学问题的现实意义和研究价值。研究背景的描述需要使读者理解科学问题的提出是有充分依据的，且解决这一问题具有科学和实践的双重意义。提出科学问题与描述研究背景是科学研究的基础环节，关系到整个研究过程的成败。科学问题的提出需要基于对现有文献的深入分析和理解，而研究背景的描述则为科学问题提供论证和支持。通过有效的文献分析，研究者可以发现研究空白，提出创新性的问题，并阐明研究的意义和价值。科学问题与研究背景的撰写并不是孤立的，需要与研究过程中的其他环节紧密联系。研究者在实际操作中需要不断审视和修正科学问题，以确保整个研究过程的科学性和有效性。

2.发现并明确研究问题

在科学研究中发现并明确研究问题是一个关键步骤，它紧随提出科学问题之后。科学问题为研究提供了初步方向，而研究问题的明确化则使这一方向更加具体、可操作，从而为后续研究的设计和实施提供切实可行的基础。研究问题的发现与明确不仅要求研究者对已有文献的深入理解，还需要结合理论分析、实践需求和研究目标综合考量。

（1）研究问题的定义与作用。

研究问题是对科学问题进一步的细化和具体化，它通常直接与实验设计、数据收集和分析方法相关联。研究问题与科学问题不同，科学问题通常是宏观的、概念性的，研究问题则需要更加具体和详细。研究问题的明确化可以帮助研究者确定研究的方向，还可以具体定义研究的范围、变量和关系，为研究提供明确的框架和结构。

研究问题的主要作用包括以下几点。

①确定研究范围。研究问题帮助研究者定义研究的边界，明确研究对象和研究情境。这可以有效避免研究过程中过于分散或偏离主题的现象。

②指导研究方法选择。明确研究问题可以帮助研究者选择合适的研究方法和工具。例如，定量研究和定性研究的方法选择往往取决于研究问题的性质和需求。

③明确研究变量和关系。研究问题需要明确研究中涉及的变量及它们之间的关系，从而为后续的数据收集和分析提供基础。

（2）发现研究问题的途径。

发现研究问题是一个探索和分析的过程，研究者需要从现有的知识体系中识别出尚未解决或需要进一步研究的问题。发现研究问题的主要途径包括以下几点。

①深入阅读与分析文献。文献分析是发现研究问题最常用的方法之一。通过阅读和分析领域内的经典文献和最新研究，研究者可以了解当前研究的进展和存在的不足之处，找到研究的空白点，识别哪些问题尚未被充分研究，或者哪些研究结果存在争议。

②识别现有研究中的不足。在阅读文献时，研究者需要特别关注研究中的不足之处。这些不足可能体现在理论解释的局限性、研究方法的不完善、样本代表性的不足等方面。识别这些不足可以帮助研究者发现需要进一步研究的问题。

③基于实践中的需求。许多研究问题是基于现实生活中的实际需求提出的。研究者可以通过观察实际工作中的挑战或社会需求来发现研究问题。例如，在教育领域，教师在教学过程中遇到的困难，或者学生在学习中面临的障碍，都是研究者发现研究问题的重要来源。

④理论分析与假设推演。研究问题的发现还可以基于对现有理论的分析与推演。研究者可以通过对现有理论的梳理，找出理论中存在的空白或尚未解释的现象，从而提出新的研究问题。例如，一个理论模型可能在某些情境下有效，但在其他情境中是否仍然适用，这样的问题就可以成为新的研究问题。

（3）明确研究问题的步骤。

发现研究问题之后，研究者还需要对其进行明确化，以确保研究问题的可行性和科学性。明确研究问题的步骤包括以下四步。

①界定研究对象和范围。明确研究问题首先需要确定研究的对象和范围。研究对象可以是个体、群体、组织或特定的现象，研究范围则定义了研究的边界，如时间范围、空间范围等。界定研究对象和范围有助于研究者聚焦研究，避免研究过程中的泛化和冗杂。

②明确研究变量。研究问题通常涉及一个或多个变量，因此明确研究变量是非常重要的步骤。研究者需要明确哪些是自变量（影响因素），哪些是因变量（结果），以及变量之间的关系。明确变量有助于研究者设计研究方法和确定数据分析的策略。

③细化研究问题。研究问题应尽可能具体和细化，以便更好地指导研究的实施。例如，假设科学问题是“如何提高学生的学习动机”，则可以细化为“不同类型的激励措施（如物质激励和精神激励）对高中学生学习动机的影响有何不同”，这样的问题更加

具体，便于实验设计和数据分析。

④评估研究问题的可行性。在明确研究问题时，研究者还需要考虑研究问题的可行性。这包括是否具备足够的研究资源（如时间、资金、样本等），以及研究方法是否可行。例如，如果研究问题涉及敏感人群或难以获取的数据，则需要重新评估问题的可行性。

（4）研究问题明确化的实例分析。

为了更好地理解如何发现并明确研究问题，下面以生态学为例讨论关于森林退化对生态系统服务的影响的研究。

①发现研究问题。通过阅读相关文献，研究者发现关于森林退化对生态系统服务的影响已有许多研究，但这些研究的侧重点和结论并不一致。一些研究关注的是森林退化对碳储量的影响，另一些研究则关注水资源调节或生物多样性的变化。然而，不同类型的森林退化（如人为砍伐和自然灾害）对生态系统服务的具体影响机制尚不清楚。因此，研究者发现了研究中的不足，即需要更好地理解不同退化因素对生态系统服务的具体影响路径。

②明确研究问题。研究者可以将科学问题具体化为以下研究问题："人为砍伐和自然灾害引起的森林退化对碳储量、水资源调节和生物多样性等生态系统服务有何不同的影响？"在这个问题中，研究对象是森林生态系统，研究变量包括不同类型的退化因素（自变量）和生态系统服务（因变量）。这个研究问题更加具体，明确了研究的方向和变量。

③评估研究问题的可行性。研究者需要评估研究问题的可行性，包括是否可以获取足够的数据来测量不同类型退化对森林生态系统服务的影响，以及是否可以设计合适的研究工具（如遥感技术和现场测量）来进行数据收集。经过评估，研究者确定该研究问题在资源允许的情况下是可行的。

发现并明确研究问题是科学研究的重要步骤，决定了研究的具体方向和实施方法。研究问题的发现依赖于对现有文献的深入分析、对实践需求的敏锐观察，以及对理论的批判性思考。研究问题的明确化则需要通过界定研究对象和范围、明确研究变量、细化研究问题，以及评估问题的可行性来实现。研究问题的明确化不仅为研究提供了具体的实施框架，还可以帮助研究者在研究过程中保持聚焦和方向性，避免因研究范围过大或不明确而导致的困惑和低效。

3.识别研究目的与假设

在科学研究中，识别研究目的与假设是制定研究方案的关键环节。研究目的明确了研究者想要达到的总体目标，而研究假设则是对研究问题的预期回答或猜测，是可以通过科学方法验证的陈述。研究目的和假设共同为研究设计、数据收集和分析提供了明确的方向和依据。

（1）研究目的的定义与作用。

研究目的是研究者开展研究的初衷和目标，是对研究预期成果的总体描述。研究目的的明确化有助于研究者保持研究的方向性，并指导研究过程中的各个步骤。研究目的通常包含对研究对象的描述、研究目标的阐明，以及研究对科学理论或实践的潜在贡献。

研究目的的主要作用包括以下几点。

①明确研究方向。研究目的为研究过程提供了明确的方向，使研究者在设计和实施研究的过程中保持聚焦，避免偏离主题。

②指导研究设计。研究目的决定了研究的整体框架和方法的选择。不同的研究目的可能需要采用不同的研究方法、数据收集手段和分析策略。

③阐明研究的意义。研究目的通常需要描述研究的科学价值和实际应用价值，说明研究对特定领域的理论或实践有何贡献。

（2）研究假设的定义与作用。

研究假设是基于已有知识和理论对研究问题的合理猜测，是对研究目的的具体化。研究假设通过明确变量之间的关系，为研究设计和数据分析提供了具体的方向和预期结果。一个好的研究假设通常具备可测试性和可验证性，即它能够通过实验、观察或数据分析来进行验证。

研究假设的主要作用包括以下三点。

①提供研究方向。研究假设为研究者提供了具体的预期结果，使研究者在数据收集和分析时有明确的目标。

②指导实验设计。研究假设帮助研究者设计实验，选择适当的实验变量和对照组，以验证假设的正确性。

③支持科学推理。研究假设基于已有的理论和经验，通过验证假设，研究者可以对现有理论进行检验、修正或拓展，从而推动科学知识的发展。

（3）如何识别研究目的与假设。

识别研究目的与假设的过程通常基于对研究问题的深入理解和分析，需要结合已有文献和理论框架，提出具有科学性和可行性的研究目标和假设。以下是识别研究目的与假设的主要步骤。

①明确研究问题的核心。研究目的与假设的提出首先需要明确研究问题的核心。研究者需要对研究问题进行分析，确定研究问题的具体内容和涉及的变量，从而为研究目的的确定提供基础。

②定义研究目的。在明确研究问题后，研究者需要结合研究背景和现有文献，定义研究目的。研究目的应简洁明了，清楚地描述研究希望达到的总体目标。例如，如果研究问题是“不同类型的激励措施对高中学生学习动机的影响”，研究目的则可以是“探究物质激励和精神激励对高中学生学习动机的不同影响，以改进教育激励策略”。

③提出研究假设。在确定研究目的后，研究者需要基于现有理论和经验提出研究假设。研究假设通常是对研究变量之间关系的具体预测。例如，在上述研究中，可以提出假设：“物质激励对学生的学习动机有显著的短期提升效果，而精神激励对学生的长期学习动机有更显著的积极影响。”这样的假设为研究提供了具体的方向，并明确了数据分析的重点。

④评估假设的可测试性。在提出研究假设后，研究者需要评估假设的可测试性。这包括评估是否能够通过科学方法验证假设，是否能够获得足够的数据来支持或反驳假设，以及研究方法是否合适。如果假设难以测试，则需要对其进行修订，以确保假设的科学

性和可行性。

（4）实例分析：环境生态学中的研究目的与假设。

为了更好地理解如何识别研究目的与假设，下面以环境生态学为例讨论关于湿地保护对生物多样性影响的研究。

①识别研究目的。研究者在分析湿地生态系统的相关文献时，发现湿地在维持生物多样性方面具有重要作用，但不同类型的湿地（如自然湿地和人工湿地）对生物多样性的具体影响尚不明确。因此，研究者将研究目的定义为："评估自然湿地和人工湿地在维持和促进生物多样性方面的不同作用，以为湿地保护政策提供科学依据。"

②提出研究假设。在明确研究目的后，研究者基于已有的生态学理论和经验提出研究假设。例如，"自然湿地在维持物种多样性和生态系统稳定性方面的效果显著优于人工湿地"这一假设明确了研究的预期结果，并为后续的实验设计提供了方向。

③评估假设的可测试性。研究者需要评估假设的可测试性，包括是否可以通过实地调查和数据收集来验证假设。例如，研究者可以设计对比研究，选择若干自然湿地和人工湿地进行物种调查和数据分析，评估它们在生物多样性方面的差异。经过评估，研究者确定该假设具有可测试性，且可以通过适当的方法获得验证数据。

识别研究目的与假设是科学研究中的重要步骤，它们决定了研究的方向和预期成果。研究目的明确了研究者希望达到的总体目标，研究假设则对研究问题的预期结果进行具体的预测。通过合理地识别研究目的与假设，研究者可以为研究设计、数据收集和分析提供明确的方向和依据。研究目的与假设的提出不仅需要基于对研究问题的深入理解，还需要结合已有理论和经验进行科学推理。

4.分析研究方法与实验设计

在科学研究中，分析研究方法与实验设计是确保研究科学性和成果可靠性的重要环节。研究方法的选择直接影响数据的收集、分析以及研究结论的质量。在实践中，研究方法可以分为定性研究方法、定量研究方法和混合研究方法。每种方法有其独特的适用范围和优势，需要根据具体的研究目标和问题来选择。

（1）定性研究方法。

定性研究方法主要用于探索性研究，强调对研究对象内在特征和变化规律的深入理解，适合对较少量研究对象进行深层次剖析。常见的定性研究方法包括：①访谈法，通过面对面交流获取个体观点和行为背后的原因；②观察法，在自然情境下对研究对象的行为进行观察和记录；③文本分析法，通过对已有文献和文字资料进行系统分析来发现隐藏的信息和规律。定性研究更关注现象的描述和解释，适用于探索新领域或研究复杂社会现象。

（2）定量研究方法。

相比之下，定量研究方法侧重于通过数据的量化分析来验证假设和揭示因果关系。它依赖于大样本的数据，常用于评估变量之间的关系。常见的定量方法包括以下三种。

①问卷调查法，通过设计结构化问卷收集大量数据。

②实验法，在控制条件下测试自变量对因变量的影响。

③统计分析法，运用各种统计工具对数据进行深入分析。定量方法能够为研究提供

精确的数值支持，使结论具有高度的客观性和可重复性。

（3）混合研究方法。

混合研究方法结合了定性和定量研究的优势，既关注现象的深层次特征，又通过数据分析验证假设。这种方法适用于多角度、多层次的综合研究，例如，在政策评估或社会问题研究中，既可以收集大量数据，也可以深入理解个体的主观体验。

在具体的科研实践中，合理的实验设计至关重要。科学的实验设计能够确保研究过程的可重复性，提高结果的可靠性和有效性。实验设计需要遵循以下四个基本原则。

①随机化原则。随机化是减少偏倚、控制混杂变量的重要手段。随机分配实验对象，可以确保实验组和对照组之间具有可比性，从而增强实验结果的内部效度。

②对照原则。对照是实验设计中的核心内容，通过设置对照组和实验组进行对比，可以明确自变量对因变量的具体影响。常见的对照设计包括双盲实验和安慰剂对照实验。

③重复性原则。科学研究的一个重要特征是可重复性。重复性原则要求实验在相同条件下多次进行，确保实验结果的稳定性和结论的可靠性。

④平衡性原则。平衡性原则强调实验条件的均匀性，以减少实验误差。例如，在多因素实验中，应保证各因素的不同水平组合在实验中得到均匀分配。

根据研究目标和实验条件的不同，实验设计可以采用多种类型。单因素实验设计用于研究单一变量的影响，其优点在于操作简单，易于控制和解释实验结果。然而，这种设计无法分析多个变量之间的交互作用。多因素实验设计则允许同时研究两个或多个变量的综合效应和交互作用，能够提供更全面的结果，但实验复杂度较高，对数据分析的要求也更高。

完全随机设计是一种常见的实验设计方法，适用于研究对象差异较小的情况。实验对象随机分配到不同的实验处理组，从而减少人为因素对结果的影响。对于研究对象差异较大的情况，可以采用随机区组设计，将研究对象分为若干区组，每个区组内进行随机分配，以控制对象间的变异。

拉丁方设计是一种较为复杂的实验设计，用于同时控制多个无关变量对实验结果的影响。这种设计在减少实验次数的同时，仍能得到可靠的数据。在医疗、心理学等领域，交叉实验设计也被广泛应用。这种设计让同一组实验对象接受不同实验处理，通过多次交叉验证来提高结果的可靠性和数据利用效率。

在实验设计和数据分析过程中，常常会遇到一些挑战。样本量不足是一个常见问题，样本量过少可能导致研究结果缺乏统计显著性，影响研究结论的可靠性。为此，研究者需根据研究设计计算合理的样本量，并在实际操作中尽量保证数据收集的充分性。此外，实验偏倚（如选择偏倚、测量偏倚）可能影响实验结果的真实性，通过随机化、双盲设计等措施可以有效控制这些偏倚。另一常见问题是数据缺失，这可能是实验中的意外情况或参与者中途退出所致。研究者可以采用插补法、多重插补法等统计技术对缺失数据进行处理，避免数据缺失对结果的显著影响。

分析研究方法与实验设计是科学研究中的关键环节，直接影响研究的科学性和结论的可靠性。在选择研究方法时，应根据研究目标和问题的具体需求，合理选择定性、定量或混合研究方法；在实验设计中，需遵循随机化、对照、重复性和平衡性等基本原则，并根据研究条件选择合适的实验设计类型。科学、严谨的研究方法与实验设计，不仅是获得高质量研究成果的基础，也是支撑论文写作和科学传播的重要前提。

5.提取主要结果与结论

提取主要结果与结论是总结研究工作的关键环节，也是评价研究价值和创新性的核心部分。这一过程要求研究者对实验数据和分析结果进行系统归纳，并结合研究目标与背景得出科学的结论。主要结果是指研究过程中通过实验、数据分析或模型推导得出的核心发现，直接体现了研究的成效和贡献。提取主要结果时，应遵循真实性、科学性、简明性和突出性的原则。真实性与完整性要求主要结果必须基于实际数据，真实反映研究情况，不能选择性地展示有利结果或夸大研究发现；科学性与逻辑性确保结果与研究目标、假设相符，通过科学的分析方法揭示数据中的规律或关系；简明性与突出性则强调用简洁的语言和直观的数据展示核心发现，避免冗长和次要内容掩盖研究重点。常用的方法包括数据归纳与总结、统计分析、模型拟合与验证等，通过这些方法从大量实验数据中筛选出最有价值的结果。

结论是在主要结果基础上对研究进行概括和升华，是对研究问题的最终回答。撰写科学结论需要经历几个关键步骤：一是概括研究结果，对实验数据和分析结果进行总结，明确研究解决了哪些问题或验证了哪些假设；二是结合研究背景，将研究成果放在学术领域或实际应用中进行对比，展示其独特性或超越前人研究的创新点；三是突出研究创新点，这是结论部分的重要内容，需要明确研究在哪些方面做出了新的贡献，如方法创新、数据突破或理论完善；四是阐明实际意义和应用价值，说明研究成果在实践中的潜在用途或推广前景，如新技术的应用、新模型的预测能力等；五是提出未来的研究方向，通过总结研究中的局限性或未解决的问题，为后续研究提供方向和启示。这些步骤可以帮助研究者在结论部分清晰地呈现研究价值，同时为读者提供更广阔的视角。

在实际写作中，提取主要结果与结论往往面临一些挑战。首先是结果与结论不匹配的问题，即结论与数据分析的结果不符，导致研究说服力下降。研究者需要确保每一项结论都能得到数据的支持，避免主观推测或过度推断。其次是结论过于宽泛或模糊，这可能使读者无法准确理解研究的具体贡献。研究者需在总结时使用精准的语言，明确研究的科学发现。再次，忽略研究局限性是另一个常见问题，研究者如果只强调研究的优点而不提及局限性，可能会影响研究的客观性。优秀的结论不仅需要展示研究的优势，还应坦诚指出研究过程中的不足之处，并提出解决建议。最后，缺乏理论与实践结合也会降低研究的实际价值，研究者应在结论中结合理论背景或应用场景，进一步强调研究成果的重要性和意义。

一篇高质量的结论部分应具备以下特点：清晰简洁，以简洁的语言总结研究成果，使读者能快速理解研究核心发现；逻辑严谨，以科学的逻辑推导研究结论，确保结论可信；内容全面，不仅要概括主要结果，还需展示创新点、实际意义和未来研究方向；突出创新性，强调研究的独特贡献和学术价值；展望未来，指出研究局限性并为后续研究提供建议。这些特点确保结论既有学术深度，又能引发同行的进一步思考和研究。

提取主要结果与结论是科技论文写作的核心环节，它不仅体现了研究者在科研中的贡献，也为学术交流和成果应用提供了重要支持。研究者应在全面分析实验数据和研究背景的基础上，科学提炼主要结果，并结合理论与实际，得出客观、严谨的结论。通过合理设计和表达，研究成果能够得到最大化的展示与传播，为科研领域的发展和应用提供更大的助力。

6.评估参考文献的使用情况

参考文献的使用是评估论文的科学性、学术性和可信度的重要环节。高质量的参考文献不仅为研究提供理论支持和数据依据，还能体现研究者对领域内相关工作的全面掌握。因此，合理、科学地使用参考文献，是确保论文具有学术价值的关键。参考文献的选择直接影响论文的质量。在选择参考文献时，研究者应关注文献的权威性、相关性、时效性和多样性。权威性是文献质量的核心，研究者应优先引用来自顶级期刊、知名学术会议或权威数据库（如 SCI、EI、IEEE、PubMed、CNKI 等）的文献，这些文献通常经过严格的同行评议，具有较高的可信度和学术价值。相关性是选择文献时的另一重要标准。研究者需要确保引用的文献与研究主题紧密相关，而非泛泛而谈。引用无关文献不仅会分散研究重点，还可能削弱研究的逻辑性和说服力。时效性是衡量文献价值的重要指标。随着科学技术的飞速发展，引用最新研究成果能够展示研究与学术前沿的紧密联系，而经典文献则为研究提供基础理论支撑。文献的多样性可以增强论文的广度和深度。研究者应引用多种类型的文献，如实验研究、理论分析、综述文章等，以全面支持研究的不同方面。

在具体使用参考文献时，研究者需掌握科学的引用方法。支持研究假设与方法是参考文献使用的一个重要方面。在提出研究假设或描述研究方法时，通过引用相关文献可以有效论证假设的合理性或方法的可行性。例如，如果某种方法已经在类似研究中被验证，其引用能够增强研究的可信度。比较研究结果是引用文献的另一重要方式。在结果与讨论部分，通过与已有研究结果进行对比，可以突出本研究的创新点，或验证已有结论的可靠性。这样的引用不仅能够展示研究者对领域内相关工作的深入理解，还能提升论文的学术深度。构建理论框架是论文引言和文献综述部分的重要任务。通过引用经典或基础文献，研究者可以构建研究的理论框架，为研究背景和意义提供支撑。证明学术价值是引用权威文献的另一种功能。通过引用领域内的重要研究，研究者可以为自己的论文增添学术权威性，使研究结论更加令人信服。

在参考文献的数量和分布上，不同类型的论文有不同要求，通常需要保持数量适中、合理分布、引用平衡。科技论文的参考文献数量通常在 20~50 篇，具体数量取决于研究的深度和广度。过少的引用可能导致论证不充分，而过多的引用可能显得主次不分。文献的引用应合理分布在论文的各个部分。引言和文献综述部分通常需要大量引用，用以说明研究背景和已有成果；方法部分则需引用少量文献支持实验设计；结果与讨论部分引用文献主要用于比较分析；结论部分的引用相对较少，但可以提及核心支持文献。此外，引用文献时还应注意平衡性，避免过多引用同一作者或同一来源的文献，保持文献的多样性和广泛性。

参考文献在论文中具有重要作用，其使用过程中存在一些常见问题：一是引用不当，即引用的文献与研究主题无关，或未能为研究提供有力支持。为避免此问题，研究者应在引用前仔细筛选，确保每篇文献都能为研究提供直接支撑。二是过度引用，即在论文中频繁引用文献，导致研究者的原创观点被淹没。这种情况可能削弱论文的创新性。因此，研究者在引用时需谨慎，确保自己的研究贡献得到充分体现。三是忽略经典文献也是一个常见问题。有些研究者过于关注最新文献，而忽视了领域内的经典研究。这可能导致研究缺乏坚实的理论基础。研究者应在引用新文献的同时，注重引用经典文献，为研究提供稳固的理论支撑。四是格式不规范，这是引用过程中需要避免的问题。参考文献的格式错误会影响论文的整体质量和专业性。研究者应严格按照期刊或机构的要求，使用标准的参考文献格式。

参考文献的使用是科技论文写作中不可或缺的重要环节。通过引用权威的、时效性强且多样化的文献，研究者能够提供坚实的理论支持和数据依据。同时，合理的引用方式和数量分布能够增强论文的科学性和说服力。在实际写作中，研究者需注意引用的合理性和规范性，确保参考文献能够有效服务于研究目标。高质量的参考文献不仅能提升论文的学术价值，也能体现研究者对领域内知识体系的全面掌握。

三、评估文献质量的方法

1.期刊影响因子与同行评审

在科学研究中，文献质量的评估是确保研究基础扎实、数据来源可靠、学术结论可信的重要步骤。科学合理地选择高质量文献，不仅有助于提升研究的可信度，还能使研究与学术前沿接轨。在科学研究中，同行评审（peer review）是确保学术论文质量的重要环节。它通过对投稿文章的严格审查，帮助期刊筛选出符合学术标准的高质量研究成果。同行评审是由同一领域的专家对投稿论文进行评估，以确保文章在科学性、创新性和学术价值等方面达到出版要求。通常，同行评审过程包括几个关键步骤。首先是初步审查，由期刊编辑对投稿文章进行初步筛选，判断文章是否符合期刊的研究范围、主题要求及基本格式规范。这一步骤可以迅速排除与期刊定位不符或质量明显不达标的论文。其次是同行专家评审，编辑将符合要求的文章提交给该领域的专家，专家依据自己的学科知识和专业经验，从研究方法、数据分析、结果解释和学术价值等方面对文章进行全面评估。专家不仅会关注文章的创新性和逻辑性，还会特别检验研究方法的合理性和数据的可信度。再次评审专家会向期刊编辑提交详细的评审意见反馈，指出文章的优点、存在的问题以及需要修改的内容。这些反馈通常涵盖实验设计、数据分析、理论框架和结论等多个方面，帮助作者完善论文。最后是修改与重审，作者根据专家意见对论文进行修改后再次提交，若评审专家对修改结果满意，论文便能通过审查，进入正式发表阶段。对于一些复杂或争议较大的研究，论文可能需要经过多轮修改和评审。

同行评审的重要性体现在以下几个方面。

①同行评审能够确保学术质量。通过严格的学术把关，筛选出高水平的研究成果，从而保证期刊文章的科学性和学术价值。

②同行评审能够提高文章的可信度。经过专业评审的文章，其研究方法、数据和结论都经过同行专家的独立验证，因而更具可靠性。

③同行评审还在促进学术交流方面发挥了重要作用。通过评审，作者能够从同行专

家那里获得专业反馈和改进建议，从而优化研究设计、改进分析方法，进一步提升研究的学术水平。这种互动不仅有助于作者成长，也能推动整个学术领域的发展。

同行评审是确保文献质量的关键手段，但其过程也存在一定的主观性和局限性：其一，评审者的个人偏好和学术立场可能影响对论文的评价。例如，不同评审者可能对同一研究采用不同的标准，甚至由于竞争关系或偏见对研究成果提出质疑。这种主观性可能导致一些具有潜在价值的研究被低估或误判。其二，同行评审的过程通常耗时较长，从提交到最终发表可能需要数月甚至数年。这种延迟会影响研究成果的及时传播，尤其在快速发展的科学领域，信息的滞后可能削弱研究的影响力。其三，某些期刊还可能因人力资源有限或评审系统不完善，导致评审质量参差不齐。因此，研究者在选择文献时，除了参考同行评审的结果，还需结合其他评估指标，以全面判断文献质量。

除了同行评审，期刊影响因子（journal impact factor，JIF）也是评估文献质量的重要工具，用于衡量期刊在特定学科领域的学术影响力。一般来说，影响因子较高的期刊，其文章被引用的频率更高，反映出期刊在学术界的认可度和影响力。因此，高影响因子期刊中的文献通常被认为具有较高的学术价值和可信度。这些期刊通常对投稿论文有严格的审查流程，确保发表的研究成果具有较高的创新性、科学性和学术贡献。然而，影响因子也并非绝对可靠的质量指标。不同学科的引用习惯和研究节奏存在显著差异。例如，医学、生命科学等领域的期刊通常具有较高的影响因子，而数学、物理等基础科学领域的期刊影响因子相对较低。因此，单纯依赖影响因子来评估文献质量，可能导致某些高质量研究被忽略。此外，影响因子的高低还可能受到期刊文章类型的影响。例如，综述文章通常被引用次数较多，因此会在短时间内提高期刊的整体影响因子。某些期刊甚至会通过增加综述文章或自引策略来提升影响因子，这可能会削弱影响因子作为质量评估工具的客观性。因此，研究者在选择文献时，应综合考虑影响因子与文章内容的实际价值，而不是简单地以影响因子高低作为唯一标准。

为了全面评估文献质量，研究者应采取综合评估策略，不仅关注同行评审和期刊影响因子，还需从文献的实际内容出发，综合考量其科学性、创新性和数据质量。首先，文献的科学性和创新性是评估的重要标准。一篇高质量的文献应提出新颖的研究问题或创新的研究方法，为学术领域带来新的启示和发展。其次，文献中的数据与方法的严谨性也是关键考量因素。高质量文献的数据应完整、可信，研究方法应符合科学规范，确保研究结论的可靠性。最后，文献的引用情况也能在一定程度上反映其学术影响力。高被引文献通常表明其在学术界具有较高的认可度，但研究者在引用这些文献时也需警惕“热门”研究的短期效应，避免过度依赖一时的研究热点。

同行评审和期刊影响因子是评估文献质量的重要工具，各有其优势和局限性。同行评审通过严格的审查流程，确保论文的学术质量和科学性；期刊影响因子则从引用频次的角度反映期刊及其文献的学术影响力。研究者在选择参考文献时，不应仅依赖于单一指标，而应结合文献内容的实际价值，综合考虑其科学性、创新性和学术影响力。这种全面的评估策略不仅有助于提升研究的学术水平，还能为科研成果的可靠性和应用价值提供有力保障。

2.作者的学术背景与研究资历

在科技文献的质量评估中，作者的学术背景与研究资历是重要的参考因素。作者的专业水平、学术经验和研究能力直接影响其研究成果的科学性、可信度以及在学术界的影响力。作者的教育背景是评估其学术资历的重要起点。高质量的科研工作需要扎实的专业基础，作者的学历和教育经历对其研究能力有重要影响。拥有博士或硕士学位的作者通常在特定领域接受过系统的学术训练，尤其是毕业于知名高校或研究机构的作者，其研究成果往往具有较高的学术可信度。这些机构通常提供完善的科研环境和学术资源，能够为作者的研究工作提供强有力的支持。此外，教育背景与研究主题的契合度也是重要的考量因素。作者所学专业与研究主题高度相关时，通常能更深入地理解研究问题，提出更具针对性和创新性的解决方案。

除了教育背景，作者的研究经历是反映其学术资历的另一个重要方面。科研经验的积累能够显著提升研究者的专业能力和学术影响力。评估作者的研究经历时，应关注其是否参与过高水平的科研项目，如国家级、省部级或国际合作项目。这些项目通常对研究者的能力和学术水平有严格要求，能够帮助作者积累丰富的研究经验。长期从事某一领域研究的作者，通常在该领域具有深厚的专业知识和丰富的经验，其研究成果也更具权威性和实用性。此外，具有跨学科研究经历的作者，其研究可能融合了多个领域的知识，能够提出新颖的研究视角和方法。这种跨领域的研究经验通常有助于提升研究的创新性和综合性，为特定研究问题提供更全面的解决方案。

学术成果与发表记录是衡量作者研究能力和学术水平的直接体现。作者在国际高水平期刊（如 SCI、EI）和顶级学术会议上的发表记录是其学术水平的重要证明。发表数量较多且集中于高影响因子期刊的作者，通常在学术界具有较高的知名度和认可度。此外，文章的被引次数也是评估文献质量的重要指标。高被引文献通常反映出其在学术界的影响力和参考价值。除了期刊文章外，作者是否出版过相关领域的学术专著也是一个重要参考。学术专著通常代表了作者对某一研究领域的系统性研究，其内容通常更具深度和权威性。在应用研究领域，作者是否拥有技术专利或参与技术转化项目也可以反映其研究的实际贡献和应用价值。

作者的学术声誉与同行认可是评估其学术影响力的又一个重要方面。学术声誉不仅体现在发表记录和引用次数上，还包括作者在学术界的地位和影响力。评估时可以关注作者是否担任学术期刊的主编、副主编或学术委员会成员，这些职务通常由该领域的权威学者担任，能够进一步证明作者的学术地位。此外，是否获得过相关领域的学术奖项或荣誉称号（如院士、杰出青年科学基金获得者）也是判断作者学术水平的重要依据。被邀请担任国际学术会议的大会主席、分会场主持人或特邀报告人，也表明作者在该领域具有较高的认可度和影响力。除了正式的学术职务和荣誉，作者的研究是否被同行在综述文章或专著中引用和讨论，也是其学术声誉的重要体现。

研究团队的背景同样对文献质量有重要影响。科研工作通常是团队协作的结果，一个高水平的研究团队能够为研究工作提供更强的支持。团队的学术实力、跨学科合作和国际合作经验都可以为研究增添深度和广度。团队内部的协作不仅能提高研究效率，还能促使成员之间相互学习、共同进步，从而进一步提升研究质量和影响力。在评估作者的学术背景与研究资历时，也需注意一些局限性与特殊情况。一些初入学术界的学者可能尚未积累大量发表记录或学术荣誉，但其研究可能具有很高的创新性和发展潜力，不应因其资历较浅而忽视其研究成果。不同领域的学术评估标准和发表习惯不同。例如，社会科学领域可能更注重学术专著和长篇研究，而自然科学领域则更强调期刊文章和实验数据。因此，评估作者时需结合具体领域的特点灵活调整。此外，在多人合作的研究中，应注意区分第一作者、通讯作者和其他作者的具体贡献，避免单纯以作者排名来评估其学术水平。

作者的学术背景与研究资历在文献质量评估中起着关键作用。教育背景、研究经历、学术成果和学术声誉共同构成了作者的学术资历，反映其研究能力和学术影响力。通过全面评估作者的资历，研究者可以更科学地判断文献的质量和学术价值。同时，在评估过程中需要结合具体领域特点和文献内容，避免单一指标的局限性，从而为科研工作提供更加全面、可靠的支持。这种综合评估策略不仅有助于提升研究的可信度，也为研究成果的学术传播和应用奠定了坚实基础。

3.实验设计的合理性与数据的可靠性

在科学研究中，实验设计的合理性与数据的可靠性是确保研究结论的科学性和可信度的核心要素。实验设计的合理性决定了研究过程的科学性和可操作性，数据的可靠性则直接关系到研究结果的可信度和可重复性。二者相辅相成，共同为科学研究提供坚实的基础。实验设计的合理性体现在多个方面。随机化原则是实验设计中控制偏倚的重要方法。通过随机分配实验对象，可以有效平衡组间潜在的混杂因素，从而确保实验结果的科学性。例如，在医学研究中，随机对照试验（RCT）被广泛应用，通过随机化分配实验对象，可以避免因研究者或实验对象的选择而导致的偏倚。对照原则是验证因果关系的核心手段。通过设置对照组，与实验组进行比较，可以有效排除其他变量的干扰，从而明确自变量对因变量的具体影响。不同类型的对照，如阳性对照、阴性对照和安慰剂对照，可以根据实验目标选择合适的方式。重复性原则要求在相同条件下多次进行实验，以确保结果的一致性。实验重复性是验证科学研究的重要手段，能够通过多个实验的统计分析降低偶然性误差，增强研究结论的可信度。平衡性原则强调在多因素实验中，各因素的不同水平应在实验中合理分配，以减少系统误差。例如，随机区组设计和拉丁方设计能够有效控制实验条件的变异，提高实验结果的可靠性。实验设计还需具备可操作性原则，即设计方案应清晰明了，便于实际操作和执行，避免因实验流程复杂而导致的数据采集和分析出现偏差。

实验设计的合理性为获取可靠数据奠定了基础，数据的可靠性则直接影响实验结果的可信度。数据的可靠性包括数据采集的准确性、一致性和可重复性等多个方面。数据采集的准确性是指测量工具和方法能否准确反映研究对象的实际情况。例如，在物理实验中，使用高精度仪器能够显著提高数据的准确性。在社会科学研究中，问卷调查设计需确保问题设置清晰，避免受访者因理解偏差而提供错误信息。数据记录的完整性是指在实验过程中，所有相关数据和实验条件都需详细记录，确保后续分析有据可依。缺失数据或不完整的数据会导致分析结果出现偏差，甚至影响研究结论的有效性。一致性是数据可靠性的重要特征之一。即在相同实验条件下，对同一对象进行多次测量，结果应具有高度一致性。此外，数据的可重复性也是验证数据可靠性的重要指标。在不同时间、不同地点或由不同研究者进行的重复实验中，若能获得相似的数据结果，则证明数据具有较高的可靠性。这种一致性和可重复性能够显著提高研究结果的可信度。

在实验数据采集完成后，科学的数据处理方法至关重要。数据处理的科学性能够确保分析结果的准确性和可靠性。研究者需根据实验设计选择合适的统计分析方法，例如，数据清洗可以去除噪声和异常值，采用适当的统计模型可以验证数据的显著性。此外，数据分析过程中应避免“选择性报告”现象，即仅报告符合预期结果的数据，而忽略与假设不符的数据。这种现象可能导致研究结果偏离真实情况，影响研究的科学性和公正性。数据存储和管理也是确保数据可靠性的重要环节。研究者需对实验数据进行妥善保存，建立完善的存储和备份机制，防止数据丢失或损坏。同时，规范的数据管理制度可以确保数据的可追溯性，便于后续研究的验证和复核。

实验设计的合理性与数据的可靠性之间存在密切联系。合理的实验设计能够有效控制实验条件，减少外部干扰，从而为获取高质量数据提供保障。例如，随机化设计能够平衡实验组和对照组间潜在的混杂因素，对照设计能够排除非实验因素的影响，多因素实验中的平衡性设计能够确保各变量的独立性。这些设计策略不仅提高了数据的准确性和一致性，也为研究结论的科学性提供了重要支持。同时，可靠的数据也能验证实验设计的科学性。若实验数据在多次重复实验中保持高度一致，且与预期结果相符，则表明实验设计是合理且有效的。反之，若数据出现明显偏差或不一致，则需反思实验设计中的潜在问题，并对设计方案进行优化。

实验设计和数据可靠性对于科学研究至关重要，研究者在实际操作中可能会遇到一些挑战：其一，实验设计不周全可能导致数据质量低下。研究者在设计实验时，需充分考虑潜在的干扰因素，并确保实验条件的可控性，以避免设计缺陷影响实验结果。其二，数据采集与处理不规范是另一个常见问题。例如，数据采集过程中因仪器校准不当或操作失误可能导致数据失真。研究者需在实验前对仪器设备进行校准，严格遵循标准流程采集数据，并在数据处理时使用科学的方法。其三，数据存储与管理不当也可能导致数据丢失或损坏。为此，研究者应建立系统的数据存储和备份机制，并制定详细的数据管理规范，确保数据的完整性和安全性。

实验设计的合理性与数据的可靠性是科学研究中不可或缺的两大核心要素。合理的实验设计能够有效提高实验效率，减少外部干扰，为获取高质量数据提供保障。同时，可靠的数据是验证研究假设和得出科学结论的基础，也是研究成果可信度的体现。在实际研究中，研究者需将实验设计与数据采集、处理、管理有机结合，确保研究过程的科学性和结果的可信性。通过不断优化实验设计和提升数据质量，科学研究能够更加严谨、高效，为解决科学问题和推动技术进步提供强有力的支撑。

第二节 高效阅读科技文献的方法

一、阅读前的准备工作

1.确定阅读目的

在科技文献阅读过程中，确定阅读目的是提高阅读效率、获取有价值信息的关键步骤。科技文献内容复杂，包含大量专业术语、数据和图表，盲目阅读不仅耗时费力，还容易忽略重要信息。因此，在开始阅读前，明确阅读目的能够帮助研究者聚焦核心问题，提高信息获取的针对性和效率。研究者首先需要明确自身的研究问题和背景需求，包括研究主题、具体问题以及相关领域的基础知识。研究问题是科研工作的核心，它决定了阅读文献的方向和深度。例如，研究者可能关注人工智能在医疗领域的应用，或探索某种纳米材料在新能源中的潜在价值。无论是探索性研究还是验证性研究，研究者都需要在阅读前明确具体问题。同时，了解领域的背景知识也至关重要。对于新手研究者，可以通过阅读教材或领域综述快速建立基础知识体系，以便更高效地理解专业文献。

在明确研究问题的基础上，研究者还需设定具体的阅读目标。不同的阅读目标决定了文献的选择范围和阅读深度。常见的阅读目标包括获取领域综述、寻找研究创新点、验证研究假设和学习研究方法。对于刚进入某一研究领域的研究者，初步目标通常是获取领域的整体认识，通过阅读综述文章和经典文献掌握该领域的基本理论、研究现状和发展趋势。而对于已经具备一定领域知识的研究者，其目标可能是发现研究中的空白或未解决的问题，从而为自己的研究找到创新点。这时，研究者需要重点阅读最新发表的前沿文献。此外，如果研究者已经提出了初步假设，那么阅读的目标便是寻找文献支持或反驳这一假设，通过查阅实验数据或案例研究，验证其假设的合理性。有时，研究者的阅读目的是学习某种新方法或实验技术，这需要他们重点关注方法学类文献或实验报告。

为了高效地实现阅读目标，研究者在阅读前需制定文献筛选标准。筛选标准有助于快速定位高质量、相关性强的文献，避免在无关文献上浪费时间。首先是文献类型的选择。综述文章适合快速了解领域全貌，原始研究文章则能提供具体问题的深入分析，而方法学文章能够帮助研究者掌握特定的实验技术或研究方法。其次是文献来源，优先选择来自权威期刊、学术会议或知名数据库（如 Web of Science、PubMed、IEEE Xplore、CNKI 等）的文献。这些来源通常经过严格的同行评审，文献质量更高。时效性也是重要考量，尤其在快速发展的科技领域，最新文献能够反映领域的最新进展。但若研究涉及基础理论或历史发展，则需参考经典文献。此外，研究者还应关注作者的资历。知名学者或在特定领域活跃的研究者，其文献通常更具权威性。被引次数也是常用的质量评估指标，高被引文献通常具有较高的学术影响力，能够为研究提供坚实的理论支持。

在完成文献筛选后，研究者需制定适合自己的阅读策略，以最大化阅读效率。根据文献的重要性和阅读目标，可以选择跳读法、精读法、批判性阅读和比较阅读等多种策略。跳读法适用于综述文章或篇幅较长的文献，研究者可以先浏览摘要、引言、结论和关键图表，以快速了解文章的核心内容。精读法则适用于与研究问题高度相关的文献，研究者需对全文进行深入分析，确保对文献的每一部分都充分理解。批判性阅读要求研究者在阅读过程中，对文献的研究方法、数据分析和结论进行深入思考，评估其科学性和合理性。这种方式不仅能帮助研究者提升独立思考能力，还能发现文献中的不足。比较阅读适用于多篇文献研究同一主题的情况。通过对比不同文献的研究方法、结果和结论，研究者可以发现领域中的共性与差异，从而更全面地理解研究问题，并寻找进一步研究的切入点。

在开展文献阅读前，制订阅读计划也能显著提高阅读效率。研究者可以先根据筛选标准列出文献清单，并按优先级排序，优先阅读与研究主题最相关、发表在高影响因子期刊上的文献。合理的时间安排也非常重要，研究者可根据文献数量和阅读深度，制定每周或每日的阅读任务，确保在规定时间内完成阅读。此外，在阅读过程中，研究者需及时记录文献中的重要信息，如核心观点、关键数据、研究方法及其与自身研究的相关性。这些记录不仅便于后续查阅，还能帮助研究者快速总结和提炼文献内容。

最后，研究者在完成文献阅读后需进行总结与反思。通过总结，可以进一步明确已获取的信息与尚未解决的问题，为后续研究提供方向。同时，反思阅读过程中的文献选择与阅读策略是否有效，有助于研究者不断优化阅读方法，提高科研效率。总结还可以帮助研究者在未来的科研工作中快速查找和引用相关文献，避免重复阅读。

确定阅读目的是高效阅读科技文献的重要前提。通过明确研究问题、设定阅读目标、制定筛选标准和阅读策略，研究者能够在海量文献中快速定位与自身研究最相关的信息，提高阅读效率和科研质量。这一过程有助于研究者掌握领域内的最新进展，还能为研究工作的顺利开展提供坚实的理论基础。随着研究的深入，研究者应不断优化文献选择和阅读方法，从而为科研成果的产出奠定良好基础。

2.收集相关背景知识

在科技文献的高效阅读中，收集相关背景知识是理解文献内容、掌握研究脉络的重要步骤。科技文献通常包含大量专业术语、复杂理论和技术方法，如果没有充分的背景知识，研究者可能难以准确理解文献内容或有效判断其学术价值。因此，在深入阅读之前，通过收集和整理相关背景知识，研究者可以更快速地进入研究状态，为后续文献分析和研究设计奠定坚实基础。背景知识是指与研究领域或主题相关的基础理论、核心概念、研究方法和发展历程等信息。这些知识有助于研究者更好地理解文献中的专业内容，还能在大量信息中抓住研究重点，从而提高阅读效率。首先，背景知识能够提高文献理解能力，帮助研究者快速掌握文献中的术语、模型和实验方法。例如，在阅读有关深度学习的文献时，如果研究者已掌握神经网络的基本原理和常见算法，就能更轻松地理解文献中的技术细节。其次，背景知识能明确研究问题的背景，帮助研究者全面了解研究问题的重要性、现有研究进展及领域内的未解难题。这一过程有帮助于研究者精准定位文献中与自己研究相关的内容，还能为其研究提供更深刻的理论支撑。最后，拥有背景知识还可以支持文献筛选与评价，帮助研究者快速判断文献的学术质量和与研究的相关性，从而避免浪费时间。例如，在筛选某种技术应用的文献时，了解该技术的基本原理和发展现状，能够帮助研究者更高效地筛选出有价值的文献。

在收集背景知识时，研究者需要针对具体研究主题，全面涵盖基础理论、研究现状和方法工具等多个方面。基础理论与核心概念是背景知识的基石，包括领域内公认的基本原理、学术观点和关键术语。这些内容通常是该领域研究的理论支撑。例如，在分子生物学中，掌握基因表达和蛋白质结构的基础知识对于理解相关实验设计至关重要。在经济学研究中，供需理论和市场均衡是理解复杂经济现象的重要理论框架。领域发展历程是另一关键内容，了解领域内的历史演变和重要里程碑事件，能够帮助研究者理清研究的演化脉络。例如，人工智能领域经历了符号主义、连接主义和统计学习的发展阶段，每一阶段都有其独特贡献和技术局限性。通过掌握领域发展历程，研究者可以更准确地理解当前技术在领域中的地位和作用。研究现状与前沿热点是背景知识中最具动态性的部分。这些内容通常反映在近年发表的高质量综述文章和前沿研究中。例如，近年来气候变化研究中的热点包括极端天气预测、碳中和技术及其实际应用。了解这些热点，有助于研究者发现领域内的研究空白和潜在机会。此外，研究方法与技术工具也是不可忽视的部分。掌握领域内常用的实验方法、数据分析工具和技术设备，能够为研究者设计实验和分析数据提供理论和实践支持。

为了收集和整理背景知识，研究者可以利用多种信息来源，这些来源包括教材、综述文章、学术数据库、在线课程及专业网站等。教材和专业书籍是学习基础理论的重要途径。这类资料经过系统整理，能够帮助研究者快速掌握领域内的基础知识。例如，《统计学基础》和《分子生物学原理》在各自领域内是广泛使用的经典教材。综述文章是了解研究现状和前沿动态的重要资源。高质量的综述通常对某一领域的研究进展进行全面总结，并指出未来的研究方向。例如，*Nature Reviews* 和 *Annual Review* 系列中的文章通常是相关领域的重要综述文献。权威学术数据库是高效获取文献的重要工具，如 Web of Science、PubMed、IEEE Xplore、CNKI 等。这些数据库不仅收录了大量研究论文，还包括会议论文和学位论文，为研究者提供丰富的信息资源。此外，学术讲座与在线课程（如 Coursera、edX 等）为研究者提供了灵活学习的途径，这些课程通常由领域专家讲授，内容涵盖基础理论和前沿研究。专业网站和行业报告也是背景知识的重要来源，尤其在快速发展的领域，如人工智能、区块链等。例如，OpenAI、Gartner 报告和技术博客能够提供最新的技术动态和应用案例。

在背景知识的收集过程中，研究者需制定科学的策略，以保证信息的全面性和可靠性。首先，研究者应明确信息需求，根据研究主题构建知识框架，列出需要重点掌握的理论、方法和研究热点。其次，制订收集计划，合理分配时间，通过阶段性学习积累背景知识。例如，每周安排一定时间集中学习领域基础知识，同时利用碎片时间跟踪领域动态。记录与整理是高效收集背景知识的重要手段。研究者可以利用电子笔记工具（如 Notion、Evernote）记录和分类整理重要信息，以便随时查阅。最后，背景知识的收集是一个动态过程，研究者需定期更新，跟踪领域的最新研究成果。例如，定期阅读领域内顶级期刊的最新发表文献，能够帮助研究者及时掌握研究前沿。

收集相关背景知识是科技文献阅读中的重要环节。它有助于研究者快速理解文献内容，还能提升研究者的学术视野和科研能力。通过充分利用多种信息来源，制定科学的收集策略，研究者可以在短时间内积累丰富的背景知识，为后续的文献分析和研究设计打下坚实基础。这一过程为研究工作的顺利开展奠定了必要的理论支持，也是科研工作中不可或缺的重要一环。

二、高效阅读的步骤

1.快速阅读与精读比较

在科技文献的阅读过程中，快速阅读与精读是两种互补的阅读策略，各自适用于不同的阅读目标和文献类型。掌握并灵活运用这两种策略，有助于研究者在海量文献中快速获取关键信息，同时深入理解与研究主题高度相关的核心内容，从而显著提升文献阅读的效率和质量。快速阅读是一种以高效获取文献主要信息为目标的阅读方法。它旨在用最短的时间掌握文献的核心观点、研究方法、关键数据和结论，而不深入关注细节。这种方法特别适用于文献筛选、领域概况了解以及特定信息的快速定位。例如，在文献筛选阶段，研究者通常会面对大量搜索结果，通过快速阅读摘要和结论，可以迅速判断文献是否与研究主题相关，是否值得进一步深入阅读，从而节省大量时间。此外，对于希望快速了解某一领域研究现状或发展趋势的研究者，快速阅读综述文章或相关文献的核心部分，可以迅速掌握领域内的研究热点和关键问题。当研究者需要从文献中提取某一特定信息（如实验条件或某个数据点）时，快速阅读也能帮助其高效定位目标信息，避免在细节中迷失。

为了有效进行快速阅读，研究者需要掌握一系列实用技巧。首先，应重点阅读文献的摘要和结论部分。摘要通常概括了研究的目的、方法、主要发现和结论，是快速了解文献核心内容的最佳入口。结论部分则总结了研究成果及其意义，为研究者提供判断文献价值的重要依据。其次，可以通过浏览图表和小节标题快速获取文章的核心信息。文献中的图表直观展示了研究数据和结果，常常是研究者在快速阅读中获取关键信息的重要途径。小节标题则能够帮助研究者快速理解文章的逻辑结构。此外，跳读法也是快速阅读的重要技巧，即跳过文献中的细节部分，仅关注核心段落。例如，引言部分用于了解研究背景和问题，方法部分可以快速查看实验设计，讨论和结论部分通常是研究者的关注重点。利用关键词和主题句也是提高快速阅读效率的有效方式。通过关注每段的主题句，研究者可以快速抓住段落的主要内容，同时通过查找与研究主题相关的关键词，更精准地定位所需信息。

相比之下，精读是一种对文献内容进行深入细致阅读和分析的策略，旨在全面理解文献的理论背景、研究方法、数据分析和结论。精读通常适用于研究者需要深入理解文献时的场景，包括核心文献的深入学习、验证研究假设、学习新方法或技术，以及批判性评价文献。例如，在研究过程中，一些领域内的经典文献或最新的前沿成果对研究课题具有重要的参考价值，研究者需要通过精读全面掌握其理论框架、实验设计和数据分析。这不仅能够为自身研究提供坚实的理论支持，也有助于在学术背景中找到创新点。当研究者需要验证自己的研究假设时，精读也能帮助他们确认文献中的数据是否可靠、研究方法是否科学、结论是否可信。此外，精读是学习新研究方法或实验技术的重要途径。某些文献可能详细描述了一种新的实验技术或数据分析方法，研究者需要通过精读深入学习其操作流程、适用条件及可能的局限性，以便在自己的研究中加以应用。

精读不仅强调对文献内容的理解，更要求研究者在阅读过程中保持批判性思维，能够独立评估文献的科学性和可靠性。在精读过程中，研究者需逐段精细阅读，对每一部分内容进行深入分析。例如，在方法部分，研究者需仔细审查实验设计的合理性和数据采集的准确性；在讨论部分，需关注作者如何解释研究结果，以及是否存在逻辑漏洞或不合理的假设。同时，图表分析是精读中的重要环节，研究者需详细解读文献中的图表，理解数据的来源、变量之间的关系以及图表传递的信息。在精读过程中，研究者还应结合文献的参考文献，进一步追溯其理论基础和数据支持。这种追溯有助于研究者更全面地理解文献内容，还能为自身研究找到更多有价值的支持材料。

在精读的过程中，做好阅读笔记是十分必要的。研究者可以记录文献中的关键内容、重要数据和研究方法，同时记录自己的思考和疑问。这些笔记不仅有助于加深对文献的理解，还能为后续的研究和论文写作提供直接参考。在精读中，批判性思维尤为重要。研究者需要独立思考，评估文献的研究设计是否科学、数据分析是否合理、结论是否与数据相符，并寻找其中的潜在不足或研究空白。这种批判性分析能够帮助研究者提升独立判断能力，为自身研究的改进和创新提供新的思路。

快速阅读和精读虽然在目标和方式上存在明显差异，但它们并非对立，而是相辅相成的。在实际研究过程中，研究者应根据具体阅读目标灵活选择或结合两种策略。例如，在文献检索和筛选阶段，研究者可以通过快速阅读筛选出与研究主题高度相关的文献，从而节省时间。之后对筛选出的核心文献进行精读，以深入理解其内容，并获取必要的研究支持。这种结合策略能够在保证阅读效率的同时，确保文献内容的深入掌握，从而提高科研工作的整体质量。

快速阅读与精读是科技文献阅读中不可或缺的两种策略。快速阅读强调效率，通过摘要、图表和结论等内容快速提取文献的核心信息，适用于文献筛选或获取领域概况。精读则追求深度，重在全面理解文献的每个细节，适用于核心文献的深入分析、批判性评价和新方法的学习。在科研工作中，研究者应根据阅读目标合理选择或结合这两种策略，从而在节省时间的同时，确保研究工作的科学性和严谨性。这不仅能够提升文献阅读效率，还能为研究进展提供坚实的理论支持和数据基础。

2.选取关键文献

在科研工作中，选取关键文献是不可或缺的环节。关键文献为研究者提供理论支持、方法指导和数据参考，是构建研究框架和验证研究假设的基础。在当今信息爆炸的时代，如何从海量文献中高效筛选出最具价值的关键文献，是提高科研效率和成果质量的关键步骤。关键文献是指与研究主题密切相关，并在研究中起到重要支撑作用的学术文章。这类文献可以是领域内的经典文献、最新的前沿研究、权威综述或方法学文献。它们不仅提供研究的理论基础，还有助于研究者了解当前的研究进展和未解决的问题。在科研中，选取关键文献有多方面的重要作用。首先，关键文献能够提供理论基础，帮助研究者构建研究的理论框架，理解研究主题的基本概念和核心原理。例如，经典文献通常奠定了某一研究领域的理论基础，是后续研究的重要参考。其次，通过阅读领域内的关键综述和前沿研究，研究者可以快速掌握当前的研究热点、已有成果以及尚未解决的问题，从而明确研究现状，为自身研究确定方向。再次，关键文献中的研究方法和实验设计可以为研究者提供参考，帮助其选择合适的研究策略，支持研究设计。例如，某些方法学文献详细描述了实验流程、数据处理方法等内容，具有较高的实用价值。在研究假设的验证过程中，关键文献中的数据和结论能够为研究者的假设提供支持或对比，有助于其进行进一步验证和完善。最后，在学术写作中引用领域内的关键文献，可以提升研究的学术说服力，使研究结论更具权威性。

为了有效选取关键文献，研究者需要遵循一定的筛选标准。其一，相关性，即文献内容需与研究主题高度相关。无论理论背景、研究方法还是数据分析，都应为研究提供直接支持。研究者可以通过查找与研究主题相关的关键词来筛选文献，并通过摘要判断其是否符合研究需求。其二，权威性，关键文献通常发表在高影响力的期刊或由领域内知名学者撰写。研究者可以通过期刊的影响因子、作者的学术背景及研究资历来判断文献的权威性。其三，时效性，也是选取关键文献的重要标准。在快速发展的研究领域，最新的研究成果通常反映了当前的研究热点和前沿技术。因此，选取关键文献时应关注近 5 年内发表的文章。然而，在某些基础研究领域，经典文献仍然具有重要参考价值，需要结合具体研究主题平衡时效性与经典性的选择。其四，被引次数是衡量文献学术影响力的重要指标。高被引文献通常在学术界具有较高认可度，表明其在某一研究领域中具有重要地位。但研究者在选择高被引文献时也需警惕被“热门”话题或综述文章主导的引用现象，避免过度依赖单一指标。其五，根据研究需求，文献类型的选择也十分关键。例如，综述文章可以帮助研究者快速了解领域全貌，原始研究文章则提供具体研究的详细信息和数据，而方法学文章是学习新技术或新方法的重要来源。

3.识别核心信息与关键数据

在科技文献的阅读过程中，识别核心信息与关键数据是获取文献精华、提升科研效率的重要技能。科技文献通常包含大量复杂的理论、实验设计和数据分析，如果研究者无法有效提取其中的核心内容，可能会浪费大量时间或错过关键信息。核心信息是指文献中传递的主要学术观点、研究成果和结论，包括研究背景、目的、假设、方法、结果和意义等。它能帮助研究者快速掌握文献主旨，明确文献在学术领域中的贡献。关键数据则是支持核心信息的重要实验结果、统计数据或模型参数，这些数据是验证文献结论的科学依据。准确识别核心信息和关键数据具有多方面的重要意义。首先，它能提高文献理解效率，帮助研究者在短时间内了解文献的主要内容和价值。其次，关键数据为研究者提供了验证研究假设和设计实验的参考基础。最后，核心信息和关键数据在论文写作中可以为研究者的论点提供权威支持，增强科研成果的说服力。

在实际操作中，研究者可以通过多种方法来识别核心信息。其一，标题与摘要是文献核心信息的高度概括，通常包含研究目标、方法和结论。通过阅读摘要，研究者可以迅速判断文献的主题和学术贡献。其二，引言与结论部分提供了文献的背景、研究目的以及主要发现和意义。引言可以帮助研究者理解研究的理论背景和问题定义，而结论部分总结了研究的核心成果及其学术价值或实际价值。其三，讨论部分通常对研究结果进行详细解释，并指出研究的局限性和未来方向，这有助于研究者全面理解文献的贡献和不足。在具体阅读过程中，研究者还应善于利用关键词和主题句。每段的主题句通常概括了段落的核心内容，通过关注这些句子，研究者可以快速抓住文献的关键点。

三、文献管理工具的使用

在科研工作中，文献管理是一项重要的任务。随着研究领域的不断拓展，研究者需要处理和组织大量的科技文献，而手动管理这些文献不仅费时费力，还容易导致遗漏或混乱。为解决这一问题，文献管理软件应运而生。它们能够帮助研究者高效组织、存储、标注和引用文献，从而提升科研效率。目前，学术界常用的文献管理软件包括 EndNote 和 Zotero，二者各有特点，广泛应用于不同学科和研究场景。

1.文献管理软件介绍

（1）EndNote：功能强大且专业的文献管理软件。

EndNote 是由 Clarivate Analytics 开发的一款功能强大的文献管理工具，在学术界拥有广泛的用户基础。凭借其多样化的功能和与主流学术数据库的良好兼容性，EndNote 被广泛应用于各个科研领域，特别是在自然科学、工程技术、医学和社会科学等领域。EndNote 不仅能够帮助研究者有效管理大量文献，还为文献的分类、标注和引用提供了高效、便捷的解决方案。其核心功能包括文献的收集、组织、共享以及与论文写作过程的无缝集成，大大提高了科研工作的效率和质量。

首先，EndNote 提供了强大的文献管理功能。研究者可以通过手动添加或从学术数据库（如 PubMed、Web of Science、Scopus 等）中直接导入文献，批量保存至 EndNote 文献库。EndNote 支持自定义文件夹和标签，用户可以根据研究主题、项目或时间段对文献进行分类管理。这种灵活的组织方式使得研究者在面对大量文献时，能够快速定位所需文献，提高了文献检索的效率。其次，EndNote 拥有丰富的引用格式管理功能。该软件内置了超过 7 000 种引用格式，涵盖各类学术期刊、会议和机构的要求。无论 APA、MLA、Chicago 还是 Harvard 格式，EndNote 都能快速生成符合格式规范的参考文献。研究者在论文写作过程中，可以根据目标期刊或会议的要求，随时切换引用格式，而无须手动调整，极大地减少了因格式错误而导致的返修时间，确保了论文提交的规范性和专业性。

与文本编辑器的无缝集成是 EndNote 的另一大优势。它可以直接与 Microsoft Word、Google Docs 等常用写作工具集成，通过“Cite While You Write”功能，用户可以在写作过程中轻松插入文献引用，同时自动更新参考文献列表。这种实时引用和更新功能，不仅简化了论文撰写的流程，还避免了遗漏引用或手动输入格式的错误。此外，EndNote 与 LaTeX 系统的兼容性也使得它成为数学、物理等领域研究者的重要工具。

为了适应现代科研的协作需求，EndNote 还提供了强大的云同步和共享功能。用户可以将文献库同步至 EndNote 云端，实现多设备之间的无缝切换，无论是在办公室还是外出调研，用户都可以随时访问和管理文献。研究者还可以与团队成员共享文献库，共同管理和更新文献资料。这种协作功能尤其适用于大型科研项目和多学科交叉研究，为团队成员之间的文献共享和协作提供了便利。此外，EndNote 支持全文 PDF 管理和标注。用户可以将 PDF 文件直接附加到文献条目中，进行集中管理。软件内置的 PDF 阅读器允许用户在文献中添加注释、高亮或下划线标记，便于记录关键信息和个人见解。这些标注可以同步到云端，确保研究者在任何设备上都能查看和编辑注释。

数据安全与备份也是 EndNote 的一大亮点。通过云存储功能，用户的文献库和注释能够自动备份，避免了因硬件损坏或数据丢失而导致重要文献信息丢失。此外，EndNote 提供了定期更新和维护，确保用户在使用过程中能够获得最新的功能支持和兼容性优化。

EndNote 是一款集文献管理、引用格式转换、协作共享和全文标注于一体的高效工具。它不仅简化了文献的管理和引用流程，还为科研团队提供了强大的协作支持，成为现代科研工作中不可或缺的助手。无论资深研究者还是初入学术界的研究者，EndNote 都能帮助其更高效地完成文献整理与论文写作任务，显著提升科研效率和成果质量。

（2）Zotero：免费且灵活的文献管理工具。

Zotero 是一款由非营利组织开发的开源文献管理软件，因其免费、灵活、易用的特点受到广泛欢迎。作为一款开源工具，Zotero 特别注重用户体验，适合各类研究者使用，尤其是初学者和需要跨设备管理文献的用户。Zotero 支持从网页、学术数据库、电子书等多种来源直接导入文献，用户只需安装浏览器插件即可一键保存文献及其元数据。这种高效的采集方式，使研究者能够快速收集和管理所需文献。通过自定义文件夹和子文件夹，用户可以根据研究需求对文献进行分类。同时，Zotero 内置的 PDF 阅读器允许用户直接查看文献并添加批注、高亮，方便记录研究过程中的个人见解。

Zotero 的插件支持与扩展性也是其一大优势。它能够与 LaTeX 集成，满足学术写作需求，并提供 PDF 全文搜索功能，帮助用户快速定位文献中的关键信息。此外，用户还可以安装第三方插件，根据自身需求扩展软件功能。在论文写作中，Zotero 可以与 Microsoft Word、Google Docs 等文本编辑器无缝集成，支持用户在写作时快速插入文献引用，并自动生成参考文献列表。其多种引用格式切换功能，使研究者能够轻松适应不同学术期刊和机构的格式要求。

Zotero 还提供了云端同步与协作功能，用户可以将文献库同步至云端，实现多设备间的文献共享与管理。虽然免费云存储空间仅为 300 MB，但用户可选择购买更多存储空间。此外，Zotero 支持团队协作功能，用户可以与团队成员共享文献库，共同管理和更新文献资源，这在多学科合作项目中尤为实用。Zotero 的优点包括免费开源、界面简洁直观、扩展性强以及支持多平台（如 Windows、MacOS、Linux 等）。然而，其缺点也需注意，如免费存储空间有限；内置引用格式较少，需要用户手动下载更多格式。

Zotero 是一款功能全面且灵活的文献管理工具，特别适合社会科学和人文科学领域的研究者使用。对于初学者以及希望在多设备间高效管理文献的用户，Zotero 无疑是理想选择。尽管在存储空间和引用格式上有一定局限，但其强大的功能扩展和便捷的协作能力，足以为各类科研活动提供有力支持。

（3）EndNote 与 Zotero 的对比。

EndNote 和 Zotero 各有优势（表 3.1），研究者可根据自身需求选择适合的工具。EndNote 更适合处理复杂文献和严格的引用格式管理，Zotero 则以免费、灵活和易用性著称。

表 3.1　EndNote 与 Zotero 的对比

特性	EndNote	Zotero
价格	需付费	免费开源
引用格式支持	数千种格式，内置丰富	格式较少，但可扩展
数据库兼容性	与主流数据库无缝对接	支持多种数据来源
PDF 管理	支持，功能丰富	支持，便于批注
团队协作	提供共享功能	免费协作，共享方便
学习成本	较高	较低

2.文献分类与标注技巧

在科研工作中，文献分类与标注是高效管理和利用文献的关键环节。面对大量的科技文献，科学合理的分类可以帮助研究者快速检索和整理信息，适当的标注则能在深入阅读和分析时记录个人思考和重点内容。这两项技能不仅能够提升科研效率，还为后续的研究设计和论文写作提供了有力支持。

（1）文献分类技巧。

文献分类是对文献资源进行系统化管理的重要手段。科学的分类方法能够帮助研究者在海量文献中快速找到所需内容，并在不同研究阶段有效地组织和利用文献。

① 基于研究主题分类表。研究者可以根据自己的研究方向或项目，将文献按主题进行分类。这种方法能够帮助研究者在不同的研究领域中快速定位相关文献。例如，可以为“人工智能在医疗中的应用”“深度学习模型优化”“医疗影像分析”等主题创建独立文件夹或标签，将相关文献归档。

② 基于研究阶段分类。文献还可以按照科研过程中的不同阶段进行分类，如“理论基础”“方法研究”“实验数据”“讨论与结论”等。这种分类方法有助于研究者在不同科研阶段高效利用文献，确保每个环节都能及时获得支持。

③ 基于文献类型分类。研究者可以根据文献的类型，如“综述文章”“实验研究”“方法学文献”“会议论文”等进行分类。这种分类方式能够帮助研究者在特定需求下（如查找某种实验方法或领域综述）快速定位所需文献。

④ 基于时间或时效性分类。文献的时效性在某些研究领域非常关键，研究者可以按时间范围（如近 5 年、10 年）或特定年代对文献进行分类。这种方法尤其适用于快速了解领域最新进展或追溯学科发展的研究。

⑤ 使用标签与颜色标记。许多文献管理工具（如 Zotero、EndNote）支持用户为文献添加标签或颜色标记。研究者可以根据个人需求定义标签，如“重要”“待阅读”“有争议”“方法学习”等，通过颜色和标签对文献进行多维度分类和标识。

（2）文献标注技巧。

文献标注是研究者深入阅读和分析文献时的重要步骤。通过有效的标注，研究者能够快速记录和提炼文献中的关键信息，同时保留自己的思考和观点。

① 高亮与批注。在阅读文献时，研究者可以对文献中的重要内容（如核心观点、关

键数据、重要实验方法等）进行高亮标记。同时，可以在高亮部分旁边添加批注，记录自己的理解、疑问或灵感。例如，在方法部分标注某一实验步骤时，可以附加评论，指出其在自己研究中的潜在应用。

② 摘要与要点提炼。在详细阅读完一篇文献后，研究者可以提炼出该文献的核心要点，并在文献管理工具中附加一段简短的摘要。这段摘要可以包括文献的研究背景、主要发现、方法和个人评价。

③ 重点问题与个人见解。在标注过程中，研究者可以围绕文献中的重点问题记录自己的思考。例如，针对某一研究方法，是否存在改进空间；某一结论是否可以用于自身研究。通过记录个人见解，研究者可以加深对文献内容的理解，并为后续研究积累思考基础。

④ 交叉引用与补充信息。在标注文献时，研究者还可以将某篇文献与其他相关文献进行交叉引用。例如，当某篇文献的研究结论支持或反驳了另一篇文献中的观点时，可以在批注中记录这种关联。同时，可以在标注中补充其他文献的相关信息，进一步完善对研究问题的理解。

⑤ 定期回顾与更新标注。文献标注是一个动态过程，研究者应定期回顾已标注的文献，根据新获取的信息或研究进展更新批注和见解。这种动态标注能够帮助研究者持续跟踪研究主题的变化，并将新知识融入已有文献的分析中。

文献分类与标注是科研过程中必不可少的技能，它有助于研究者高效管理和检索文献，还能在深入阅读中记录和整理关键信息。通过科学的分类，研究者可以将文献按照主题、类型、时效性等多维度组织起来，提高文献利用率。通过精准的标注，研究者能够在文献中快速定位核心内容，同时记录个人思考，为后续的研究设计和论文写作提供支持。结合现代文献管理工具的使用，分类与标注的效率和效果可以得到进一步提升，为高效地开展科研工作奠定坚实基础。

第三节 文献综述的撰写与分析

一、文献综述概述

文献综述是科研工作中不可或缺的组成部分，是对某一学科领域内已有文献的系统综合与深入分析，是科学研究的重要基础之一。通过对某一主题的大量文献进行系统化的整理、归纳、总结与分析，文献综述能够帮助研究者全面了解当前领域的研究现状，识别已有研究中的空白与争议，从而明确自身的研究方向。

文献综述与研究型论文在形式与内容上存在显著差异，其区别主要体现在以下几个方面（表 3.2）。

通过以上对比可以看出，研究型论文以科学探索与创新为核心，而文献综述侧重于知识的整合与系统梳理。二者在科学研究中各具重要作用，互为补充，共同推进学科领域的发展。

表 3.2　研究型论文与文献综述的区别

区别项	研究型论文	文献综述
研究目的	通过实验、理论推导或数据分析得出新的研究结论，以拓展知识边界或解决特定科学问题	通过对已有研究的系统总结与分析，全面梳理特定主题的研究现状，发现不足与未来方向
结构与写作方式	包括引言、方法、结果、讨论与结论等部分，以展示具体研究设计和发现	注重系统整理与总结已有研究成果，通常按时间顺序、主题或不同观点组织内容
研究内容的原创性	具有高度原创性，提出新的科学发现或观点，是学术创新的重要体现	侧重于总结与归纳现有研究成果，在分析过程中可融入独特见解，但不以原创为主
引用文献的方式	引用核心文献支持研究假设、方法或讨论	引用大量文献，通过分析与比较，全面呈现某一领域的研究成果与动态
研究对象与范围	研究对象相对具体，通常为某个特定的科学问题	研究对象更为广泛，涵盖特定研究领域或问题中的各种成果，具有全局性与系统性

二、撰写文献综述的步骤

撰写文献综述是一项系统且严谨的工作，涉及多个步骤。为了确保文献综述的科学性与逻辑性，研究者需要遵循以下步骤。

1.选择主题与检索文献

撰写文献综述的第一步是选择合适的主题并进行文献检索。主题的选择应当具有学术意义，反映当前研究领域中的热点问题或关键研究空白。主题应既不过于宽泛也不过于狭窄，确保综述的深度和广度适中，以便能够进行全面而深入的分析。文献检索是获取相关资料的过程，研究者需要使用多个学术数据库，如 Web of Science、Scopus、PubMed、Google Scholar 等，确保文献来源的广泛性和权威性。此外，还应注重文献的时效性，尤其是对于快速发展的研究领域，应优先选择近 5 年内的最新研究成果，以反映当前研究的最新动态。文献检索的过程不仅仅是收集资料，还应对主题进行细化和调整，以便更好地把握研究的方向。研究者可以根据初步检索的结果来确定是否需要进一步缩小或扩大主题范围，确保所选择的主题具有足够的研究价值和可操作性。

2.评估与筛选文献

在获取大量的文献之后，研究者需要对这些文献进行评估和筛选，以确保综述的科学性和代表性。评估文献的标准通常包括文献的权威性、研究方法的严谨性、数据的可靠性、结论的逻辑性等。在筛选过程中，应重点选择那些在学术界具有较高影响力的文献，如高被引论文、来自知名学者的研究成果等。

筛选文献时还应特别注意涵盖不同的研究视角，以便能够对同一问题进行多角度的讨论和分析。研究者应确保所选文献不仅能够反映该领域的主要研究进展，还能够展示学术界在该问题上的不同观点和争议，从而为文献综述提供丰富而多样的内容。

文献的评估过程是一个批判性的阅读过程，研究者需要在阅读文献的过程中对自身研究的有效性和相关性进行判断，排除质量较低或与研究主题关联不大的文献，以确保文献综述的科学性和系统性。

三、综述内容的组织方式

1.按时间顺序排列

按时间顺序排列文献是一种有效的方式，尤其适用于梳理某一研究主题的发展历程。通过这种方式，研究者可以清晰地展示该领域的研究脉络，揭示研究热点的演变和研究方法的变化。这种方式有助于读者了解领域内研究进展的历史背景，理解特定问题在不同时间段内的研究趋势。

按时间顺序排列时，应尽量突出重要的研究进展和里程碑事件，展示该领域内主要的研究方向和重要的理论突破。此外，时间顺序排列有助于揭示学术界对某一问题认识的逐渐深入，以及不同阶段内研究方法和研究对象的变化，从而为后续研究提供参考。

2.按主题或方法分类

按主题或方法对文献进行分类是文献综述较为常用的组织方式之一。研究者可以将文献按照不同的研究主题或具体方法进行分类和组织，以便对每个子领域的研究现状进行深入分析。这种方式特别适用于综述中包含多个相互关联的子主题或研究方法的情况。

按主题分类能够帮助研究者聚焦于某一具体领域，深入讨论该领域的研究成果和不足之处。例如，可以按照不同的理论框架、研究对象、研究变量等进行分类，从而更为系统地揭示各个方面的研究现状及它们之间的联系。按方法分类则适用于当同一研究主题可以采用多种研究方法时，通过分类，可以比较不同的研究方法在解决问题时的优缺点和适用性。

3.按研究成果对比分析

按研究成果对比分析的方式侧重于展示不同研究在结果和结论上的异同。这种方式通过将结论相似或相反的文献归为一类，帮助研究者识别学术界在某一问题上的共识和争议点，并探讨这些争议背后的原因。

在按研究成果对比分析时，研究者需要对不同的研究结论进行深入的比较，揭示它们之间的异同及其可能的原因。例如，某些研究可能得出相反的结论，这时研究者需要分析这些差异是否源于研究方法的不同、样本的差异、数据分析方法的选择，还是其他因素。这种对比分析能够帮助研究者深入理解当前领域的复杂性，为后续研究设计提供重要参考。

四、文献分析与批判性思维

文献分析与批判性思维是文献综述撰写过程中最为重要的一环，也是体现综述学术价值的关键所在。通过对已有研究成果的批判性分析，研究者能够识别领域中的共性与差异、研究中的不足，以及未来可能的研究方向。下面就如何从多个研究中提取共性与差异以及识别研究中的空白与未来研究方向两方面进行详细探讨。

1.如何从多个研究中提取共性与差异

在对某一研究领域进行文献综述时，研究者需要从多个研究中提取出共性与差异，以形成对该领域研究现状的全面理解。这种分析过程不仅有助于发现学术界的普遍观点，还可以揭示不同研究在方法、结果和结论上的差异，从而为深入理解该领域的复杂性提供基础。

（1）确定分析维度。

提取共性与差异的第一步是确定分析维度。这些维度可以是研究方法、研究对象、数据来源、理论框架、结论等。通过确定分析维度，研究者可以对不同文献进行系统化比较。例如，在比较不同研究时，可以按照所采用的研究方法（如定量研究与定性研究）、所使用的数据来源（如实验数据、问卷调查）以及得出的结论进行归纳和对比。

（2）分析研究方法与设计的差异。

不同研究在方法与设计上可能存在显著差异，这些差异可能是导致研究结果不同的重要原因。研究者需要批判性地分析每一项研究所使用的方法，包括样本的选择、数据的收集、分析工具和统计方法等。通过分析这些方法上的差异，研究者可以评估不同方法的有效性，揭示某些方法在特定情境下可能导致的偏差或局限性。

（3）比较研究结果和结论的异同。

不同研究可能在结果和结论上存在差异。研究者需要识别出这些差异，并分析可能的原因。例如，不同研究对于同一主题得出不同结论，可能是由于研究情境、样本差异或研究方法的不同。通过对比研究结果的异同，研究者可以更好地理解当前研究领域的复杂性，并识别出哪些结论是有待进一步验证的。

（4）提取研究的共性。

在识别差异的同时，研究者还应关注研究中的共性。这些共性可以包括不同研究中一致的研究结论、相似的研究方法、普遍采用的理论框架等。通过提取这些共性，研究者可以识别出当前领域的共识，从而为后续研究提供理论支持。此外，共性还可以为领域中的新手研究者提供明确的研究路径和方向。

（5）综合和归纳。

在对研究的共性与差异进行识别后，研究者需要将这些信息进行综合和归纳，形成对研究领域整体状况的理解。这一过程需要批判性思维，以判断哪些研究具有较高的可信度和代表性，哪些研究结果需要进一步探讨和验证。

2.识别研究中的空白与未来研究方向

识别研究中的空白与提出未来研究方向是文献综述的重要目标之一。通过对已有文献的批判性分析，研究者可以发现哪些问题尚未得到充分的研究，哪些领域存在明显的研究空白，这些都为未来的研究提供了重要的机会。

（1）识别研究的不足和局限。

研究者在阅读文献时，需要特别关注每一项研究中的不足和局限性。这些不足可能是研究样本的代表性不够、研究方法的局限性、数据来源的局限性等。通过识别这些不足，研究者可以发现当前研究中的薄弱环节，从而为未来的研究提供方向。例如，如果多个研究在样本代表性上存在不足，那么未来的研究可以着重于扩大样本的多样性，以提高研究的外部有效性。

（2）发现尚未解决的科学问题。

通过对现有研究成果的系统分析，研究者可以识别出学术界尚未解决的重要科学问题。这些问题可能是由于技术限制、理论上的不一致性，或是现有研究尚未深入探索的领域。对于这些尚未解决的问题，研究者可以提出新的研究假设或问题，推动该领域的进一步发展。

（3）识别领域内的争议点。

在文献综述中，研究者常常会遇到同一主题的不同研究得出相互矛盾的结论。这些争议点通常表明该领域尚未达成共识，或者存在尚未被充分理解的复杂因素。通过对这些争议点的总结，研究者可以为未来的研究提出更加精细化和深入的研究方向，以期解决这些学术争议。

（4）提出新的研究方法或视角。

在批判性分析过程中，研究者还可以考虑现有研究方法的局限性，提出新的研究方法或视角。例如，如果现有研究大多采用定量方法，未来的研究可以尝试使用定性方法进行深入探索，从而获得更为丰富和全面的理解。此外，跨学科的方法也可以为解决复杂问题提供新的视角和工具。

（5）结合社会需求与科技发展。

未来研究方向的提出还应结合社会需求与科技发展的趋势。例如，随着人工智能、大数据等技术的发展，某些领域的研究方法和研究方向可能需要进行相应的调整。研究者可以结合这些技术进展，提出新的研究课题，以满足社会发展和科技进步对学术研究的新需求。

（6）构建理论框架的完善。

通过对现有研究的总结和反思，研究者可以识别出理论框架中的不足和需要进一步完善的部分。例如，某些理论可能在解释特定现象时存在局限性，未来的研究可以通过扩展和修正理论框架来克服这些局限。这种理论上的创新和发展对于推动学科领域的整体进步具有重要意义。

五、文献综述的写作技巧

文献综述是学术论文的重要组成部分，其目的是通过对相关领域已有研究成果的归纳与分析，展示研究的背景、发展脉络和现状，为新的研究工作奠定基础。在撰写文献综述时，研究者不仅要对已有文献进行全面、深入的分析，还要确保文章的结构连贯、逻辑清晰，同时合理引用文献以避免学术不端行为。下面从保持连贯性与逻辑性、引用与避免抄袭、引言与结论的撰写要点三个方面详细探讨文献综述的写作技巧。

1.保持连贯性与逻辑性

文献综述的核心是通过系统化的分析展示研究领域的发展脉络与现状，保持连贯性与逻辑性尤显得为重要。首先，在写作之前需要明确文献综述的整体框架。通常可以选择按照时间顺序、主题分类或研究方法等逻辑线索进行结构安排。例如，时间顺序可以展现研究的历史演变，主题分类可以突出不同研究方向的对比分析，研究方法则能够反映研究技术的发展与应用。无论采用何种结构，都要确保各部分之间的过渡自然，避免内容的断裂或重复。其次，段落内部要层次分明，每个段落应围绕一个核心主题展开。在段落的起始部分可以使用主题句来概括本段的核心内容，随后通过具体的文献分析展开论述。段与段之间可以使用过渡句或逻辑连接词，如“然而”“因此”“与此同时”等，增强内容的连贯性。此外，还可以通过总结和对比不同文献的研究结论，使综述内容更加系统化和深入化，从而展现作者的分析能力。

2.引用与避免抄袭

在文献综述中，引用是支持论述、展示研究基础的重要手段，同时也是避免学术不端行为的基本要求。引用的核心在于确保内容来源清晰，并准确反映原作者的观点或研究成果。引用文献时应优先选择权威期刊、学术专著或高影响力的会议论文，确保所引用内容的可信性和学术价值。在具体引用格式上，要严格遵循投稿期刊或机构的规定，如 APA、MLA 或 Chicago 格式，确保引用内容的完整性和规范性。

为了避免抄袭，作者在引用他人观点时需明确标注出处。可以采用直接引用和间接引用两种方式。直接引用即在文本中保留原文的表述并加上引用标注，适用于重要理论或数据的引用；间接引用则是将他人的观点或结论用自己的语言进行转述，同样需要注明出处。此外，在撰写文献综述时，建议尽量多用间接引用，通过语言的再组织体现作者对文献的深入理解。

在二次引用的情况下，应同时标注原始文献与间接引用的来源。需要注意的是，避免大量引用某一文献或依赖二次引用，确保综述的多样性和全面性。最后，在提交文稿前，可以使用查重软件进行自检，以降低重复率，确保综述的原创性。

3.引言与结论的撰写要点

引言和结论作为文献综述的开篇和收尾部分，承担着引导和总结的双重作用。在引言部分，首先需要明确研究主题和背景，概述其在该领域的重要性及其研究现状。例如，可以简单介绍某一技术、方法或理论的发展历程，并指出其在当前研究中的地位和作用。引言的另一关键要素是明确综述的目的和研究问题，如“本书旨在梳理某领域的研究现状，分析不同研究之间的差异，并探讨未来的研究方向”。此外，为帮助读者更好地理解综述内容，可以简要说明本书的结构安排，如“本书首先讨论……，其次分析……，最后总结……”。

结论部分则需要对全文内容进行高度概括和总结。首先，应重申研究领域的主要研究成果和发展脉络，通过总结现有文献的核心观点或发现，展示该领域的总体研究水平。其次，应指出当前研究的不足之处和存在的问题，例如“当前的研究大多集中于……，但在……方面仍存在一定的空白”。最后，为未来研究指明方向，可以提出具体建议或设想，如“未来的研究可以从……角度进行深入探索”或“有必要发展新的方法来解决……问题”。结论部分不仅是对前文的总结，更应为读者提供进一步研究的思路。

文献综述作为学术论文的重要组成部分，贯穿于研究的整个过程。高质量的文献综述需要逻辑清晰、结构严谨，同时在内容上具备批判性与前瞻性。通过合理安排综述结构、规范引用文献、突出引言与结论部分的关键要点，有效提高文献综述的学术价值与写作质量，为后续研究奠定坚实基础。

第二部分
论文写作

第四章　论文的选题

提出一个问题往往比解决一个问题更重要，因为解决问题也许仅是一个数学上或实验上的技能而已。而提出新的问题、新的可能性，从新的角度去看旧的问题，却需要有创造性的想象力，而且标志着科学的真正进步。(The formulation of a problem is often more essential than its solution, which may be merely a matter of mathematical or experimental skill. To raise new questions, new possibilities, to regard old problems from a new angle requires creative imagination and marks real advances in science.）——阿尔伯特·爱因斯坦

第一节　选题的意义

科学研究是从选题开始的。选题是科学研究中确定研究主题和核心问题的首要步骤，是研究者需要重点关注的问题之一。科学研究本质上是一个不断发现问题、提出问题并解决问题的过程，而选题的意义在于明确这些尚未解决的理论或实践问题，从而为研究工作提供清晰的方向和目标。一个科学合理的选题不仅能够为研究工作奠定坚实基础，也能够确保研究成果具有重要的学术价值和实际应用意义。

一、选题是科学研究的起点

选题是科学研究的第一步，决定了研究的方向、范围和目标。在科学研究中，不同的选题将指引研究者采取不同的研究路径，获取不同的研究成果。因此，选题的准确性和科学性直接影响研究的成败。一项高质量的研究往往始于一个明晰而有意义的选题。科学研究的过程可以看作一个“问题链”的形成和解决过程，选题则是这一过程的开端。没有明确选题的研究，就如同一艘没有方向的船，很容易迷失在学术的“汪洋大海”中。

二、选题影响研究的价值和贡献

选题的价值体现在其能否解决理论或实践中的关键问题。一个具有学术创新性或社会应用价值的选题，不仅能够推动相关领域的发展，也能够为社会提供实用的解决方案。以全球气候变化为例，这一领域的研究热点集中在碳减排技术、气候政策评估等方面。选择这些热点问题作为研究主题，能够对科学理论的发展产生积极影响，还能为全球环境治理提供实际的政策建议。因此，选题是否具有前沿性和社会价值，是评价一项研究

选题质量的重要标准。

三、选题对研究过程的指导作用

选题是整个研究过程的导航器。明确选题后，研究者能够聚焦于特定的问题，从而规划研究路径、选择研究方法并收集相关数据。在研究实施过程中，选题为每一步具体工作提供了清晰的目标和标准。一个合适的选题能够帮助研究者在纷繁复杂的研究工作中保持专注，避免因为目标模糊而浪费时间和资源。例如，在开展某项实验研究时，若选题明确且具体，研究者可以据此设计精准的实验方案，确保实验结果直接服务于研究问题的解决。

四、选题决定研究成果的影响力

科学研究的最终目标是为学术界和社会提供具有重要价值的知识或技术。因此，选题的好坏直接影响研究成果的影响力。如果选题选择得当，能够紧扣学术前沿或实际需求，研究成果将更有可能在学术界或社会中产生广泛影响。一个好的选题可以帮助研究者发表高质量的学术论文、申请到重要的科研项目，甚至获得相关领域的学术奖励。以新兴技术领域为例，若选题紧贴科技发展前沿，研究成果有望为未来技术发展提供基础理论或实用方法，从而在学术和产业界获得高度认可。

五、选题促进学术交流与合作

选题不仅是研究者个人的研究起点，也常常是学术交流与合作的纽带。研究者在选题过程中，可以通过查阅文献、参加学术会议等方式了解领域内的研究现状和动态，找到学术前沿和研究空白。在这一过程中，研究者可以与领域内的专家学者进行交流，共同探讨选题的可行性和价值，从而为后续的学术合作奠定基础。例如，在国际合作研究项目中，研究团队通常会围绕一个共同感兴趣且具有全球意义的选题开展研究，这样的合作不仅能够提升研究的深度和广度，也能够为解决全球性问题提供多样化的视角和资源。

六、选题是科研规划的基础

科学研究通常是一个耗时较长且需要系统规划的过程，而选题是科研规划的基础。一旦选题确定，研究者需要围绕选题制订详细的研究计划，包括研究目标、研究方法、时间安排、资源配置等内容。选题的明确性和科学性直接影响科研计划的可行性和执行效果。例如，在一些大型科研项目中，选题的明确性决定了研究团队的分工和合作方式。只有在选题明确的前提下，研究者才能合理配置资源、分配任务，从而提高研究效率和成果质量。

七、选题是科研创新的关键环节

科学研究的核心是创新，而选题是科研创新的起点。创新性选题通常意味着研究者能够在已有研究基础上提出新的研究问题，发展新的理论或探索新的方法。这样的选题不仅能够拓展学术领域的边界，也能够为相关领域提供新的发展方向。研究者在选题过程中，应通过广泛的文献阅读和深刻的理论思考，寻找尚未解决或被忽视的科学问题，从而为科学研究的持续创新提供动力。

选题是科学研究的基础和起点，是研究者在学术道路上迈出的第一步。选题不仅为研究工作提供了明确的方向和目标，还决定了研究的价值、影响力和可行性。一个科学、合理且具有创新性的选题，能够帮助研究者在激烈的学术竞争中脱颖而出，为学术界和社会发展做出贡献。同时，选题过程也是研究者与领域内同行进行交流与合作的重要途径。可以说，科学研究的每一个重大突破，几乎都始于一次意义深远的选题。因此，研究者在选题时需要慎重考虑，遵循科学性和创新性的原则，确保研究的顺利开展和成果的高质量输出。

八、选题对研究者自身发展的重要性

一个优秀的选题不仅关系到研究成果的质量，还能对研究者的学术成长和职业发展起到重要作用。在学术界，研究者的学术地位和影响力通常与其选题的创新性和研究成果的价值密切相关。如果研究者能够围绕一个具有前瞻性和影响力的选题持续深入地开展研究，不仅能够为学术领域做出贡献，还能在专业领域树立个人品牌。例如，某些知名学者因长期研究某一特定领域而成为该领域的权威，其学术声誉和职业生涯都受益于选题的精准、持续深耕。

第二节　选题的基本原则

选题是科学研究的起点，是整个研究过程中至关重要的一步。科学合理的选题不仅能确保研究工作有明确的方向和目标，还能有效提升研究成果的学术价值和实际意义。在选题过程中，研究者需要遵循一定的原则，以确保选题的科学性、合理性和可行性。本节将从创新性、可行性、相关性、明确性和时效性等五个方面详细探讨选题的基本原则。

一、创新性原则

创新性是科学研究的灵魂，是选题过程中最重要的原则之一。科学研究的核心任务是探索未知领域，提出新理论、发现新现象、解决新问题。因此，一个具有创新性的选题可以推动学科的发展，填补现有研究的空白，为学术界和实践领域提供新的见解和解

决方案。

1.内容创新

选题的内容创新主要体现在以下几个方面。

（1）新理论。

新理论的提出是科学研究最具挑战性和价值的创新形式之一。新理论通常是在对现有研究深入分析和批判的基础上，通过对新问题的思考和总结而形成的。新理论不仅能够解释现有现象，还能够为解决未来的问题提供新的方法和思路。在环境生态工程领域，生态系统服务（ecosystem services）价值评估是一个重要的研究方向。传统的评估模型主要集中在经济价值的量化方面，如直接市场价值和间接环境效益。但这些模型难以全面反映生态系统对社会和人类福祉的综合贡献。近年来，研究者基于多维度视角提出了“社会-生态-经济”三重价值评估模型，将生态服务价值分为环境效益、社会效益和文化价值三个方面。例如，该模型不仅评估了森林在碳汇和水源涵养中的经济价值，还关注了其对社区文化和生态旅游的影响。这一新理论模型弥补了传统方法的不足，为政策制定者在生态保护与社会经济发展之间寻找平衡提供了更科学的依据。

（2）新视角。

新视角的创新是指研究者从跨学科的角度切入，用其他领域的理论或方法重新审视现有问题。这种方法能够带来全新的思路，促进问题的多维度分析和解决方案的多样化。传统的环境治理研究多集中在工程技术和政策法规的层面，如污染控制技术、排放标准制定等。然而，仅靠技术和政策往往难以实现理想的治理效果，因为公众的环境行为和态度在实际中扮演着重要角色。引入心理学的理论和方法，从生态心理学的角度研究公众在环境保护中的行为动机，是一种新视角的创新。例如，通过行为经济学的“损失规避理论”分析，研究发现公众在环保活动中的参与度会因感知的环境风险和潜在损失而显著变化。这一研究视角不仅解释了环保政策实施中的公众接受度问题，还为设计更有效的公众参与策略提供了依据。

（3）新领域。

新领域的探索通常聚焦于科学技术的发展和社会需求的变化，研究者在这些新兴领域中发现新的研究问题，并提出创新的解决方案。环境生态工程领域近年来出现了许多新兴方向，如量子计算在生态模拟中的应用、人工智能技术在生态监测中的创新等。在生态系统恢复和保护领域，传统的方法主要依赖于长期的实地调查和数据积累，这种方式耗时长、成本高，并且难以快速应对环境变化。随着人工智能技术的快速发展，研究者开始探索其在生态恢复中的应用，这成为一个新兴的研究领域。例如，利用深度学习技术，研究者可以通过遥感图像和无人机数据对大规模生态系统的退化程度进行自动监测和分析，从而更精准地制定恢复策略。此外，基于 AI 的生态模拟模型还可以预测不同恢复措施的长期效果，为政策制定者提供科学支持。这一领域不仅为生态恢复提供了新的技术手段，也为环境管理注入了新的活力。

2.方法创新

在科学研究中，方法创新是推动研究进步的重要途径之一。除了研究内容的创新外，研究方法的创新同样关键。方法创新不仅能够提升研究的准确性、效率和深度，还能为传统研究问题提供全新的解决方案。具体而言，方法创新可以体现在数据收集方法、数据分析技术和实验设计等方面。下面从这些方面展开论述，并结合环境生态工程领域的实际案例进行说明。

（1）数据收集方法的创新。

数据是科学研究的基础，创新的数据收集方法能够为研究提供更全面、准确和实时的基础资料。在传统的环境生态研究中，数据的收集主要依赖人工实地调查和样本采集，这种方式虽然能够提供直接的观测结果，但受限于人力、时间和空间范围，难以满足大规模、长时间的数据需求。

近年来，技术的快速发展为数据收集方法带来了重大突破。例如：

①遥感技术。通过卫星和无人机遥感，可以实现对大范围生态系统的实时监测。研究者可以获取高分辨率的土地利用、植被覆盖和气候变化数据，为生态系统健康评估提供支持。

②物联网传感器。在河流、森林等生态环境中部署传感器网络，可以实现对环境参数（如水质、土壤湿度、空气质量等）的连续监测。这种方法不仅降低了数据收集的成本，还提高了数据的实时性和精确性。

③群众参与式数据收集。通过手机应用程序和在线平台，研究者可以发动公众参与生态环境数据的采集。例如，公众通过上传照片和位置数据，帮助研究者监测某一地区的生物多样性状况。

（2）数据分析技术的创新。

数据分析技术的创新是方法创新的另一重要方面。传统的数据分析方法，如回归分析、方差分析等，虽然在过去的研究中发挥了重要作用，但面对日益复杂的大数据环境，可能显得力不从心。现代数据分析技术的快速发展，为科学研究提供了更强大的工具。

以下是一些具有代表性的新兴数据分析技术。

①大数据分析。基于海量数据的高效处理和分析能力，大数据技术能够揭示传统方法难以发现的复杂模式和趋势。例如，在生态环境研究中，利用大数据技术可以从全球气候数据中挖掘区域气候变化的长期趋势。

②机器学习与深度学习。这些技术能够自动从数据中学习规律，广泛应用于生态预测和环境管理中。例如，研究者利用深度学习算法分析遥感影像，精准预测植被覆盖变化，为荒漠化治理提供决策支持。

③网络分析。网络分析技术在生态系统的复杂关系研究中有着重要应用。例如，研究者通过构建生态网络，分析物种间的相互作用以及生态系统的稳定性和脆弱性。

（3）实验设计的创新。

实验设计是科学研究的重要组成部分，一个创新的实验设计可以帮助研究者在控制变量的同时更好地模拟现实环境，获取更可靠的实验结果。传统的实验设计方法往往是在实验室环境中进行，虽然能提供较为理想的实验条件，但由于缺乏与自然环境的互动，可能存在一定的局限性。

以下是近年来实验设计中的一些创新实践。

①野外实验。将实验从实验室拓展到自然环境中，通过设置不同的实验情景，直接

在野外模拟生态系统中的真实动态。例如，在研究湿地生态系统对氮磷负荷的响应时，研究者可以在湿地中设置不同的污染源强度，通过长期观测实验获取更接近真实环境的研究数据。

②交互实验。结合物理模拟和数字模拟技术，通过虚拟实验室或数字孪生技术，构建生态系统的数字模型，与实际环境进行实时交互。这种设计可以在虚拟环境中测试不同的生态恢复策略，节约实验成本并减少对自然环境的扰动。

③多变量实验。传统实验设计通常关注单一变量的影响，而多变量实验则能够同时考察多个因素的综合作用。例如，研究者在实验中同时改变温度、湿度和土壤成分，分析这些因素对植物生长的协同效应，从而更全面地了解生态系统的响应机制。

（4）跨学科方法的整合。

方法创新不仅体现在单一学科内部，也体现在跨学科方法的整合。环境生态工程研究中，生物学、化学、物理学、计算机科学等多学科知识的融合为方法创新提供了新的契机。例如：

①生物信息学与环境监测结合。利用生物信息学技术对环境样本中的微生物基因序列进行分析，揭示微生物群落的结构及其对环境变化的响应。

②环境经济学模型。将经济学中的成本效益分析方法引入生态系统服务价值评估，为环境政策制定提供量化支持。

3.实践创新

实践创新是科学研究中极为重要的一环，它是指研究成果能够在实际应用中带来新的思路或有效的解决方案。相较于理论研究，实践创新更加关注研究成果的可操作性和现实意义，其目标是将理论转化为实际生产力，解决具体的社会、经济和技术问题。在选题过程中，研究者若能聚焦具有实践价值的问题，不仅能够为相关行业提供切实可行的解决方案，还能推动社会的可持续发展。

（1）实践创新的意义。

实践创新的核心在于研究成果的应用性，即研究不仅要在学术领域产生影响，更要在实际场景中解决现实问题。一个具有实践创新性的选题，不仅能够提高研究成果的社会价值，还能为政策制定、技术改进和行业发展提供直接支持。

①促进技术进步。实践创新往往能够推动技术进步。通过科学研究，开发出新技术或优化现有技术，可以显著提高行业效率，降低成本。例如，在环境污染治理领域，研究者通过开发新型污水处理技术，不仅可以提高污水处理效率，还能减少对环境的二次污染。

②服务社会需求。实践创新能够直接回应社会需求，解决人们日常生活中的实际问题。例如，在面对日益严重的城市空气污染问题时，研究者可以选择“城市空气污染物实时监测与智能调控系统”作为选题，开发出相应的智能技术，为城市管理者提供更科学的空气质量管理工具。

③提升决策科学性。实践创新的研究成果还能为政府和企业的决策提供科学依据。例如，在生态保护领域，研究者提出的“基于生态系统服务价值的土地利用优化策略”可以帮助政府在进行城市规划和自然资源管理时做出更为科学、合理的决策。

（2）环境生态工程领域的实践创新案例。

环境生态工程作为一个高度应用性的学科领域，其研究成果在环境保护、生态恢复和资源管理等实际场景中有着广泛应用。以下结合具体案例，探讨环境生态工程领域中的实践创新。

①新型生态修复技术的开发。

案例：矿区生态修复技术的创新

传统的矿区修复方法主要依赖于土壤填埋或植被重建，但这些方法通常耗时长、成本高，且效果有限。为解决这一问题，研究者开发了“生物炭技术”用于矿区生态修复。该技术通过在受污染土壤中加入生物炭，不仅可以固定重金属污染物，还能改善土壤结构，促进植物生长。这一技术已成功应用于多个矿区，不仅显著提高了修复效率，还为废弃土地的再利用提供了可能。

②智能环境监测系统的设计与应用。

案例：基于物联网的水质监测系统

传统的水质监测需要人工定点取样并送至实验室分析，周期长且监测频率有限。实践创新的选题可以集中于开发“物联网水质监测系统”。这一系统通过在水体中部署智能传感器网络，实现对水质参数（如 pH 值、溶解氧、氨氮等）的实时监测。数据通过无线网络传输至云平台，管理者可以随时随地掌握水体状况并做出快速响应。这一系统在城市河流和水库的水质管理中已得到广泛应用，大大提升了环境监测的效率和精准度。

③新能源技术的推广与应用。

案例：分布式光伏系统在农村地区的推广

传统的集中式电力系统在偏远农村地区存在供电难题。针对这一问题，研究者选择“分布式光伏系统的优化与推广”作为研究选题，提出了一种基于区域特点的分布式光伏能源解决方案。通过在农村地区的屋顶安装光伏发电系统，研究者设计了适配当地需求的能源管理系统，实现了绿色能源的高效利用。该技术已在多个地区推广，不仅解决了供电不足的问题，还为农民创造了额外的经济收益。

④可持续农业的技术改进。

案例：精准灌溉技术的开发与应用

农业用水效率低下是全球农业面临的重大挑战之一。为解决这一问题，研究者可以选择“精准灌溉技术在旱区农业中的应用”作为选题，通过引入物联网和传感器技术，开发一套实时土壤湿度监测与智能灌溉系统。该系统能够根据土壤湿度和气候条件，自动调节灌溉量，避免水资源浪费。目前，这一技术已在多个旱区得到应用，大幅度提高了农业用水效率，为当地农业可持续发展提供了重要支持。

（3）实践创新的研究特点。

①针对性强。实践创新的研究通常聚焦于具体的实际问题，具有很强的针对性。这种研究往往能够直接为某一行业或领域提供解决方案。例如，在治理农业面源污染的实践中，针对特定区域的污染源和环境条件，研究者可以设计出适宜的污染治理方案，确保成果的落地实施。

②可操作性高。实践创新选题的另一个特点是研究成果具有很高的可操作性。这类

研究成果通常能够直接转化为工程技术或政策工具。例如，“城市雨水管理的低影响开发技术”作为一种实践创新成果，已经在全球许多城市得到实际应用，为城市洪涝管理提供了可行性解决方案。

③效益显著。实践创新研究往往能够带来显著的社会效益、经济效益或环境效益。例如，精准农业技术的推广不仅能节约水资源，还能提升农作物产量，提高农民收入，实现经济效益和环境效益的双赢。

实践创新是科学研究的重要组成部分，其核心在于研究成果的应用性和实效性。在环境生态工程领域，实践创新能够为生态环境保护、资源高效利用和可持续发展提供切实可行的解决方案。无论生态修复技术的突破、智能环境监测系统的开发，还是新能源和可持续农业技术的推广，实践创新都能够将理论转化为现实，为社会创造实实在在的价值。研究者在选题时应充分考虑实际需求，聚焦于具备实际应用前景的问题，以确保研究成果能够为社会和环境治理提供有力支持。

二、可行性原则

科学研究的选题不仅需要具备创新性，还必须充分考虑其可行性。可行性原则要求研究者在选题时，评估研究在现有条件下是否能够顺利完成。这包括资源、时间和技术等多方面因素。一个科学合理的选题，不仅要瞄准学术前沿，还要确保研究工作能够在实际条件下高效推进。如果忽视可行性，即便选题本身具备较高的学术价值，也可能因资源匮乏、时间不足或技术障碍而导致研究进程受阻甚至失败。

1.资源可行性

资源可行性是指研究者能否获得完成研究所需的各种资源，包括实验设备、数据、资金和人力等。科学研究的顺利开展，往往需要充足的硬件支持和资金保障。在选题阶段，研究者应对资源需求进行全面评估，以确保所选课题在资源条件允许的范围内实施。

（1）实验设备。

不同研究课题对实验设备的要求差异较大。一些基础性研究可能只需要常规的实验室仪器；而涉及高精度测量或特殊环境模拟的课题，则可能需要昂贵或稀缺的设备。例如，在环境生态工程领域，若研究者选择“城市空气污染中 PM2.5 的实时监测与分析”作为选题，就需要借助高灵敏度的空气质量监测仪器。如果所在研究机构无法提供这些设备，或无法获得外部支持，研究将难以开展。

（2）数据获取。

在科学研究中，数据是支撑研究结论的重要基础。研究者需要明确研究所需数据的来源，并评估数据的获取难度。例如，在生态恢复领域，如果选题涉及多个区域的长期生态监测数据，研究者需确保能够访问相关数据平台或与数据持有方建立合作关系。若无法获得关键数据，将直接影响研究的可信度和结论的可靠性。

（3）资金保障。

科研活动通常需要一定的经费支持，包括实验材料购置、设备维护、数据采集费用、差旅支出等。对于高成本研究，选题时需特别关注资金来源。如果没有足够的经费支持，如科研项目资助、奖学金或校内经费，研究者可能面临资金不足的问题，影响研究的正常开展。

（4）人力支持。

复杂的研究课题往往需要团队合作完成。研究者在选题时应考虑是否具备足够的人员支持。例如，一个需要大量野外数据采集的生态研究，可能需要多人协同工作。如果团队人力不足或成员缺乏相关经验，选题的实施将面临挑战。

2.时间可行性

时间是科学研究中不可忽视的限制因素，尤其对于需要在特定时间内完成学位论文或科研项目的研究者而言，选题的时间可行性尤为重要。在选题阶段，研究者需根据自身的研究期限对课题进行合理规划，确保研究任务能够在规定时间内完成。

（1）研究周期规划。

硕士生、博士生等科研人员的研究周期通常受到学业要求或项目期限的限制。例如，硕士研究生的学位论文通常需要在2~3年内完成，而博士研究生的研究周期也需控制在4~5年内。在这样的时间框架下，研究者应避免选择需要长期积累数据或周期性观测的选题。例如，若研究者选择"某湿地生态系统的长期动态变化研究"，需要至少10年的连续数据，这显然超出了研究生阶段的时间范围。

（2）数据采集与分析时间。

一些选题需要耗费大量时间用于数据采集和分析。例如，在农业生态研究中，若选题涉及不同季节或多年的作物生长数据收集，研究者需要评估这些工作是否能够在限定时间内完成。如果数据收集时间过长，将影响研究的整体进度。此外，数据分析过程的复杂性也需在选题时充分考虑。例如，大规模生态模拟可能需要长时间的计算和多次模型优化。

（3）研究结果验证时间。

科学研究通常需要对研究结果进行多次验证和调整，这一过程可能耗费较多时间。例如，在环境污染治理研究中，若研究者选择"新型生物材料对工业废水中重金属的吸附效果研究"，需要通过反复实验优化材料性能并验证其效果。这种研究验证过程可能需要长时间的数据积累和分析，因此在选题时应明确验证工作的可行性和时间要求。

3.技术可行性

技术可行性指研究者或研究团队是否具备完成选题所需的技术能力。科学研究的选题往往涉及特定的实验技术、数据分析工具或算法开发。在选题时，研究者需要充分评估自身及团队的技术储备，确保能够有效实施相关研究任务。

（1）技术能力评估。

在选题阶段，研究者需审视自身的技术背景，评估是否掌握完成课题所需的技能。例如，在计算生态学研究中，若选题涉及生态模型的开发与优化，研究者需熟练掌握相关编程语言（如Python或R语言）和统计分析方法。如果研究者缺乏这些技术能力，可能会导致研究进展受阻。因此，在选择技术复杂度较高的课题时，研究者需确保自身具备或能快速学习相关技术。

（2）实验技术的复杂性。

一些选题涉及高端实验技术，如精密仪器的操作、高级化学实验或分子生物学实验等。在环境生态工程领域，若选题涉及“微塑料污染对水生生态系统的影响”，研究者需要使用扫描电子显微镜或傅立叶变换红外光谱仪等设备。这些实验技术通常需要专业培训，研究者需评估自己是否具备相关操作技能或能否在短时间内掌握。

（3）数据分析与建模能力。

数据分析与建模是科学研究中常见的技术难点。例如，在气候变化研究中，若研究者选择“区域气候变化对农业产量的影响”作为选题，需要使用气候模型和作物生长模型。这些模型的构建和调试需要较高的数学和计算机建模能力。如果研究者或团队不具备这些能力，选题的技术可行性将大打折扣。

可行性原则是科学研究选题过程中不可忽视的重要考虑因素。一个可行的选题应综合考虑资源、时间和技术三个因素，确保研究任务能够在现有条件下顺利完成。资源可行性要求研究者具备完成研究所需的设备、数据、资金和人力支持；时间可行性强调在有限的时间内合理规划研究进程；技术可行性则要求研究者或团队拥有完成研究所需的技术能力。在选题阶段，研究者需对这些方面进行全面评估，确保选题科学、合理，为后续研究的顺利开展奠定基础。

三、相关性原则

相关性原则是科学研究选题的基本要求之一，是指选题必须与研究者所在学科领域、学术热点及社会现实需求高度相关。一个具备高相关性的选题，能够在学术和实践中产生重要价值，既为学科的发展提供理论支持，也为解决社会现实问题贡献实践方案。

1.学术相关性

学术相关性是指选题需要符合研究者所在学科的研究方向和范畴，确保研究具有明确的理论意义和学术价值。科学研究的最终目标之一是推动相关学科的发展，因此选题必须立足于学科内部的问题，围绕学术界的研究目标和问题进行探讨。

（1）学科领域内的理论发展。

选题应聚焦学科内的重要理论或核心问题。例如，在环境生态工程领域，研究“生态系统服务的价值评估”是一个高度相关的选题，因为这一主题直接关系到生态系统功能的理论探索以及实践中的可持续发展战略。这类选题不仅能够深化对学科基本概念的理解，还能为理论框架的完善提供新的视角。

（2）研究方向的一致性。

选题应与其所属领域的研究方向保持一致。例如，在教育技术领域，研究者可以选择“在线学习平台的用户体验优化”作为选题。这一选题紧扣教育技术中的人机交互和学习效果优化问题，不仅能在理论上提升对用户体验的理解，还能在实践中帮助研究者设计更有效的在线教育系统。

（3）文献综述的支撑。

在选题阶段，研究者需通过文献综述明确学术相关性，分析当前学科的研究热点和不足之处。例如，若某领域内关于“水资源管理”的研究大多集中于定量分析，而缺乏对不同管理模式下生态效益的比较，研究者则可以选择这一方向进行深入研究，从而填补学术空白。

2.社会相关性

社会相关性是指科学研究不仅要服务于学术界，还应关注社会热点问题和行业需求，确保研究成果能够对现实世界产生积极影响。社会相关性强调选题必须与当前社会发展和民生问题紧密联系，以增强研究的实际应用价值。

（1）响应社会热点。

科学研究应关注社会发展的重大议题和紧迫问题。例如，当今社会，远程办公成为一种新常态。因此，“远程办公对企业管理效率的影响”这一选题不仅具有很强的实践意义，还能够为企业的组织管理提供实用性建议。这类选题能够帮助社会更好地应对新挑战，同时促进学术界对新现象的理解。

（2）解决行业需求。

在特定行业中，许多现实问题亟待解决。例如，在农业领域，研究者可以选择“精准农业技术对粮食生产效率的提升作用”作为选题。此类研究不仅有助于推动农业科技的发展，还能直接为农民和农业企业提供技术支持，提高粮食安全水平。

（3）服务政策制定。

社会相关性强的选题还能为政策制定提供科学依据。例如，在城市规划领域，研究者可以选择“基于生态系统服务的城市绿地布局优化”作为选题，通过研究绿地分布与城市生态功能的关系，为政府在制定城市发展规划时提供科学指导。

3.领域前沿性

领域前沿性是指选题应聚焦学术前沿或行业发展的最新动态，选取当前领域内最具挑战性和潜在价值的问题进行研究。领域前沿性体现了科学研究的探索性和突破性，是推动学科进步的重要动力。

（1）聚焦学术前沿。

学术前沿是指在相关领域内最新的、尚未解决的核心问题。例如，在气候变化领域，研究者可以选择“碳捕获技术的优化”作为选题。这一主题位于全球气候治理的前沿，其研究成果不仅能推进碳减排技术的发展，还能为实现全球碳中和目标提供技术支持。

（2）关注新兴技术。

新兴技术的发展往往为科学研究提供新的方向。例如，在人工智能迅速发展的背景下，研究者可以选择“深度学习算法在生物多样性保护中的应用”作为选题。这一研究能够结合人工智能和生态保护，为生物多样性监测提供更高效的解决方案。

（3）探索未解之谜。

前沿研究还包括对未知领域的探索和对未解之谜的解答。例如，在生态学领域，研究者可以选择“极端气候事件对全球生态系统的长期影响”这一前沿选题。由于极端气候事件的频率和强度在不断增加，其对生态系统的长期影响尚未明确，此类研究将有助于填补现有知识的空白。

四、明确性原则

明确性原则是科学研究选题的重要指导原则之一，要求选题必须具备清晰的研究范围和具体的研究问题。这一原则能够帮助研究者聚焦核心问题，避免在研究过程中因为目标模糊而浪费时间和资源。一个明确的选题，不仅能够确保研究的深入性和针对性，还能提高研究的效率和研究成果的质量。

1.研究范围清晰

研究范围是科学研究的基础框架，它决定了研究内容的边界和深度。一个清晰的研究范围能够帮助研究者明确研究的核心领域，避免在研究过程中因范围过于宽泛而迷失方向。过于宽泛的选题往往涉及多领域、多角度的问题，研究者难以在有限的时间内进行深入分析，导致研究结论缺乏深度和系统性。

（1）确定研究的边界。

研究范围应根据研究者的学术背景、研究目标和实际资源进行合理界定。例如，若选题为“全球经济增长的因素分析”，这一范围显然过于宽泛，涉及多个国家和地区的不同经济发展模式及其复杂的社会、政治、环境因素。为提高研究的针对性和深度，研究者可以将范围缩小至“东亚地区经济增长的主要驱动力研究”或“中国制造业对经济增长的贡献分析”。这能够使研究聚焦于特定地区或领域，从而进行更深入的探讨。

（2）结合数据可用性。

在确定研究范围时，还需考虑相关数据的可获取性。例如，在环境生态工程领域，如果研究者想要探讨“全球湿地生态系统的变化”，就需要收集多国家、多地区的湿地数据，而这些数据的获取可能非常困难。因此，研究者可以将选题范围调整为“某一区域湿地生态系统的变化及其原因分析”，使研究范围更加明确且便于数据收集和分析。

2.研究问题具体

明确的研究问题是科学研究的核心，能够帮助研究者快速聚焦具体内容，避免研究目标的分散。研究问题越具体，研究者越能针对核心问题设计合理的研究方法，从而提高研究的效率和准确性。

（1）聚焦核心问题。

一个具体的研究问题能够直接指向研究的核心。例如，选题“教育信息化”过于宽泛，可能涵盖教育技术、信息管理系统、在线教学等多个方面，研究者难以在短时间内全面展开。而若将其细化为“虚拟现实技术在初中物理教学中的应用效果研究”，就能够明确研究的具体领域（虚拟现实技术）、具体对象（初中物理教学）和具体问题（应用效果）。这一具体问题能够帮助研究者更好地设计研究方案，并得出具有针对性的结论。

（2）避免模糊表达。

在选题过程中，研究者要避免使用模糊或抽象的语言。例如，“科技对社会发展的影响”这一选题缺乏明确的研究对象和方向。研究者可以将其细化为“人工智能技术在医疗服务中的应用及其对患者体验的影响”或“新能源技术对中国工业减排的影响分析”。

具体的研究问题能够使研究目标更加聚焦，研究者能够在相关领域进行深入探索。

（3）提高研究效率。

具体的问题能够减少研究者在选题后的探索性工作，帮助其迅速进入研究主题。例如，在社会科学领域，若研究者选择“社交媒体对年轻人心理健康的影响”，可以进一步将其细化为“短视频平台对青少年焦虑水平的影响及其机制研究”。这一具体问题能够显著提高研究的针对性和效率，研究者可以直接设计问卷或实验，快速获取数据并进行分析。

3.研究目标明确

研究目标是科学研究的指南针，指引研究的方向和终点。明确的研究目标能够帮助研究者在研究过程中保持方向一致，确保研究结果与选题目标高度契合。

（1）确定研究希望解决的问题。

研究目标应直接回答研究选题希望解决的问题。例如，若选题为“可再生能源技术在城市能源系统中的应用”，研究目标可能包括以下几个方面。

①评估当前城市能源系统中可再生能源技术的应用现状。

②分析可再生能源技术在不同城市的推广障碍。

③提出优化城市能源系统中可再生能源技术应用的策略。

明确的研究目标能够帮助研究者从不同维度对选题进行分析，并在研究过程中有条不紊地实现这些目标。

（2）界定研究的预期成果。

研究目标还应包括对研究预期成果的界定。例如，在生态环境研究中，若选题为“某区域森林生态系统的碳汇能力评估”，研究目标可以进一步明确为以下几方面。

①通过实地调查和数据建模，评估该区域森林的碳汇能力。

②预测在不同气候变化情景下，森林碳汇能力的可能变化。

③为区域碳中和政策提供数据支持。

研究目标的明确能够确保研究成果具有实用性和指导性，为后续研究或实际应用提供重要依据。

（3）规划研究路径。

明确的研究目标还能够帮助研究者更好地规划研究路径。例如，在研究“智慧城市建设中的环境监测技术”时，研究者可以将研究目标细化为以下几点。

①了解智慧城市中的环境监测技术现状。

②分析不同环境监测技术的优劣。

③提出适合智慧城市应用的环境监测优化方案。

通过明确目标，研究者能够清晰规划研究过程中的每一步，有助于研究工作的高效推进。

明确性原则是科学研究选题的核心要求之一。研究范围清晰能够帮助研究者合理界定研究内容，避免在研究过程中因范围过大而迷失方向；研究问题具体能够使研究者快速聚焦核心问题，提高研究的针对性和效率；研究目标明确则为研究指明了方向，确保研究工作始终围绕核心目标展开。在选题阶段，研究者应严格遵循明确性原则，为后续研究的顺利开展奠定坚实基础。

五、时效性原则

时效性原则是科学研究选题中至关重要的考量因素之一。科学研究需要与时俱进，紧跟学术前沿和社会动态，确保研究内容能够反映当下的热点和需求。特别是在技术快速迭代、社会问题日益复杂的背景下，选题的时效性直接影响研究成果的学术价值和实际应用。一个具备时效性的选题，不仅能为学术界提供创新性的理论贡献，还能对社会和行业发展起到指导和推动作用。

1.研究内容的时效性

科学研究的选题应紧扣当前学术和行业的前沿问题。学术研究的价值在于推动知识的边界，而前沿性和时效性的研究内容往往能够填补现有理论的空白，或为解决实际问题提供新的视角和方法。

（1）聚焦学术前沿。

学术前沿研究能够为科学技术的发展提供理论支撑。例如，随着人工智能技术的快速发展，生成式人工智能在多个领域引起广泛关注。选择“生成式人工智能在内容创作中的应用”作为选题，可以研究 AI 在文本生成、图像生成中的创新性和潜在影响。这一选题紧贴学术和行业的最新动态，具有较强的时效性，能够为人工智能技术的进一步发展提供理论支持。

（2）关注技术革新。

技术革新是推动社会进步的重要动力，而科学研究应与技术的发展保持同步。例如，在新能源技术领域，随着电动车市场的快速扩张，研究者可以选择“新型固态电池技术在电动车中的应用潜力”作为选题。这一选题紧扣新能源技术的发展趋势，不仅能够推动电池技术的进步，还能为新能源汽车产业的发展提供技术支持。

（3）回应环境变化。

全球气候变化是当前国际社会关注的热点问题之一。研究者可以选择“极端气候事件对农业生产的长期影响”这一选题，分析气候变化对农业的深远影响，并提出应对措施。这种选题能够为气候变化的应对策略提供科学依据，具有重要的学术和实践价值。

2.研究方法的时效性

研究方法是科学研究的重要工具。随着科技的进步和研究对象的复杂化，传统研究方法在某些领域可能已经无法满足需求。选题不仅需要关注研究内容的时效性，还需结合最新的方法和技术，以确保研究手段的科学性和前沿性。

（1）技术驱动的数据分析。

在大数据和人工智能时代，数据分析技术发展迅速。传统的统计方法如回归分析、方差分析，虽然仍然在某些领域有用，但在处理复杂数据时存在局限性。例如，在环境生态研究中，研究者需要分析大量多维度数据（如气候、土壤和水资源数据）。采用机器学习算法或深度学习技术，可以更高效地处理这些数据并挖掘其中的潜在模式。因此，选题“基于机器学习的生态系统动态变化预测”能够体现研究方法的时效性。

（2）新兴实验技术的应用。

实验技术的进步为科学研究带来了新的可能。例如，在生物技术领域，CRISPR 基因编辑技术的出现为基因治疗、农业改良等研究提供了全新的工具。研究者可以选择“CRISPR 技术在抗病水稻品种培育中的应用”作为选题，这种方法时效性高，能够紧跟技术发展的脚步，为解决农业领域的实际问题提供新的路径。

（3）多学科交叉方法。

随着科学研究的多学科交叉趋势愈加明显，结合多学科方法开展研究成为一种新的趋势。例如，在社会科学与计算机科学的交叉领域，研究者可将“社交网络大数据分析在心理健康预测中的应用”作为选题，利用社交媒体数据和自然语言处理技术分析人们的心理健康状态。这一选题不仅体现了数据分析方法的时效性，还展示了跨学科研究的潜力。

3.社会需求的时效性

科学研究不仅服务于学术界，也应回应社会需求和行业挑战。一个选题若能紧扣当前的社会问题，不仅具有较强的时效性，还能为政策制定和社会实践提供科学依据。

（1）响应社会热点问题。

研究者在选题时应关注社会中的热点问题。例如，随着全球气候变化加剧，新能源转型成为各国关注的焦点。选择“碳中和目标下新能源产业的发展路径与挑战”这一选题，能够分析政策、技术及市场因素对行业的影响，提出相应的优化建议。这一研究成果不仅能够助力企业把握绿色经济机遇，还能为政府制定产业政策提供理论依据。

（2）提升行业竞争力。

科学研究应服务于产业发展，提升行业竞争力。例如，在可持续发展领域，研究者可将“循环经济模式在废旧电池回收中的应用研究”作为选题。这一选题能够推动循环经济的发展，提高资源利用率，为新能源行业提供切实可行的解决方案。

（3）满足公共政策需求。

科学研究还可以为公共政策的制定提供科学依据。例如，在城市规划领域，研究者可以选择“基于大数据的城市交通拥堵优化策略”作为选题，利用实时交通数据分析城市交通拥堵的成因，并提出缓解拥堵的对策。这一研究成果不仅能够提升城市管理水平，还能为公共交通政策的优化提供决策支持。

时效性原则强调科学研究选题需要紧扣学术前沿、技术发展和社会需求，确保研究内容能够及时回应当下的热点问题和现实需求。从研究内容、研究方法到社会需求，时效性原则贯穿科学研究的各个方面。一个具有时效性的选题，不仅能够提升研究成果的学术价值，还能在实际应用中产生重要影响，为学术界和社会的发展提供强有力的支持。

六、毕业论文的选题原则

毕业论文是一种学科论文，是作者对所学学科的相关知识、理论进行探讨、分析、整理、研究的文章，属于论说文的一种。在选题上首先要注意不要脱离所学专业，在这个范围内，结合自身特点（如思维能力、兴趣爱好等）选择能够体现本人知识水平的题目进行研究。毕业论文的选题范围主要包括以下四方面。

①对本学科的某一分支或某项研究专题，对其发展概况研究动向进行综合性评述，提出自己的独立见解和对未来的展望。

②对前人研究结果，从发展、提高的角度进行一些质疑、订正、深化和提高等。

③对所学学科之间及与其相近学科的联系进行研究，探讨本学科知识在其他学科的应用问题。例如，运用物理学的理论、方法和技术研究生物科学，运用数学的方法研究社会科学中的定量评价问题，运用马克思主义的哲学理论研究自然科学学科发展规律等。

④以本学科具有创新意义的研究内容为题。例如，对科学界目前存在的尚未解决的难题的探索，通过实验研究发现一些新的规律，提出新的实验结果等。

可运用学到的新技术、新方法，就其在生产实践中的应用问题阐述自己的设想、建议，提出应用改进的方案。总之，毕业论文选题应能反映本人对所学知识的掌握程度，并力求创新，应能体现本人独立思考、分析问题和解决问题的能力。

第三节　选题的类型

一、学术论文的选题类型

1.按学科划分（以生态学为例）

选题是科研工作的起点，不同类型的选题决定了研究的方向和方法。以生态学为例，选题可以根据具体的学科领域进行分类，每个领域都有其特定的研究内容和方法。

（1）生物生态学的选题。

生物生态学主要研究生物与环境之间的相互作用。这类选题侧重于生态系统中生物的行为、适应机制以及生态系统的整体结构和功能，旨在揭示自然界的基本生态规律。以下为常见选题方向。

①种群生态学：如“某国家级自然保护区中湿地鸟类种群动态及其影响因素研究”。

②群落生态学：如“草原群落物种多样性与生产力的关系研究”。

③生态系统功能：如“森林生态系统碳汇功能及其对气候变化的响应研究”。

④生物多样性保护：如“城市化对某地区两栖动物多样性的影响及保护策略”。

生物生态学选题的核心是通过观察和实验，探索生态系统中生物与环境之间复杂而精妙的关系。

（2）环境生态学的选题。

环境生态学关注环境因子对生态系统的影响及其治理方法。选题内容通常涉及环境污染、生态环境修复等，是生态学中与环境科学交叉的重要领域。以下为常见选题方向。

①污染生态学：如“重金属污染对某水生植物生长及生理特性的影响”。

②生态环境评估：如“松花江流域水质污染状况及生态风险评估”。

③环境修复技术：如“植物联合微生物修复技术在矿区重金属污染土壤中的应用研究”。

④气候变化与生态响应：如“气候变暖对高寒草甸土壤呼吸及碳循环的影响”。

环境生态学的选题多具有较强的应用性，其研究结果为环境治理和政策制定提供了科学依据。

（3）生态技术的选题。

生态技术是生态学的应用领域，研究如何利用生态原理和技术手段解决环境问题。这类选题具有很强的实践性和工程性。以下为常见选题方向。

①生态工程：如“基于生态浮岛技术的湖泊富营养化治理研究”。

②农业生态技术：如“不同种植模式对农田生态系统土壤微生物多样性的影响”。

③生态监测技术：如“无人机遥感技术在湿地生态系统监测中的应用研究”。

④城市生态技术：如“哈尔滨市低影响开发技术（LID）在雨水管理中的实践与效果评估”。

生态技术选题注重技术创新与应用，为解决生态环境问题提供实际技术支持。

（4）保护生态学的选题。

保护生态学主要研究生物多样性保护与自然资源的可持续利用。选题往往与保护策略、栖息地恢复及人类活动的生态影响有关。以下为常见选题方向。

①濒危物种保护：如“某濒危植物种群的生境需求及其恢复策略研究”。

②栖息地恢复：如“人工干预对退化湿地生态系统结构和功能的影响研究”。

③人类活动影响评估：如“旅游开发对森林公园植被与土壤生态的影响评估”。

④自然保护区管理：如“不同保护管理措施对某自然保护区物种多样性保护效果的对比研究”。

保护生态学选题通常与实际保护工作密切相关，为生物多样性保护提供理论和技术支持。

（5）生态教育的选题。

生态教育聚焦生态学知识的传播和生态意识的培养。选题多侧重于教育策略、教育效果及公众生态素养的提升。以下为常见选题方向。

①生态课程开发：如“高中生物课程中生态学内容的教学设计与效果评价”。

②公众生态意识提升：如“社区环保宣传对居民垃圾分类行为的影响研究”。

③生态体验教育：如“基于户外实践的生态教育对大学生环保意识的影响研究”。

④生态教育与政策：如“哈尔滨市中小学环境教育政策实施现状及改进对策研究”。

生态教育的选题强调理论与实践结合，通过教育手段提高公众对生态环境问题的关注和参与程度。

生态学选题可以根据学科方向细分为生物生态学、环境生态学、生态技术、保护生态学和生态教育等类型。每种类型的选题都具有独特的研究内容和方法，涵盖从基础理论研究到实际问题解决的多个层面。研究者在确定选题时，应根据自身兴趣和研究背景，选择最适合的方向，为生态学的理论发展和实践应用贡献自己的力量。

2.按研究性质划分

根据研究性质的不同，科学研究的选题可以分为基础理论研究、应用基础理论研究、应用研究和开发研究。这四种类型从理论探索到实际应用，层层递进，各自发挥着重要作用。基础理论研究揭示自然现象的基本规律，为科学知识的积累奠定基础；应用基础理论研究在理论深化的同时，为实际应用提供了科学依据；应用研究则直接解决实际问题，为社会发展提供可行的解决方案；开发研究致力于新技术和新产品的开发，为技术进步和经济增长做出贡献。研究者在选择选题时，应根据自身的研究兴趣和学术背景，结合具体需求选择适合的研究类型，从而确保研究工作具有科学性和实用性，为社会进步和学科发展贡献力量。

（1）基础理论研究。

基础理论研究是科学研究的核心，旨在探索自然现象或社会现象的基本规律，构建科学理论体系。这类研究通常不直接针对具体的应用问题，而是为后续的应用研究和技术开发奠定坚实的理论基础。基础理论研究的重点在于揭示事物的内在本质和规律，通过建立科学模型或理论框架，为进一步研究提供指导。

基础理论研究具有高度的学术性和探索性，其研究成果主要以理论模型、概念框架或学术论文的形式呈现。例如，在物理学领域，“黑洞热力学性质及其信息悖论研究”是一个典型的基础理论研究选题。尽管这一研究在短期内可能无法直接应用于实际问题，但它为理解宇宙的基本结构提供了重要的理论支撑。在数学领域，“非线性动力系统的稳定性研究”旨在为复杂系统的稳定性分析提供新方法，推动了理论数学的发展。

基础理论研究在科学技术的进步中扮演着不可替代的角色。许多重大的技术突破和应用创新，都源于基础理论研究的积累。例如，相对论的提出虽然在最初阶段并没有直接的应用价值，但后来成为核能开发和卫星导航系统的理论基础。

（2）应用基础理论研究。

应用基础理论研究介于基础理论研究和应用研究之间，既关注基础理论的深化和完善，又注重其在实际问题中的应用潜力。这类研究通常以解决某一领域的关键技术问题为导向，但其研究成果仍然具有较强的理论意义。应用基础理论研究既为理论提供实践验证，也为应用研究和技术开发奠定基础。

应用基础理论研究的特点在于，它将基础理论与实际需求相结合，研究成果常以改进的理论模型或新方法为主。例如，在医学领域，“肿瘤生长机制的分子信号通路及其治疗靶点研究”是一个典型的应用基础理论研究选题。此类研究深入探讨了肿瘤生长的分子机制，为开发新的抗癌药物提供了科学依据。在材料科学领域，“新型高分子材料的结构特性及其在环境保护中的潜在应用”是一项应用基础研究，既探讨了材料的基本特性，也为其在环保领域的应用奠定了理论基础。

这种研究类型的意义在于，它能够在基础理论与实际应用之间搭建桥梁，为解决实际问题提供科学依据。例如，药物研发中的靶点研究，不仅深化了对疾病机制的理解，还为新药开发提供了明确的方向。

（3）应用研究。

应用研究以解决实际问题为目标，旨在将已有的理论知识转化为具体的实践方法或技术。应用研究具有很强的现实针对性和社会价值，其研究成果通常直接服务于某一领域或行业。与基础理论研究不同，应用研究更注重研究成果的实用性和可操作性，强调为实际问题提供具体的解决方案。

应用研究的内容围绕实际应用场景展开，研究成果多以技术报告、实用方法或政策建议的形式呈现。例如，在农业领域，“绿色农业技术对提高农作物产量的影响研究”旨在通过优化种植技术，提升农作物产量，为农业生产提供实用方案。在教育领域，“在线学习平台对中学生学习效果的影响及改进策略”分析了在线学习平台的实际效果，并提出了改进建议，为教育技术的优化提供了参考。

应用研究的意义在于直接为社会和行业服务，能够快速响应实际需求。例如，在城市规划中，研究“哈尔滨市城市交通拥堵治理策略”可以为政府制定优化交通政策提供科学依据。这类研究为社会发展和行业进步提供了重要支持，其成果常常能在短期内带来实际效益。

（4）开发研究。

开发研究是一种实践性极强的研究类型，旨在利用现有的理论和技术开发出新产品、新工艺或新系统。这类研究以市场需求或特定领域需求为导向，与工业生产和技术革新密切相关。开发研究强调成果的商业价值和技术可行性，其目标是实现技术的产业化和市场化。

开发研究的成果通常以专利、产品原型或技术标准的形式呈现。例如，在信息技术领域，“基于人工智能的语音识别系统开发”旨在开发一种能够进行高效语音识别的软件系统，为人机交互提供技术支持。在能源领域，“高效太阳能电池的新型材料开发”研究新材料在太阳能电池中的应用，提升了电池的能量转换效率，为清洁能源的推广提供了技术保障。

开发研究的意义在于直接推动技术进步和经济发展。例如，新型电动车电池的开发显著提升了新能源汽车的性能和市场竞争力，为全球能源转型提供了技术支撑。开发研究不仅促进了新技术的快速普及，还为企业创造了新的商业机会。

3.按研究目标划分

（1）描述性研究（是什么）。

描述性研究旨在对研究对象的特征、状态或现象进行系统、全面的描述，回答“是什么”的问题。这类研究通常是科学研究的初始阶段，目的是为深入研究奠定基础。描述性研究强调对现象的客观记录和归纳，主要通过数据收集、整理和分析来呈现研究对象的全貌，成果形式包括数据图表、统计报告或调查报告等。例如，在社会学领域，“哈尔滨市居民生活质量调查研究”可以对居民的生活现状进行详细描述；在生态学领域，“某湿地生态系统植物群落结构特征研究”则通过数据和图表展示湿地植物的种类和分布情况。这类研究为后续深入探讨现象背后的机制或因果关系提供了必要的基础数据。

（2）解释性研究（为什么）。

解释性研究的目标是探讨现象或事物背后的因果关系，回答“为什么”的问题。这类研究关注变量之间的相互作用机制，通过分析数据和观察结果，揭示现象产生的原因及其内在逻辑。解释性研究通常采用统计分析、实验或案例分析等方法进行验证，其研究成果多以理论模型或因果关系框架的形式呈现。例如，在经济学领域，“哈尔滨市中小企业融资困难的原因及影响因素分析”可以揭示资金获取难题的成因；在环境科学领域，“城市化进程对某地区河流水质恶化的影响机制研究”则可以分析城市扩张对河流水质的具体影响。解释性研究有助于深化对现象本质的理解，为实践问题的解决提供科学依据。

（3）探索性研究（发现问题、提出问题、解决问题）。

探索性研究的目的是在未知领域中发现新问题、提出新问题，并尝试寻找解决方案。这类研究通常在研究对象或领域缺乏现有研究的情况下进行，为后续深入研究提供方向和初步依据。探索性研究强调创新性和灵活性，其成果通常以研究假设、新观点或初步解决方案的形式呈现。例如，在技术创新领域，“基于区块链技术的供应链管理潜力研究”探索了区块链技术在优化供应链中的应用潜力；在社会问题领域，“哈尔滨市青年人口外流现象及其对城市发展的潜在影响”分析了这一现象及其对城市未来发展的可能影响。探索性研究为新兴领域的研究开辟了路径，推动了科学知识的不断扩展。

（4）模拟性研究。

模拟性研究通过构建数学模型、计算机模型或实验模型，模拟真实世界中的生态和环境现象，以便在受控条件下进行研究。这类研究旨在通过模拟预测、分析和优化复杂生态系统，特别适用于难以直接观测或操作的环境场景。模拟性研究广泛应用于环境管理、生态系统动态模拟和资源利用等领域，其成果通常以模型验证或优化方案形式呈现。例如，在气候变化领域，“气候变化对黑龙江省湿地生态系统的影响模拟”可以通过模型分析不同气候情境下湿地生物多样性和碳储量的变化趋势，为湿地保护和管理提供科学依据。在污染治理领域，“某工业区大气污染扩散的模拟与控制策略研究”可以通过模拟分析污染物的扩散路径和浓度分布，进而提出更为有效的污染控制方案。模拟性研究能够为生态环境治理中的决策和实践提供科学支持，是处理复杂环境问题的重要工具。

（5）验证性研究。

验证性研究的目标是检验某一生态理论、环境模型或治理方法的正确性和适用性。这类研究通过实证验证现有理论或模型在特定环境中的表现，为理论的发展和完善提供支持。验证性研究通常采用野外实验、长期监测或数据分析等方法，其成果以对假设的验证或修正形式呈现。例如，在生态修复领域，“植物联合微生物修复技术对某矿区重金属污染土壤的实证研究”可以通过田间试验验证修复技术的有效性，为植物联合微生物修复技术的大规模推广提供依据。在水资源管理领域，“某湿地人工补水对生态系统服务功能提升的验证研究”通过实地监测评估补水对湿地水质和生物多样性的实际影响。验证性研究帮助生态环境科学家确认理论和方法的适用范围，或发现其在特定情境下的局限性，从而促进生态环境科学知识的迭代与更新。

4.按研究方法划分

（1）调查性研究。

调查性研究是一种通过收集大量第一手或第二手数据，对某一现象或问题的现状进行分析和描述的方法。它强调数据的广泛性和代表性，常采用问卷调查、实地考察、访谈等方式收集信息。调查性研究通常用于揭示研究对象的基本特征，为后续的理论研究和政策制定提供基础数据和支持。例如，在环境管理领域，“哈尔滨市居民垃圾分类意识与行为调查研究”通过问卷和访谈了解居民垃圾分类的现状，为政府优化垃圾分类政策提供数据支持；在生态保护领域，“某自然保护区生物多样性现状调查”通过实地考察，为保护区的管理和生态规划提供科学依据。通过详细描述现状，调查性研究为深入分析和问题解决奠定了基础。

（2）实验性研究。

实验性研究通过设计和控制实验条件，研究某一变量或多个变量之间的因果关系。这类研究强调变量的可控性和实验结果的可重复性，是验证科学假设、探索机制的重要方法。实验性研究常采用对照实验、野外实验或模拟实验等方式进行。例如，在污染治理领域，“植物联合微生物修复技术对重金属污染土壤的实验研究”通过对比不同修复方法的效果，验证其在污染治理中的应用价值；在气候变化领域，“温度升高对某森林生态系统碳汇能力的实验研究”通过模拟气候变化，研究其对碳循环的影响。实验性研究能够深入揭示变量之间的因果关系，为理论验证和技术开发提供实证支持。

（3）综述性研究。

综述性研究通过系统整理和分析已有文献，归纳总结研究领域的发展现状、热点问题及未来方向。这类研究不涉及第一手数据的收集，而是对现有研究成果进行深入分析和评价。综述性研究通常用于帮助研究者全面了解某一领域的研究动态，发现研究空白。例如，在生态修复领域，“湿地生态系统恢复研究的现状与趋势综述”总结了湿地恢复的主要方法及其应用效果，为后续研究提供了参考；在能源与环境领域，“全球碳捕获技术研究进展综述”分析了现有碳捕获技术的优势、劣势及其发展趋势。综述性研究为进一步的理论探索和应用研究提供了方向指引。

总之，调查性研究通过数据收集与分析描述现象，为理论和应用研究提供数据支持；实验性研究通过控制实验条件验证假设，揭示因果关系；综述性研究通过文献整理和分析总结研究领域的现状与趋势。这三种方法各有优势，研究者应根据研究目标和实际需求选择适当的方法，以确保研究的科学性和有效性。

二、毕业论文的选题类型

以哈尔滨学院毕业论文的选题为例，一篇优秀论文的选题，应具备以下三个特点。

1.论文选题新颖

优秀毕业论文的选题需要符合学生的学术水平和研究能力，确保选题既不超出能力范围，也不过于简单或狭窄。选题的大小适中是保证论文内容充实、结构完整的前提。学生在选题时需要考虑能够充分运用所学专业知识，以正确的观点提出问题，并能够对问题进行深刻的分析。

（1）选题大小适中。

选题过大或过小都会影响论文的质量。过大的选题范围可能导致研究内容泛泛而谈，无法深入；而过小的选题则可能难以形成系统的分析，缺乏论文应有的深度。例如，选题“我国生态环境保护现状研究”显得过于宽泛，涉及的内容涵盖多个领域，如水资源管理、空气污染治理、土壤修复等，很难在一篇论文中进行全面深入的探讨。相反，将选题调整为“黑龙江省湿地生态修复技术应用效果研究”则更为合理，既能结合区域特色，又能深入分析具体问题。

（2）内容充实，能够综合运用专业知识。

环境生态工程专业涉及生态系统管理、环境保护技术、资源可持续利用等多个领域，学生应选择能够充分运用所学知识的选题。例如，“基于生态系统服务价值评估的城市绿地布局优化”这一选题，可以运用生态学、环境经济学、空间分析等多学科知识。学生可以通过数据分析和模型构建，探讨城市绿地在生态服务中的作用，并提出优化建议。这样的选题不仅内容充实，还能体现学生对专业知识的综合运用能力。

（3）紧密结合我国经济形势及企业实际情况。

环境生态工程领域的研究不仅需要关注学术问题，还应结合我国当前的经济形势和实际需求。例如，在“双碳”目标背景下，企业在碳排放管理和绿色转型方面面临巨大挑战。学生可以选择“某企业基于碳中和目标的废水处理优化研究”作为选题，通过分析企业废水处理过程中碳排放的来源，提出优化处理工艺的具体方案。这种选题既能与国家政策导向相契合，又能解决企业的实际问题，具有较高的研究价值。

2.选题要有一定的应用价值

毕业论文不仅是一项学术任务，更是一种实践能力的体现。选题应注重解决实际问题，具备一定的应用价值。环境生态工程专业的论文尤其如此，其研究成果应能够为生态环境的保护和治理提供科学依据，甚至直接转化为实际应用。

（1）解决实际问题。

选题要聚焦实际问题，强调研究成果的可操作性和实用性。例如，“农村污水处理设施运行效率提升研究”这一选题，旨在解决农村地区污水处理设施运行效率低、管理不规范的问题。通过实地调查和数据分析，学生可以提出技术优化和管理改进的建议，从而提高污水处理效率，为农村环境保护提供科学支持。

（2）服务行业发展。

环境生态工程专业的选题应关注行业发展中的瓶颈问题。例如，“黑龙江省某工业园区土壤重金属污染修复技术研究”这一选题，可以研究新型修复技术的应用效果，为工业污染场地的土壤修复提供技术支持。这种选题能够直接服务于工业园区的环境治理需求，促进行业的绿色转型和可持续发展。

（3）支持政策制定。

具有应用价值的选题还应能够为政策制定提供科学依据。例如，“基于大数据的城市空气污染源解析与精准治理策略”这一选题，可以通过数据分析识别主要污染源，并为政府制定空气质量改善政策提供参考。这类选题不仅在学术上具有价值，更能对公共政策的优化产生积极影响。

3.选题要有独特的见解和鲜明的创新

毕业论文选题的另一个重要要求是体现独特的见解和创新性。创新是学术研究的核心，学生应在前人研究的基础上提出新观点，采用新方法，探索新应用。

（1）提出新观点。

在环境生态工程领域，许多传统问题已经有大量的研究，但学生可以从新的角度提出不同的观点。例如，传统的生态系统服务价值评估多集中于经济价值，而选题“文化生态系统服务在城市可持续发展中的作用研究”则从文化和社会价值的角度切入，探讨生态系统服务在促进社会和谐与文化发展方面的潜在作用。这一选题突破了传统研究的局限，具有较强的创新性。

（2）采用新方法。

选题的创新性还可以体现在研究方法的创新上。例如，“基于无人机遥感技术的湿地生态系统变化监测研究”这一选题，采用了新兴的无人机遥感技术。与传统的地面调查方法相比，无人机遥感能够更高效、更精准地获取湿地生态系统的变化数据，为湿地保护提供新的技术手段。

（3）探索新应用。

在实际应用中，创新性选题可以探索现有技术或方法的新应用场景。例如，“微生物燃料电池在农村生活污水处理中的应用潜力研究”这一选题，研究将微生物燃料电池这一新兴技术应用于农村污水处理，不仅能实现污水处理，还能产生电能，为农村地区提供清洁能源。这种选题具有很强的应用潜力，体现了技术在不同领域的跨界应用创新。

一个优秀的毕业论文选题，应具备选题大小适中、内容充实、具有应用价值并体现独特见解和创新性等特点。在环境生态工程专业，学生可以通过选择紧扣国家政策和行业发展需求的实际问题，运用新兴技术和方法进行创新性研究，为生态环境保护和可持续发展贡献自己的力量。通过合理选题，学生不仅能够展现自身的学术能力，还能在实践中锻炼解决实际问题的能力，为未来的职业发展奠定坚实的基础。

4.举例说明毕业论文选题要求

哈尔滨学院对毕业论文选题提倡“立足哈尔滨城市经济社会发展中的热点、焦点问题展开”原则。这一毕业论文选题原则，充分体现了高校教育与地方经济社会发展的紧密结合。这一指导思想旨在通过引导学生聚焦哈尔滨地区的实际问题，将学术研究与地方需求相结合，为城市发展提供科学支持，同时培养学生解决实际问题的能力。本书将从选题与地方发展契合的必要性、选题视角与研究价值、热点问题的多维分析及其对学生发展的促进作用等方面进行详细分析。

（1）选题与地方发展契合的必要性。

高校的教育功能不仅在于传授知识，更在于培养能够服务地方经济社会发展的应用型人才。哈尔滨作为黑龙江省省会和东北地区的重要城市，面临着经济转型、社会发展和生态保护等一系列现实问题。因此，毕业论文选题聚焦哈尔滨的热点、焦点问题，是实现高校教育与地方发展双赢的重要途径。

首先，哈尔滨在国家振兴东北老工业基地战略中占据关键位置。作为传统工业城市，哈尔滨在产业升级、新兴产业培育和科技创新方面的需求尤为迫切。例如，如何实现制造业的数字化转型、如何推动冰雪经济的可持续发展，这些问题都亟须科学研究提供理论支撑和技术支持。学生在毕业论文中以这些问题为选题，可以直接为地方政府和企业的决策提供数据和建议，体现研究的实际应用价值。其次，哈尔滨的生态环境问题备受关注。作为松花江流域的重要城市，哈尔滨在生态保护和环境治理方面面临着巨大挑战。无论是冬季供暖导致的空气污染问题，还是松花江水污染治理，都是社会高度关注的焦点。围绕这些问题展开研究，不仅能够提升学生的科研能力，还能为地方生态环境治理提供可行性建议，助力城市的绿色发展。

（2）选题视角与研究价值的多样性。

立足哈尔滨的经济社会发展热点，选题可以涵盖经济、社会、环境、文化等多个方面，不同视角的选题能够体现不同层次的研究价值。

①经济视角。从经济视角出发，哈尔滨在振兴老工业基地、推动新兴产业发展方面有着广阔的研究空间。例如，“哈尔滨市冰雪经济发展现状及优化策略研究”可以分析冰雪旅游、冰雪体育等相关产业的发展现状，探讨如何延长冰雪经济产业链、提高其对地方经济的贡献。这类选题不仅具有鲜明的地方特色，还能为城市经济高质量发展提供建设性意见。

②社会视角。在社会发展方面，哈尔滨面临着人口老龄化、教育资源分配不均、城市化进程中的社会矛盾等问题。例如，“哈尔滨市人口老龄化对社区养老服务体系的影响研究”可以探讨在快速老龄化背景下，如何优化社区养老服务模式，提高老年人口的生活质量。这类研究紧扣社会民生焦点，具有较大的政策参考价值。

③环境视角。环境视角的选题主要集中在生态保护和环境治理领域。哈尔滨冬季采暖导致的空气污染问题，以及松花江水污染问题，一直是社会关注的焦点。例如，“哈尔滨市冬季空气污染成因及控制措施研究”可以通过数据分析揭示主要污染源，并提出针对性治理措施；“松花江流域水污染治理及生态恢复策略研究”可以探讨如何在保护水资源的同时，提升流域生态系统的功能。这类选题能够为城市生态文明建设提供科学依据。

④文化视角。哈尔滨的文化特色鲜明，作为中俄文化交融的窗口，文化领域的研究也具有重要价值。例如，“哈尔滨市中俄文化交流对旅游业发展的促进作用研究”可以分析如何通过文化交流促进旅游产业发展，提升哈尔滨在国际旅游市场的竞争力。这类选题既能反映地方文化特色，又能为文化产业的发展提供具体思路。

（3）聚焦热点问题的多维分析。

毕业论文选题聚焦哈尔滨的热点问题，并对其进行多维度分析。热点问题通常涉及复杂的社会、经济和环境因素，仅从单一视角难以全面揭示问题的本质。因此，在选题时，需要从多角度切入，进行深入分析。

①热点问题的背景分析。每个热点问题的产生都有其特定的背景。例如，哈尔滨市的冬季空气污染问题，既与气候条件有关，也与能源结构、供暖方式等因素密切相关。在选题时，对问题背景的详细分析可以帮助研究者厘清问题的来龙去脉，为深入研究提供框架。

②热点问题的现状分析。选题应围绕热点问题的现状展开，利用调查、数据分析等方法揭示问题的具体表现。例如，研究哈尔滨冰雪经济的发展，可以通过分析冰雪旅游、体育赛事、文化活动等方面的数据，全面掌握冰雪经济的发展现状，为优化产业结构提供数据支持。

③热点问题的解决路径。论文的核心在于提出解决问题的路径或策略。在选题时，应重点关注如何通过政策建议、技术创新或模式优化等方式，为实际问题提供可行的解决方案。例如，针对松花江水污染治理，研究者可以从流域生态修复、污染源控制、公众参与等多个层面提出综合治理方案。

（4）对学生发展的促进作用。

将毕业论文选题聚焦于哈尔滨城市发展中的热点问题，不仅能够提升论文的实践价值，还能在多方面促进学生的成长与发展。首先，学生能够在真实的社会情境中运用专业知识，提升解决实际问题的能力。例如，学生在研究哈尔滨城市交通拥堵问题时，需要结合交通工程、数据分析、城市规划等多学科知识，为解决问题提供系统性建议。这种实践性研究有助于培养学生的跨学科应用能力、数据分析能力、创新思维能力和政策建议能力。其次，学生通过深入研究地方问题，可以增强社会责任感和服务意识。哈尔滨的社会、经济和生态问题直接关系到居民的福祉，学生通过研究这些问题，不仅能为地方发展贡献智慧，也能增强自身的社会责任感和主人翁意识。最后，这种选题方式还能提升学生的就业竞争力。地方热点问题往往与政府部门、企事业单位的需求紧密相关，研究成果具有较强的应用价值。例如，研究哈尔滨冰雪经济可以为冰雪旅游企业提供发展建议，研究环境污染问题可以在环保领域谋求发展。这些实践经历和研究成果能够帮助学生在就业市场中脱颖而出。

哈尔滨学院倡导的“立足哈尔滨城市经济社会发展中的热点、焦点问题展开”选题原则，充分体现了高校教育与地方发展相结合的重要性。这一选题方向不仅能够帮助学生运用专业知识解决实际问题，还能为哈尔滨经济社会的高质量发展提供科学支持。通过聚焦地方热点问题，学生可以全面提升自身的学术水平、实践能力和社会责任感，为未来的职业发展和社会服务奠定坚实基础。这种教育模式将高校的学术研究与地方发展需求紧密结合，实现了个人成长与社会发展的双赢。

第四节　选题的过程

一、学科方向的确定

在环境生态工程和地理信息科学专业的本科阶段，学生通常在大一到大三期间通过多门课程的学习，已经对本专业内涉及的若干二级学科方向有了初步认识。进行毕业论文选题时，学生应结合所学课程内容、个人兴趣以及未来发展规划，明确自己的专业研究方向，从而为选题提供明确的指引。例如，在环境生态工程专业中，学生可以根据课程学习和实践经验，初步了解环境污染控制、生态修复、资源循环利用、环境监测与评估等多个领域。根据自身兴趣，选择一个较为具体的方向进行深入研究，如在生态修复方向中进一步聚焦于城市绿地恢复、受污染区域的生态再造或生态系统服务功能的评估等具体问题；而在地理信息科学专业中，学生通过系统学习遥感技术、GIS、空间数据处理与分析等课程后，可初步掌握遥感影像处理、空间数据挖掘、数字地图制图以及地理建模等二级方向。基于此，学生在选题时可进一步对其进行细分，例如在遥感分析方向中选取城市扩展监测、植被覆盖变化研究，或在 GIS 应用方向中聚焦于城市规划决策支持、灾害风险评估等具体问题。对于硕士研究生来说，学科方向的划分往往更加精细。比如，在环境生态工程领域，硕士阶段可能会在环境管理、生态修复、环境风险评估等具体方向上展开深入研究；而在地理信息科学领域，研究方向可能会细化为遥感与数字地球、空间信息技术、智能地图分析等专业分支。学生应根据自己在本科阶段积累的知识储备和研究兴趣，选择一个既符合自身发展需求又具备前沿性和实际应用价值的细分方向。因此，无论是本科还是硕士阶段，明确和细化学科方向是选题过程中至关重要的一步。只有在充分了解专业知识体系及研究热点的基础上，才能为后续的文献检索和论文写作打下坚实的基础，确保研究工作的深度与广度都得到有效兼顾。

二、研究方法和领域的选择

自然科学研究通常包括实验研究与理论研究，高等师范院校在相关学科中还兼顾教学研究。对于环境生态工程与地理信息科学专业的学生来说，除了传统的理论建模和室内实验外，还常常需要结合野外调查与动态分析。例如，生物地理与环境科学领域的研究可能涉及野外调查、地质变化监测、动植物区系分析、生态恢复效果评估等，这些课题各自具有独特的方法与手段。有的研究需要实地踏勘，如环境监测、生态系统健康评估以及野生动植物分布调查；有的则依赖于查阅专业历史文献，分析地理信息演变过程；而生物分类研究常常需要到标本馆查阅现有标本，或进行野外采集以获得第一手资料。在地理信息科学领域，部分课题还可能结合遥感影像处理与 GIS 数据分析，需要利用卫星数据和现场调查相互印证。因此，在选题过程中，研究者应根据自身兴趣和专长，选择最适合的研究手段。例如：如果热爱大自然、喜欢户外探险，可以选择以野外调查为主的课题，如样方调查、标本采集、地质勘探或环境监测等项目，这类研究通常需要实地操作和现场数据采集。如果偏好室内实验操作，并且对显微观察、仪器分析、电路实验等技术较为熟练，那么可以考虑选择以室内实验为主的课题。此外，对于地理信息科学专业的同学来说，基于遥感数据与 GIS 平台进行土地利用变化、城市扩展或环境风险评估的研究，也是一种既结合理论又需要一定数据处理能力的研究手段。根据自己的兴趣、特长以及未来的职业规划，选择合适的研究方法，不仅能提升研究效率，还能增强论文的创新性和实际应用价值。

三、范围或实验规模的选择

在确定研究范围和实验规模时，研究者应综合考虑自己的有效工作时间、实验条件以及可利用的人力和财力资源，选择一个既能保证研究深度又在可控范围内的方案。下面从环境生态工程和地理信息科学两个专业角度说明这一原则。

1.研究尺度的选择

环境生态工程：以油松种群为例，其研究范围可以灵活设定。学生可以选择在单个山体内开展详细调查，也可以将范围扩展到整个县市，甚至覆盖一个省、一个国家、某一特定气候带，或在全球范围内进行比较研究。不同尺度的研究不仅影响数据采集的难易程度，还会直接关系到研究结论的广泛适用性和深入性。

地理信息科学：在利用遥感数据、GIS 技术分析植被覆盖或土地利用变化时，同样需要明确研究区域的空间范围。比如，在探讨区域环境变化时，可以聚焦于一个城市、一个流域或跨行政区域的比较，这样既能充分利用空间数据，又能与实际应用需求相结合。

2.研究单元的界定

对于某些具体研究，如利用分子生物学方法探讨植物类群的亲缘关系和系统发育，同样需要明确研究对象的范围。可以选择研究某一物种、比较两种密切相关的物种，或者将焦点放在一个科内的不同属之间的关系，也可以设计一个涵盖该科所有成员的综合性分析。明确的研究单元有助于制定合理的实验设计和数据采集方案。

3.实验规模与资源匹配

实验规模往往与结果的可靠性成正比，但过大的规模会超出实际可用资源。例如，在种子萌发实验中，可能涉及水分、温度、pH 值、光照强度、光照时长、光谱、种子饱满程度、储藏状态等多个影响因素。若对所有因素均设计完整的实验组、对照组和重复实验，其工作量可能急剧上升。在这种情况下，研究者需要依据文献调研或预实验结果，筛选出几个最主要的影响因素进行重点研究，以确保实验既具有科学严谨性，又能在有限的时间和经费内顺利实施。

总之，无论是在环境生态工程还是地理信息科学领域，研究者在选题和实验设计时，都必须合理界定研究范围和规模，使其既符合实际资源条件，又能有效支持科学问题的探讨。这种科学的取舍不仅能提升研究效率，更有助于确保最终成果的可靠性和应用价值。

第五节 选题的程序

选题大致要经过初步设想、调查研究和最终立题三个基本程序。

一、初步设想

在确定具体研究题目之前，往往会有一个初步的设想，这个设想有时也被称为“假说”或“初始意念”。虽然这种设想在形成之初可能显得比较粗糙、初级，甚至略显肤浅，但它却是整个科研工作中不可或缺的起点，也是科学理论不断演进的重要桥梁。对于环境生态工程和地理信息科学等领域的研究者来说，初步设想不仅奠定了研究的基本方向，更为后续的实验设计、数据采集和理论推导提供了宝贵的思想资源。

初步设想的来源绝非凭空想象，而是建立在长期的实践积累和经验总结之上。许多情况下，这样的想法来源于科研或生产一线的实际问题和观察。例如，在进行野外生态调查时，研究者可能会在观察到某个区域植被变化或生物群落异常分布后，产生疑问和思考；在地理信息分析过程中，通过对遥感影像和 GIS 数据的初步处理，也可能发现一些不寻常的空间分布特征。这些最初的直观感受，经过深入分析、广泛联想和反复推敲，逐渐凝聚成一个可以进一步探讨的研究假说。

值得注意的是，初步设想往往并非一蹴而就，而是在不断的思考、讨论和实践中逐步形成的。学术报告、研讨会以及同行间的学术交流，常常能够为研究者提供新的视角和启发，使得原本模糊的想法逐步清晰起来。通过查阅大量文献和借鉴前人研究成果，研究者不仅能了解当前学科领域的研究热点和前沿动态，还能发现自身设想中的不足和可改进之处，从而不断丰富和完善自己的初步设想。正是这种从实践到理论再到实践的循环往复，构成了科学探索不断前进的内在动力。

初步设想在整个科研过程中具有极其重要的战略意义。首先，它为研究者指明了问题的切入点，是进一步设计实验方案和开展实证研究的基础。一个经过深思熟虑的初步设想，能够使后续研究在目标上更加明确，思路上更加清晰，避免因目标模糊而导致资源浪费和工作重复。其次，初步设想也是检验研究者创新能力和科学敏感性的一个标志。许多重大科学发现和理论突破，都是从一个看似平凡却充满洞见的初步想法开始的。在环境生态工程领域，一个关于生态系统修复的初步设想，可能会引发对自然恢复力和人工干预关系的深入探讨；在地理信息科学中，一个关于城市扩展模式的初步构想，往往能引发对土地利用变化及其背后驱动机制的系统研究。

同时，我们也应认识到，初步设想并不是一成不变的“真理”，而是处在不断验证和修正中的动态过程。在实际研究中，初步设想可能会因为新数据、新发现而需要调整，甚至在严谨的实验检验下被推翻或重构。这种不断自我修正的科学态度，正是科学精神的重要体现。对环境生态工程和地理信息科学来说，面对自然环境的复杂多变和技术手段的不断革新，研究者更需要保持开放和谦逊的心态，将初步设想视为一个起点，而非终点，不断通过实践检验和理论反思来推动研究进程。

总之，初步设想虽然可能起初显得简单、粗糙，但它是科研工作者探寻未知领域的第一步，是通向科学发现和理论创新的桥梁。一个合理且富有创见的初步设想，不仅能够激发研究者的创新思维，还能为整个研究过程提供明确的指导方向和思维框架。无论是在野外调查、实验室操作还是数据分析过程中，都离不开这种初始意念的支撑。研究者应当珍视每一个闪现的灵感，将它们作为宝贵的财富，不断加以完善和发展，最终为推动科学进步和解决实际问题贡献力量。

二、调查研究

在初步设想形成之后，接下来的关键步骤就是开展广泛而深入的调查研究。调查研究不仅是对初步设想进行验证和修正的过程，更是将零散的灵感凝聚成系统性研究方案的重要环节。通过查阅文献、实地考察、数据采集以及专家交流，研究者可以全面了解当前环境生态工程和地理信息科学领域的研究现状、发展趋势以及存在的问题，从而对选题进行不断完善和深化。调查研究的过程，就像为一座大厦奠定坚实的地基，只有地基牢固，后续的实验设计和理论构建才能稳步推进。

首先，文献查阅是调查研究中最基本也是最重要的一环。研究者应系统地收集国内外相关领域的经典文献、最新论文、研究报告以及技术资料。通过对这些文献的研读，不仅能够了解前人的研究成果、理论框架和方法体系，还可以发现现有研究中的不足与空白。例如，在环境生态工程领域，通过查阅有关生态修复、污染治理以及资源循环利用的文献，可以发现当前城市生态系统修复中存在的难题，从而激发新的研究思路；在地理信息科学领域，深入了解遥感技术、GIS 数据处理与空间分析的最新进展，则有助于明确城市扩展监测或土地利用变化等课题中的技术瓶颈与应用前景。文献查阅的过程，不仅帮助研究者梳理已有的知识体系，也为其构建研究假说提供了坚实的理论支持。

其次，实地考察和数据采集同样不可或缺。环境生态工程问题往往涉及自然环境的动态变化，单凭文献资料难以全面把握实际情况，因此，开展实地调查尤为重要。通过实地考察，研究者可以直观地观察生态系统的结构与功能、环境污染的分布情况以及生态恢复的效果，获取第一手的现场数据，从而更准确地验证和修正初步设想。在地理信息科学中，实地数据不仅能用于校正遥感影像和 GIS 数据，还能为空间分析提供关键支持。为确保数据的准确性与代表性，实地调查过程中必须制定详细的调查方案，包括样本设计、抽样方法、数据记录和质量控制等环节，从而使获得的数据既真实又科学。

在调查研究过程中，采用选题的“五性”原则对课题进行系统论证尤为关键，即新颖性、前沿性、科学性、可行性和应用性。

①新颖性要求研究课题在理论或实践上能够提出新的观点或方法，填补现有研究的空白，从而展现出独特的学术价值。

②前沿性则强调课题要紧跟学科发展的最新动态，关注当前领域中亟待解决的重要科学问题。

③科学性体现为研究设计必须严谨、论证充分，数据采集与分析要符合科学方法和标准，确保研究结果具有可信度。

④可行性要求在现有的人力、物力、时间和财力条件下，研究课题能够顺利实施，避免因资源不足而导致研究半途而废。

⑤应用性则强调选题不仅要具有理论意义，更应在实际生产和社会发展中具有推广和应用的价值，为解决实际问题提供有效支持。

例如，在环境生态工程专业和领域中，研究者可能针对城市绿地生态系统的恢复提出全新的理论假设，这时就需要通过大量文献调研来确认该假设的创新点和研究空白，同时结合实地调查数据，验证该假设在实际环境下的适用性与局限性；而在地理信息科学领域，利用遥感数据监测城市扩展动态的研究，不仅要分析最新技术的优势，还要调查不同区域的实际发展情况，确保数据与理论分析相互印证，体现出选题的科学性和可行性。

此外，调查研究过程中跨学科信息的整合也至关重要。环境生态工程与地理信息科学专业本身具有较强的交叉性，很多研究问题往往涉及生态学、地理学、环境科学及信息技术等多个领域。通过整合不同学科的信息和方法，研究者能够更全面地认识问题的全貌。例如，在探讨某一地区的生态恢复效果时，既要考虑生态学中植被生长与生态平衡的理论，也要运用 GIS 技术进行空间数据分析，再结合环境监测数据，综合评估恢复工程的实施效果。这样的跨学科整合，既拓宽了研究视角，也提高了研究成果的综合性和实用性。

与此同时，与同行专家、技术人员以及实践部门的交流和讨论也是调查研究的重要组成部分。参加学术研讨会、专题论坛或利用网络平台与其他领域的学者互动，可以为研究者提供宝贵的意见和建议。专家的点评往往能帮助研究者发现选题中的潜在问题，提供新的解决思路，从而进一步完善研究方案。通过这种多层次的学术交流，研究者不仅能够及时修正不合理的设想，还能在讨论中激发出新的灵感，推动课题不断向前发展。

现代科技手段的发展也为调查研究提供了更多可能。遥感技术、GIS空间分析、大数据处理等先进工具，极大地丰富了数据采集和分析的方法，使得研究者能够以更高的效率和精度对复杂的环境和空间问题进行深入探讨。同时，传统的问卷调查、访谈和现场观察等方法在特定情境下依然发挥着重要作用。研究者应根据选题的具体需求，灵活选择和组合各种方法，以实现数据互补和优势互用。比如，在研究城市热岛效应时，可以将遥感影像与地面温度监测数据相结合，既保证数据的广度，又确保信息的细致与准确。

调查研究是将初步设想转化为严谨、可行研究方案的必经之路。通过系统的文献查阅、精心的实地考察、多样的数据采集以及专家学者的互动交流，研究者能够充分检验和论证选题的“五性”，不断修正和完善初步设想，最终确定一个既具有学术创新性又具备实际应用价值的研究方向。只有在这一坚实基础上，后续的实验设计和理论构建才能真正做到有的放矢，为推动环境生态工程和地理信息科学的发展提供有力支撑。

三、最终立题

经过前期对选题充分必要性的反复论证与验证，当所有相关的理论依据、实践数据以及文献资料都指向某一明确方向时，研究者便可以在综合考量各种条件后，最终确定科研选题。这不仅是一项艰苦的脑力劳动，更是一段充满想象、酝酿、深思和反复论证的漫长过程。

在这个过程中，研究者往往需要先从纷繁复杂的现象中捕捉灵感，通过初步设想建立起一个大致的研究框架。随后，在大量的文献查阅、实地考察和数据采集的基础上，逐步明确选题的科学性和现实意义。正是这种不断对初步设想进行调整和完善的过程，使得最后确定的科研选题既能反映前沿科学问题，又满足实际应用需求。无论是在环境生态工程中对生态系统修复、污染治理，或资源循环利用的探索，还是在地理信息科学领域中对遥感影像处理、城市扩展监测、土地利用变化等问题的研究，最终的选题都必须经得起理论与实践的双重检验。

确定科研选题不仅需要扎实的专业知识，还要求研究者具备敏锐的观察力和跨学科的整合能力。在这个过程中，每一个细微的想法都可能成为推动整个研究深入的重要契机。研究者往往要经历无数次的头脑风暴和冥思苦想，对看似琐碎的点滴灵感进行整合、归纳，进而提炼出具有创新性和前瞻性的研究命题。这样的过程充满了想象与创意，同时也考验着研究者对问题本质的洞察力和分析能力。

同时，这一过程还充满了反复的论证与实践检验。一个优秀的科研选题，往往不是一蹴而就的，而是在多次修改、反复讨论和不断实践中逐步成形的。研究者需要对所选课题进行全方位、多角度的评估，包括对其理论意义、技术可行性、实际应用前景以及可能遇到的困难和风险进行细致的考量。只有经过这种严谨的反复推敲，才能确保选题不仅在学术上具有创新性和独创性，同时在实践中也具备较高的操作性和可靠性。

此外，最终确定选题的过程也是研究者智慧、知识和毅力的集中体现。每一个经过深思熟虑并最终被确定下来的课题，都是研究者长时间积累经验、不断学习和实践的结晶。它凝聚了研究者对学科前沿的敏锐洞察，对专业问题的深刻理解，以及面对各种困难时不屈不挠、坚持追求真理的精神。正是这种智慧与毅力，使得科学研究能够在不断挑战未知、突破传统中取得新的进展。

科研选题的确定是一个复杂而艰巨的过程，它不仅需要扎实的理论功底和严谨的实证分析，更需要研究者在漫长的思考和实践中不断创新和完善。每一个优秀的科研选题，都是作者智慧和辛勤劳动的结晶，既反映了他们在知识领域中的不断探索，也展现了他们面对挑战时的毅力和决心。只有在这样的精神支持下，科研工作才能不断突破自我，为学科的发展和社会的进步贡献出宝贵的力量。

第六节　选题的途径

一、在已有研究成果的基础上进行选题

任何创造性的思维都不可能凭空出现，任何新的科学成就也并非来自天降的灵感，而是建立在对前人成果的继承、消化与创新之上。在进行科研选题时，我们需要对现有知识体系和研究成果有深入而系统的了解，这不仅为我们提供了丰富的理论资源，也为我们指明了未来可能探索的新方向。

首先，对已有研究成果的继承要求研究者全面阅读、认真梳理和深刻理解。只有在掌握了前人长期积累的理论与实践经验后，才能够在浩如烟海的文献中辨识出哪些问题已经得到了较为充分的解答，哪些领域仍存在争议或未被完全揭示。通过这种系统的文献调研，我们能够发现现有研究中的空白和不足之处，进而选择那些具有“前沿性”的课题作为进一步探索的方向。以环境生态工程为例，城市化进程带来了生态修复标准适用性、复合污染协同治理等新挑战，而地理信息科学领域则面临如何将高分辨率遥感、大数据分析等新技术有效应用于空间数据处理的创新需求。这些研究空白的填补将推动相关领域的理论发展和实践进步。其次，对前人成果的继承还体现在对已有思想的启迪上。前人的研究不仅提供了大量的数据和理论模型，更重要的是为我们指明了如何发现和解决问题的思路。能够敏锐地捕捉到前人研究中的不足之处，或者发现前人已经开始关注但尚未深入研究的问题，是科研选题中一条重要的路径。这种思路要求我们不仅要看到已有成果的价值，还要敢于质疑和超越，提出新的假设和见解。正是在这种质疑和突破中，我们才能推动学科不断向前发展。

以环境生态工程专业为例，许多研究集中在生态修复技术、污染物去除机制以及资源循环利用方面，但在实际应用中，城市生态系统的复杂性和动态变化往往使得传统理论难以完全解释现实问题。对此，研究者可以从前人的研究中发现：对于城市绿地系统中的生物多样性保护、生态服务功能衰减等问题，仍有许多未知领域亟待探究。选择这

样的课题，既是对前人成果的继承，也是对其不足之处的改进。同样，在地理信息科学领域，前人在土地利用变化、城市扩展监测等问题上取得了大量成果，但随着新技术的不断涌现，如何利用最新的数据处理技术和空间分析方法来解决传统问题，也成为一个充满挑战的选题方向。此外，继承前人成果并不意味着盲目地重复已有研究，而是在此基础上进行创新性的拓展和深入。现代科学研究越来越强调多学科交叉和综合分析，研究者可以借鉴不同领域的方法和理论，将其整合运用于新的选题之中。比如，环境生态工程专业中的问题往往不仅涉及生态学，还涉及工程技术、社会经济等多个角度；地理信息科学专业则在数据获取、分析方法和应用场景上不断更新迭代。正是在这种跨学科融合的过程中，我们才能够发现传统研究中的局限性，并通过引入新的视角和技术手段，提出更为完善和创新的解决方案。

在这一过程中，研究者还应具备敢于面对未知、勇于探索的精神。科研的道路充满挑战和不确定性，而每一个未解决的问题背后，都蕴藏着巨大的创新潜力。只有在对前人研究成果进行深刻反思和批判吸收的基础上，勇于挑战那些刚刚被前人触及但未能深入探讨的问题，我们才能开创出属于自己的研究领域。这种勇气和探索精神，不仅体现了科研人员的创新意识，也正是推动科学不断进步的重要动力。

在选题过程中，继承前人研究成果是一项不可或缺的步骤。它要求我们先从已有的理论与实践中汲取养分，再通过批判性思考发现新的研究热点，并在此基础上进行创新性的探索。无论是环境生态工程还是地理信息科学，都离不开这一传承与发展的过程。站在前人的肩膀上，我们既能看到更远的未来，也能激发出无尽的创新潜力。正是这种对前人成果的深入理解与超越，使得我们的研究既扎根于现实，又富有前瞻性，为解决当代和未来的科学问题提供了坚实的理论和实践支撑。

二、在人们忽略的地方进行选题

人类对自然及自身的认识从未有过终结，它始终处在不断深化和拓展的过程中。尽管前人的研究为我们奠定了坚实的基础，但任何时代的认识都有其局限性，总会留下不足和未解之处。同样，同代学者由于视角、方法或技术条件的差异，也可能在某些领域出现偏差或忽略某些细节。正是在这些被忽视的角落中，蕴藏着大量尚未被充分探索的研究机会。

首先，科学探索本身就是一个永不停息的过程。随着科学技术的不断进步和新方法的涌现，我们可以用更精细的手段重新审视那些曾经被视为理所当然的现象，或者深入探讨那些被忽略的细微之处。前人的研究成果固然为我们提供了宝贵的参考，但它们毕竟是基于当时的知识和技术条件而取得的。在新的时代背景下，利用现代科技和跨学科的方法去重新审视这些问题，往往能够发现以前未曾预见的矛盾和问题。这种“从忽略中见突破”的思维，正是科学创新的重要源泉。其次，在选题过程中，不要轻易放过那些表面上似乎无关紧要或被大多数人忽视的领域。很多时候，一些看似微不足道的现象，背后可能隐藏着颠覆现有理论的关键因素。研究者需要培养敏锐的观察力，善于从常规现象中捕捉那些异常细节，这就要求我们在广泛搜集资料和深入实地调研的同时，保持对细节的高度关注。只有发现了这些被忽略的地方，才能找到其中潜藏的科学问题和理论矛盾，为进一步深入研究打下基础。此外，敢于在别人忽略的地方进行选题，还需要科研人员具备跨学科的视野和整合能力。很多问题在单一学科内部可能显得零散和琐碎，但当我们借助其他学科的理论和方法加以整合时，就能发现其内在的联系和规律。例如，在环境生态工程领域，生态系统的微小变化可能与地理信息数据中的某些异常模式相呼应；在地理信息科学中，遥感数据中出现的细微变化或许能揭示出更深层次的环境问题。跨学科的整合不仅能够弥补单一学科研究的局限性，还能激发出新的研究思路和方法，从而为解决传统问题提供新的视角。当然，在被忽略的地方进行选题，也意味着研究者必须面对更多的不确定性和挑战。选择一个鲜有人问津的研究方向，往往需要比常规选题付出更多的耐心和努力。在探索过程中，我们可能会遇到数据不足、理论支撑薄弱、实验条件不理想等各种问题。但正是这种“锲而不舍”的精神和勇于探索未知领域的决心，使得科研工作充满了挑战与乐趣。只有经过反复的试验与论证，才能将初期模糊的想法逐步转化为成熟而具有说服力的科学理论。

选题不仅仅是对已有知识的简单延伸，更是一种敢于质疑、敢于探索的学术精神的体现。在那些被忽略的细节中，往往蕴藏着改变现有认知的潜力。研究者需要在扎实掌握前人成果的基础上，不断地开阔视野，深入挖掘那些常被忽略的角落，找到其中的矛盾和未解之题。正是这种勇于突破传统、追求创新的精神，使得科学研究不断向前推进，也为学科的发展注入了新的活力和动力。当我们在选题时，切勿局限于已经被广泛讨论的问题，而应关注那些细微而易被忽视的现象。通过深入观察、反复思考和跨学科的整合，我们可以在被忽略的地方发现新的科研机会。这不仅需要研究者具备扎实的学识和敏锐的洞察力，更需要一种对未知领域永不言弃、不断探索的精神。正是在这样的精神驱动下，我们才能够在广袤无垠的科学领域中不断开辟新天地，推动学科的不断进步与创新。

三、在新的科研领域中进行选题

科学发展史本身就是一部不断开拓新领域、不断产生新学科的壮丽史诗。从牛顿时代的经典力学，到爱因斯坦提出的相对论，再到信息时代的兴起，每一次重大科学飞跃都源自对未知领域的大胆探索和跨界融合。过去，人们常认为风马牛不相及的事物彼此毫无关联，但随着科技进步和研究方法的革新，许多看似分离的现象最终被发现存在着内在的联系和共同的规律。正是基于这一认识，我们在进行科研选题时，应当敢于跨出传统学科的界限，积极探索那些尚未被充分解答的疑问和边缘领域，从而为科学发展注入新的活力。

1.科学的不断跨界与融合

纵观科学发展的历程，每一次学科的分化与交叉都带来了新的发现和理论突破。曾经被视为彼此独立的领域，如生物学与化学、物理学与数学，在不断的交叉融合中逐渐碰撞出创新的火花。如今，在全球化和信息化的背景下，学科边界越来越模糊，跨学科研究已经成为推动科学进步的重要动力。新兴领域如生物信息学、环境地球科学以及智慧城市研究等，正是建立在多学科知识交汇的基础之上，为我们揭示自然界和社会系统复杂动态的内在机制提供了全新的视角。

例如，在环境生态工程与地理信息科学领域，两者虽然在传统意义上属于不同的研究范畴，但它们的结合可以带来前所未有的研究突破。利用遥感技术和 GIS 工具，我们可以获取大尺度的环境数据，并结合生态系统动态监测，深入研究城市化进程中生态环境变化的规律；而在生态修复和污染治理的研究中，跨学科的方法不仅能揭示微观生态过程，还能从宏观上进行空间分析，为区域环境管理提供科学依据。正是这种跨界融合，使得看似毫无关联的现象得以联系在一起，推动了新的科研领域的不断发展。

2.敢于跨入生疏领域

在新的科研领域中选题，最关键的一点在于敢于从自己熟悉的学科跨入相对生疏的领域。许多研究者往往习惯于在自己擅长的领域内进行深入探讨，而忽略了那些看似边缘甚至是跨学科的方向。然而，正是在这些生疏的领域中，隐藏着许多尚未解答的重要科学问题和创新机遇。

跨学科的研究需要研究者具备广博的知识储备和开放的学术视野，不仅要精通自己专业内的理论和方法，更要善于借鉴其他学科的最新成果和技术。例如，一个长期从事环境生态工程研究的学者，可以尝试将地理信息科学中的大数据分析方法引入生态系统监测中，从而发现传统方法难以捕捉的细微变化；同样，熟悉地理信息技术的研究者也可以关注生态学中的物种多样性问题，通过空间数据分析探讨生物多样性与环境因素之间的复杂关系。只有打破学科间的藩篱，才能从新的角度发现隐藏在表象背后的深层次规律。此外，关注边缘学科或横断学科也是在新科研领域中进行选题的重要途径。这些学科虽然可能尚未形成主流，但往往蕴含着极大的潜力和前瞻性。例如，纳米技术、生物传感器以及人工智能在环境监测中的应用，都是近年来迅速崛起的新兴领域。通过这些新技术与传统学科的有机结合，不仅能够解决长期以来悬而未决的科学问题，还能催生出全新的研究方向和应用领域。敢于涉足这些边缘领域，既需要研究者有勇气接受新挑战，也需要在跨学科交流中不断学习、更新知识，以便更好地把握科学前沿。

3.揭示自然界物质与运动的新规律

科学的魅力在于不断探索和发现自然界深层次的规律。随着研究方法和技术手段的不断革新，我们对自然界中物质和运动的认识也在不断深化。在新的科研领域中选题，不仅要关注已有理论和成果，更要从中挖掘那些尚未被完全揭示的内在联系。例如，遥感技术的发展使得我们可以从宏观角度监控全球环境变化，但同时也暴露出许多细微生态过程的复杂性；而在生态工程中，虽然对污染治理和生态修复已有较为成熟的理论，但面对不断变化的环境条件和多样化的生态系统，这些理论仍存在不少局限。因此，研究者应当在已有理论的基础上，进一步寻找那些尚未被探明的现象和规律。例如，可以针对城市热岛效应与植被覆盖之间的关系进行跨尺度、多层次的研究；或者利用高精度卫星数据和现场监测数据，探讨不同生态系统中能量和物质流动的动态平衡机制。通过跨学科、跨尺度的研究方法，我们不仅能够发现自然界中微观与宏观过程之间的内在联系，更有可能提出颠覆传统认识的新理论，从而为解决实际问题提供全新的思路和方法。

4.探索未知，开创未来

在新的科研领域中选题，是一项充满挑战但又极具吸引力的工作。它要求研究者不仅要有扎实的专业基础，还需要具备敏锐的观察力、广博的知识面和勇于创新的精神。面对前沿领域中的未知问题，我们需要打破传统思维的束缚，勇敢地质疑已有理论，并在不断探索中发现新的科学现象和规律。正是这种探索未知、不断创新的精神，推动了科学事业的不断进步和社会文明的发展。如今，随着信息技术、人工智能和大数据技术的迅速发展，许多传统学科正在经历一场深刻的变革，新的研究领域和交叉学科不断涌现。对于广大科研人员来说，抓住这一机遇，敢于从自己熟悉的领域跨向生疏的领域，不仅能够拓宽自己的研究视野，还能在激烈的学术竞争中抢占先机，开创出属于自己的研究方向。无论是在环境生态工程中利用先进遥感技术监控生态变化，还是在地理信息科学中通过数据挖掘揭示城市发展的新规律，跨界选题都为我们提供了无限的可能性和机遇。

总之，在新的科研领域中选题，是科学研究不断进步的必然趋势。科学史告诉我们，每一次重大突破都来源于对未知领域的大胆探索和学科间的融合创新。我们应当充分认识到，前人所取得的辉煌成果既是我们的宝贵财富，也是我们不断前行的起点。在此基础上，敢于从自己熟知的领域跨入生疏甚至边缘的学科，主动寻找那些尚未被关注或解决的问题，从而揭示自然界物质与运动形式的新规律，这不仅需要扎实的学识和敏锐的观察力，更需要一种敢于探索、勇于创新的精神。只有不断拓宽视野，积极整合跨学科资源，我们才能在这片充满未知和潜力的领域中找到新的研究热点，为解决日益复杂的科学问题和社会挑战提供新的理论依据和实践方案。正是在这种不断探索、勇于创新的精神驱动下，科学事业才能不断迈向新的高峰，推动人类文明向前发展。

四、在意外中进行选题

在科学研究中，尽管我们常常为达到既定目标而制订详尽的计划，但实际的科研过程往往充满了意外和变数。这些意外可能来源于实验中偶然观察到的现象、数据中突如其来的异常，或者在理论推导中出现的非预期结果。面对这些偏离原计划的情况，研究者不应急于将其排除或迅速矫正，而应以开放和审慎的态度对待它们，因为在这些看似偏离正轨的意外中，往往孕育着全新的科学发现和有价值的研究课题。

1.意外是科学创新的催化剂

科学史上，无数重大突破均起源于对偶然现象的深刻洞察。许多发现并非来自预设的研究目标，而是在原本严谨的实验过程中，因偶然的启示而产生了意想不到的新方向。例如，青霉素的发现就是源于对培养皿中霉菌生长异常现象的关注；X 射线的偶然发现则为医学和物理学的发展带来了革命性的进步。这些例子告诉我们，偶然性不仅不会削弱研究的严谨性，反而可能成为推动科学进步的重要动力。

2.抓住意外现象的关键在于敏锐的观察力

在科研工作中，我们应当培养一种敏锐的观察力和对异常现象的好奇心。当实验结果或理论推导与预期不符时，可能暗示着某种未知机制或新的研究方向正等待着被揭示。

此时，研究者应保持冷静，不要急于将这些“瑕疵”视为误差，而要深入分析它们背后的原因，探讨这些偏差是否暗藏着更为深刻的科学问题。例如，在环境生态工程中，实验中某一地区生态系统出现非预期的恢复迹象，可能表明存在一种尚未被认知的自然修复机制；而在地理信息科学中，遥感数据中偶然出现的异常信号，也许正是揭示某种地质灾害预警模式的关键线索。

3.意外中的跨学科契机

在意外中选题不仅可以推动单一学科的进步，还常常为跨学科研究提供契机。科学的本质在于不断打破学科壁垒，将不同领域的知识融合在一起，形成全新的研究视角。研究者在某一领域中获得的偶然发现，可能与其他学科存在潜在的关联，从而激发出跨领域的合作和探讨。比如，一个生态系统的微小变化在数据处理技术的辅助下，可能揭示出与城市规划或气候变化相关的更大规律；又如，遥感技术中出现的异常数据，通过结合环境科学和地理信息分析，或能为灾害预防提供全新的理论支持。这种跨学科的探索正是当今科学研究的重要趋势，也是培养综合创新能力的重要途径。

4.意外中的探索需要坚持与耐心

当然，从意外中发现课题并非易事，它要求研究者具备持之以恒的耐心和锲而不舍的精神。在科研道路上，意外现象往往伴随着许多不确定性和挑战，可能需要长时间的追踪、反复验证和大量数据的支持，才能将一个偶然的启示转化为系统性的研究成果。因此，当我们遇到偏离原计划的现象时，应当给予充分的时间和精力去追踪和分析，而不是急于放弃或简单归因于偶然错误。这种在逆境中坚持探索的精神，正是科学研究不断突破现有局限、迈向新发现的重要保障。

5.灵活调整与原有目标的融合

需要指出的是，在意外中选题并不意味着完全脱离原有研究目标，而是要在既定框架内灵活调整和适时整合新的发现。研究者应在保持对核心目标追求的同时，充分利用意外现象所提供的补充信息，丰富和完善整体研究方案。这种灵活调整既保证了研究工作的连续性和系统性，又使得整个科研过程更具包容性和创新性。通过这种方式，原本看似偶然的现象得以转化为支撑新理论、开辟新领域的重要依据，进而推动整个学科向更深层次发展。

在意外中选题体现了一种开放、包容和创新的科研态度。科学研究从来不是一条直线，而是一段充满曲折、不断探索未知领域的旅程。面对研究过程中不可避免的偏离和变数，我们既不能盲目追求原有的计划，也不应因暂时的异常而放弃，而是要保持敏锐的观察和不断探索的精神。正是在这种敢于接受和追踪意外现象的过程中，我们才能发现隐藏在表象背后的深刻规律，开辟出全新的研究方向。每一个敢于从意外中捕捉灵感并加以深入探讨的科研者，都是推动科学进步的重要力量，他们的智慧和坚持将不断为我们揭示自然界更多未知的奥秘。

第七节 选题的方法

选题是对科学工作者智慧、才能和经验的严峻考验。在确定研究课题时，其中最基本也是最关键的考虑之一，就是弄清楚“在该领域还有哪些空白点”这一问题。所谓“空白点”，指的是在当前研究体系中尚未得到充分探索、解释或解决的关键问题或现象。识别和利用这些空白点，不仅有助于确立课题的创新性和前沿性，也为推动学科发展和解决实际问题提供了契机。下面就如何发现和把握这一问题，做出一些详细说明。

一、选题时应考虑的问题

1.在该领域还有哪些空白点?

这要求研究者全面掌握该领域已有的研究成果，了解哪些问题尚未被充分探讨或尚无定论。文献调研、专家交流和实地考察是识别空白点的重要途径。通过分析前人工作的覆盖范围和局限性，可以发现现有知识体系中存在的漏洞或不足，从而确定一个具有新意的研究方向。

①文献调研：系统整理国内外经典文献和最新进展，查明哪些主题已被深入研究，哪些领域相对薄弱。

②实践反馈：结合工程实践或应用案例，找出理论与实践间的脱节现象。

③跨学科视角：利用其他学科的理论和方法，发现本学科中未曾关注的交叉点和潜在问题。

2.现有理论或实践是否存在谬误或疏漏?

在科研选题中，发现并纠正现有理论或实践中的不足是一条重要的创新途径。

①理论反思：对比不同学派的观点，找出现有理论中难以解释或存在争议的部分。

②实验验证：通过设计实验或调研，验证传统方法在解决实际问题时是否存在偏差、误差或不合理之处。

③数据分析：利用统计或大数据方法对现有实践成果进行再分析，探寻其中可能被忽略的异常或错误。

3.现有成果是否已过时?

科技的不断进步使得一些曾经具有前沿性的理论或方法可能在当前技术水平和应用需求下失去适应性。

①技术更新：评估当前研究所依赖的实验方法、仪器设备或数据采集技术是否仍处于领先水平。

②理论更新：考察已有理论与最新科学发现是否存在脱节现象，新兴理论是否提供了更完善的解释。

③应用场景变化：考虑社会经济发展和应用需求的变化，判断原有成果是否还能够解决现实问题，还是需要更新换代。

4.现有理论或实践是否存在争议?争论的焦点是什么?各派观点有无偏颇?

在很多前沿领域，理论和实践中往往存在不同的解释和争论，理解这些争论的焦点和各自的不足之处，有助于发现新的研究方向。

①争议焦点：通过文献和专家讨论，明确哪些问题是目前学界争议的热点，比如某一理论模型在解释特定现象时的局限性。

②观点偏颇：分析各派观点的优势和不足，找出是否存在由于样本选择、方法局限或解释不全面而产生的偏颇。

③创新突破：在争议点上，提出新的假说或改进实验设计，争取从中找到解决现有矛盾的新途径。

5.在不同领域的交叉区是否能有所作为?

跨学科交叉往往为传统领域注入新的活力。在相互交叉的边缘领域，可能隐藏着许多前沿问题和突破口。

①整合资源：考察如何将本学科与其他相关学科（如数据科学、环境工程、材料科学等）进行有机结合，形成新的研究视角。

②理论与方法创新：借助交叉学科的先进理论和技术，探索解决传统问题的新途径，如利用大数据与人工智能改进传统地理信息分析方法。

③应用扩展：在边缘交叉领域，不仅可以提出理论问题，还可以探索新的应用场景，满足社会发展和技术革新的需求。

科研选题不仅考验科学工作者的学识和经验，更考验他们敏锐发现问题的能力和跨界整合的视野。通过系统的文献调研、理论反思、实践验证和跨学科交流，我们才能准确地找到该领域中的空白点、纠正理论中的疏漏、更新过时的成果、理清争议焦点，并在交叉学科领域中开辟新的研究方向。只有这样，选定的课题才能真正具备前沿性、科学性和应用性，成为推动学科进步的重要动力。

二、选题要和社会经济发展及国家大政方针相一致

科研选题不仅体现了科学工作者的智慧、才能和经验，更应充分响应国家经济社会发展和战略方针的号召。对于环境生态工程与地理信息科学专业的学生来说，紧跟国家政策和社会需求，是确保研究课题具有现实意义和应用前景的基本要求。无论是在生态环境修复、资源循环利用，还是在遥感监测、城市规划和数字治理等领域，科研选题都必须立足于国家大局，服务于国家战略。

1.生态文明与绿色发展

“十四五”规划中明确提出，要构建人与自然和谐共生的现代化建设格局，加快推进生态文明建设。国家提出的碳达峰、碳中和目标、生态保护红线划定、退耕还林及湿地保护工程等，都为环境生态工程和地理信息科学领域的研究指明了方向。

对于环境生态工程专业的学生来说，科研选题可以聚焦于以下方向。

①生态系统健康监测与修复：利用高分辨率遥感影像、无人机监测及GIS技术，对生态系统结构和功能进行动态监控，探讨如何科学评估生态修复效果，从而制定精准的

修复方案。

②绿色低碳技术研发与应用：研究新型节能减排技术、碳捕集与储存技术以及可再生能源利用，推动产业绿色转型，为实现国家低碳目标提供技术支撑。

③生态风险评估与灾害预警：构建基于大数据和多源遥感数据的生态环境风险评估模型，提前预警洪水、干旱、土地退化等自然灾害，为区域环境管理提供决策依据。

与此同时，地理信息科学专业的学生可结合环境生态工程的需求，探索如何利用空间数据、人工智能和物联网技术，对生态环境变化进行精准监测和动态管理，形成理论与技术相互促进的新模式。

2.数字中国与智慧城市建设

国家大力推进“数字中国”建设，强调信息化、智能化在推动经济社会发展中的重要作用。新一代信息技术（如 5G、人工智能、大数据等）正深刻改变着城市管理、公共服务及资源配置方式。在这一背景下，科研选题应关注以下几个方面。

①城市空间数据分析与智能决策：利用地理信息系统与遥感数据，研究城市扩展、土地利用变化和资源配置的时空规律，推动智慧城市规划与管理。

②大数据在公共安全与环境监测中的应用：构建覆盖城市乃至区域的环境监测网络，结合实时数据和云计算，提升城市环境监控和灾害预警能力。

③跨学科技术融合：推动地理信息科学与人工智能、物联网、云计算等技术的深度融合，探索新型城市治理模式，为城市管理提供精准决策支持。

3.公共卫生体系与生物安全防控

当今社会，公共卫生与生物安全问题成为全球关注的焦点。国家加强了公共卫生体系建设和应急管理能力，并加大对相关科研项目的支持力度。科研选题可以从以下角度展开。

①传染病动态监测与预警：构建多源数据融合的传染病时空传播模型，研究环境因素与传染病流行之间的关系，提升传染病预警能力。

②健康大数据与智慧医疗：建立区域性乃至全国性的健康大数据平台，结合 GIS 和人工智能技术，开展疾病风险预测和健康管理研究。

③应急响应与公共卫生管理优化：通过地理信息系统和智能分析技术，对突发公共卫生事件进行快速响应和动态管理，为政府制定科学防控策略提供数据支持。

4.社会经济发展与科研选题的互动关系

国家大政方针与科研选题之间存在密切的互动关系。国家在推动经济转型、城乡协调发展及生态文明建设过程中，往往会暴露出一系列亟待解决的科学和技术难题，这些问题正是科研工作者选题的重要依据。

（1）城乡协调与区域发展。

近年来，国家大力推进乡村振兴战略和新型城镇化建设。城乡发展不平衡、资源配置不合理、环境污染和生态破坏等问题，成为亟待攻克的难题。

①城乡生态环境与资源管理：利用遥感和 GIS 技术，研究城乡边界地区生态系统变化规律，为区域环境治理提供科学数据支持。

②智慧农业与绿色发展：借助物联网、大数据和人工智能技术，探索生态农业和现

代农业相结合的新模式，提高农业生产效率，降低环境负担。

③区域协调与可持续发展模式：构建基于空间数据的区域经济与生态效益评价体系，为政府制定区域协调发展政策提供理论依据。

（2）科技创新与人才培养。

国家在推动科技创新、培育战略性新兴产业方面，出台了一系列重大举措。科研选题不仅要注重科学问题的探索，还应立足于人才培养与技术转化。对于环境生态工程和地理信息科学专业的学生来说，跨学科研究和技术创新是培养综合能力的重要途径。

①新兴技术的应用与创新：如5G通信、无人机遥感、大数据分析等在生态环境监测和城市规划中的应用，既能推动技术进步，又能为学生提供实践机会。

②跨学科协同创新：鼓励环境工程与地理信息、数据科学、生态学等多学科交叉，构建复合型研究平台，培养具备跨领域综合能力的科研人才。

③产学研合作模式探索：通过与政府部门、企业及科研院所的合作，开展应用型课题研究，推动科技成果转化，同时提高学生的实践能力和创新意识。

（3）社会需求与科研服务。

当前，我国正处于由高速增长向高质量发展转变的重要阶段。解决生态环境问题、提升公共服务水平和保障国家安全，均对科技创新提出了更高要求。科研选题必须深入挖掘和回应社会需求，这既包括宏观层面的国家战略，也涉及民生领域的具体问题。

①环境污染治理与生态修复：针对城市空气污染、水体污染和土壤退化问题，开展环境污染治理技术与生态修复工程研究，为改善城市生活质量提供技术支持。

②智慧城市与公共安全：利用空间信息技术和大数据平台，研究城市交通管理、治安监控及公共服务优化方案，提升城市治理水平和居民幸福感。

③应急管理与社会安全：针对自然灾害、突发公共卫生事件及其他突发事件，构建基于GIS的应急响应和风险预警体系，提升应对各类突发事件的能力。

5.未来趋势与跨学科融合的新机遇

随着全球气候变化、生态环境恶化和城市化进程的不断加速，环境生态工程与地理信息科学领域正面临前所未有的挑战和机遇。新一代信息技术、人工智能、物联网、大数据等技术的迅猛发展，为传统领域注入了新的活力。未来科研选题应更加注重跨学科融合，打破传统学科界限，从新的角度和维度探讨生态环境与空间数据之间的复杂关系。

①多尺度遥感与智能分析：通过融合卫星遥感、无人机巡查与地面传感器数据，利用人工智能算法对生态系统进行多尺度监测，揭示区域生态变化的内在机制，为生态保护和灾害预警提供实时数据支持。

②智慧生态城市构建：将环境生态工程与地理信息科学、城市规划和信息技术相结合，探讨智慧城市背景下的生态建设与环境治理问题，构建生态、经济、社会协调发展的综合管理平台。

③气候变化与区域适应性研究：面对全球气候变暖带来的复杂影响，利用空间数据分析技术，对区域气候变化、极端天气事件与生态系统响应进行深入研究，为制定区域气候适应性政策提供科学依据。

科研选题与国家大政方针和社会经济发展息息相关。对于环境生态工程和地理信息科学专业的学生来说，紧跟国家最新政策精神和战略需求，不仅能使选题更具前沿性和创新性，更能确保研究成果最终转化为实际应用，服务于国家生态文明建设、数字中国建设及公共安全体系建设。

环境生态工程与地理信息科学的专业交叉融合，既为传统问题提供了全新的解决路径，也为未来科学技术的跨越式发展奠定了基础。通过跨学科协同研究、先进技术的应用以及与政府、企业和社会各界的紧密合作，学生们不仅能够获得前沿科学研究的机会，更能在实践中培养综合创新能力，为国家生态保护、智慧城市建设和公共安全防控贡献智慧和力量。正是在这一背景下，科研选题不再仅仅是学术探索的起点，更成为推动国家现代化建设、促进社会进步的重要力量，为实现中华民族伟大复兴的中国梦提供了坚实的科技支撑。

第八节　选题的来源

一、论文题目与科研课题的内在联系

科研课题是科研工作总体规划和实施的具体体现，而论文则往往是科研项目中的一个子课题或某一阶段研究成果的集中展示。尽管论文题目的文字表述有时与整个科研项目的名称不完全一致，但其研究的核心问题和基本理论方法通常是一脉相承的。对于环境生态工程和地理信息科学专业的学生来说，论文题目既可以来源于参与的各类科研项目，也可以是自己在学习和实践过程中发现的新问题。

1.项目子课题与论文题目的一致性

在科研项目实施过程中，项目负责人通常会根据整体研究目标将工作细分为若干子课题，每个子课题都有其具体研究内容和方法。论文题目常常正是从这些子课题中抽取出来的，其主要研究问题与项目目标保持一致。例如，在一个国家自然科学基金项目中，研究城市生态系统健康状况的总体目标下，可能会细分出“基于遥感与 GIS 的城市绿地动态监测与生态评估”这一子课题。虽然该子课题的名称与整个项目名称有所区别，但论文所解决的主要科学问题——如何利用现代遥感技术对城市绿地进行动态监测和生态服务功能评估——正是项目的核心内容之一。

2.非项目选题的独立性

除来源于科研项目外，论文题目也可以是研究者依据自身兴趣和前沿文献自主选择和设计的。这种选题形式往往更具个性化，能够反映出研究者独到的学术见解和创新思维。对于环境生态工程和地理信息科学的学生来说，既可以在国家或校内项目的框架下选择子课题进行深入研究，也可以结合实际调研、文献阅读和跨学科交流，从前沿领域中发现未被充分探讨的问题，形成独立的论文题目。

二、科研项目的主要来源

科研项目是学术研究的资金和平台来源，其选题方向和研究内容往往直接受到国家战略、行业需求和学科前沿的影响。科研项目的主要来源可以归纳为以下三个方面。

1.各种基金项目

基金项目是科研活动中重要的资助形式，为研究者提供了明确的研究目标、资金支持和项目管理平台。具体包括以下几类。

（1）国家自然科学基金项目。

国家自然科学基金（NSFC）作为国家层面支持基础研究的重要经费来源，重点资助具有创新性、前沿性和基础性的科学问题。通过参与国家基金项目，不仅可以接触到该领域的最新研究动态，还能在项目实施过程中学习到先进的实验技术和数据分析方法。例如，利用卫星遥感和 GIS 技术开展生态环境监测、城市扩展研究等课题，往往是国家基金项目中的热门方向。

（2）省级自然科学基金项目。

省级自然科学基金项目由地方政府设立，侧重于区域性特色问题和地方经济社会发展需要。在生态环境保护、资源利用及城市规划等方面，省级项目更贴近当地实际。例如，某省可能重点关注长江中下游地区的生态修复与环境治理问题，通过项目支持地方性生态工程研究，为区域可持续发展提供数据支撑和理论依据。

（3）校级自然科学基金项目。

校级自然科学基金项目主要面向高校内部科研人员和学生，旨在鼓励创新研究和培养科研能力。这类项目具有灵活性强、周期较短、选题范围广的特点，常作为早期科研训练的平台。对于在校学生而言，校级项目既可以让他们从零开始设计和实施科研工作，又能在实践中积累宝贵的经验，为日后参与更高级别的项目打下坚实基础。

（4）各种部门和行业项目。

除基础研究基金之外，各部门和行业也会根据实际需要开展专项课题研究。例如，环保部门可能委托高校和科研机构开展环境监测、污染治理和生态修复相关的应用研究；国土资源、规划、交通等部门则关注城市空间发展、土地利用变化和智慧城市建设。这类项目具有很强的应用性和实践性，为环境生态工程和地理信息科学领域的研究者提供了与实际部门密切对接的机会，使研究成果更容易转化为现实生产力。

2.从学科发展前沿寻找项目

科学技术日新月异，每个学科的发展都不断催生出新的研究问题和创新方向。追踪学科前沿，不仅能帮助研究者了解国际和国内的最新进展，还能发现那些尚未被充分开垦的领域。研究者可以从最新的国际会议、期刊论文以及学术论坛中获取前沿信息，发现新理论、新方法或新技术在应用中存在的局限或突破口，从而确定具有前瞻性和创新性的选题方向。

例如，近年来，遥感技术和大数据技术的融合在生态环境监测中展现出巨大潜力。研究者可以借助这些前沿技术，研究城市生态环境的时空变化规律、生态服务功能的动态演变，或探讨自然灾害与城市扩展之间的内在联系。这种从学科前沿寻找项目的方法，不仅能使论文选题具有鲜明的时代特征，也能确保研究成果在学术界和应用领域中具有较高的竞争力和影响力。

3.从生产实践中凝练课题

实践是检验理论的唯一标准，也是科研选题的重要来源。密切关注生产实践和社会实际需求，了解国内外改革和现代化进程中暴露出的问题，是发现研究课题的重要途径。特别是在社会进步和改革活跃的时期，理论常常滞后于实践，而实践中不断涌现的新问题和新需求，则为研究者提供了丰富的选题素材。

（1）密切联系实际部门。

环境生态工程与地理信息科学的研究往往直接面向国家和地方政府、企业和公共机构。研究者通过与相关部门保持密切联系，参加实习和社会实践，可以第一时间了解实际工作中遇到的难题。例如，在城市规划、生态环境保护、资源管理等领域，生产实践中经常出现理论解释不足或技术手段滞后的问题，这也为科研选题提供了现实基础和应用场景。

（2）社会实践的重要性。

根据笔者多年的教学经验，那些来自实际部门的在职研究生，选题通常不会出现困难，因为他们在工作中积累了丰富的实践经验和问题意识。而全日制学生如果能重视社会实践和实习，积极参与相关项目，其学位论文的质量往往也会显著高于其他学生。生产实践为研究者提供了真实数据和典型案例，使得科研选题既具有理论深度，又能直接服务于经济社会发展和公共需求。

三、科研选题的策略与实践建议

结合上述三大项目来源，学生在确定论文题目时，可以考虑以下策略。

1.从项目任务中细分子课题

当参与国家、省级或校级基金项目时，仔细分析项目整体目标与任务分工，确定其中自己感兴趣且具有创新潜力的子课题。通过细化研究问题、明确研究方法和技术路线，将复杂的项目目标转化为具体可操作的论文题目。例如，在城市生态修复项目中，可以专门聚焦于“城市绿地动态变化的遥感监测与生态评估”，既符合项目要求，又具备独立研究价值。

2.紧跟学科前沿，追踪最新动态

定期参加国际国内学术会议、研讨会和专题论坛，关注最新发表的论文和前沿技术动态，寻找那些尚未被充分讨论或存在争议的问题。利用图书馆和在线数据库进行系统的文献调研，将前沿信息与自身研究兴趣相结合，挖掘具有前瞻性和创新性的选题方向。与此同时，还可以借助跨学科交流，将其他领域的先进理论和方法引入本专业研究中，拓宽研究视野。

3.结合生产实践与社会需求

主动参与社会实践和实习，深入一线了解实际工作中的困难和需求。通过调研、访谈和案例分析，收集第一手资料，将生产实践中暴露的问题转化为科研选题。例如，在城市环境治理中，分析现有生态保护措施与实际效果之间的差距，探讨如何利用遥感和大数据技术优化生态监测体系，为地方政府制定科学管理政策提供依据。

4.注重选题的综合性与可操作性

选题不仅要有理论意义，更应考虑技术条件、资金支持和时间周期等实际因素。对于在校学生来说，应根据自身能力和科研条件，选择既具挑战性又能按计划完成的课题。可操作性较强的选题通常能够在既定周期内获得较为完整的研究成果，为后续论文撰写提供充分的数据和理论支持。

5.鼓励自主选题与创新探索

虽然科研项目为选题提供了良好的平台，但研究者也应坚持独立思考，敢于提出自己的独特见解。对于环境生态工程和地理信息科学专业的学生来说，既要立足于项目任务，又要结合个人兴趣和前沿知识，积极探索那些未被充分研究的新领域。通过自主选题，可以在传统研究框架之外发现新的问题，为学科发展注入新的活力。

论文题目作为科研项目的具体体现，既是科研工作者智慧、才能和经验的结晶，也是对国家大政方针、社会经济发展和学科前沿动态的积极响应。对于环境生态工程与地理信息科学专业的学生来说，无论是通过参与国家、省级、校级基金项目，还是从学科发展前沿和生产实践中提炼课题，选题都必须立足于解决实际问题和推动学科进步。在国家大力推进生态文明、数字中国和公共卫生体系建设的背景下，研究者应紧密结合政策导向，深入挖掘环境与空间数据领域的前沿问题和实际应用场景，提出具有创新性、实用性和可操作性的论文题目。

通过将科研项目中的子课题与自身研究兴趣相结合，学生不仅能够获得宝贵的科研实践经验，还能为国家的生态环境治理、智慧城市建设以及公共安全防控贡献科技力量。与此同时，密切关注社会实践和行业需求，使得论文选题既具学术深度，又不脱离现实，为实现理论与应用的有机统一提供坚实支撑。论文题目的确定将成为推动学科前沿发展、服务国家战略和促进经济社会持续进步的重要力量。

第五章　论文写作流程与规范

科学研究贵在创新，一篇在严肃的科学期刊上发表的研究论文，必须在某些方面有所创新，否则就没有发表的价值。但是，所有的科学研究又都是建立在前人工作的基础之上，在此基础上有所发展，因此又必须对前人工作给以充分的评价。在论文中必须充分回顾与本人研究成果直接相关的前人工作，然后再恰如其分地介绍自己工作中的创新之处。——邹承鲁

第一节　提纲拟定

提纲的拟定是论文写作过程中极为关键的一步，它不仅是对论文构思的进一步完善，更是全篇文章的蓝图和骨架。通过拟定提纲，研究者可以系统梳理思路，厘清各部分之间的逻辑关系，形成粗线条的论文框架，从而为后续的写作奠定坚实基础。具体来说，提纲有助于明确论文的主题、主要观点和论证路径，使文章各部分结构合理、层次分明，避免写作时出现思路混乱或内容重复的问题。

在拟定提纲的过程中，首先要对论文的核心问题和研究目的进行反复思考，从海量资料中提炼出关键论据和核心观点；其次要将这些核心内容按照一定的逻辑顺序进行排列，确定论文的整体结构和章节设置。这个过程就像勾勒出一座建筑的蓝图，每一部分都要在总体框架中找到自己的位置，既要保证整体的连贯性，又要兼顾局部的详细论证。按照编写好的提纲来展开写作，能够使文章各部分内容紧密衔接，逻辑清晰，层层推进，不仅提升写作效率，还能增强论文的说服力和学术水平。同时，提纲也便于在写作过程中进行调整和补充，一旦发现某一部分论证不足或结构不合理时，便可迅速回到提纲阶段进行修改，从而保持论文整体风格的一致性和严谨性。

提纲的拟定是一个将杂乱思路整合为系统化、条理化框架的过程，是论文写作的重要起点和保障。通过拟定科学合理的提纲，不仅可以明确论文写作的方向，还能帮助作者在撰写过程中保持条理清晰、逻辑严谨，使论文既具有理论深度，又能充分反映作者的独立思考和创新能力。

一、提纲的作用

提纲是论文写作过程中最基础也最关键的步骤之一，它相当于整篇论文的蓝图和骨架，是将散乱思路凝练成系统化结构的重要形式。编写提纲不仅能帮助作者从全局出发，

明确文章的中心思想、主要论点和逻辑关系，还能为后续写作提供清晰的行文路线，避免因思路不清而造成内容松散、层次混乱甚至跑题的情况。提纲标题拟定如图 5.1 所示。

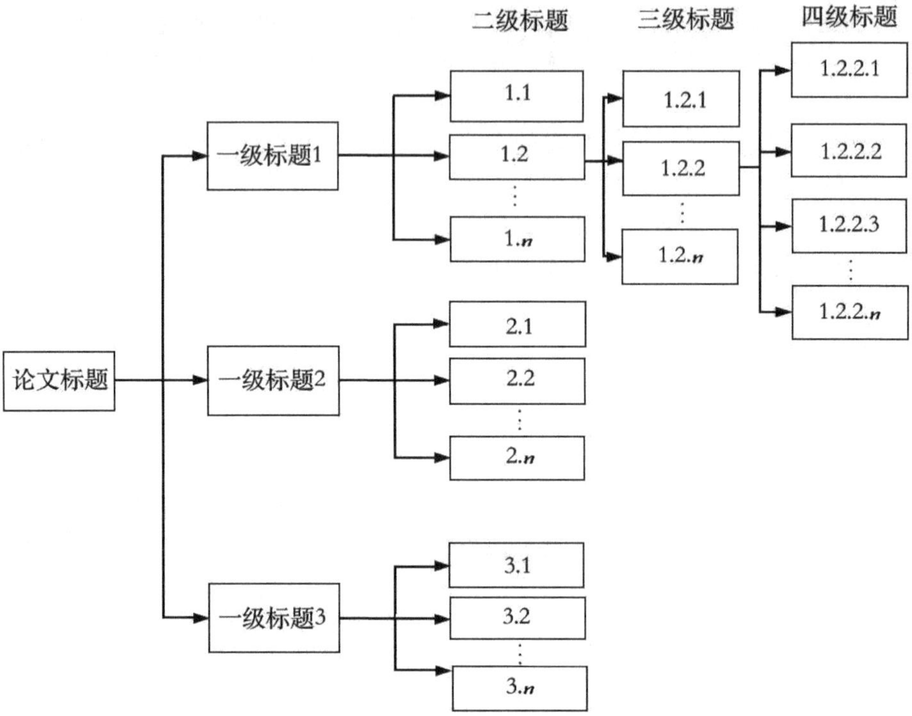

图 5.1　提纲标题拟定

首先，提纲作为论文的前期形态和简化形式，起到了整体规划的作用。作者在进行文献调研和资料整理之后，往往会积累大量初步构思和想法。此时，通过拟定提纲，可以将这些零散的思路用文字和序号加以固定，构建起一个中心突出、结构严谨、层次分明的论文框架。提纲能够使作者从整体上把握论文的基本脉络，确定每一部分的主题和论证重点，从而确保整篇文章逻辑清晰、条理分明。其次，提纲的拟定有助于作者厘清思路、明确目标。写作提纲的过程正是作者思路定型、观点逐步成熟的过程。通过对文章各部分进行整体规划和层次划分，作者可以提前发现各章节之间可能存在的脱节或重复问题，并在行文之前及时调整结构，使得后续写作更为顺畅。同时，按照既定提纲行文，可以让作者在写作过程中始终保持全局意识，明确目标，避免出现“下笔千言，离题万里”的尴尬局面。提纲不仅是论文构思的定型工具，更是行文中检查和修改的重要依据。有了一个详尽的提纲，作者在撰写过程中可以不断对照，明确哪些内容还不够完善，哪些论证需要补充。随着文思的流畅和思路的深化，新的想法和发现也可能不断涌现，促使作者对原有提纲进行修改、补充甚至扬弃，从而不断完善论文的整体构架和内容质量。正如古人所说“晓其大纲，则众理可贯”，一个好的提纲就如同指明方向的罗盘，为文章后续的撰写和修改提供了稳定的参照，使得整篇论文在逻辑上严谨、内容上充实。编写提纲并非是浪费时间的烦琐工作，而是一项对论文质量和写作效率至关重要的投资。虽然详细拟定提纲可能会占用较多时间，但它为后期写作铺就了一条通畅大道，使得写作不必再因思路不清而频繁停顿或返工。相反，急于动笔、不写提纲的话，往往在写作完成后发现文章零乱不连贯，甚至因结构松散不得不推倒重来，从而大大浪费了时间和精力。由此可见，一个完整、合理的提纲不仅能够节省写作时间，还能极大地提升论文的整体水平。

对于环境生态工程和地理信息科学专业的学生而言，提纲的作用尤为显著。环境生态工程和地理信息科学专业的研究内容通常涉及复杂的自然现象、生态过程以及海量空间数据分析，逻辑严密、层次分明的结构尤为重要。通过拟定提纲，作者可以将环境生态系统的动态变化、遥感数据的时空分布、GIS 技术的应用方法等复杂内容进行系统归纳，构建出一个既能反映学科前沿又符合实际应用要求的论文框架。这样的提纲不仅有助于梳理专业知识、明确研究重点，还能在写作过程中不断激发新的创意，推动论文内容的进一步完善。

拟定写作提纲是论文写作的重要起点，它既是作者思路定型的过程，也是把论文格局形态化、结构系统化的必经之路。通过编写详尽的提纲，作者可以从全局把握论文结构，确保各部分内容紧密衔接，逻辑严谨，进而提高写作效率和论文质量。正如“有了好提纲，文章就写好了一半”，在充分分析研究材料、认真构思的基础上制定一个科学合理的提纲，将为整个写作过程提供坚实保障，最终呈现出一篇内容丰富、结构合理、逻辑清晰的高水平论文。

二、提纲的要求

1.拟定提纲的要求

一个完整的论文提纲主要包括以下几个方面。

（1）题目（暂拟）。

提纲中首先需要写出论文的题目，哪怕是暂拟的题目也好。题目是论文的窗口，直接反映出研究的主题和范围。即使后期经过修改，题目也往往能为整个提纲提供一个中心指向，使论文各部分内容始终围绕这一主题展开。

（2）论文的宗旨与目的。

在题目之后，提纲中应明确论文的宗旨和研究目的。也就是说，要说明论文拟解决的问题、探索的主要方向以及最终想达到的目标。这一部分不仅可以为读者传达论文的基本意图，也可以为作者在后续论证过程中提供清晰的指导。

（3）中心论点。

每篇论文都有一个中心论点，这也是论文研究的精髓所在。提纲中应明确指出论文的中心论点或主要观点，作为文章论述的出发点和归纳目标。中心论点需要准确、明确，既不能太宽泛，也不应局限于简单的描述，而要具有一定的深度和创新性。

（4）分论点的设置。

为了论证中心中点，论文通常需要设立若干分论点。这些分论点是支撑中心论点的具体论述，每一个分论点都承担着解释和丰富中心论点的任务。在提纲中，作者需要按照逻辑顺序将各个分论点列出，并简要说明它们各自的论述方向和作用。例如，对于一篇探讨城市生态环境变化的论文，可以分出“城市绿地变化的现状分析”“环境污染对生态系统的影响”以及“基于 GIS 技术的生态监测方法”等若干分论点。

（5）小论点和细化材料。

在分论点的基础上，还可以进一步细分出小论点。小论点用来具体说明分论点中的某个子问题或细节部分。对于每个小论点，提纲中应标明所依据的论据材料，这些材料可以是理论依据，也可以是事实数据、案例分析或实验结果。通过将材料按层次归类，作者可以更清晰地展示论证思路，同时确保每一部分论述都有充分的数据和理论支持。

（6）论证方法和写作策略。

每个论点的展开都需要有相应的论证方法。提纲中应标注出在不同层次采用哪种论证方法，如演绎、归纳、比较、实例说明、数据统计等。明确论证方法不仅可以使论文内容更具说服力，也可以帮助作者在写作过程中有条不紊地展开论述。

（7）结论与意见。

在提纲的最后，作者需要初步拟定论文的结论部分和可能的意见建议。结论部分应对全文内容进行高度概括，并提出针对问题的解决方案或未来研究方向。虽然结论在实际写作中可能会经过进一步修订，但在提纲中设定一个基本框架，有助于确保论文整体结构的完整性。

通过上述各层次内容的详细规划，一个完整的提纲便形成了。这样的提纲纲目清楚、主题明确，能够较全面地展现出论文的整体观点和逻辑体系，为后续撰写提供了详尽的指导。

2.提纲内容的要求

提纲的编写既有详细版也有简略版，其采用主要取决于论文涉及内容的范围、复杂程度、篇幅长短以及作者的个人喜好和习惯。下面讨论如何把握提纲内容的详略程度。

（1）详尽与简略的取舍。

对于论文涉及面较宽、理论与事实交织复杂的问题，通常需要编写一个详尽的提纲，将各个部分都尽量展开，使文章逻辑清晰、层次明确；而对于内容相对简单或主题较为单一的论文，简略的提纲也能起到指导作用。一般来说，为了避免后续写作时出现遗漏或逻辑混乱，论文提纲宜详不宜简。详细的提纲能够使作者对全文的走向心中有数，确保写作时不会“下笔千言，离题万里”。

（2）逐步完善的过程。

编写提纲并非一蹴而就，而是一个由略到详、反复修改的过程。许多作者会先列出一个初步的提纲，将自己初步酝酿的思路、观点和材料大致排列出来，然后在写作过程中不断补充、修正和完善。对于那些思考比较成熟的部分，提纲中可以写得较为详细；而对于尚未完全成熟的思路，则可以先简略列出，待进一步论证后再补充细节。通过这种不断完善的过程，作者不仅能发现原有提纲中的薄弱环节，也能及时调整文章结构，使论文框架更加合理，逻辑更加严密。

（3）各章节篇幅和重点的规划。

在拟定提纲时，还要考虑到各章节内容的详略安排和篇幅分配。不同章节在整篇论文中所起的作用不同，有的部分需要详细论证、数据支撑，有的部分则只需概括性描述。因此，提纲中除列出各论点及其支持材料外，还应标注出每部分大致应占的篇幅比例。这样，在撰写论文时，作者便能够根据提纲对文章进行整体规划，避免某一部分写得过多而导致整体失衡。

（4）论证方法和材料使用的明确。

对于每个层次的论点，提纲不仅要标明主要观点，还要明确采用哪种论证方法以及依托哪些理论或事实材料。详尽的提纲能够帮助作者在写作时做到有的放矢，同时也便于后期检查是否每个论点都有充分的支持和论证。对于那些较为复杂或容易产生争议的问题，详细记录论证方法和材料来源是非常必要的，这不仅有利于提升论文的严谨性，也可以为论文的修改和完善提供依据。

（5）灵活性与动态调整。

提纲的编写应具备灵活性，即使在初步拟定后，也应允许随着思路的深入和资料的增多进行调整。很多作者在写作过程中会发现一些新的观点或发现原有思路不够严密，此时可以根据需要对提纲进行补充或修改，使得最终的论文能够充分体现最新的思考成果。这样的动态调整过程，是提高论文整体水平和学术质量的重要保障。

提纲的拟定是论文写作中不可或缺的环节。它不仅是文章内容的初步固化和简化形式，更是构建论文逻辑体系和结构框架的重要工具。一个详细的提纲可以帮助作者从全局着眼，明确论文的主题、目的、中心论点及其各分论点，并对支持论据、论证方法以及结论等进行系统安排。提纲内容应尽可能详细，既包括题目、论文宗旨、中心论点、分论点、小论点、论据材料、论证方法，也要涉及各部分的篇幅分配和相互联系。与此同时，提纲的详略程度应根据论文的内容范围、复杂程度和作者个人习惯来灵活调整，但总体来说，详细的提纲更有助于保证写作过程中不偏离主题、逻辑清晰，进而节省写作时间，提高论文质量。正如古人所言：“晓其大纲，则众理可贯。”只有在充分分析和反复推敲的基础上拟定出一个科学合理的提纲，才能为后续的论文撰写提供坚实的基础，确保最终成文既条理清晰又内容充实，达到预期的学术水平和实践效果。

3.撰写提纲格式

提纲的格式主要有以下三种。

（1）纵贯式提纲。

纵贯式提纲依据研究进行的先后顺序或事物发展变化的时间顺序，将论文各部分按“起—承—转—合”的时间脉络或逻辑顺序逐一罗列。这种方式在自然科学研究中较为常见，因为许多实验和理论研究都具有明显的时间先后顺序或过程性，能直观反映研究进程。

（2）并列式提纲。

并列式提纲侧重于根据表达中心论点的需要，从不同角度、不同层面平等列出各部分内容。各分论点在这里被视为相互独立又相辅相成的论述单元，既能全面展示主题，也有助于明确各部分之间的对比和联系。这种提纲适用于需要从多个维度展开论证的论文，能够使整篇文章结构更均衡。

（3）递进式提纲。

递进式提纲也称为“三段论”式提纲，是围绕中心论点，按照逻辑推理的递进关系，逐层深入地排列文章各部分内容。通过从初步论述到深层分析，再到最终总结的方式，体现出严密的逻辑结构和层次分明的论证过程。这种方式常用于需要从总体到局部，再由局部归纳整体的论文写作。

4.提纲的类型和写法

根据内容表达方式，提纲主要有两种常见写法：标题式提纲和提要式提纲。

（1）标题式提纲。

标题式提纲以简短的语句或词组作为标题，扼要地提示论文的主要内容和论述要点，并编排出论文的目录结构。这种写法具有简洁明了、便于记忆的优点，应用十分广泛。

①项目式提纲：按照题目、基本论点和内容纲要来排列，进一步分为中项目、小项目、中分论点、小分论点，直观展示出论文的层次关系。

②成分式提纲：通常按照引论、材料与方法、过程及结果、论证与分析、结论、参考文献、外文摘要（或附录）等组成部分来排列，适用于科研报告和学术论文。

③三段论式提纲：以分论点的结构来展开，每一部分包括论点、论据、论证方法等，层次分明，便于逐步展开和论证中心思想。

（2）提要式提纲。

提要式提纲又称为中心句提纲，其写法是在每一部分用一句或几句话概括出该部分的主要内容和核心观点，构成一篇文章的粗线条描述。每个句子基本上可以看作是正文中相应段落的基础，概括性强，写法具体、明确，几乎等同于文章的雏形或缩写。这种提纲能够使作者在写作前就对整体内容有清晰的把握，同时在行文过程中作为参照，确保各段落内容不偏离主题。

对于初学论文写作的大学生，尤其是环境生态工程和地理信息科学专业的学生，由于对材料的驾驭能力和写作技巧还不够熟练，建议尽可能编写内容详细的提纲。这样既有助于更好地组织材料，又能在写作过程中不断完善思路，确保论文结构合理、论述充分。

提纲的写法有定则也无定则，既要根据论文的学科特点、内容范围和复杂程度来确定，也要根据个人的写作习惯灵活选择。无论是采用纵贯式、并列式、递进式等格式，还是标题式与提要式相结合的内容表达方式，目的都是构建一个中心明确、逻辑严谨、层次分明的论文框架。拟定提纲既是对论文构思的进一步完善，也是启发作者主动性和创造性的关键步骤。在写作过程中，既要严格遵循提纲，又不能受其束缚，只有边写边思考，不断开拓和完善思路，才能最终写出高质量的论文。

第二节 初稿写作

一、初稿写作的作用

初稿写作是论文构思落实为具体文字的关键环节，其作用主要体现在以下几个方面。

第一，初稿写作是把前期拟定的提纲和构思转化为完整论文内容的过程。提纲阶段主要侧重于构建文章的骨架、安排各部分的逻辑关系，而初稿写作则要求作者按照学术论文的规范，把课题研究中获得的结果、数据和结论用书面语言准确、严谨地表达出来。通过初稿，作者能够将所有原本在头脑中酝酿的想法和论据一一记录下来，为后续的修改和完善奠定基础。

第二，初稿写作是一个不断精雕细琢和深化认识的过程。在写作过程中，作者不仅要关注论文格式、材料运用和论证方法的正确性，还能在实际行文中发现前期研究中的不足和错误。由于初稿要求把所有想写的内容都表达出来，因此在这个阶段，往往会暴露出数据分析不充分、论证不严密或逻辑不连贯的问题。正是在反复检查和修正这些问题的过程中，作者的思想认识不断深化，论文整体的质量也会逐步提高。

第三，初稿写作有助于激发作者的创造性思维。写作时，随着思路的不断展开和论证的深入，许多新观点和新发现会在行文过程中涌现出来，这不仅使得论文内容更加丰富、角度更加多元，也为后续论文的修改和结构调整提供了新的思路和方向。初稿写作的过程正如雕琢璞玉，只有在不断的打磨中，才能显露出其内在的光彩和价值。

第四，初稿写作能促使作者全面整理和归纳研究过程中获得的各类材料与数据。通过对实验数据、调查结果、理论论证等进行详细描述和分类整理，作者不仅能够更好地把握全局，而且能在发现不足和遗漏的同时，及时补充必要的论据和材料，从而确保论文内容的完整性和科学性。

第五，初稿写作在论文形成过程中扮演着承上启下的重要角色。它既是对前期构思和提纲的具体落实，也是检验研究工作成果、深化作者认识和激发创新思维的重要阶段。只有经过充分的初稿写作和不断修改，论文才能从零散的构思发展成为一篇逻辑严密、内容充实、结构清晰的高质量学术论文。

二、初稿写作方法概述

初稿写作是将拟定的提纲和构思具体化、文字化的重要阶段。在这一阶段，作者需要将研究过程中获得的各种实验数据、调研结果、理论论证和观点意见，按照学术论文的规范表述出来。初稿不仅要表达出所有拟写的内容，还要尽可能详细地反映研究过程中的思考和论证路径，为后期修改和完善提供基础。常见的初稿写作方法主要包括严格顺序法、分段写作法和重点写作法，下面逐一说明这三种方法的特点和适用情形。

（一）常用写作方法介绍

1.严格顺序法

严格顺序法是最常用的一种写作方法，主要按照研究课题的整体结构或研究内容的先后顺序展开论述。以下为基本思路。

①按结构展开：从论文的引论、正文到结论，依次讨论问题。先提出研究问题，再进行论证分析，最后归纳总结得出结论。

②时间或过程顺序：在自然科学研究中，研究工作往往具有明确的实验步骤或时间顺序，严格顺序法能较好地反映出研究过程的内在逻辑。

③写法特点：这种方法有助于确保文章整体思路连贯、逻辑清晰，虽然初稿篇幅可能较长，但在后续修改中可根据需要删减、精练。

采用严格顺序法时，作者不必担心文章起初写得过于冗长，关键在于完整地把所有研究内容和过程展现出来，为后期提炼核心论点奠定基础。

2.分段写作法

分段写作法是指作者先挑选出最成熟、最清晰的一部分内容动笔，其他部分则待进一步思考和研究后再补充完成。其主要特点如下。

①局部先行：对于论文中已经形成较成熟论点或论证较为充分的部分，作者可以先单独写成一个段落或章节。

②分段独立：每次写作时专注于一个完整的小单元，写完后再进行整合。这有助于减少因一次性写作全篇而导致的混乱，也便于后续检查各部分之间的衔接。

③写法特点：这种方法适用于当论文的主要论点已经明确，但整体逻辑还需分段细化时。写完一个段落后，作者可以回顾已写内容，并更好地融入后续部分，使得全文在风格和层次上保持一致。

分段写作法特别适合那些在部分内容上思考已经较为清晰，而其他部分尚需时间琢磨的作者，可以边写边调整，逐步完善整篇论文。

3.重点写作法

重点写作法是指作者从论文中最核心、最关键的章节入手写作，而不是从论文的自然顺序开始。其主要思路如下。

①选取核心部分：当作者对论文的主要论点及论据已相当明确时，可以先将最想写、最重要的部分写出来。

②分解主次：不拘泥于论文整体的前后顺序，将重点内容分解成若干独立部分，分别进行深入论述，再在后续阶段将各部分有机组合成完整论文。

③写法特点：这种方法能够使作者集中精力攻克核心问题，使全文“有血有肉”。在资料和论证手段还未完全成熟时，先写出重点章节，后续再补充细节、完善次要部分，可有效提高写作效率。

重点写作法要求作者具备较强的整体把控能力，但同时也能让写作过程更加灵活，不必受限于固有顺序，先把最具说服力的论据和数据展现出来，再根据整体结构逐步完善其他部分。

（二）写作方法注意事项

需要注意的是，以上三种初稿写作方法并非适用于所有作者。每个人的思维模式、写作习惯和论文构思方式都有所不同，因此不能生搬硬套几个固定模式。

①个人风格：有的作者习惯在充分考虑、打好所有基础后，一气呵成地写出完整初稿；有的则倾向于分段写作，先完成较为成熟的部分，再慢慢补充整体。

②反复实践：只有通过不断的写作实践，作者才能找到最适合自己风格的方法，逐步摸索出一套既能保证论文逻辑严谨，又能充分表达研究成果的写作策略。

③动态调整：在初稿写作过程中，随着思路的不断展开和论证的深入，新想法可能会不断涌现，此时应允许自己对原有写作方法和结构进行灵活调整，既不固守原模式，也不盲目抛弃提纲带来的组织优势。

无论采用严格顺序法、分段写作法还是重点写作法，初稿写作都是论文形成过程中最为艰苦且至关重要的阶段。它不仅将提纲中的骨架转化为具体文字，更在实际行文中检验和完善了前期的构思。通过不断反复的写作与修改，初稿将逐步发展成逻辑严谨、论据充分、表达准确的高质量论文。对于环境生态工程和地理信息科学专业的学生而言，掌握并灵活运用这些写作方法，将有助于提升科研论文的整体水平，并为后续学术成果的进一步完善奠定坚实基础。

三、初稿写作的注意事项

初稿写作是论文撰写过程中最为关键的一环。它不仅是将提纲中构思的骨架具体化为文字的过程，更是把作者在研究中获得的所有数据、论据、观点和结论完整地记录下来的阶段。初稿的质量直接影响到后续修改和论文成文的整体水平。在写作初稿时，我们必须特别注意以下几个方面。

1.初稿内容要尽量充分

初稿写作的首要任务是把自己在前期构思和调查研究中所想到的全部内容尽可能详细地表达出来。不仅应包含已经成熟的论点、数据和论据，也应涵盖那些还处于初步探索阶段的想法。这样做有以下三个好处。

（1）确保信息不遗漏。

在初稿写作阶段，我们应尽量避免遗漏任何可能对论文有帮助的材料，即使其中存在部分重复也无须担心。因为初稿的主要任务是“写下来”，把脑海中一切有价值的内容、实验数据、资料逐一呈现。若初稿内容过于单薄、缺乏细节，不仅不利于后期修改，而且会让论文显得不够扎实，甚至在修改时可能不得不补充大量内容，增加工作量。

（2）形成完整的知识库。

初稿可以看作是一个“材料仓库”，但需要注意的是，这个仓库应建立在有分析和思考的基础上，而非简单地堆砌数据和资料。写作时应尽量结合个人对研究问题的理解，将各种材料进行分类整理、归纳分析，使之既充实又有条理。如果初稿写得过于精简，可能会遗漏一些细节，影响论文后续论证的连贯性和逻辑性。

（3）促进思路的不断深化。

在写初稿的过程中，往往会碰到一些前期没有想到的新问题或新见解，把所有想法都写出来，不仅能确保思路全面，也能在不断书写的过程中激发新的思考和灵感，为论文后续修正提供方向。许多时候，初稿中的某些粗糙论述经过反复打磨后会形成突破性的创新观点，这正是初稿写作的重要意义之一。

2.行文要符合论文规范

初稿虽然是一个“粗加工”的阶段，但在行文过程中仍然必须严格遵循学术论文的基本规范。具体要求如下。

（1）论点、论据、论证要项目齐全。

在撰写初稿时，必须确保论文中所有核心部分（包括中心论点、各个分论点、论据材料以及所采用的论证方法）都要有所体现。每个部分都应当明确、结构清晰，使文章整体呈现出严谨的逻辑体系。这样既能保证论文内容的完整性，也便于后续修改时对各部分进行细化和调整。

（2）格式、符号、单位、图表及公式要规范。

学术论文要求格式严谨、书写规范。初稿中，涉及的数量符号、计量单位、图表和公式等都必须严格按照学科内规定的格式来书写。即使初稿可能不够完美，也应尽量保持格式的统一和规范，这样在后续修改中可以大大减少格式调整的工作量，确保论文整体风格的一致性。

（3）逻辑结构要清晰、详略得当。

论文行文要符合一定的逻辑结构，论证过程应当层次分明、前后呼应。初稿写作时，作者应注意每一部分的详细论述与总体概括之间的平衡。对于重要论点和核心论据，应详细展开；而对于次要内容则可简略叙述，做到详略分明、重点突出。这样不仅有助于展示研究成果的完整性，也能使文章更具说服力。

3.成熟见解要顺利地表达

初稿写作时，作者应尽可能地流畅表达自己的观点和见解，不必拘泥于细枝末节。具体来说应注意以下三点。

（1）避免过度纠结细节。

写初稿时，如果总是“十步九回头”，在每一个细节上都反复斟酌，就会严重影响整体思路的展开和文章的连贯性。初稿的目的是把所有想法先写下来，再进行整体的修订和完善。因此，初稿阶段应当放宽心态，不必追求一开始就完美无缺，而应集中精力表达出核心观点和论证逻辑。

（2）顺畅表达核心论点。

初稿中最重要的是将自己的成熟见解和思考结果清晰地呈现出来。对于已经有一定成熟度的观点，要大胆地写出来，不必担心不够完美。通过这种方式，文章的核心部分会更加突出，后续修改时只需对一些细节进行润色和调整，而整体思路已然确立。

（3）保持整体连贯性。

初稿写作时，必须确保各部分之间具有良好的衔接和过渡。尤其是在表达重要见解时，要注意前后呼应，保持文章整体的连贯性和逻辑一致性。这样可以避免出现段落间断裂、内容分散的问题，为后续精练成稿提供便利。

4.书面表达应清楚、整洁

初稿不仅要内容充实，行文规范，还应当在书面表达上做到“干净清楚”，便于日后修改和指导老师审阅。

（1）使用工整的书写工具。

尽量使用页面字数适中、留有足够空白边缘的稿纸，或采用活页纸书写初稿。这样不仅便于在修改时进行标注、增删和调整，也能使整篇文章显得更加清晰、条理分明。如果是手写初稿，更应注意书写的工整，确保文字清晰易读。

（2）注意段落和格式。

初稿在书写时，应按照论文要求设置好段落、标题和编号，使文章整体结构一目了然。合理的排版和格式不仅有助于表达思路，也便于指导老师阅读和提出修改建议。如果初稿排版杂乱，修改时会浪费大量时间，因此一定要在初稿阶段就形成较为规范的版面。

（3）保存初稿，便于反复修改。

初稿是论文写作过程中的重要文档，建议在完成后及时保存电子版和纸质版。这样在后续修改过程中，可以随时参考初稿中的原始思路和材料，同时也为查阅、比较和逐步完善提供依据。保存初稿不仅能避免意外丢失，也有助于记录自己思考和修改的痕迹，为最终定稿提供充分支持。

初稿写作作为论文成型的第一步，其注意事项尤为重要。内容方面，初稿应尽量详尽、充分，把所有原始构思、数据和论据全部写出，避免内容单薄而导致后期修改时大幅补充；但同时要防止简单堆砌材料，必须在记录过程中对数据和论据进行必要的分析和整理。行文方面，必须严格遵循学术论文的规范，确保论点、论据和论证方法完整而清晰，格式、符号、图表和公式符合标准要求。与此同时，初稿写作过程中应放宽心态，顺畅表达成熟见解，不要过于纠结细节，从而保持整体连贯性。此外，书面表达必须工整清晰，为后续修改、指导老师审阅及进一步完善提供便利。

初稿写作不仅是将研究成果和思考内容落到纸面上的重要阶段，更是发现研究不足、激发新思路和不断完善论文结构的过程。只有在初稿阶段充分表达出所有构思，并以规范、整洁的书面语言记录下来，才能在后续反复修改中逐步形成一篇逻辑严密、内容充实、表达流畅的高质量学术论文。对于环境生态工程和地理信息科学专业的学生来说，掌握好初稿写作的注意事项，将极大提升论文的整体水平，同时也为今后独立开展科研工作积累宝贵的写作经验。

第三节　实施论证

一、论证的作用

论证是利用充分的论据来支持中心观点或驳斥错误论断的一种推理方式和思维过

程。在逻辑学的范畴中，论证指的是通过引入一条或多条被公认为真实的命题，以此来判断另一个命题的真伪。这种方法不仅在学术论文的写作中占据不可或缺的地位，而且也是确保论述严谨性的关键步骤。通过引用经过验证的判断，作者能够对讨论问题做出合理解释，进而证明自己的观点或揭示对方论点中的漏洞。可以说，论证过程构成了论文的核心框架，直接影响着论文的说服力和整体水平。只有当论证充实有力、逻辑严密时，论文才能有效地传达作者的思想，赢得学术界的认可；反之，薄弱的论证则可能使整个论文失去权威性。因此，精心构思和严谨实施论证，对于任何希望在学术道路上取得成功的研究者来说，都是一项必不可少的基本功。

1.论证在构建学术论点中的核心作用

（1）确立科学观点的基础。

在任何学术论文中，中心论点都是论文的灵魂所在。论证作为连接前提与结论的桥梁，通过一系列已知真实命题的推理过程，帮助作者从现有理论和实证数据中提炼出新的观点。例如，在环境生态工程的研究中，作者可通过对历史数据和最新监测结果的对比，论证城市绿地减少对城市热岛效应的直接影响，从而提出改善城市生态的科学策略。这样的论证不仅证明了论点的正确性，还为后续研究提供了坚实的理论基础。

（2）验证研究假设和理论模型。

在地理信息科学的研究中，研究者常常需要构建复杂的数据模型来分析空间数据分布和变化趋势。论证过程可以帮助研究者验证这些模型的合理性和准确性。通过对比实验数据与模型预测的吻合程度，利用统计推理和误差分析，研究者可以得出模型是否具有普适性或需要进一步修正的结论。这样的严谨论证过程，既体现了对数据的科学态度，也使得整个研究更具说服力和可信度。

（3）推动学科前沿的创新。

许多重大科学发现往往源自对传统理论的质疑和改进。论证不仅可以证明已有理论的有效性，还能在发现不足的同时提出新的解释。以生态环境研究为例，通过对比不同区域生态系统恢复速度的实证研究，论证传统生态修复模式在某些条件下的局限性，进而引入新技术（如无人机遥感和大数据分析）提出创新性的修复方法。这样的论证过程往往引导学科在原有基础上进行突破，为前沿理论的发展提供了新视角和新方法。

2.论证在增强论文逻辑性与结构性方面的作用

（1）构建严密的逻辑链条。

学术论文的说服力很大程度上依赖于逻辑结构的严密性。论证通过从总体到局部、由表及里的推理过程，将每个论据和结论有机地联系在一起。例如，在论证城市环境污染问题时，作者可以先从污染来源、污染物扩散机制、污染对生态系统的具体影响等多个方面逐层展开，每一环节都有相应的数据和理论支持，最终形成一个完整的逻辑链条。这样的结构不仅使论文层次分明，还能使读者在阅读时顺畅地理解作者的思路和结论。

（2）平衡各部分内容的详略关系。

论证过程中，如何合理安排论据的详略同样至关重要。核心论点需要大量详细论证，而次要观点则可以适当简化。通过论证，作者能够判断哪些部分需要更深入地展开，哪些部分只需概述。这样的取舍不仅有助于突出重点，也使得整篇论文在字数分配上更为均衡，确保每一部分都充分发挥其应有的作用。

（3）引导读者逐步接受观点。

一个严谨的论证过程如同一条引导读者思考的路径，从最初的前提推导出结论，层层递进。每一步的论证都清晰地告诉读者："如果我们接受前面的命题，那么下面这一命题也必然成立。"这种逐步推进的逻辑关系，使得读者在阅读过程中能够不断接受并认可作者的观点，进而被整个论证体系所说服。无论是针对已有理论的补充说明，还是对反对意见的有力驳斥，论证都起到了不可替代的引导作用。

3.论证在学术争鸣与学术交流中的重要作用

（1）反驳异议、稳固学术立场。

在学术交流中，不同观点之间的争鸣是推动知识进步的动力。通过论证，作者不仅能展示自己观点的合理性，还能系统地反驳其他异议。例如，在讨论某一环境治理策略时，不同学者可能持有不同意见。通过对比数据、引用权威文献和逻辑推理，作者可以指出反对意见中的漏洞和不足，从而稳固自己观点的科学性。这样的论证不仅有助于在学术讨论中占据上风，也为该领域后续研究提供了清晰的方向。

（2）促进学术思想的传播和发展。

一个经过充分论证的学术论文，不仅能为相关研究领域提供新的思路，还能为同行提供翔实的研究依据。通过论文中严谨的论证过程，其他研究者可以复制实验、检验数据，甚至在此基础上提出新的问题或改进建议。论证过程中的每一条数据、每一段推理都为学术界的知识积累和理论创新做出了贡献，使得整个学科在质疑和讨论中不断向前发展。

（3）提升论文的学术影响力。

经过严密论证的论文通常具有较高的引用率和学术影响力。因为这种论文不仅为读者提供了翔实的数据和理论支持，还展示了作者严谨的研究态度和逻辑思维能力。这种论文在期刊评审、学术会议讨论和同行引用中都能获得较高的认可度，从而推动作者在学术界树立起良好的声誉和地位。

4.论证在论文写作过程中对作者思维提升的作用

（1）促进思维深入与反思。

论证要求作者不仅要对已有材料进行描述，更要深入思考其内在逻辑关系。通过反复推理和论证，作者能够发现原先忽略的问题，并在此基础上进行进一步思考和理论创新。这一过程使得作者在写作过程中不断进行自我反思和批判，进而推动整个研究思想的深化。尤其在环境生态工程和地理信息科学这类涉及复杂系统与数据分析的学科中，严密的论证过程往往能激发出新的研究假设和方法，成为学术进步的重要动力。

（2）提高逻辑思维与系统表达能力。

写作论文的过程中，论证不是对研究结果的简单罗列，而是一种系统的逻辑表达。作者在论证过程中需要将各个独立的事实和数据进行合理组合，通过严密的逻辑关系表达出一个完整的思想体系。这种训练对提高作者的逻辑思维能力与系统表达能力具有显著作用。随着反复论证和不断修改，作者不仅能更清晰地认识到研究中的关键环节，也能在实践中不断总结出一套符合自己风格的科学写作方法。

（3）培养批判性思维与增强学术诚信。

严谨的论证过程要求作者必须对所引用的每一个数据和文献进行认真核实，确保论证过程建立在真实可靠的基础上。这种做法不仅能培养作者的批判性思维，使其在面对不同观点时保持怀疑和求证的态度，也能增强学术诚信，防止学术不端行为的发生。学术界的争鸣往往以批判性思维为基础，而严密的论证正是培养这一能力的重要途径。

在环境生态工程领域，一篇关于城市绿地生态服务功能的论文可能会通过论证来探讨城市绿地减少与城市热岛效应之间的关系。作者可以先提出假设：城市绿地面积减少会加剧城市热岛效应；接着引用历史数据和实地监测数据，运用统计学方法进行推导，并通过对比不同区域的环境数据进行验证。这样的论证过程不仅证明了假设的合理性，还为城市规划和生态治理提供了科学依据。

在地理信息科学领域，论证同样发挥着重要作用。例如，在研究遥感数据处理算法时，作者可以提出某种新算法在提高数据精度方面具有优势，然后通过实验设计对比传统算法和新算法在不同数据集上的表现，利用图表和统计数据进行详细论证。这样的论证不仅增强了论文的实证基础，也为后续相关研究提供了可复制的实验方法和数据支持。

综上所述，论证在学术论文写作中具有决定性作用。一篇论文能否获得认可和广泛引用，很大程度上取决于其论证过程是否严谨、数据是否充分、推理是否合理。优秀的论证不仅能够使论文内容具有逻辑的严密性和事实的说服力，还能促进作者思维的深入和创新，推动学科理论和实践的不断进步。论证过程本身既是对研究成果的一次检验，也是一种不断修正和完善学术观点的重要方式。只有通过严密、科学的论证，才能使论文在激烈的学术竞争中脱颖而出，真正成为推动科学进步和社会发展的重要文献。

论证是学术论文的核心所在，它不仅是用以证明中心论点正确与否的重要工具，更是推动学术思想深化、保障论文逻辑严密和数据充实的关键环节。通过论证，作者可以从已知的事实和数据中提炼出新的见解，逐步构建起一个完整而严谨的知识体系。无论是在构建论点、验证假设，还是在反驳异议、推动学术争鸣中，严密的论证过程都起到了不可替代的作用。同时，论证的实践也不断提高了作者的逻辑思维和系统表达能力，为学术交流和科研成果的传播提供了坚实基础。只有在论证这一环节做到深入细致、环环相扣，论文才能真正实现以事实为依据、以逻辑为支撑的高水平学术论述，进而在学术界和实践领域产生深远的影响。

二、论证的要求

在学术论文写作中，论证是核心环节，它既是用论据证明论点、支撑中心思想的过程，也是反驳异议、揭示谬误的重要手段。从逻辑学的角度看，论证是利用一个或几个被公认为真实的命题，来验证或否定另一个命题真伪的思维过程和推理方式。无论是在自然科学还是社会科学领域，严谨的论证都是确保论文具有说服力和可信度的关键。下面就论证的两个主要要求展开论述，即论点与论据的统一，以及论证的步骤分明与逻辑严谨。

1.论点与论据的统一

论点与论据的统一是学术论文论证的基本要求。论点是整篇文章的核心观点，是指导论证的“灵魂”，而论据则是为论点服务的支持材料，是证明论点正确性的客观依据。只有当二者紧密结合，才能使得最终得出的结论具有足够的说服力和逻辑严密性。

首先，实现论点与论据的统一，要求作者在进行论证时必须始终确保所有引用的材料、数据和实例都在所论述问题的特定范畴内，切勿引入与论点无关的内容。任何游离于论点之外的论据都可能削弱文章的中心思想，使论证显得杂乱无章。因此，作者在选择论据时要格外谨慎，应对每一条证据进行严格筛选，确保其能够直接支持或有效反驳所讨论的问题。为使论点和论据相辅相成，作者应充分挖掘论据的内涵，使其尽可能全面地为论点服务。这就要求在实际写作过程中，不仅要搜集大量数据、事实和实例，还要对这些论据进行系统整理和科学归纳，按照重要性和逻辑关系排列出合理的顺序。特别是在运用例证时，必须对事例进行仔细分类和整理，避免因事例混乱而影响论证的整体效果。理想的状态是，每个例证都能够清晰地说明一个具体论点，从而形成严密的论证链条。还应注意避免出现“有观点而无材料”或“有材料而无观点”的情况，前者会导致论文缺乏实质性支持，后者则使论文空洞无物。最为棘手的情况是观点与材料之间的关系不统一、不严密。这种情况常常表现为作者在论证过程中出现断裂、重复或者逻辑跳跃，使得论点与所提供的论据之间缺乏内在联系。为克服这一问题，作者必须在写作前对论点和论据的内在联系进行充分思考，明确哪些论据直接支持核心论点，哪些又需要进行进一步解释或细化，确保各部分内容在整体上形成一个严谨、连贯的论证体系。

其次，实现论点与论据的统一，需要作者在论文构思阶段就对研究问题有深刻的理解，并在后续写作过程中不断完善材料的选择和归纳，使得每一条论据都能在特定范畴内充分发挥其支持作用，确保论文逻辑严密、论证充分、观点鲜明。

2.论证的步骤分明与逻辑严谨

严谨的论证不仅要求论点与论据的统一，还要求在论证过程中保证步骤分明、层次清晰、逻辑严谨。学术论文的论证部分往往承载着解决问题和证明观点的主要任务，其严谨性直接关系到整篇论文的学术水平和说服力。

论证的步骤必须分明、安排周密。写作时，作者应根据所研究问题的内在层次，将整个论证过程划分为若干步骤，从最初的前提设定、初步论述，到中间的详细推导，最终归纳出结论。这样的安排要遵循事物发展变化的内在逻辑或研究内容的时间顺序，使每个环节都有机衔接、环环相扣。论证顺序的安排不仅体现了作者对所论证问题内部矛盾和层次关系的深入把握，同时也能够帮助读者逐步理解和接受作者的观点。在安排论证步骤时，要特别注意把握内部层次之间的联系。任何事物都包含若干内在矛盾和相互联系的层次，只有抓住那些具有稳定性和决定性作用的特殊矛盾，才能揭示事物的本质。在论文论证过程中，作者应通过对比、归纳等方法，找出事物间的对立统一关系，并以此为突破口逐层展开论述。这样，论证不仅显得层次分明，而且逻辑严密，能让读者从纷繁复杂的信息中清晰地看到核心问题和内在规律。论证时应遵循由浅入深的原则，人们认识问题通常是从简单到复杂、从表面到本质的过程。在论文写作中，作者可以先提出简单的论证论据，再逐步深入分析其内在联系，最终推导出核心结论。这样的推理过程不仅符合人们思维的自然轨迹，也能使整个论证过程显得自然流畅、逻辑严密。如果能够做到这一点，整个论证过程就会水到渠成，读者也能更容易理解和接受论文所表达的观点。应用逻辑思维是保证论证严谨的重要手段。在论证过程中，必须确保每一步推理都有充分的依据，每个概念和判断都保持其内在的一致性和确定性，不能随意更改或出现前后矛盾。保持论点与结论的一致性，是确保论证过程条理清晰、逻辑严谨的前提。如果在论证过程中论题随意变换、前后不呼应，就会导致文章层次混乱，影响整体论证效果。另外还需要注意论证的整体结构应与论文主题和研究目的相契合。所有论证内容都应紧紧围绕中心论点展开，不能引入与主题无关的内容。只有在保证论证与论文主题紧密结合的前提下，才能使得整篇论文在学术上具有严谨的逻辑性和足够的说服力。作者在写作时，不仅要关注各步骤之间的过渡和衔接，更要在每个阶段充分展示材料和数据，以支持论点的合理性和准确性。

论证在学术论文写作中具有不可替代的重要作用。论点与论据的统一确保了文章观点有坚实的实证基础，而步骤分明与逻辑严谨的论证过程则使得文章结构条理清晰、推理过程连贯。二者相辅相成，共同构成了论文论证部分的核心框架。论证要求的综合意义如下。

（1）提升论文整体质量。

严谨的论证过程不仅能使论文论述具有强大的说服力，还能在写作过程中不断发现和纠正不足之处，促使作者不断完善和深化对研究问题的理解，从而提升论文整体质量。每个环节、每条推理都经得起逻辑和事实的检验，使得论文在学术界更具权威性。

（2）推动学术创新与理论发展。

在激烈的学术讨论中，只有经过严密论证的观点才能站得住脚。作者通过对现有理论和数据的深入分析与逻辑推理，不仅能够证明自己的观点，还能在发现问题的同时提出新的假设或改进方法，为学科前沿的发展提供新思路。严谨的论证过程正是学术创新的基石，它促使学者在不断争鸣中推动理论的更新和进步。

（3）提高读者理解与接受度。

一个逻辑严谨、步骤清晰的论证过程能使读者容易跟随作者的思路，逐步接受和认可论文的结论。通过层层递进、充分论证，读者可以直观地看到各个论据如何支撑中心论点，从而增强对论文观点的信任感和认同感。这不仅有助于论文在学术交流中的传播，也为后续相关研究提供了可靠的参考依据。

（4）培养批判性与系统性思维。

在写作和修改论证过程中，作者不断运用逻辑思维和批判性思考，不仅检验了材料的可靠性，还学会了如何系统地归纳和推导问题。这种能力不仅对论文写作至关重要，更是学术研究中不可或缺的一部分。通过不断实践和完善论证，作者的逻辑思维能力和系统表达能力都会得到显著提升，对未来的科研工作也大有裨益。

论证作为学术论文的灵魂，其要求体现在两个方面：一是论点与论据必须统一，确保每一条论据都在特定范畴内充分服务于核心观点；二是论证过程必须步骤分明、逻辑严谨，通过由浅入深、层层递进的推理，构建起完整、连贯的论证体系。只有做到这两点，论文才能在结构上层次清晰，在内容上充实严谨，从而真正达到学术论述的高水平。

学术论文的成败，很大程度上取决于论证是否有力，而这正要求作者在写作中不断磨炼自己的逻辑思维和论证技巧，使得每一个论点都能得到充分、严密、有力的支撑。通过反复推敲和修改，最终形成一篇具有强烈说服力和创新性的高质量学术论文，为学科发展与理论创新贡献自己的智慧和力量。

三、论证的原则

在学术论文中，论证是通过运用充分、真实的论据来证明中心论点或者反驳错误观点的一种逻辑推理方式。换句话说，论证正是利用一个或几个被普遍认可为真理的命题，来推导或确定另一个命题真伪的过程。无论是自然科学还是社会科学领域，严密的论证都为学术论文注入了逻辑力量，使得论文中的每一项结论都具备科学依据。正因如此，论证在学术论文写作中占据着举足轻重的地位，其质量往往直接决定了整篇论文的成败和学术影响力。然而，论证并非随意而为，必须遵循一定的规律和原则，才能使整个论证过程严谨有序，避免因逻辑错误而导致论文整体说服力下降。下面就论证的基本原则进行详细探讨。

1.忌论点不明

论点是整篇论文的核心思想，是作者欲传达的主要主张，是指导后续论证的灵魂所在。如果一个论文的论点含糊不清，就会使整个论证缺乏明确的方向，进而导致后续论据的选择和使用无法形成有效的支撑。论点不明会使论文在论证时显得杂乱无章、中心不突出，甚至可能导致不同部分之间出现逻辑混乱的问题。为避免这种情况，作者在确定论点时，必须做到言简意赅、明确具体，并在整篇论文中始终坚持这一中心思想。只有这样，才能确保所引用的各项论据都能有的放矢，紧紧围绕着一个明确的论点展开，使得最终的结论既具有说服力又不偏离主题。事实上，一个明确的论点不仅有助于读者迅速把握论文的核心内容，同时也为作者后续的资料整理和论证铺平道路，是整个论文论证成功的基石。

2.忌偷换论点

偷换论点是指在论证过程中，作者没有始终围绕原定的中心论点，而任意扩大或缩小论点的范围，甚至用一些与原论点不完全一致的内容来替代，从而使得整个论证体系产生偏移。论证必须前后一致，中心论点在整篇论文中应保持高度稳定和统一。一旦出现论点偷换，就容易使得论据和论证内容脱离原有主题，给人以模糊、缺乏严谨性的印象，最终导致论文论证失效。为了避免这种情况，作者在写作时应严格对照最初确定的论点，确保每一个论证环节都在该论点所涵盖的范围内进行展开，任何试图以其他观点代替中心论点的做法都应予以剔除。只有这样，才能在论文整体上形成一条清晰、连贯的逻辑链条，使得整个论证过程井然有序、层次分明。

3.忌论据虚假

论据是支持论点的事实、数据和实例，它们的真实性直接关系到整个论证过程的可靠性和科学性。虚假的、未经严格验证的论据会使论证过程失去可信性，即便中心论点再正确，也无法弥补论据不实所带来的漏洞。学术论文讲求客观、严谨，任何一个数据或实例都必须经过仔细核查，确保其来源可靠、统计准确。因此，作者在引用论据时应特别注意来源和真实性，对所引用的文献、数据进行充分考证，杜绝因材料不真实而导致的论证失败。只有当论据与论点之间形成稳固的支撑关系时，才能使最终的结论在逻辑上无懈可击，具有足够的说服力和学术权威性。

4.忌循环论证

循环论证是指在论证过程中，作者用论点来证明论据的正确性，再用论据来证明论点，这种互相依赖、互相重复的论证方式实际上并未提供任何新的实质性证据，只是形式上的重复，导致论证陷入循环。循环论证不仅不能增强论点的说服力，反而会使人觉得文章论述空洞、缺乏创新性。为此，在论证过程中必须注意避免这种自我证明的陷阱，确保每一个论据都能独立于论点存在，并能为论点提供新的、不可替代的支持材料，从而使整个论证过程不断推进、层层深入，最终形成一个开放而严谨的逻辑结构。

5.忌草率论证

论证是一个复杂的逻辑推理过程，需要经过充分的分析和细致的思考。草率论证往往表现为对问题认识不够深入、论据选择不当、推理过程不严谨，最终导致结论无法令人信服。在实际写作中，由于时间紧迫或其他原因，有的作者可能会急于下结论，从而忽视了论证过程中各个环节的细致推敲，这种做法不仅会使论文显得欠缺深度，而且容易造成逻辑断裂、论证漏洞。为了避免草率论证，作者应严格遵循辩证逻辑的推理规则，按照从简单到复杂、由浅入深的步骤逐层展开论证，充分讨论事物内部的矛盾和联系，确保每一步推理都有坚实的事实依据和理论支持。只有这样，才能使论证过程环环相扣、逻辑严密，从而形成一个科学、完整的知识体系。

总的来说，遵守上述论证原则，对于撰写一篇高质量的学术论文至关重要。明确的论点、真实的论据、严密的逻辑推理以及层层递进的论证步骤，共同构成了论文论证部分的核心框架。这不仅能确保论文论述的严谨性和科学性，还能大大提升论文的说服力和学术影响力。一个经过充分论证的论文，其每一个观点都能在事实和逻辑的支持下站得住脚，既能回应学术界的质疑，也能为后续相关研究提供有力的理论依据。同时，论证的过程不仅是对已有知识的重复陈述，更是一个不断探索、反思和创新的过程。通过不断修正和完善推理过程，作者不仅能发现自己论证中的不足，还能激发新的思考和观点，推动整个学术领域的进步。因此，在学术论文写作中，严谨而系统的论证不仅是证明中心论点正确性的必要条件，也是培养学术批判性和创新性思维的重要途径。只有在确保论证充分、逻辑严密的前提下，论文才能真正达到“以事实为依据、以逻辑为支撑”的高水平学术标准，为学科理论的发展和实践应用提供坚实基础。最后需要强调的是，遵守论证原则是在具体写作过程中不断检验和调整的结果。每个研究者应结合自身学科特点和研究问题，灵活运用各种论证方法，既确保论证过程的严谨性，又不断探索新的逻辑表达方式，使整篇论文既富有创新性，又能经得起严密逻辑的检验。只有这样，才能在激烈的学术竞争中脱颖而出，真正实现理论与实践的有机统一，为推动学术研究的深入发展做出贡献。

四、论证的结构

学术论文通常遵循“提出问题—分析问题—解决问题”的基本结构，即引论、本论和结论。引论部分用以提出研究问题和中心论点；结论部分则对问题的分析成果进行归纳总结，提出解决方案或进一步的研究建议；而本论部分则是整篇论文的核心所在，其主要任务是通过严密的论证过程来支持中心论点。论证过程不仅决定着论文逻辑的严密性和说服力，更反映出作者对所研究问题内在规律的深刻把握。因此，构建一个合理的论证结构，对于学术论文的整体质量具有决定性的影响。

在众多论证结构中，根据论证内容的组织方式，本论部分常见的结构模式主要有 3 种：并列结构式、递进结构式及综合结构式。下面分别介绍这 3 种结构的特点、适用情形以及在实际写作中需要注意的问题。

1.并列结构式

并列结构式是指论文本论部分将中心论点分解为若干个相互独立、平行展开的小分论点，每个分论点都有各自独立的基本观点，并且共同构成对中心论点的全面论证。通常这种结构会在论文中设置多个小标题，每个小标题代表一个论证单元，从理论到事实、从具体到抽象、从个别到一般，形成一个完整而横向展开的论证体系。

以下为并列结构的优点。

①条理清晰，逻辑分明。并列结构使各个分论点在内容上相互独立，但又通过整体的中心论点加以串联，使得整篇文章层次分明，便于读者理解作者的思路。

②便于深入挖掘问题。通过将中心论点拆分成多个分论点，作者可以从不同角度进行深入探讨，每个分论点都能够独立呈现其论证过程，从而触及事物的本质。例如，在讨论城市环境治理时，可以将论点细分为城市绿地减少、污染物扩散、生态服务下降等方面，并分别展开详细论证，再从整体上归纳城市环境治理的必要性。

③增强整体说服力。每个独立的分论点都提供了支持中心论点的证据，多个独立的论据汇集在一起，能更有力地证明中心论点，从而使整篇论文的说服力大大增强。

然而，采用并列结构也需要注意，作者在整理各个分论点时必须确保它们之间的内在逻辑关系清晰，不能仅仅简单罗列各个观点，否则容易导致文章缺乏层次感和整体性。因此，在运用并列结构时，要特别注重各分论点之间的横向联系，通过适当的过渡语句或段落衔接，使得每个分论点既独立成章，又互为补充，共同构成一个有机整体。

2.递进结构式

递进结构式则是一种依照由浅入深、层层推进的方式展开论证的方法。采用这种结构时，作者通常会先提出中心论点，然后对其进行分解，将论证过程按照一定的逻辑顺序逐层剖析，直至得出最终结论。各分论点之间形成纵向的递进关系，每一层都对上一层的论证进行补充和深化。

递进结构的主要特点和要求如下。

①直线推动、层层深入。这种结构要求作者首先对中心论点做出总体陈述，然后逐步将复杂问题拆分为若干简单要素，对每个要素进行深入分析。递进式的论证既能够使

文章结构严谨，又能使论证过程层次分明，便于读者逐步理解作者的思考路径。

②全面而细致的论证。在递进结构中，复杂的论题需要分解为多个简单要素，每个要素都必须进行充分的论证。这种分析不能止于表面，而必须深入事物内部，探讨各要素的性质、特点以及它们之间的相互联系。只有如此，才能确保各个分论点之间不仅仅是简单的并列，而是真正的层层推进、逐步深入，最终形成一个完整的推理链条。

③注意分论点之间的内在关系。递进结构要求各分论点之间具有严格的逻辑顺序和因果关系，这并非是各分论点的简单累加，而是在充分分析研究基础上，依照事物内在联系进行合理安排。作者在使用递进结构时，要格外注重每个步骤之间的连贯性，确保论证过程既循序渐进，又具备内在逻辑的一致性。

例如，在探讨生态系统变化对城市气候影响的论文中，作者可以先提出中心论点：生态系统变化直接影响城市气候。然后，依次论述城市绿地减少、局部微气候失衡，以及最终引发的城市热岛效应，层层递进，逐步推导出结论。这样的论证过程不仅清晰展示了问题的因果关系，也使得整个论证逻辑严谨而有力。

3.综合结构式

综合结构式论证则是将并列结构与递进结构相结合的一种方法，适用于篇幅较长、内容较为复杂的论文。综合结构既可以利用并列结构对不同角度、不同层次的问题进行详细论述，又可以通过递进结构将各个分论点逐层推进、内在衔接，从而构建出一个既全面又深刻的论证体系。

综合结构的运用需要注意以下两点。

①理清顺序，避免混乱。由于综合结构涉及并列与递进两种模式的有机结合，容易导致分论点较多、层次复杂，如果安排不当，就会造成内容混乱、逻辑不清。因此，在运用综合结构时，作者必须首先明确各分论点的内在关系，根据内容的重要性和逻辑关系合理排列顺序，确保论文整体结构既不失灵活性，又能保证清晰严谨。

②避免空洞无物，确保充实的内容。结构只是形式，真正使论证有力的关键在于充实的论据和严密的推理。即使综合结构再完美，如果没有确凿的材料和深入的分析作为支撑，也会流于形式，无法真正打动读者。作者在构建综合结构时，必须充分搜集、整理和分析相关论据，确保每个分论点都有实质性的内容支撑，从而使整篇论文既具有丰富的信息，又展现出严密的逻辑推理。

综合结构特别适合于那些涉及多个复杂问题、需要从多个角度进行全面论证的论文。在环境生态工程和地理信息科学领域中，许多研究都涉及生态、环境、数据和空间关系等多个维度的问题。通过综合结构，作者可以从不同角度对问题进行探讨，既保证了论证的全面性，也使得每个角度的讨论都有条不紊、层层递进，从而更好地揭示事物的内在规律。

无论采用哪种论证结构，关键在于结构设计必须服从于论文内容的实际需要和研究对象的内在规律。下面是几点实际应用中的建议。

①根据论文主题选择适合的论证结构。如果论文主要讨论的问题可以从多个独立角度展开，各分论点之间相对独立且平行，则并列结构更为合适；如果研究问题需要逐步深入、层层剖析，则递进结构能够更好地展示问题的内在逻辑；而当论文涉及内容较为

复杂，单一结构难以全面展开时，综合结构便能发挥优势，将并列与递进的优点有机结合。

②注重论证各环节之间的过渡与衔接。无论采用何种结构，保证各分论点之间的自然过渡和逻辑衔接都是非常重要的。作者应在各部分之间设置合适的过渡段落，解释各论点之间的内在联系，确保整篇论文读起来顺畅、层次分明。

③在构建论证结构前做好充分的资料整理工作。论文论证结构的构建往往依赖于前期大量的文献调研和数据整理。只有充分掌握研究材料，作者才能明确哪些内容适合并列论述，哪些内容需要递进展开，从而设计出一个既合理又具有说服力的论证结构。

④反复推敲与修改，确保结构严谨。论证结构的设计往往不是一次性完成的，需要经过多次反复推敲和修改。在写作初稿时，可以先按照大致的结构写出初步版本，然后在修改过程中不断完善细节，调整各部分之间的顺序和逻辑关系，使得最终的论证结构既紧凑又富有逻辑性。

⑤充分利用图表和示意图辅助说明。在一些复杂的论证过程中，适当利用图表、流程图或示意图，可以直观地展示各分论点之间的关系和整体推理过程。这不仅有助于提高论文的可读性，也能为读者提供清晰的逻辑思维导图，增强论证的说服力。

论证结构不仅是论文写作的组织形式，更是体现作者逻辑思维和学术素养的重要标志。一个结构严谨、层次分明的论证体系，能够使论文中的每一条推理都显得合理、连贯，从而大大提高论文的说服力和学术影响力。反之，如果论证结构混乱、层次不清，即使有再多的论据和数据支持，也可能因逻辑漏洞而使中心论点失去说服力，进而影响整篇论文的质量和效果。

在实际写作过程中，许多优秀论文正是依靠其严谨的论证结构赢得了学术界的广泛认可。无论是采用并列结构来全面展示不同角度的分析，还是利用递进结构逐层揭示问题的内在逻辑，抑或是综合运用两者，关键在于如何根据具体研究内容进行有机组合，使论证过程既丰富又具有层次感。只有这样，才能在学术论文中真正实现“以事实为依据、以逻辑为支撑”的目标，确保论文最终能够经得起严密的学术审查和读者的批判性考验。

综上所述，论证结构是学术论文写作中至关重要的一环，其构建既需要科学合理的组织形式，也离不开对论点与论据内在关系的深入理解。并列结构、递进结构、综合结构各有优劣，作者应根据论文主题和研究对象的实际需求，灵活选择和调整相应的结构模式。无论采用哪种结构，都必须确保论证过程严谨、逻辑清晰，避免论点不明、偷换论点、论据虚假、循环论证和草率论证等问题。只有在这一基础上，论文才能真正形成一个充实、有力、层次分明的论证体系，从而使中心论点得以充分证明，最终达到学术论述的高水平和广泛说服力。通过反复推敲、修正和完善论证结构，作者不仅能提高论文的质量，还能在这一过程中锻炼自己的逻辑思维和系统表达能力，为今后的学术研究奠定坚实基础。

第四节　修改论文

一、修改的作用

修改在学术论文写作中具有至关重要的作用，它不仅是对初稿内容进行不断完善和深化认识的过程，更是对论文表达形式进行不断优化，直至定稿的必要环节。正所谓“不改不成文”，这句话深刻揭示了修改在论文形成过程中的重要地位。无论是初稿中的粗糙表达，还是论点、论据之间逻辑关系的不够严密，都必须经过反复修改，才能使论文臻于完美。修改是对论文初稿内容的再认识与深化。在完成初稿后，作者往往会发现自己在论述问题时存在许多不足和疏漏。通过反复阅读和自我审视，作者能够进一步理清思路，发现原有论证中隐藏的问题，从而对论点进行重新提炼和调整。正是在这一过程中，初稿中的模糊之处、数据的不充分之处、论据与论点之间联系不紧密的问题得到了不断纠正和补充。每一次的修改都是对研究内容的一次深入反思，使得论文的观点更为明确，论证更为严谨，整体逻辑也更趋合理。修改不仅仅局限于语言和修辞的润色，更是对论文结构和逻辑进行整体优化的过程。学术论文要求表达必须规范、条理清晰，而初稿往往由于急于表达思想而导致结构松散、段落衔接不够自然。通过仔细修改，作者可以调整文章各部分的顺序，重新组织论据与论点之间的关系，使全文层次分明、逻辑严密。这不仅提高了论文的可读性，也使得论证过程变得更加连贯、有力。例如，在检查论文时，可以发现某些段落存在重复或者论证不够充分的现象，及时删减冗余部分，或增加补充材料，从而使整篇论文更具说服力和逻辑性。修改也是一种对自我要求严格、对学术诚信负责的表现。每一位认真从事学术研究的学者，都明白只有经过多次反复推敲和不断完善的论文，才能真正体现出严谨的科学态度和扎实的研究成果。即使在使用计算机进行写作、随写随改的情况下，最终仍然需要通篇阅读，对全文进行细致修改。只有经过彻底的修改、校对和誊清，论文才能褪去初稿时的稚嫩，展现出成熟、准确和权威的一面。这一过程不仅是对论文内容的打磨，更是一种不断提升自我研究水平和学术表达能力的必要训练。修改过程中还能够激发出新的思考和创见，在反复修改中，作者会发现一些原先未曾注意到的问题或新的研究角度，从而使论文内容更加丰富多彩。通过不断完善和改进，论文不仅在形式上趋于完美，更在内容上不断升华，达到了理论与实践的高度统一。这样的修改过程无疑是科学研究的继续和深化，也是对读者和社会高度负责的表现。

论文修改是一个充满智慧和毅力的过程。它不仅关乎语言的精雕细琢，更涉及论文整体论点、论据及结构的反复推敲和不断完善。只有经过多次修改，才能使初稿中的每一个观点都变得准确无误，每一条论据都经得起推敲，每一个逻辑环节都严密连贯。最终，一篇经过反复修改、精益求精的论文才能成为一份严谨、完美的学术成果，充分展示作者的科研能力和严谨的学术态度。这不仅是提高论文质量的有效措施，更是作者对知识、对读者以及对社会负责的一种体现。

二、修改的范围

在科研和教学过程中，修改论文的目的在于使文章能够更准确、更鲜明地表述研究成果，从而达到科学严谨和表达清晰的要求。修改不仅仅是对语言修辞的微调，而是针对论文内容存在的问题进行全方位的审查和完善。总体来说，修改的范围可以归纳为内容方面和形式方面：内容上主要包括修改观点和修改材料，形式上则涉及修改结构和修改语言。

1.修改观点

观点是论文价值的体现，也是论文论证的核心。论文的中心论点及其衍生的各个分论点，直接决定了论文能否在学术上取得突破。因此，修改观点应成为论文修改时首要关注的问题。修改观点主要包括两个方面。

（1）观点的订正。

在初稿中，由于作者对问题的认识可能还不够全面，论点的表述往往存在片面性或不够准确的情况。这时，作者需要对全文的论点及其阐述的若干问题进行仔细检查，找出其中的不足或错误之处。若发现论述不够严密或存在偏颇，应重新查阅相关资料，审视实验方法与数据的可靠性，必要时对原有数据进行增补或对实验方法进行改换，从而确保论点更符合实际，表达更准确。只有经过反复斟酌和推敲，才能使论文的核心观点变得清晰、准确并具有说服力。

（2）观点的深化。

除了订正错误和不足之外，论文修改还应注重对观点的深化。也就是说，在修改过程中，作者应审视自己的论点是否仅仅停留在传统观点上，或是否与已有研究雷同，缺乏自己的独到见解。如果全篇或大部分观点都是别人已经阐述过的，就说明论文缺乏创新性和个人特色。此时，作者需要从新的角度出发，重新提炼和构建自己的观点，形成独具一格的见解。如果实在难以突破原有观点，也许应考虑从根本上重新设计论文，宁可“报废”原稿，也不应凑合成文。只有当论文的观点既正确又新颖时，才能在学术交流中获得认可，并为领域发展提供有益启示。

2.修改材料

初稿中的材料可能存在信息零散、重复冗余或关键数据缺失等问题。修改材料的目的在于对已有材料进行增、删、改、换，使论文内容“骨肉”丰满，观点更加明确，论点与材料之间达到和谐统一。

（1）增补材料。

“增”是指在初稿基础上，为了使支持和说明观点的材料更加充分、论据更为丰富，需要增加多层次、多属性的相关材料。若发现材料单薄或论证不够全面，作者应再次选材，增加新的数据、实验结果或事实案例，以弥补原有论据的不足。例如，对于实验性论文，不能仅依赖少量实验数据来支撑结论，这不仅违背科学规律，而且会削弱论证的说服力。及时补充更多实验数据和细致分析，能够使论点立于不败之地，确保整个论证过程有力而严谨。

（2）删除冗余材料。

“删”即在材料中净化和精简，突出重点。成功的论文并非是简单地堆砌材料，而是将支持论点的核心材料保留，将那些重复、冗杂或无关紧要的部分去掉。若干观点所使用的材料如果有重复或雷同的情况，应进行归类合并，保留最具代表性、最有说服力的论据。这样既可以使文章内容简明扼要，又能确保每一部分的材料都具有充足的证明力，避免因材料冗余而让论文显得杂乱无章。

（3）替换与调整材料。

“换”指的是对初稿中那些不甚理想或不够恰当的材料进行替换。初稿中的材料并非都是最满意的，为了使论文表达更准确、更具说服力，作者应适时对部分材料进行调整。一方面，可以将材料在全文中的位置进行适当改换，使各部分材料更符合论点的定位，从而增强整体论证的逻辑效果；另一方面，还可以替换那些不典型、缺乏新意或说服力不足的材料，用更具代表性、数据更充分的新材料来支持论点。这种方式不仅能使论文的内容更加精练，还能使论文的中心更加突出，整体论证更具冲击力。

对于科研和教学人员来说，论文的修改过程不仅是提高论文质量的有效措施，也是科研继续深入的一部分。通过反复修改，研究者不仅能够使论文更好地反映出自己的独到见解和严谨态度，还能在修改中发现问题、激发新思路，推动整个学科理论和实践的进步。修改体现了对读者和社会高度负责的科学态度，是每一位科研工作者必备的素质之一。

3.修改结构

论文结构是论证逻辑展开的形式，也是论文内容的组织安排方式。它不仅反映了作者对论题的思考步骤和推理过程，而且决定了整篇论文的层次分明与否。初稿完成后，修改结构是至关重要的一步，其目的是理顺作者的思路，使全文各部分之间脉络清晰、层次井然、详略得当、逻辑严密、中心突出、主题明确，并且浑然一体。结构的优劣直接影响文章的整体表现效果和说服力，因此，在论文定稿前必须对结构进行认真检查和必要调整。

（1）检查论文整体框架是否合理。

在修改结构时，首先要全面审视论文的整体框架，判断是否符合论文的基本要求和学术规范。主要包括以下几个方面。

①引论是否能够清晰提出问题与中心论点。引论部分是论文的开篇，承担着引出研究背景、阐明研究意义和提出中心论点的重要任务。修改时，要确保引论内容简明扼要、逻辑严谨，能够为读者提供明确的阅读预期。

②本论部分论证过程是否层层递进。本论是论文的核心，承担着用事实和数据证明中心论点的职责。在这一部分，作者应检查各个分论点是否有机地构成了一个整体，论据、论证和论点之间是否存在合理的内在联系。通过对比并列结构与递进结构，找出哪种模式更适合当前研究主题；如发现各部分之间逻辑衔接不紧密，则应重新排列或增加过渡段落，使论证过程环环相扣。

③结论是否有效总结与归纳全文。结论部分要求对正文论证的成果做出归纳和提炼，同时明确指出研究成果的意义与局限性。修改时要确保结论与引论和本论呼应，充分体

现论文主题，既不要过于简单，也不宜冗长啰唆。

（2）细化分论点和段落安排。

论文中各章节、各段落的安排决定了文章的层次感和可读性。修改结构时，应重点关注以下几个方面。

①分论点是否明确、独立。每个分论点都应有独立的小标题，并围绕中心论点展开具体论述。检查是否存在分论点之间重复、混淆或者存在逻辑断裂的情况，如有必要应对分论点进行重新划分和归纳，使其各自独立又能共同支撑中心论点。

②段落与层次是否分明。各段落之间的过渡要自然，内容衔接要紧密。修改时应对长段落进行适当分割或对短段落进行整合，保证论述逻辑清晰、表达连贯。对每个段落中的主次内容也要做出合理区分，确保重点突出、论述有力。

③主次结构是否合理。整体结构中各部分的篇幅分配要合理，既要保证核心论点有充分篇幅进行论证，也要避免次要部分占据过多资源而影响整体逻辑。修改时可根据文章重点调整各部分的比例，做到详略得当，确保重点论证部分既全面又深入。

（3）适应期刊或会议要求。

对于打算投稿的论文，结构修改还需考虑所投刊物的特定要求。应检查论文的各个组成部分是否符合目标期刊或会议的格式要求，如标题、署名、单位、摘要、关键词、正文、参考文献、图表格式等。若发现格式不符，应根据刊物规定对论文整体结构和各部分细节进行调整，既保证论文内容的科学性，又使格式规范，增加文章的投稿成功率。

（4）修改结构的原则。

总的来说，修改结构应遵循“以内容为本，结构为辅”的基本原则。修改结构的目的在于更好地展现论文内容，让论点和论据达到有机统一。具体来说：

①从大处着眼，抓住主要矛盾和核心问题，确保一个清晰的中心论点贯穿全文。

②强调层次分明，各部分之间有机衔接，论证过程既有横向并列也有纵向递进，确保逻辑严谨、顺畅连贯。

③在修改过程中，不仅要注重形式上的组织，更要关注内容的实质，防止结构“花架子”而内容空洞无物。

④修改结构时，建议反复阅读全文，标记出思路不清、衔接不畅的地方，逐步调整各部分的排列顺序，使整篇论文呈现出一个鲜明、准确、逻辑紧密的结构。

4.修改语言

语言是论文表达思想和研究成果的重要载体。学术论文对语言要求极高，既要求语言准确、严谨，又要求表达清晰、生动、有感染力。在论文修改过程中，对语言的反复斟酌和调整至关重要，其目的是使论文的每一句话、每一个词都能恰到好处地传递作者的观点，同时保持学术风格和规范性。下面从多个方面探讨修改语言时应注意的问题和具体策略。

（1）保证语言准确性。

准确性是学术论文语言的首要要求。论文中的每个概念、每个论述都必须严格遵循学科专业术语的定义和用法。

①实事求是地表述论点与论据。修改时，应确保对论点和论据的表述客观、真实，

切忌夸大或虚构事实。作者需要对所有数据、实验结果和文献资料进行核实，确保引用内容真实可靠。

②避免主观臆断和模糊表达。论文要求客观、理性，因此在修改过程中应注意剔除主观色彩浓厚或含糊不清的语句。论述观点时，必须基于事实和数据进行论证，避免因语言不精确而产生歧义或误导读者。

（2）提升语言的表达效果。

在保证准确性的前提下，语言的可读性和表达效果也同样重要。修改语言时，可以从以下三个方面入手。

①推敲字词选择。每个字、词都承载着信息，使用时必须准确、恰当。修改过程中，要仔细推敲词语的用法，避免生硬和拗口的表达，同时力求语言简练、清晰。

②丰富句式结构。为了使论文表达更具感染力和表现力，建议在修改过程中注意句式的变化。可以采用长短句结合、并列和递进句式等多种表达方式，使文章节奏更富变化，逻辑更紧凑，同时避免单调重复。

③注意语法和标点。语法错误和标点使用不当会严重影响文章的可读性。修改时，必须逐句检查，确保各句语法结构合理、标点使用准确，使得整篇文章读起来流畅、自然。

（3）规范学术论文的写作风格。

学术论文一般要求使用第三人称进行客观描述，避免使用第一人称和第二人称。修改语言时，应注意以下三点。

①避免自夸和夸大其词。不论是对自己成果的描述还是对他人观点的引用，都应客观陈述。例如，不应使用“国内首创”“填补空白”等自夸性语言，而应以数据和事实说话，使论文更具公信力。

②保持语气平和、理性。即使在反驳异议时，也应以商酌的口吻、实事求是的态度进行论述，而不是采取咄咄逼人或情绪化的语气。这样既能提高论文的说服力，又能体现出作者严谨的学术态度。

③格式与注释的规范化。除了正文语言，论文中引用文献、图表、公式等部分也应严格按照学术期刊或会议要求进行格式调整。修改时，应仔细检查注释和参考文献，确保格式统一、规范无误。

（4）图表与特殊符号的语言表达。

学术论文中图表、公式和特殊符号也是一种特殊的语言形式。修改语言时，应特别注意以下两方面。

①图表数据的准确性与规范性。检查图表中的数据、符号和标注是否准确、清晰，图表排版是否符合规定。图表应能直观反映论文论证过程中的关键数据，并与文字论述相互印证。

②公式与符号的书写规范。公式和数学符号应按照专业要求书写，确保符号含义明确、公式表达正确。如果发现有错误或不规范之处，必须及时修正，保证论文整体表达的一致性和专业性。

（5）综合调整与反复润色。

修改语言不仅是逐句检查、推敲字词，更是对整体语言风格和表达效果进行综合调整的过程。通常，初稿写作完成后，作者需要通篇阅读全文，标记出语句不流畅、表达模糊、重复冗杂的部分，逐步进行润色和修改。这一过程既要求作者具备较强的语言敏感性，也需要耐心和细致。反复的修改和润色，能够使论文的语言达到既准确严谨又生动流畅的效果，为论文最终定稿打下坚实基础。

总之，论文的修改工作涵盖了结构和语言两个层面，两者相辅相成，共同决定了论文的整体质量。修改结构主要在于调整和优化论文内容的逻辑组织，确保全文论证条理清晰、层次分明、主次分明，从而使中心论点得以充分展开；而修改语言则侧重于对论文表达方式的精雕细琢，力求做到字斟句酌、语法准确、表达流畅，既保持学术严谨性，又增强文章的可读性和感染力。

在实际写作过程中，科研和教学人员应本着“发现什么问题就修改什么问题”的原则，全面审视论文的每一个细节。通过对结构、段落、分论点及其之间逻辑关系的反复检查和调整，确保论文整体框架严密、内容充实；同时，对每一句话、每个词语进行反复推敲，杜绝任何模糊或夸张的表达，使得论文语言既规范又生动。只有在内容、结构和语言上都经过不断修改、反复完善后，论文才能真正达到科学、严谨、易读且富有说服力的高标准，成为一份令人信服的学术成果。对于每一位致力于科研和教学的工作者来说，修改不仅是论文定稿前的最后一道工序，更是锤炼学术思维、提升研究水平和责任意识的重要环节。

三、修改的方法

修改论文的方法没有固定的模式，因为每个人的思维方式和写作习惯各不相同。根据学术论文的特点，经过实践证明，有效的修改方法主要包括以下三种：整体着眼，通篇考虑；逐步推敲，精雕细琢；虚心求教，请人帮助。下面将这三种方法分别展开论述，帮助科研和教学人员在论文修改过程中找到适合自己的方法。

1.整体着眼，通篇考虑

在论文修改过程中，首先要做的是从全局出发，通篇阅读初稿。整体着眼的目的是在大范围内发现论文存在的主要问题，而不是陷入枝节的琐碎之中。具体来说，这种方法要求作者先放下对具体字句、语法和细节的过分关注，而是重点检查以下几个方面。

（1）基本观点和中心论点是否成立。

修改时，作者需要回顾整篇论文，确认所提出的中心论点能否清晰地传达研究意图，各个分论点是否有力支撑中心论点。如果发现论点存在模糊、矛盾或表达不准确的问题，便应在整体上对其进行调整，确保论文的核心思想始终贯穿全文。

（2）主要论据是否充足、准确。

全文修改时，要考察每个论据是否与论点相匹配，是否具有充分的数据和事实支撑。整体审视能够帮助作者发现部分论据缺乏说服力或者与中心观点存在脱节的情况，从而及时补充或剔除不合适的材料。

（3）全文布局和结构是否合理。

论文的整体结构决定了论证的连贯性。作者应通篇审视论文的引论、本论和结论部分，检查各部分之间是否有清晰的逻辑联系，段落安排是否层次分明，文章结构是否形成了一个有机整体。只有整体布局合理，才能保证文章在细节修改时不偏离主旨。

（4）结论是否自然、恰当地归纳总结。

修改过程中，还要注意结论部分是否有效地反映了全文的论证结果，是否真正回答了研究问题，以及是否对全文内容做出了合理总结。整体着眼有助于调整各部分的篇幅和重点，确保每个部分都为最后的结论服务。

整体着眼的方法要求作者在开始修改时先放宽心态，不要急于纠结个别词句，而是把注意力集中在论文的整体逻辑和布局上。这种宏观审视有助于构建一个坚实的基础，为后续的细节修改打下良好基础。

2.逐步推敲，精雕细琢

在完成整体修改之后，下一步就是对初稿进行逐步推敲，精雕细琢。这种方法要求作者逐字、逐句、逐段地检查初稿，找出其中的瑕疵和不足，并逐步加以改进。具体做法包括以下几个方面。

（1）细致审查字、词、句。

逐步推敲要求作者对论文中每一句话、每一个词都进行仔细检查，看看是否有语法错误、用词不当或表达不清的问题。只有字斟句酌，才能确保论文语言准确严谨，避免因小疏忽而影响整体表达效果。

（2）分段检查内容连贯性。

除了语言文字之外，还要关注段落之间和段落内部的逻辑连贯性。检查每个段落是否都紧扣主题，是否存在重复、断裂或信息冗余的现象。对论证过程中涉及的每个分论点，都要确保论据充分、论证严密、表述清晰。如果某一段内容不够连贯或论证不充分，则应在细节上进一步丰富和修改。

（3）审视论点和论据的内在联系。

在逐步推敲过程中，作者要特别注意论点与论据之间的内在联系是否牢固。细化各论据的说明，确保每个论据都能准确无误地支撑相应论点。对那些逻辑上略显薄弱或存在矛盾的部分，进行反复推敲，必要时补充新的数据或重新调整论证顺序，使得整个论证过程层次分明、逻辑严谨。

（4）调整篇幅与详略的关系。

逐步推敲还包括对全文各部分的篇幅和详略进行合理调整。对于核心论点和关键论据，应该展开详细论述；而对于次要观点则可以适当简化。这样的分层次修改能够使论文在保持总体框架不变的前提下，更加突出重点，增强说服力。

逐步推敲是一个需要耐心和细致的过程，作者在修改时不妨多次通读全文，从多个角度审视文本，反复比对、修正，直到每个细节都达到满意为止。这种精雕细琢的过程，虽然耗时耗力，但却是提高论文质量、确保逻辑严密的重要保障。

3.虚心求教，请人帮助

写作过程中，由于作者对自己初稿的情感依恋和长期形成的思维定式，很容易陷入

“看不见毛病”的困境。虚心求教和请人帮助正是一种打破这种局限的有效方法。

（1）寻求同行和导师的意见。

初稿写成后，作者往往已经形成一个固定的思维框架，很难跳出自己的“思维盒子”。此时，把初稿交给同行专家或导师审阅，听取他们的意见和建议，可以帮助发现那些自己未曾注意到的问题。外部意见往往能提供客观视角，使作者在修改过程中避免陷入主观偏见，从而使论文在逻辑、内容和表达上都有更大的改进空间。

（2）虚心接受批评并进行调整。

当他人提出批评意见时，作者应以开放的心态认真对待，而不是因情感因素而产生抵触心理。虚心求教的过程不仅能帮助作者发现论文中的结构性问题、论据不充分或语言表达不准确之处，还能激发新的思路，为论文注入更多创新性的观点。对反馈意见进行认真分析，找到修改的突破口，既可以避免较大的失误，也能大大提升论文的整体质量。

（3）集思广益，完善论文整体思路。

通过请人帮助，作者可以了解到不同领域或不同角度的思考方式，这对完善论文的整体结构和逻辑有重要作用。集思广益有助于在修改过程中不断优化和丰富论文内容，使得中心论点得到更充分、严密的论证，整个论文呈现出更高的学术水准和实践价值。

论文修改的方法并非一成不变，而是因人而异、因稿而异的。以上三种方法各有侧重、互为补充。“整体着眼，通篇考虑”要求作者先从全局出发，检查论文的基本观点是否明确、论据是否充分、结构是否合理；“逐步推敲，精雕细琢”则要求对初稿中的每个字句、每个段落进行细致审查，确保论证过程逻辑严密、表达准确；“虚心求教，请人帮助”则通过外部意见打破自身局限，使论文在修改过程中不断完善、不断创新。

在论文初稿完成后，还有一种灵活而有效的修改策略就是“暂时搁置，日后再改”。这一方法的核心理念在于，当作者刚刚完成初稿时，往往情绪激动或身心疲惫，思路可能因陶醉于自己一时的构思或因疲劳而显得混沌不清。此时急于修改，容易使作者陷入对局部细节的纠结中，而忽略了对全文整体问题的把握和主要矛盾的识别，导致修改效果不理想甚至适得其反。

因此，一种推荐的策略是先将初稿搁置一段时间，给紧张的头脑提供一个放松的机会。当作者在放下稿子后，重新以一种更为冷静、客观的视角来审视论文时，就更容易发现之前忽略的结构性问题、论据的不足或论证逻辑的不严密之处。短暂的“冷静期”不仅能够让作者暂时摆脱初稿完成时那种急迫的情绪，还能激发出新的思考和修改灵感，进一步完善论文的整体内容与逻辑框架。

“暂时搁置，日后再改”实际上是一种宏观调整和局部精雕细琢相结合的过程。首先，从全局角度出发，再次通篇阅读论文，审视中心论点、主要论据、全文结构，以及论证是否衔接紧密、层次分明，经过一段时间的间隔，作者对原稿的认识可能会更深刻，能够以更加客观的眼光对论文进行整体规划和调整；其次，在这一冷静期后，作者再逐句、逐段对语言表达、格式排版进行细致修改，确保每个细节都符合学术规范，力求使论文达到准确、严谨且富有说服力的要求。

“暂时搁置，日后再改”不仅可以避免因初稿状态过于激动或疲劳而带来的主观偏见，还能促使作者在修改过程中不断发现问题、提出新见解，从而使论文内容日益完善、论证更趋严谨。这种方法体现了科学研究中不断审视、不断反思和持续改进的精神，是提高论文质量的重要策略之一。采用这一策略，既有助于作者以全新的视角审视和优化论文，又能确保最终成稿富有思想深度且具备清晰严谨的逻辑结构。

在实际操作中，作者应根据自己的写作习惯和论文特点，灵活运用这些方法。无论是哪种方法，都需要坚持"发现问题、逐一解决"的原则，力求使论文在内容上充实、结构上严谨、语言上准确、表达上生动。只有经过反复修改、精雕细琢，论文才能真正达到"以事实为依据、以逻辑为支撑"的高标准，成为一篇令人信服、具有学术影响力的优秀论文。因此，论文修改不仅是论文成文过程中的一个环节，更是一种持续深化和提升学术水平的重要手段。每一次修改都是对研究成果的一次重新审视和优化，是对自身学术态度的一种严格要求。只有通过不断的反复修改，论文才能真正体现出作者严谨、务实和创新的精神，最终为学术界和社会提供一份高质量、有深度、富有说服力的研究成果。

第五节　定稿

论文定稿是学术论文写作的最后环节，是经过反复修改、推敲和完善后形成的最终版本。定稿不仅要求论文内容达到科学严谨、观点明确、论据充实的标准，还要求论文语言表达准确、格式规范，能够真正反映出作者的研究成果和学术水平。为此，初稿的压缩工作在定稿过程中起到了至关重要的作用。

一、初稿的压缩

学术论文通常有明确的字数要求，并非越长越好。初稿往往是作者尽情发挥思想、记录所有想法的产物，其内容可能冗长、重复甚至有些啰唆。因此，对初稿进行压缩和提炼，就成为论文定稿过程中的重要步骤。初稿压缩的目标在于使论文内容更加精练、明了，集中体现研究成果，而不失其科学性和逻辑性。下面主要从引言、图表、论证过程、参考文献和正文几个方面讨论初稿的压缩方法与原则。

1.压缩引言

引言部分主要交代课题的研究背景、研究现状、写作目的及主要研究方法。虽然这些内容对支持论文论点起着重要作用，但它们并非全文的核心。因此，在压缩引言时，应力求语言简洁明了，不宜过多铺陈与主题无关的背景信息，应当只保留那些能直接辅助中心论点展开的内容，避免冗长描述，使引言部分起到引出问题、引导读者的作用，而不至于喧宾夺主。经过适当压缩的引言，能使全文更集中于主要论证，更符合读者对学术论文的期望。

2.压缩图表

图表作为学术论文中的特殊表达方式，起到直观展示数据和信息的作用。理想的图表应当结构合理、项目清晰、大小适中。但在初稿中，图表往往制作得不够理想，可能存在过大或过于冗杂的情况。压缩图表的目的是使图表能够精练地表达关键信息。具体来说：

①图表尺寸不宜过大，文字和标注要尽可能清晰。

②对于已经在图表中表达清楚的信息，不必在正文中重复详细叙述，避免累赘。

③如果图表内容过于简单或无法有效传达信息，可考虑将其转为文字说明，以免因图表排版问题影响论文整体效果。

通过对图表的压缩和调整，可以使论文整体布局更紧凑、数据表达更直观，同时减少不必要的重复描述。

3.压缩论证过程

学术论文的论证应当简洁有力，而非教科书式的从基本原理开始冗长阐述。许多作者由于担心读者理解困难或论证存在漏洞，往往在论证时大量铺陈，从最基础的知识讲起，结果导致论证冗长烦琐，反而削弱了论文的学术价值。理想的论证应当在充分说明核心论点的前提下，省略那些已被普遍接受或不必重复论述的部分。对于那些被公认为事实的论据，尽量压缩其说明，集中篇幅讨论核心部分，做到简洁有力，让读者在短时间内把握重点，达到“言简意赅”的效果。

4.压缩参考文献

参考文献是论文的重要组成部分，能够为论点提供权威支持。然而，参考文献也并非越多越好，过多的文献会使读者难以分辨哪些才是关键性的支持资料。论文修改时，应对参考文献进行筛选，只保留那些对论点、论据、研究方法及结论具有直接关联和实质性支持的文献，避免无关或重复的引用。压缩参考文献，不仅使论文显得精练，还能提高文献引用的质量，使论文更具学术权威性。

5.压缩正文

正文是论文最主要的部分，对于其中含糊不清、模棱两可的字句也应进行必要的压缩和修改。压缩正文的目的在于去除冗余信息、强化表达，使文章整体更为精练。作者可以通过两种方式进行压缩：一是自己压缩，即在反复阅读和思考中大胆删改那些冗长、重复或无关紧要的内容；二是请他人协助压缩，如导师或同行专家提出修改意见，再根据反馈进行调整。无论采取哪种方式，都必须确保保留论文中最关键、最具说服力的部分，同时使整体结构和逻辑更加清晰、紧凑。

通过对引言、图表、论证过程、参考文献和正文的逐步压缩，作者不仅能使论文内容更加精练、重点突出，还能使整体结构更为合理、逻辑更为严密。修改过程中，作者反复阅读全文，调整各部分的篇幅和顺序，使得论文各个环节有机结合、相得益彰。正是这种“发现问题，逐一解决”的过程，确保了论文在定稿时既内容完整，又表达精准、格式规范，充分体现了学术研究者严谨治学的态度，以及对读者、对社会高度负责的精神。

同时，初稿的压缩还能够激发作者对研究成果的再认识。经过反复修改，许多初稿中未能充分表达的观点和数据得到了进一步提炼和完善，最终使论文呈现出更高的学术价值和更强的说服力。对于科研和教学人员来说，修改不仅是技术层面的精益求精，更是科学研究深入发展的延续，是对自身研究成果再加工、再升华的重要过程。

二、定稿的最终要求

在经过反复修改和压缩之后，论文必须达到以下要求才能定稿。

（1）观点正确且具有新意。

定稿的论文应当确保核心论点准确无误，同时具备创新性，能够在学术上有所突破。

（2）论据充分且可靠。

论文所引用的每一项数据、事实和文献资料都必须真实、可靠，能够为论点提供有力支撑。

（3）论述层次清晰、逻辑严密。

论文整体结构必须层次分明，各部分之间衔接自然，论证过程环环相扣，逻辑推理严谨。

（4）语言表达准确、生动。

定稿的论文应当用词准确、句式流畅，既符合学术规范，又具有感染力，能够让读者轻松理解并认可论文的观点。

（5）格式规范、符合投稿要求。

无论是期刊论文还是会议论文，定稿时必须按照相关要求严格排版，包括标题、摘要、关键词、参考文献、图表、公式等各部分都要符合规范。

定稿是整个论文写作过程的终点，也是科研工作者对自身研究成果反复推敲、精益求精后的最终呈现。经过不断修改、不断压缩与完善后，论文才可能真正达到“自己满意、读者满意”的理想效果，成为一份既具有学术价值又符合实际要求的高质量成果。

定稿的论文不仅在逻辑上严谨、数据上可靠、论点上鲜明，而且在语言表达上也能够做到既生动又准确，成为一份令人信服的学术成果。这正是科研工作者严谨治学、对读者和社会高度负责的重要体现。

第六章　实战练习与案例分析

研究就是看到所有人都能看到的东西，却想到别人从未想到的东西。（Reseach is to see what everybody else has seen, and to think what nobody else has thought.）——阿尔伯特·圣捷尔吉

第一节　期刊选择与投稿指南

一、实战检索练习

本部分通过若干循序渐进的检索案例，将前文“文献检索与利用”的知识落实到具体操作中。练习设计应覆盖不同类型的文献数据库、不同学科的检索需求，并结合检索策略、检索式设计和检索结果分析等核心技能。

1.检索练习概述与目标

在科研日益多元化与专业化的趋势下，如何快速、准确地获取高质量文献信息已成为每位科研工作者和高等院校学生的基本功。通过系统的实战检索练习，读者不仅能够熟练掌握各类数据库的检索流程与检索技巧，更能在检索过程中培养关键的信息素养与批判性思维。信息素养意味着对检索工具的灵活运用，对检索结果的甄别与评判，以及对检索策略的反思与不断迭代；而批判性思维则要求我们在解读文献内容时，能够以严谨、审慎的态度进行质疑与分析，避免盲从文献或片面依赖单一信息源。只有在二者的有机结合下，科研工作者才能精准地锁定最具价值的资料，并在后续的研究与写作中加以科学运用。

基于以上认识，本部分的检索练习将按照由浅入深、由易到难的逻辑顺序展开。首先，我们会从最常见的学术搜索引擎与通用性数据库着手，帮助读者迅速了解基础检索功能与简单的布尔运算方法。此环节主要聚焦在“看到什么、获取什么”的层面，重点掌握关键词、主题词及作者名检索的技巧，熟悉常见的检索陷阱与误区。其次，随着研究主题的逐步聚焦，我们将引入专业性更强的数据库检索与高阶检索式设计，譬如结合限定检索、文献计量分析或借助学术管理工具进行结果筛选与对比分析。这个阶段的训练，不再仅仅局限于“找到文献”，而是强调在海量结果中“找到优质且与自身课题高度相关的文献”，并对检索结果进行有效的管理与评估。

因此，本部分的总体框架将分为两个主要层级。

①基础层级：掌握检索入口与简单的检索方式，侧重于让读者熟悉数据库与文献管理工具的操作界面，明晰检索过程的基本流程。

②进阶层级：基于所学的工具与策略，逐步学习复合检索式的构建、学术主题的深层挖掘与交叉分析。读者会在此过程中体验更多的检索场景，例如，如何针对跨学科议题或新兴研究热点进行多库联动检索，例如，何判断不同数据库检索到的结果在质量与可信度上是否存在差异等。

通过层层实操与案例演示，读者应当能够深刻体会到：在学术研究中，检索绝非机械地敲入关键词或被动地浏览结果，而是一种主动的、策略性极强的信息获取过程。系统化地掌握这一过程，将为后续的文献阅读与学术写作奠定坚实的基础，也能让读者更好地应对未来学科交叉与研究前沿挑战。综上所述，检索练习的核心目标不只在于掌握数据库操作，更在于逐渐锻造一种从“方法”到“思维”的转变，使读者在日后开展学术活动时具备更高效、理性与灵活的研究能力。

2.综合性文献数据库检索练习

在进行科研选题或撰写论文的初始阶段，往往需要依托综合性文献数据库来快速了解某一领域的整体研究现状与前沿动态。综合性数据库不仅能提供学科覆盖范围广、文献类型多样的检索结果，还能通过一站式平台为研究者节省大量时间与精力。通过以下两个练习，读者将对学术搜索引擎和综合性数据库形成更加清晰、系统的认识，并在实践中掌握关键词设计、布尔运算、检索式优化及文献管理工具的灵活应用。

练习 1：使用学术搜索引擎（如百度学术等）。

（1）检索主题设置。

为了确保操作的可行性与普适性，可先选择一个兼具大众化与学术价值的话题，如“人工智能在医疗健康领域的应用（artificial intelligence in healthcare）”。这一话题涉及计算机科学、医学、社会学等多重维度，因此可以有效测试学术搜索引擎在跨学科检索中的表现。

（2）关键词设计与布尔运算。

①关键词提炼：根据已有知识或研究兴趣，将关键词初步划分为核心概念（如“人工智能/artificial intelligence”“医疗健康/healthcare”）和拓展概念（如“深度学习/deep learning”“临床诊断/clinical diagnosis”“医疗数据/medical data”等）。

②布尔运算：在搜索引擎中，通过运用 AND、OR、NOT（部分中文搜索引擎使用“+”“-”等符号）等逻辑运算符，精确地组合或排除不同关键词。例如，在 Google Scholar 中，可使用 “artificial intelligence”AND“healthcare ”以确保检索结果中同时包含人工智能与医疗健康的研究；若想综合“深度学习”或“机器学习”，可将检索式设计为“deep learning” OR “machine learning” AND“healthcare”。

（3）结果分析与优质文献筛选。

①筛选高质量文献：学术搜索引擎一般会根据相关度与引用频次进行排序。读者可先关注排在前几页的文献，尤其留意那些高被引文献和高影响力期刊与会议论文。

②判断文献的重要性：除了考量引用次数，还需综合期刊级别（影响因子、期刊分区等）、作者的学术地位，以及研究内容的新颖性与方法学严谨度。在阅读题目与摘要时，可初步判断该文献在当前研究领域中的定位与价值，进而决定是否深入阅读全文。

通过该练习，读者不仅能加深对学术搜索引擎检索机制与排名算法的理解，还能在丰富的检索结果中学会甄别与筛选，为后续更深入的专业数据库检索奠定基础。

练习 2：使用综合性数据库（如 Web of Science、Scopus 等）。

（1）检索主题设置。

在基本掌握学术搜索引擎用法后，可尝试在专业度更高的综合性数据库中检索更具学科深度的主题，如“石墨烯在柔性电子领域的应用（graphene in flexible electronics）”。此主题从材料科学与电子工程等专业角度切入，更能检验读者对数据库功能的把握，以及对检索式多维度设置的灵活程度。

（2）检索式设计与应用。

①学科关键词与主题词：为提高检索结果的精确度，可充分利用数据库提供的“主题词表（Thesaurus）”或“受控词表”。例如，在 Web of Science 中，通过使用“Topic Search”并输入关键词 “graphene” AND “flexible electronics”，可进一步限定为材料科学领域或电子工程领域，以避免不相关学科文献的干扰。

②作者检索、机构检索：若对某一领域的核心学者或科研团队有所了解，可进一步使用作者名或机构名进行检索，从而集中获取他们的代表性成果。此方法往往对锁定领域内最前沿的研究动态极为有效。

（3）结果去重与文献管理。

①使用文献管理工具：面对检索数量庞大的结果集，需要借助 EndNote、Mendeley 等文献管理软件来进行去重、分类与标注。此举不仅能使文献资源井然有序，也便于后续研究者对文献进行批注和归档。

②分类与标记：将检索到的文献按照研究方向、研究方法或实验结论进行分类，以利于后续的文献阅读与分析。通过对高频出现的研究关键词或参考文献进行标记，也可在日后的学术写作中迅速提取关键信息。

通过此环节的训练，读者将真正体会到综合性数据库在精细化检索与跨学科聚合中的优势，也能在实际操作中逐步养成系统管理文献的良好习惯。这些经验对后续专门领域数据库的深度挖掘与大规模文献综述的撰写极具参考价值。

学术搜索引擎与综合性数据库是科研人员在早期文献调研中最常使用的两大检索途径。前者操作简便、覆盖范围广，而后者功能更加强大、检索维度更为丰富。将这两种方式有效结合起来,可以帮助研究者在最短时间内对目标课题进行初步的摸底和拓展，为下一步的专业数据库检索和论文写作提供更精准、深入的数据支撑。通过多次反复实践与对比，读者也能不断积累检索经验，优化检索策略，从而在茫茫文献海洋中游刃有余地找到最具价值的学术信息。

3.专业文献数据库检索练习

在完成对学术搜索引擎与综合性数据库的初步探索后，研究者往往需要更深入地挖掘某一具体学科或交叉领域的最新成果与高质量文献。此时，专业文献数据库便发挥出其独特价值：通过更严谨的学术标准、更完备的文献收录策略，以及更具针对性的检索与分析功能，为研究者提供了一套聚焦度更高、专业门槛更高的检索通道。与综合性数据库相比，专业数据库在检索结果的精准度、专题深度与数据挖掘方面具有突出优势，因此成为从事理工、医学与生物学、社会科学与人文等不同领域研究人员的“必备工具箱”。下面将针对若干典型专业数据库（如 IEEE Xplore、PubMed、CNKI 等），从检索流程、功能特色与检索策略等维度进行详细介绍；同时也将对综合性数据库与专业数据库在结果呈现、功能互补等方面进行比较，为读者提供在不同研究情境下的最佳检索方案。

（1）理工科领域：IEEE Xplore。

IEEE Xplore 由电气电子工程师协会（Institute of Electrical and Electronics Engineers，IEEE）主办，主要收录与电气工程、计算机科学、电子信息、通信技术等相关的学术文献。其收录范围不仅涵盖期刊论文、会议论文、技术标准，还提供在线课程、教学视频和专利信息等。因此，对于从事电气、电子和计算机领域研究的学者来说，IEEE Xplore 是获取第一手技术趋势及高水平学术论文的首选平台。

①检索界面与基本检索。进入 IEEE Xplore 首页后，研究者可在搜索框中输入核心关键词，或选择“Basic Search（基本检索）”与“Advanced Search（高级检索）”两种模式。其中，“Basic search”适用于对主题尚不十分明确，或仅进行初步摸底的情形；“Advanced search”则可通过布尔运算、时间范围、文档类型、作者或会议名称等维度进行多条件精准筛选。

②专题检索与分析。对于一些跨学科主题（如人工智能、物联网、5G 通信等），研究者可以先检索广义关键词（如“AI AND healthcare”，或“Internet of things AND agriculture”），然后通过左侧菜单的“Refine Results（结果精练）”功能进行学科类别、出版年份、出版物类型的进一步限定。IEEE Xplore 的特色之一在于会自动推荐与当前主题相关的会议或期刊，也能提供“Cited By（引用次数）”与“References（参考文献）”功能，方便研究者追溯文献来源以及后续研究成果。IEEE Xplore 的结果精练界面如图 6.1 所示。

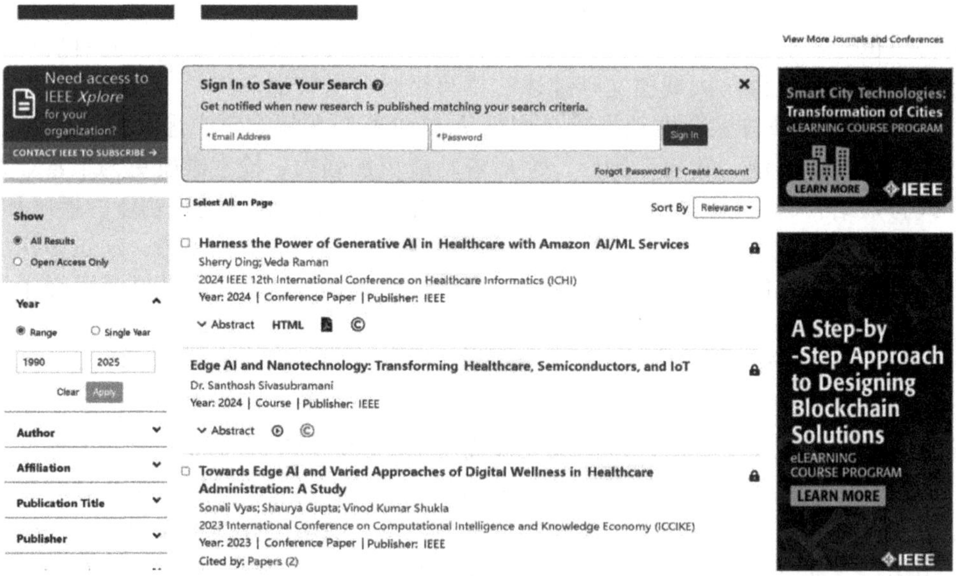

图 6.1 IEEE Xplore 的结果精练界面

③下载与引用管理。在下载文献时，应留意期刊或会议的版权要求。对于大型机构或高校，一般会通过 IP 授权方式订阅 IEEE Xplore 的数据库，因此在校园网或授权 VPN（虚拟专用网）环境下可直接获取文献全文。研究者也可使用文献管理工具（如 EndNote、Mendeley、Zotero 等）批量导入参考文献记录，并进行后续的引用与标签管理。Zotero 文献管理工具界面如图 6.2 所示。

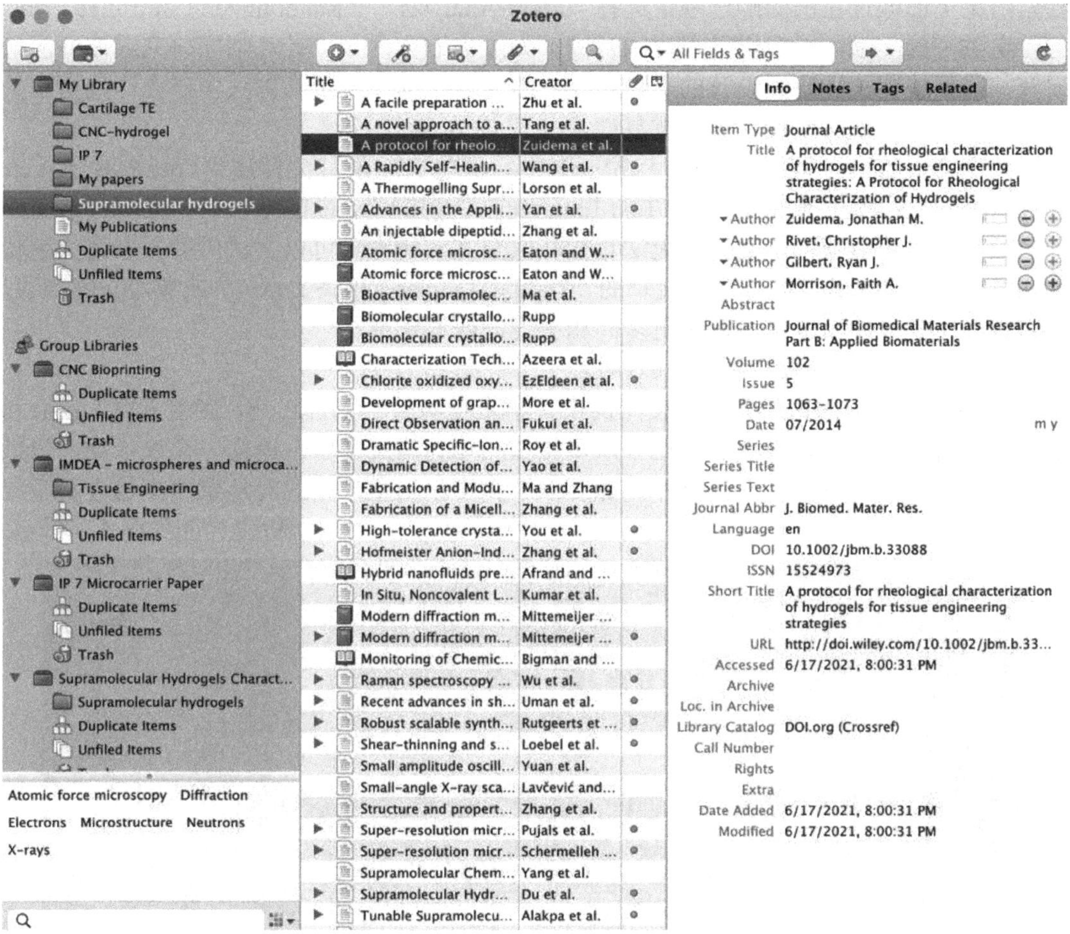

图 6.2 Zotero 文献管理工具界面

（2）医学与生物学领域：PubMed。

PubMed 由美国国家医学图书馆（NLM）下设的国家生物技术信息中心（NCBI）运营，涵盖了全球范围内与医学和生物学相关的文献资源，包括期刊论文、临床试验报告、系统综述与元分析等。对于从事医学、药学以及生命科学领域研究的人员而言，PubMed 可谓是一座内容丰富且更新及时的文献宝库。

①检索准备：医学主题词与检索式。医学领域文献往往使用医学主题词（Medical subject headings，MeSH）进行索引。MeSH 能帮助研究者更精确地定位文章所涉及的病

种、药物或实验方法。使用 PubMed 时，建议在检索前先查询相应的 MeSH 词库，确认所要检索的概念对应的标准主题词及其同义词或下位词。在高级检索界面中，可以使用 MeSH 与布尔运算符（AND、OR、NOT）相结合，通过设定“[MeSH Major Topic]”或“[Title/Abstract]”等字段限定条件，实现深度检索。

②文献类型筛选与结果分析。PubMed 拥有方便的文献类型过滤功能，研究者可在检索结果页面通过左侧的筛选项，选择“Meta-Analysis”“Randomized Controlled Trial”等特定类型的文献，或指定发表时间范围（如过去五年内）。针对临床研究或循证医学研究，需要重点关注研究设计的严谨性与样本量等指标；若是基础医学研究，则更应关注细胞或分子水平实验设计的可重复性。

③全文获取与延伸阅读。在 PubMed 中，一些文献条目会标注“Free PMC Article（免费 PMC 文章）”或带有“Full Text Links（全文链接）”，说明可以在 PubMed Central 或出版社官网免费获取全文。若无法直接获取全文，研究者可以尝试借助图书馆文献传递服务或与作者联系。通过阅读文章的“Similar Articles（相关文章）”或参考文献列表，也可进一步延伸检索范围，挖掘更多高相关度的研究资料。

（3）社会科学与人文领域：CNKI。

CNKI 是目前国内最为广泛使用的中文学术资源整合平台之一，涵盖人文、社会科学、经济管理、法律、教育、文化等众多领域的期刊论文、学位论文、会议论文、报纸文章以及重要工具书条目。其全库资源多以中文文献为主，因此对从事中文社会科学或人文科学研究的学者来说，CNKI 具有不可替代的意义。 CNKI 检索界面如图 6.3 所示。

图 6.3　CNKI 检索界面

①导航式检索与高级检索。CNKI 提供导航分类（如基础科学、工程技术、社会科学等）与多种检索入口。对于社会科学研究来说，研究者往往需要在关键问题、研究背景、理论模型之间进行反复比对，因此可将核心关键词或主题先拆解为多维度，如“农村社会保障”“老龄化”“社会分层”等，再运用 CNKI 的高级检索功能，结合作者单位、基金资助、文献级别等筛选条件，获取更贴近研究需求的结果。

②知网节与可视化分析。近年来，CNKI 增加了多种知识可视化分析工具，如知识脉络图谱、研究热点聚合等。通过该类功能，研究者可以快速了解某一主题的演进趋势、学术网络结构以及高被引作者或期刊，这在进行大规模文献综述或跨学科研究时尤为有用。

③全文下载与文献互助。由于 CNKI 大部分文献需要付费下载，部分高校或科研院所会提供统一账户或校园网授权。研究者在下载后，应及时进行文献管理并备注关键内容或观点，以便后续写作中的引用与整合。如果遇到外文文献或特殊书籍，可通过国际数据库或馆际互借进行补充获取。

二、不同数据库的特色功能介绍与利用技巧

虽然各专业数据库均围绕特定学科领域构建，但其功能特色与检索技巧各有不同，研究者若能充分掌握并灵活运用，将大幅提升文献搜集的效率与质量。

1.高级检索语法与布尔运算

①在 IEEE Xplore 等理工科数据库中，高级检索界面往往提供多字段检索，如 Title（标题）、Abstract（摘要）、Keywords（关键词）、Author（作者）、Publication Year（出版年）。灵活应用布尔运算符能在层层限定中快速锁定目标文献。

②PubMed 中则更强调 MeSH 及其层级关系，熟悉医学主题词系统对精确定位研究方向至关重要。而对于中文数据库 CNKI，则常需兼顾普通关键词与学科分类号、基金项目名称等条件，以获取更完整的资料。

2.引用追踪与主题聚类

①专业数据库通常提供较为完善的引用与被引功能。以 IEEE Xplore 为例，研究者可追踪某篇论文的参考文献列表或其被引论文，从而快速构建针对某一领域的文献网络图。

②CNKI 的“引文分析”与“知识脉络图谱”功能，则可在大范围内梳理作者群体、期刊群②体之间的学术联系，并发现潜在的研究空白或新兴趋势。

3.数据可视化工具与分析插件

①PubMed 不仅支持与医学数据库之间的互联互通（如 ClinicalTrials.gov、GeneBank 等），还可借助外部可视化插件（如 VOSviewer、CiteSpace）进行共现分析、聚类分析等，为评估某个研究领域的热点与难点提供支持。

②其他专业数据库也在不断扩展可视化手段，如主题热词云、时间轴可视化、研究前沿聚焦等。这些工具能让研究者更直观地把握文献分布与研究趋向。

4.全文获取与跨数据库联动

①专业数据库通常与出版社或机构订阅系统深度绑定。例如，IEEE Xplore 一般会直连 IEEE 出版物，便于全文查看与下载。研究者若发现某些期刊或会议论文并不在所订阅范围内，可以通过跨数据库检索或图书馆文献传递服务加以补足。

②对于跨学科或国际合作型课题，可通过在多个专业数据库间进行联动式检索来实现信息互补。例如，针对“生物医学工程”这一交叉领域，可以在 PubMed 中搜索医学

相关文献的同时，也在 IEEE Xplore 中获取工程技术方面的研究，并在 CNKI 中补充中文文献或基础研究的综述性文章。

三、综合性数据库与专业数据库的差异与互补性

1.检索结果的范围与深度

①综合性数据库（如 Web of Science、Scopus）强调广泛覆盖，文献收录量大、学科门类齐全，适合在研究初期进行广谱搜寻、了解宏观发展趋势或进行学科交叉检索。

②专业数据库（如 IEEE Xplore、PubMed、CNKI）则围绕特定学科进行深度垂直化运营，能在文献质量、学科深度以及功能开发等方面下足功夫，因此检索结果通常更为精准，也更能对接学科专业需求。

2.检索策略的精细化与操作便捷性

①综合性数据库通常在界面和检索逻辑上设计较为通用，用户往往使用基本或高级检索即可快速上手。

②专业数据库针对领域特性，提供更多个性化筛选选项以及专业主题词系统（如 PubMed 的 MeSH、CNKI 的学科分类号）。在使用之前，需要一定的专业知识储备与数据库操作经验，才能发挥其最大效能。

3.数据处理与可视化分析

①综合性数据库一般提供文献计量分析功能，如 H 指数、被引频次、影响因子等，对于科研绩效评价或宏观学科分析大有裨益。

②专业数据库多在特定主题的知识可视化、前沿热点追踪等功能上表现突出。例如，IEEE Xplore 会根据技术领域自动归类并推荐相关会议；PubMed 的“Similar Articles”能迅速定位相近研究；CNKI 的知识图谱可一览大范围内同主题的研究脉络。

4.资源互补与联合检索

①在多数科研实践中，综合数据库与专业数据库并非二选一，而是互为补充、互相映证。研究者往往先在综合性数据库中获取总体认知，继而在专业数据库中做纵向深挖；或是在专业数据库中发现新议题后，再回到综合性数据库进行跨领域交叉检索。

②两类数据库协同使用，既能保证研究覆盖面与学科交叉，也能确保研究质量与深度，帮助研究者更全面地剖析问题、发现前沿课题。

专业文献数据库通过聚焦某一特定学科或领域，为研究者提供了高精准度、高深度的文献检索与分析能力。在实际科研过程中，理工科领域常用 IEEE Xplore、医学与生物学领域偏好 PubMed，而社会科学与人文领域的研究者则对 CNKI 情有独钟。每个数据库都有其专门的学科收录、独特的检索功能以及特定的知识可视化方式，这种领域定制化的特色使研究者能够紧跟前沿动态，也有助于快速获取高质量的核心文献。当然，专业数据库并非包罗万象，与综合性数据库相比，其优势在于深，而不足则可能在于覆盖面略显不足。因此，研究者应综合运用不同类型的数据库，使二者在覆盖广度与学科深度上彼此协调、互为补充，从而在最短时间内获取最丰富、最准确、最具价值的研究信息。

通过专业数据库检索练习，读者不仅能掌握具体的检索流程与策略，还能在操作中逐步体会到如何利用数据库特色功能与学科主题词体系进行查找和挖掘，从而为后续的文献阅读、数据分析及论文写作打下更扎实的学术功底。随着研究进程的不断推进，研究者也需紧跟数据库功能迭代的步伐，积极学习新的检索技巧与信息可视化工具，使自身的信息获取能力和批判性思维水准与日俱增，为今后的学术探索与科研实践拓展更广阔的空间。

四、检索结果的进一步分析与评估

在完成基本的检索操作并获得一定数量的文献后，研究者往往面临一个关键问题：如何在有限的时间与精力下，从海量检索结果中高效、准确地辨别哪些文献真正具有价值与参考意义？文献质量的评估不仅涉及题目、摘要与关键词的快速阅读与判断，也需要综合考量文献可读性、学术影响力（如影响因子、被引频次、H 指数等），以及研究内容的创新性和可靠性。下面将围绕文献价值判断的多重维度，系统阐述从快速浏览到深度评估的思路与方法，并在此基础上介绍如何利用知识图谱或主题分析图来辅助大规模文献梳理、洞察研究现状与热点，以便读者在学术研究过程中能够做出更具前瞻性与针对性的选文决策。

1.通过文献基本信息的初步判断

当研究者在综合性数据库或专业数据库中检索到一批文献时，第一步通常是对这些文献进行“粗筛”。所谓粗筛，就是以尽量少的阅读量获取对文献价值的初步判断。这一过程最常见的操作是浏览文献题目、摘要、关键词及发表源等关键信息。

（1）题目的关注点。

①研究对象与范畴：题目往往包含研究对象的核心术语（如“石墨烯”“纳米材料”“人工智能”“电子病历”等），研究者需快速判断题目所涉及的领域是否与自身研究方向高度吻合。

②研究方法或主要结论：部分文献题目会直接透露研究方法（如“基于深度学习的影像识别技术”）或研究结论（如“对比传统疗法的新型临床方案”）。若这些关键词与读者的研究思路或假设相吻合，则该文献可能具有较高参考价值。

③关键词的前沿性或交叉性：某些题目中若呈现出新颖或交叉的概念，如“元宇宙经济学影响”“多模态医疗影像分析”，这通常预示文献具有一定的创新点或者跨学科潜力，值得进一步关注。

（2）摘要的快速阅读与重点提炼。

①研究背景与问题：摘要通常首先点明研究动机和背景。如果该背景与读者的研究目标相匹配，则说明文章的整体思路值得深入了解；若背景差异过大，可能仅作为侧面参考。

②研究方法与数据来源：摘要中常简要介绍研究所采用的方法论、实验设计或数据采集方式。可与读者自身的研究思路做比较，评估该文献能否提供可借鉴的思路或对照实验。

③主要结果与贡献：摘要最后通常概括研究结论或实践意义。若其结果具有突破性或指向新的研究方向，则是高价值文献的重要标志。

④摘要的完整度与语言质量：若摘要含糊不清或缺乏关键信息，也可能意味着论文本身存在逻辑不严谨或数据不足的情况，此时需谨慎评估其价值。

（3）关键词与主题词的指示作用。

①核心概念与研究重点：学术论文的关键词往往是作者为便于检索与索引而提供的最能代表论文内容的核心概念。若关键词与读者的研究主题存在较大重叠，则文献价值更高。

②专业术语与跨学科线索：当关键词中出现不熟悉的专业术语或跨学科衔接词时，可能提示文章具有新兴领域或交叉研究的特征，应引起关注。

③与数据库主题词（如 MeSH、学科分类号）的对照：在专业数据库（如 PubMed、CNKI）中，作者或数据库会给出主题词或学科分类号，结合这些信息可更好地判断文献所在的学科领域和研究深度。

（4）期刊、会议或出版物来源。

①期刊层级与声望：若文献发表在本领域的顶尖期刊或主流核心期刊，通常其质量更易得到保障。

②会议质量与受众：对于一些快速发展的方向（如计算机科学、人工智能），高质量国际会议（如 NeurIPS、ICCV、ACL 等）可能提供最前沿的成果。

③出版社与系列丛书：在人文社会科学领域，文献若由知名大学出版社或专业学术机构出版，也往往具有较高的质量保证。

通过对题目、摘要、关键词和发表源的初步筛选，研究者可以在较短时间内对文献的重要程度、研究内容的契合度和潜在价值形成大致判断，从而大幅提升后续深入阅读与评估的效率。

2.文献可读性与质量评估

完成对文献的初步筛选后，研究者需要在更深入的层面对文献可读性和学术质量进行评估。此环节不仅关系到阅读的效率和理解的深度，也直接影响研究者能否准确把握文献的核心贡献和可能的缺陷。

（1）文献可读性的关键因素。

①逻辑结构的清晰度：一篇高质量论文通常在引言、方法、结果、讨论等部分之间保持连贯性与严密性。研究者在快速通读时，可关注各章节之间是否存在“断层”或“跳跃”的情况。

②语言表达的准确性：专业论文的语言应当简洁而准确，不宜过度修饰或模糊陈述；若文章中频繁出现逻辑不顺、术语混用等现象，则可读性偏低。

③图表与数据的清晰度：图表作为可视化工具，可以大幅提升读者的理解效率。若图表设计过于复杂、注释不详，或与正文内容脱节，说明作者在学术写作上的严谨度有待提高，也会影响可读性。

（2）文献质量的判断维度。

①研究方法的合理性：不同学科有各自普适的研究范式，如自然科学中的对照实验

与统计推断、人文社会科学中的问卷调查与质性分析等。研究者应重点考察方法选择是否恰当、实验设计是否严谨、样本量或数据来源是否具有代表性。

②结果数据的可信度：关注结果呈现是否明确，统计分析是否使用了正确的方法（如 p 值、置信区间、效应量等）。若缺少必要的统计检验或数据重复性，文献可信度会大打折扣。

③参考文献的完整度与新颖性：一篇高质量研究应及时引用本领域的最新文献，并对核心理论或方法做全面回顾；若参考文献普遍陈旧或缺少关键领域的引用，可能意味着作者对现有研究成果的把握不足。

④伦理与学术规范：对于涉及人体或动物实验的研究，应仔细查看是否通过了伦理审查；在社会科学或人文领域的研究，也应关注其是否在研究对象获取、数据来源上符合伦理与法律要求。

（3）影响因子、被引频次等学术指标。

①影响因子：由期刊在一定时间范围内的平均被引次数计算而来。高影响因子期刊通常具有更严格的同行评审机制。然而，影响因子并非衡量一篇论文质量的绝对标准，只是一个综合指标。

②被引频次：反映该论文自发表以来在学界受到的关注度。高被引论文可能在理论或方法上具有较大影响。但研究者需考虑时间因素，新近发表的高价值论文可能尚未积累足够引用。

③H 指数：衡量个人或期刊影响力的一个常用指标。若作者 H 指数较高，通常表明其研究成果在所在领域具有持续影响力。

④Altmetrics 等新型指标：随着社交媒体与开放获取趋势的发展，一些新型评价指标（如下载量、社交平台讨论热度等）也成为评价学术影响力的辅助参考。

需要强调的是，这些学术指标只能从侧面反映一篇文献或一位作者的影响力，并不必然意味着论文质量就一定高。因此，研究者应当结合文献本身的具体内容与研究方法来做出综合评判，切忌单纯依赖指标来判断论文价值。

3.利用知识图谱或主题分析图掌握研究现状与热点

当研究者需要在某一领域或交叉方向进行系统性调研时，面对数十篇甚至上百篇文献，人工逐篇阅读与标注不仅耗时，且容易遗漏关键信息。在此情境下，知识图谱或主题分析图等可视化手段逐渐成为管理与分析海量文献的高效工具。通过对文献关键词、作者、期刊与引用关系进行可视化呈现，研究者能够更直观地把握研究脉络、梳理学术共同体结构，并洞察潜在的研究热点和前沿方向。

（1）知识图谱的基础概念与功能。

①节点与边的构成：在知识图谱中，每篇文献、每位作者或每个关键词均可视为“节点”（node），而引用关系、合作关系或关键词共现关系则构成了节点之间的“边”（edge）。通过算法与可视化工具（如 CiteSpace、VOSviewer、Gephi 等），研究者可以获得一个展示领域结构与演进脉络的图示。

②主要分析方式。共引分析（co-citation analysis）：若 A 文献与 B 文献被 C 文献同时引用，可以推断 A 与 B 在研究主题或方法上存在一定关联。合作网络分析（collaboration network analysis）：通过统计作者或机构之间的合作论文数目，研究者可发现领域内最为活跃的学术团队以及研究合作的地理或学科分布。关键词共现分析（co-occurrence analysis）：若同一篇文章中出现多个关键词，则这些关键词之间在语义层面可能有一定关联，对关键词共现频次进行分析，可快速锁定热点议题与研究趋势。

（2）主题分析图的构建与意义。

①主题提取方法：主题分析图通常基于文本挖掘（text mining）和主题建模（如隐含狄利克雷分布，LDA）等技术，对文献的标题、摘要、关键词或全文进行计算机算法处理，以识别并聚合出若干主题或子议题。

②热点主题与演化趋势：通过对一定时间范围内的主题分布情况进行可视化，研究者可以清晰看到某个主题从萌芽到快速增长，再到成熟或衰落的过程。这不仅能帮助学者发现当前最受关注的话题，也有助于捕捉潜在的研究空白与新兴方向。

③与研究问题的匹配度：当研究者已经明确了自身的研究问题或假设，便可在主题分析图上找到与其最匹配或最接近的领域，并重点关注相关文献群体。在此基础上，还能进一步探究其与其他主题的交叉关联，为拓展研究范畴或设计跨学科研究方案提供参考。

（3）可视化工具与操作流程示例。

①CiteSpace：常用于文献共引分析与突现词（burst detection）分析，帮助研究者辨别在一段时期内学术关注度迅速攀升的关键词。

②VOSviewer：界面相对友好，可生成各类合作网络与关键词共现网络。研究者可针对不同分析目的选择密度视图（density visualization）或网络视图（network visualization）等不同呈现方式。

③Gephi：为通用的网络可视化与分析工具，对分析对象与分析方式的定制化程度较高，适合熟悉网络分析算法或对可视化风格有较高要求的研究者。

④操作流程简述：以 VOSviewer 为例，研究者可先从 Web of Science、Scopus 或 CNKI 导出文献的引用数据或引文网络，再导入 VOSviewer 中进行去重、合并处理后，即可生成关键词共现图或作者合作网络图。通过调节可视化参数与阈值，可以突出显示高频关键词或高被引文献，从而快速识别学科热点与核心作者。

（4）知识图谱与主题分析图在研究中的应用价值。

①宏观把握领域全景：对于新入门的研究者或跨学科工作者，这些可视化工具能缩短摸清领域核心脉络的时间。

②选题与创新的启示：通过对热点主题与空白领域的识别，研究者可尝试提出新的研究问题或综合已有方法，以实现学术创新。

③文献综述与系统评价：在文献综述或系统评价中，构建知识图谱能为读者提供一个结构化的文献框架，并使综述更具全局视野与可读性。

④科研合作与交流：合作网络分析有助于发现潜在的合作者或团队，也能识别不同研究团体的特长领域，从而促成更有效的学术互动。

4.综合评估与实践建议

将快速浏览与细读评估、学术指标与可视化分析相结合，能够形成一套系统而高效的文献筛选与评估流程。下面的实践建议可帮助研究者在操作层面做好统筹和统合。

（1）由点到面，先粗后精。

在面对初始检索结果时，先使用题目与摘要筛选出最具相关性的文献；然后针对这些文献进行全文阅读与质量评估，进一步排除无效或价值不高的文献。同时，为了保证覆盖面与多样性，可以利用布尔运算或数据库推荐文献功能适当扩大检索范围，以免过早遗漏潜在重要文献。

（2）结合多维指标，多角度评价。

文献质量的判断不应局限于单一指标，如只看影响因子或只看被引频次。应综合考量研究方法、数据可信度、作者声望和出版来源等因素。当遇到指标矛盾时（如文章发表于高影响因子期刊，但被引频次却不多），研究者可进一步深究其中原因：或许是该文章发表时间尚短，或许是该主题过于小众，但对某些特定领域仍然极具参考价值。

（3）利用可视化工具，洞察全局与细节。

若在一个领域搜集到的大量文献让人难以全面掌握，可借助知识图谱或主题分析图来进行聚类和脉络分析。研究者应积极学习 CiteSpace、VOSviewer 等可视化工具的使用方法，关注其更新与新功能开发，以便在文献分析中占据技术先机。

（4）动态跟踪与迭代更新。

科研领域的进展日新月异，研究者应保持持续关注与滚动搜索的习惯。当新的文献出现或已有文献被大量引用时，可以纳入再次评估的列表。在构建知识图谱或主题分析图时，也要定期刷新数据库，确保可视化结果反映最新数据，以便更准确地把握当前研究热点和未来趋势。

（5）学科差异与跨学科应用。

不同学科在论文写作与评价标准上有所差异，如理工科更注重实验设计、数据分析的严谨性，医学与生物学高度依赖随机对照试验与临床数据，而社会科学和人文学科可能注重理论架构、实证案例或文本分析。在跨学科研究中，使用知识图谱时要特别注意不同数据库的主题词系统差异、指标差异，以及引用行为习惯差异，以免得出偏颇的结论。

高效的文献筛选与评估是科研工作中不可或缺的一环。首先，通过题目、摘要与关键词的快速浏览，研究者可以在最短时间内初步判断文献与自身课题的相关度与潜在价值；其次，结合文献可读性、质量与影响力等多维度评估，能够更为全面地排查文献在研究方法、数据可信度、学术贡献等方面的优劣；最后，利用知识图谱或主题分析图等可视化手段进行大规模文献的系统性审视，不仅能帮助学者快速构建某一领域的整体知识结构，也能发现前沿热点与潜在突破点。在实际科研中，这些方法是一个循序渐进、不断迭代的过程：研究者常常需要在最初的粗筛中找出值得精读的文献，再深入阅读并综合评判；若确定该领域研究价值较高，则会采用可视化方法来开展更大规模的主题或网络分析，并将发现的新线索或疑问重新带回到检索与评估流程中去。如此反复循环，不断修正与完善研究路径，才能使科研工作者在浩如烟海的文献世界里保持方向感与洞察力。

从长远来看，随着数字化与人工智能技术的飞速发展，文献筛选与评估的工具与方法也在不断更新。例如，机器学习可自动识别与聚类相关研究；自然语言处理技术能为文献的内容分析提供更精细化的标签；基于大数据的学术情报分析正在帮助研究者实时监控学科生态的演变。这些趋势都预示着未来的文献分析工作将更加智能化与更具交互性，也更富有挑战。研究者在掌握传统的学术写作与检索技能之外，也需要对新技术保持敏感度，并适时进行“数字技能”的自我提升。

五、常见检索问题与解决对策

在前文中，我们已经系统地探讨了如何利用通用性与专业数据库来获取高价值文献，并通过对检索结果进行分析和评估，初步筛选出与自身研究方向最契合的论文与数据。然而，在实际操作过程中，很多读者仍会遇到各种棘手的问题，如检索范围设定过大或过小导致的“海量噪声”或“检索漏失”，以及常见的付费墙（paywall）限制与全文难以获取等。尤其对于环境生态工程及地理信息科学等注重数据多源融合、跨学科交叉的专业而言，检索难题可能更为突出，因为研究所需资料不仅涵盖期刊论文，还涉及报告、标准、政策法规、遥感与地理空间数据等各种类型。

下面将围绕“检索范围的合理界定”“无法全文获取的应对策略”以及“检索式优化与迭代”等核心议题展开论述。通过结合环境生态工程及地理信息科学领域的示例和实操经验，帮助本科阶段的学生更有针对性地掌握检索流程与问题解决思维。希望读者在阅读并实践本部分内容后，能更加游刃有余地应对文献查找与信息获取中的各种难题。

1.检索范围过大的常见原因与解决方案

（1）检索范围过大的常见常见原因。

①关键词设置过于宽泛：在检索某些主题时，如果仅使用非常宽泛的关键词（如“环境保护”“生态”等），很容易得到数以万计的检索结果。对于地理信息科学研究生或本科生而言，如果仅输入“GIS”或“遥感”这类通用词汇，检索结果将包含几乎所有与地理信息系统、遥感技术相关的论文、会议材料，噪声文献（irrelevant literature）数量极多。

②未进行主题或学科分类限制：大多数数据库都提供按照主题、学科分类或数据库分库进行检索的功能。如果检索时未指定学科领域或研究方向，系统会默认搜索全库，从而得到极其庞杂的结果集合。

③缺乏地理或时间范围的限定:在环境生态工程领域，研究通常与特定的地理区位或时段密切相关。例如，研究“近十年某流域水质监测与生态修复”的现状，却只使用“河流”“水质”“生态修复”等通用关键词，且并未设置时间范围与地理位置限制，往往会得到与自己研究目标关联度不高的文献。

④布尔运算不当：布尔运算符（AND、OR、NOT）的合理使用，对于收缩或拓展检索范围至关重要。如果将多个关键词之间全部用 OR 连接，而不是 AND，就可能导致过量文献的出现。

（2）检索范围过大的解决方案。

①细化或限定关键词。增加修饰词或限定词：从“生态修复”到“湿地生态修复”，

再到“退化湿地生态修复的土壤微生物群落动态”——每一步的关键词越具体、越能表达研究的核心焦点，就越能减少无关文献的数量。结合专业术语和学科分类：环境生态工程专业可以结合生态模型名称、环境指标、生态系统类型（如森林生态系统、草地生态系统）等关键词；地理信息科学可结合具体遥感技术（如 Sentinel-2、Landsat 8 等）、空间分析方法（如 Kriging、GeoDetector 等），从而精确定位所需文献。

②利用数据库的高级检索功能。限定学科领域：在 Web of Science、Scopus、CNKI 等数据库中，勾选或输入环境科学、生态学、遥感科学、测绘科学等相关分类，排除其他不相干学科。时间区间限制：若关注近五年的研究动态，可将检索范围限定在相应年份区间内，以减少过时文献的干扰。地理位置或区域限制：对于研究某一区域（如长江流域、青藏高原、亚马孙雨林）的生态或环境问题时，借助数据库的地理信息检索字段或在关键词中加入地名，这样能大幅提升结果的针对性。

③优化布尔运算。使用 AND 来连接主关键词与修饰性关键词，以确保检索结果同时包含这些概念；使用 NOT 来排除已知无关或容易混淆的概念（如只想研究“城市热岛效应”，却经常检索到“城市热力管网”相关文献，可尝试通过 NOT “热力管网”来排除）；对于包含多个同义概念或近义概念的关键词组合，使用 OR 进行扩展，但需搭配其他关键词限制，以免检索结果再次变得庞杂。

④阅读检索结果的前几页。先快速浏览检索结果前几页的题目、摘要和关键词，若发现大量结果与研究目标并不相符，可及时调整检索式或关键词组合，以缩小范围并提升精准度。

2.检索范围过小的常见原因与解决方案

（1）检索范围过小的常见原因。

①过度使用过于专业或生僻的关键词。在环境生态工程及地理信息科学领域中，某些概念相对较新或过于小众，如“多源遥感数据融合中的时空自适应算法”，若研究者将检索式设定得过于狭窄，就可能漏掉许多潜在相关的文献。

②地理位置或时间范围过度缩小。如果在数据库中将检索范围严格限定在某一极小区域或极短时间段，而实际相关研究往往在更大空间尺度或更长时间跨度上展开，这就会导致检索结果过少甚至为零。

③使用了过多的排除词（NOT）。虽然使用 NOT 可以排除一些无关研究，但若排除范围过大，很可能将一些与研究有交叉价值的文献也一并剔除。

④检索条件之间的布尔运算设置过于苛刻。如果把大量关键词之间都用 AND 连接，这意味着检索结果必须同时包含所有关键词，一旦有一个关键词未出现，就不会被检索到。

（2）检索范围过小的解决方案。

①适度放宽关键词或同义词替代。在检索核心概念时尝试使用同义词、近义词或上位概念。例如，若研究“退化草地生态修复”，也可搜索“草地退化”或“草地恢复”相关术语，并在阅读标题与摘要时人工甄别是否合适。当目标文献较少时，可适当扩充关键词，以包含跨学科或相关学科术语，如“生态模型”“生物多样性”“生态网络”等。

②放宽时间与地理限制。如果所选时间跨度太短，可往前或往后延长检索范围，注意识别具有时代差异的文献（如针对长时段遥感序列的分析）。在地理范围过小的情况下，可先从相邻区域或相似生态环境的区域检索开始，了解更多相关研究方法，再聚焦到目标区域做二次筛选。

③谨慎使用排除词或高级限制条件。如果确实需要使用 NOT 排除干扰项，建议在初次检索后通过对结果的抽查来确认是否真的需要排除这些关键词；在高级检索条件中，优先只启用 1~2 项最关键的限制（如特定时间段、特定学科分类），避免层层限制导致检索漏失。

④借助引用文献与推荐文献进行逆向检索。当检索到几篇与研究方向高度契合的核心文献时，可以通过它们的参考文献或数据库"相似文献""被引文献"功能，找到更多潜在文献；这种逆向或横向的"文献网络追踪"方式往往能弥补初始检索式不足带来的范围过窄问题，也有助于发现一些并未在关键词中直接出现却具有实质关联的论文。

3.遇到付费文献/无法全文获取时的替代方案

在检索文献的过程中，读者经常会遇到一些论文需要付费购买才能获取全文的情况，或者所在机构/学校并未订阅相应数据库，导致难以直接下载相关文献。对于环境生态工程和地理信息科学专业的学生而言，一些高价值报告、标准文档或遥感数据源也可能受限于版权、付费或申请资格等因素，无法随时获取。在科研项目或毕业论文中，如何妥善解决全文获取障碍，往往对研究的进展与质量具有至关重要的影响。

（1）图书馆或院系数据库订阅。

①校园网或远程 VPN 登录。不少高校与科研机构通过校园网或 VPN 方式为学生和教职工提供数据库访问权限。若发现某篇文献显示付费，可先确认自己是否在订阅范围内。建议与学校图书馆信息服务部门保持沟通，了解已购数据库的使用范围以及最新的开通情况。

②馆际互借与文献传递。如果所属学校图书馆未订阅某些期刊或数据库，可尝试使用馆际互借服务。只需填写简单的申请表格或在系统中提交文献请求，馆际互借工作人员即可帮助你向其他院校借阅或调取原文。国内不少高校图书馆也为学生免费提供文献传递服务，尤其在中文文献获取方面效率更高。

（2）与作者联系或使用预印本平台。

①直接邮件联系论文作者。很多科研作者都乐于分享自己的论文。只需礼貌地发送一封邮件至作者的公开邮箱，说明自己的研究目的并请求提供电子版原文，通常会获得积极回复。对于环境生态工程和地理信息科学领域而言，作者可能还会提供额外数据集或研究代码，让你对其研究方法进行深度学习或复现。

②学术社交网络与预印本平台。在 ResearchGate、Academia.edu 以及 Sci-Hub（某些地区无法直接访问）等平台，有的论文作者会上传自有版权的版本（如作者最终稿），供同行免费读取。对于尚未正式发表或正处于同行评审阶段的工作，可在 arXiv（多学科）、ESSOAr（地球与空间科学预印本平台）等网站上找到预印本版本。地理信息科学领域也可关注 EarthArXiv 等专项预印本库。

（3）寻找替代文献与数据源。

①检索文献综述或元分析。若暂时无法直接获取某篇文献的全文，可以先通过阅读本领域的高质量综述论文（review）或元分析论文，了解该文献是否对核心问题做了重大贡献，从而判断是否必须继续追索全文。也可以找其他综述中对该文献的引用描述，以便获取关键信息或数据。

②使用开源遥感数据与公共报告。在环境生态工程与地理信息科学领域，如果缺少付费的高分辨率影像或特定时段的数据，可以先尝试使用免费或低成本的数据源，如 Landsat 系列影像、Sentinel 系列影像、NASA EarthData 等。公共机构或国际组织（如联合国环境规划署、世界银行）的公开报告和数据集也可能提供相当程度的替代资讯，助力研究者完成初步分析。

③跨学科与跨领域数据互补。在付费壁垒难以突破的情况下，研究者可考虑拓展视角：也许相似的研究框架或研究方法已经被其他专业领域验证或使用过；通过阅读这些领域的开源文献，可获得启发并反向应用到自己的研究中。例如，生态模型在水文分析与空气污染研究中均有应用，若无法获取该模型在湿地生态中的原始论文，可考虑查看其在大气生态或流域水环境中的应用文献，得到有价值的参考思路。

4.检索式优化与迭代方法

检索并非一次性即可完成的任务，而是一个需要反复试错、逐步迭代的动态过程。从初步查询到最终锁定核心文献，研究者需要不断根据检索结果与研究目标的偏差来调整检索策略、优化检索式。对于环境生态工程与地理信息科学专业的本科生来说，学会如何科学而灵活地对检索式进行迭代，是提升信息获取效率与质量的关键。

（1）初始检索与反思。

①制订初步检索计划。根据研究课题列出核心关键词、同义词或近义词，并决定先使用哪些数据库或检索平台（如 CNKI、Web of Science、Scopus、Google Scholar、SCI/SSCI、GeoRef 等）。明确需要采集的文献类型：期刊论文、会议论文、报告、学位论文、标准规范等。

②进行小范围试检索。初步输入检索式后，浏览前 2~3 页结果的题目与摘要，记录下检索效果是否与预期一致，是否出现了大量无关文献或遗漏了重要文献。将这些观察与原本的检索计划进行对照，找出潜在问题。比如：某些关键词过于宽泛或过于狭窄，布尔逻辑关系设置不当，数据库选择有待拓展，等等。

③记录并整理检索日志。在迭代检索过程中，建议维护一个简单的检索日志，包括检索时间、关键词或检索式、数据库名称、检索结果数量、主要发现等。这样可以在后续回顾中一目了然地追溯哪些检索思路成功、哪些策略失败，以及每次调整后的效果如何。

（2）检索式优化策略。

①同义词、相关词与专业术语补充。在环境生态工程和地理信息科学领域，一些概念存在多种常见表达方式或略有差异的专业术语。例如，“生态廊道”也可能表述为“绿色廊道”“生物廊道”；“遥感图像分类”在不同文献中也可能以“遥感影像分割”或“遥感地物分类”出现。借助该领域的权威词典、专业教材、数据词表或研究综述，不

断扩充搜索所用的关键词词库。

②布尔逻辑灵活运用。组合运算：对于核心概念与其修饰概念，使用 AND 连接；对于可互换的同义概念使用 OR 进行替换或扩展；对于明显无关或扰乱主题的概念使用 NOT 排除。分组检索：将关键词根据概念层次或研究侧重进行分组，如（生态廊道 OR 绿色网络）AND（GIS OR 遥感）AND（城市规划 OR 城市群）。这种分组检索能更准确地匹配复合研究主题。

③控制检索字段。针对文章标题、摘要、关键词分别进行检索，而非默认在全文中检索所有关键词。这有助于排除那些仅在引文或非核心部分偶然提及某关键词的文献。在 CNKI 等中文数据库中，善用"篇名""主题""作者"等检索字段；在外文数据库中，可使用 TI、AB、KEY 或 MeSH（PubMed）等标签做精确定位。

④利用已获得的文献进行逆向修正。从已获取的高价值文献中提炼出新的关键词或相关学者、研究团队名称，再次运用到新的检索式中；对"引文链接""被引文献""相似文献"功能进行深度挖掘，形成检索闭环。

（3）迭代检索的动态管理。

①周期性更新与扩充。对于持续进行的研究课题，建议每隔一段时间（如 1 个月或 3 个月）重新检索一次，以获取学科最新进展或当期新发表的相关论文。关注领域内正在召开的国际会议、最新期刊特刊或重要学者在社交媒体上的动态，及时将这些信息整合到检索关键词库中。

②评估检索结果的重复度与可靠性。每次检索后，都需要对新发现文献进行去重；若重复文献比例大，说明检索式变化不大或仍有改进空间。对于可疑来源或期刊质量不明的论文，需结合前述"文献质量与可信度"评估策略，谨慎纳入研究参考文献集。

③与科研团队沟通协同。在某些大型科研项目或实验室里，文献检索工作可能由多位成员协同完成。此时，需要建立统一的检索日志和数据库管理文档，防止不同成员之间检索思路或关键词运用产生冲突或冗余。通过团队内部定期讨论，可分享各自检索到的新文献或新思路，提升整体信息掌握的效率与全面性。

第二节　学术论文写作实例分析

本节聚焦"如何从零开始撰写一篇学术论文"，以真实或模拟的论文写作案例为依托，按照从选题构思、初稿搭建，到后续投稿要点的顺序，为读者详细解析其中要点。对于环境生态工程及地理信息科学专业的本科学生而言，学会在论文写作中做好前期准备、结构搭建与内容撰写，不仅可以有效提升毕业论文及其他学术成果的质量，也能为日后的研究生阶段乃至科研生涯打下坚实基础。

一、案例整体介绍

在学术写作的初始阶段，研究者往往需要明确一个合适的研究课题，并说明该课题的背景、意义与预期成果。对于环境生态工程与地理信息科学专业的学生而言，由于这两个领域常常需要结合多源数据（如气象数据、遥感影像、地理信息系统分析结果，或生态监测数据等），因此在选题时应关注数据的可得性、研究方法的可行性，以及研究内容在学术与实际应用层面的价值。本节将通过一个模拟的案例展开说明，为读者演示如何从无到有地构思和引入一篇学术论文所需的关键要素。

1.选取合适的研究课题或实验数据

研究主题示例：基于多源遥感和地理信息分析的湿地生态系统健康评估。

（1）课题简述。

本案例拟研究某流域（如长江中下游某湿地、东北三江平原湿地）的生态系统健康状况。以下是研究者可以收集到的主要数据。

①遥感影像（如 Landsat 8、Sentinel-2 等中分辨率数据），用于提取湿地植被覆盖度、湿地范围变化和水体变化等信息。

②气象数据（如降雨量、气温、蒸发量等），用于评估湿地水文条件变化对生态健康的影响。

③实地采样或已有生态监测数据，如水质监测指标（COD、BOD、氨氮、总磷等）、植被样方调查数据、土壤含水量和养分数据等。

（2）数据来源。

①遥感影像可从公开平台（如 USGS、ESA）下载。

②气象资料可从国家气象局或国际数据库（NOAA、NASA POWER 等）获取。

③当地环保部门或科研团队可能发布的年度监测报告中，亦包含多项与湿地生态环境相关的记录。

（3）可行性分析。

①数据相对容易获取，无明显的付费墙或高度保密限制。

②研究方法成熟，可结合影像分类、空间分析、生态健康评价模型（如 PSR 模型或 VOR 模型），并辅以地统计分析，得出较有价值的结论。

③对本科生而言，此类课题在时间与技术要求上较易把握，具有较好的完成度。

（4）其他可选课题思路如下。

①城市热岛效应监测与城市绿地规划关联分析：适合关注城市生态领域的学生，可利用遥感影像反演地表温度，叠加城市绿地空间分布进行统计关联。

②河流水质监测及流域氮磷负荷评估：适合有一定水文、化学监测基础的学生，可以结合地理信息系统对流域范围内的点源和面源污染负荷进行定量估算。

③森林遥感动态与物种多样性保护策略：关注林业生态，利用高时序遥感影像检测森林覆盖度变化，并与生态保护区内的物种多样性观测数据对比分析。

在选题过程中，不论具体研究方向如何，最重要的是要保证数据的来源可靠、研究方法可执行，并与当前环境生态与工程和地理信息科学交叉学科的发展趋势相契合。

2.说明该研究主题的背景、意义与预期成果

（1）研究背景。

①生态与环境保护的大趋势：全球范围内，湿地、森林、草地等关键生态系统正受到日益严重的人类活动影响，气候变化也加剧了生态环境的脆弱性。以湿地为例，作为

地球上最具多样性和生产力的生态系统之一，湿地在调节水循环、净化水质、生物多样性维持等方面都发挥了不可替代的作用。然而，由于城市化和农业活动，许多湿地不断退化，亟须科学的监测与保护对策。

②遥感与地理信息技术在生态研究中的优势：随着遥感技术的进步与地理信息系统在数据管理、空间分析方面的广泛应用，环境生态工程领域出现了众多新方法与新理论。通过遥感影像可以快速、宏观地获取地表信息，通过 GIS 则能精准地处理、存储与可视化空间数据，为生态监测、环境评价、资源规划等工作提供了必要支撑。

（2）研究意义。

①理论价值：本研究拟将多源遥感数据、生态监测指标与空间分析方法深度结合，为湿地健康评估提供一套相对系统与可复制的方法框架。通过对生态指标的量化分析，可进一步丰富湿地生态学与地理学交叉研究的范式，并在相关领域形成一定的理论扩展与应用参考。

②实践应用：研究的结果可为政府部门或环保机构制定湿地保护策略、优化监测网络布局提供决策支持。同时，由于研究区的湿地与周边人类活动关系密切，该研究结论也可为防洪减灾、旅游规划或农田灌溉管理提供间接参考。

（3）预期成果。

①定量化的湿地健康评估结果：通过对遥感影像提取的植被覆盖指数（如 NDVI）、湿地类型分布变化、水文因子以及实测水质等指标综合分析，得出湿地健康状况的等级或指数评价。

②时空演变特征与驱动因素：在若干年或若干个时段的对比中，分析湿地退化或恢复的趋势，探寻主要的驱动因素（如气候变化、土地利用变更等）。

③研究方法与模型验证：通过与已有研究、实测数据对比或模型模拟结果的对照，检验所采用的方法与模型的准确度与适用性，并对不足之处提出改进或进一步研究建议。

借助以上背景、意义与预期成果的梳理，读者将能清晰地看到一篇学术论文在正式写作前所需要具备的“铺垫”：既要对研究对象及其所处的宏观背景有清晰认知，又能结合理论价值与现实应用双重意义，最后明确研究将带来的成果或贡献。这些内容通常会在论文引言部分得到更具体且文献化的阐述。

二、论文初稿的结构搭建

在完成主题选定与前期背景梳理后，研究者往往需要迅速搭建论文的整体框架。这一过程不仅能帮助作者厘清思路，也可以确保写作过程井然有序。对于环境生态工程与地理信息科学专业的学生来说，论文结构的合理性与层次分明程度往往会直接影响论文的可读性与学术水准。本节将首先介绍学术论文的一般结构，然后结合本节案例就各章节的初稿撰写思路展开示例。

1.如何根据研究主题搭建论文框架

一篇标准的学术论文通常包含以下主要部分：标题（title）、摘要（abstract）、引言（introduction）、材料与方法（materials and methods）、结果（results）、讨论（discussion）、

结论（conclusion）和参考文献（references）。在某些期刊或院校要求中，可能还会增加致谢（acknowledgments）、附录（appendix）等次要部分。下面简要说明各部分的功能与定位。

（1）标题。

①功能：标题应简练、明确，能反映研究对象、研究方法或研究结果的核心特色。

②技巧：避免使用过度笼统或花哨的修饰词，可在标题中暗示研究区域或时间跨度。如“基于多源遥感的长江中下游湿地生态健康评估：以××湿地为例”，能使读者一目了然地知道研究的核心内容与区域。

（2）摘要。

①功能：摘要在短短的几百字（通常200~300词）内，概括性地呈现研究背景、目的、方法、主要结果与结论，方便读者快速判断论文与其研究兴趣或工作需求的相关度。

②技巧：语言力求客观、简洁，不要出现过多文献回顾或背景铺垫内容；一般不宜放结论之外的讨论或展望。

（3）引言。

①功能：引言用于详细阐述研究背景、文献综述、研究动机与目的，并通常在最后呈现研究假设或研究目标。

②技巧：既要展示当前研究领域的现状与热点，也要突出自身研究的创新性、差异性或实践意义；引言中应适度引用已有文献，体现与前人研究之间的关联。

（4）材料与方法。

①功能：全面说明研究所用的数据来源、实验或观测方法、分析模型、统计方法、软件工具等，使他人能够在相同条件下重复研究并获得类似结果。

②技巧：对于环境生态工程与地理信息科学研究，需特别关注数据的获取途径、预处理过程（如大气校正、几何校正、坐标系转换等），以及核心实验（如野外采样）、算法流程（如遥感影像分类）等细节，最好配合流程图或表格进行说明。

（5）结果。

①功能：以客观、清晰的方式汇报研究发现，如图表、统计指标、空间分布特征等，避免过多主观解释。

②技巧：紧扣研究目标列出最重要的结果，按一定逻辑顺序（如从整体到局部，或从时间序列到空间分析）展开，使读者能逐步掌握核心发现。

（6）讨论。

①功能：对结果进行深入解读，结合已有文献做比较，探讨研究结果的意义、局限性以及与其他研究结论的异同。其是阐述本研究在理论与实践上有何启示或价值的主要部分。

②技巧：讨论应围绕研究问题展开，不可过度延伸至与研究无关的议题；同时要诚实地指出研究中可能存在的不确定性（如数据精度、模型缺陷）与未来改进方向。

（7）结论。

①功能：对研究进行高度凝练的总结，回答在引言中提出的研究目标或假设，通常也包括对后续工作的建议或展望。

②技巧：结论要与前文结果、讨论相呼应，不宜提出在结果或讨论中没有提及的新发现或新观点。

（8）参考文献。

①功能：罗列所有在论文中引用的文献，以便读者查询，同时体现学术规范与尊重知识产权。

②技巧：按所投期刊或学校要求的格式进行排版，可借助 EndNote、Mendeley、Zotero 等文献管理工具提高准确率。

通过以上结构分工，作者在准备撰写时能够清晰地了解整篇论文的各部分定位与写作要点，避免在写作过程中出现“前后逻辑断裂”或“重点分散”的问题。

2.每个章节初稿的撰写思路示例

为进一步让读者明晰写作思路，以下结合本节前面提出的“基于多源遥感和地理信息分析的湿地生态系统健康评估”案例，简要演示各章节初稿可能的撰写路径与常见问题。

（1）标题与摘要。

①标题示例。“基于多源遥感和 GIS 的××湿地生态健康评估：水质与植被覆盖的时空分析”。此标题直截了当地点出研究区域、所用技术手段（多源遥感、GIS）、研究主题（湿地生态健康评估）以及核心指标（水质、植被覆盖等）。

②摘要示例。本研究以××湿地为例，利用 Landsat 8、Sentinel-2 遥感影像及现场水质监测数据，综合运用地理信息系统和生态健康评价模型，探讨了 2015~2020 年湿地植被覆盖与水质指标的时空变化特征。结果表明，湿地范围在此期间略有萎缩，高植被覆盖度区减小约 5.3%，水质整体呈富营养化趋势。进一步结合影响因素分析发现，周边农业扩张与市政排放的增加显著影响了湿地健康水平。本研究为湿地保护与资源管理提供定量化参考，建议加大对农业排污与城市扩张的管控力度。

③常见写作问题。

a.摘要过长或过度冗余：仅需提炼研究背景、目的、方法、结果与结论的“精华”，不必展开过多的研究动机或文献综述。

b.缺乏具体结果：一些作者在摘要中只写“结果具有重要意义”，却不给出定量指标或结论要点，难以吸引读者兴趣。

（2）引言。

①写作示例与思路。

a.研究背景：简要回顾全球或区域湿地保护与管理的重要性，列举学界针对湿地生态系统健康评估的主要方法（如运用遥感指数、地理模型、统计学分析等）。

b.已有研究回顾：可引用国内外文献，说明目前广泛使用的评估指标体系及其局限，如有文献表明，仅依赖水质指标或仅依赖植被指标并不足以反映湿地生态的整体健康水平，因此多源数据整合显得尤为必要。

c.研究动机：作者希望填补对××湿地时空动态与多指标综合评估研究的空白，或在已有研究的基础上增添更精细的空间分析（例如，引入高分辨率遥感数据、增加地理加权回归等）。

d.研究目标：通常用 1~2 句话概括，如，本研究旨在：基于多源遥感影像提取××湿地植被覆盖和水体范围的时空变化；结合水质指标与地理环境要素对湿地健康状况进行综合评估；探究影响湿地生态健康的主要驱动因素，并为未来保护措施提出参考建议。

②常见写作问题。

a.文献综述不足或过度：有的作者只列举极少文献，无法充分展现研究前沿；也有作者文献罗列过于堆砌，却缺乏总结分析。

b.研究目标模糊：引言末尾并未明确论文要解决的问题或假设点，导致论文后续方向不明。

c.缺乏必要的研究区描述：对于环境与 GIS 类研究，地理位置与自然条件往往高度相关，若在引言中不说明，会让读者对后续方法与结果的合理性产生疑问。

（3）材料与方法。

①写作示例与思路。

a.研究区概况：通常介绍研究区地理位置、气候特点、水文特征、土壤类型、主要生态问题等；可配以地图示意图。

b.数据来源与处理：列出遥感影像的数据源（如下载时间、传感器类型、空间分辨率等）、现场监测数据的采集频率与样点布设方法，以及其他辅助数据（如行政区划、道路矢量图、土地利用图等）。

c.遥感影像预处理：说明大气校正、辐射校正、几何配准、云检测与去云处理等步骤。

d.水质监测数据：指标（pH、COD、氨氮、总磷等），采样方法与实验室分析方法如何，是否符合国家或国际检测标准。

e.生态健康评估模型或方法：若使用状体-压力-响应（pressure-state-response，PSR）模型或其他指标综合法，需要分别说明各指标的计算方式及权重设定；或若采用统计分析（如回归、方差分析、相关分析），应表明使用的软件工具（如 ArcGIS、QGIS、R、SPSS 等）。

f.空间分析流程：对于地理信息科学类论文，往往涉及矢量与栅格数据处理、缓冲区分析（buffer）、叠置分析（overlay）、空间插值（interpolation）等步骤。建议用流程图直观呈现输入数据、预处理、指标计算、输出结果等。

②常见写作问题。

a.描述过于简略：没有清晰交代核心算法或指标的选取依据，使得可重复性与学术可信度受损。

b.缺少流程可视化：大段文字容易造成阅读困难，读者难以直观理解研究思路，应配合图表或逻辑框架示意图。

c.未考虑误差与不确定性：例如，遥感影像的云覆盖率、地物分类精度、水质检测误差等，若不在方法中说明或控制，容易引起对结果可靠性的质疑。

（4）结果。

①写作示例与思路。

a.湿地范围与植被覆盖度变化：可通过多时期遥感分类结果的对比，定量分析湿地面积增减情况，以及不同覆盖度等级分布的变化。

b.水质指标时空分布：采用地图或分段统计形式，展示研究区内水质参数在不同监测点、不同年度或季节的差异。

c.综合健康指数的空间格局：若已构建了综合评估模型，则可得到一个健康指数的栅格或分区结果，呈现高健康与低健康区域的分布特征。

d.主要驱动因素：针对农业用地扩张、城市排放或气候波动对湿地生态的影响进行量化分析，若有条件可在地理加权回归（GWR）或多元回归等模型中体现。

②常见写作问题。

a.混淆结果与讨论：结果部分应尽量客观陈述与数据相关的发现，不要过度夹杂主观解释或与他人文献的对比。

b.图表不规范：有的作者插入大量图表，但未标明数据来源或坐标投影信息，或图例、标题不全，这种疏漏会削弱论文的专业性。

c.结果条理不清：需要按照研究目标或指标体系的逻辑顺序逐条展示结果，不可随意拼凑，避免读者“读不懂”或不知所云。

（5）讨论。

①写作示例与思路。

a.对比已有研究结论：可引入与本研究相似地区或相近研究方法的文献进行对照，探讨为何数据一致或产生差异。

b.结果的生态学意义与环境管理启示：如发现大面积农田侵占湿地，导致水质恶化与生物多样性下降，可讨论在土地利用规划、农业面源污染管理、湿地保护区划定等层面应如何应对。

c.本研究的局限性：例如，遥感数据的时空分辨率可能无法捕捉到极端天气对湿地生态瞬时冲击；水质采样仅限于有限点位，对大面积范围的推断存在不确定性。

d.未来研究方向：可展望更高精度或多源时序数据、机器学习算法在湿地生态监测中的应用，也可建议跨学科合作（如结合社会经济数据）进行更全面的生态与社会效益评估。

②常见写作问题。

a.缺乏深度分析：只重复前文的结果，缺乏对机理或影响机制的深层次探究。

b.忽略研究局限性：任何研究都有局限，如果论文只强调优点而不提缺陷，往往难以获得评审的信任。

c.生搬硬套文献：引用文献时要结合本研究实际情况进行对比和分析，而非简单列举“某某学者也发现了类似现象”就结束。

（6）结论。

①写作示例与思路。

a.高度概括研究发现：如，本研究发现，2015~2020 年××湿地退化加剧，主要体现为高植被覆盖度区减少、水质恶化趋势明显；多元回归结果表明，农业面源污染和城市排污是主要影响因素。

b.呼应研究目标或假设：呼应引言中列出的研究目标，确认哪些问题得到解答，哪些结论仍需进一步研究。

c.应用前景或政策建议：对本研究的实用价值做简要概括，如强调加强湿地监控网络建设、加强对农业化肥和农药的监管等。

d.对后续研究的展望：可提出在更长时段、多地点或使用高光谱遥感等技术手段来改进研究深度。

②常见写作问题。

a.提出与前文不相符的新观点：结论部分必须基于已呈现和讨论过的内容，不可突然提出新发现。

b.语言空洞：许多结论中只写“本研究具有很好的应用价值”，却无具体可量化或可落地的表述，易被视为笼统、缺乏实际指导意义。

（7）参考文献。

①写作示例与思路。

a.全面且准确：论文中每一处引用都需要在参考文献中有对应条目，引用的格式要统一且符合投稿期刊或院校格式要求。

b.新近文献与经典文献结合：环境生态与 GIS 领域技术与方法变化较快，需关注最新期刊论文；同时也不应忽略奠基性的经典研究。

c.文献管理工具：可使用 EndNote、Mendeley、Zotero 等进行批量处理，避免手动输入错误。

②常见写作问题。

a.漏引或错引：文献与正文不匹配，或参考文献列表中出现未在正文引用的条目。

b.格式混乱：忽视期刊名称、卷期号、页码、DOI 等格式要求，影响论文专业度与检索效率。

（8）（补充）其他部分。

①致谢。若论文得到某基金项目或导师、实验室、数据提供者的帮助与支持，应在此处表示感谢。

②附录。对于篇幅较长的公式推导、中间计算过程、编程代码片段等，可放在附录中，既满足学术完整性，也避免正文冗长。

三、数据分析与结果展示

当研究者完成前期的实验设计与数据收集后，便要面临如何对数据进行有效分析以及如何以最直观、易理解的方式将结果呈现在论文中的挑战。对于环境生态工程和地理信息科学专业的本科学生而言，往往需要处理的是多源、多类型乃至跨学科的数据，既包括实地采样及监测结果，也可能包含遥感影像、社会经济统计资料、模型模拟输出等。通过合理设计实验流程、规范地可视化数据，并结合合适的软件工具进行分析，可以使论文的结论更具说服力与可重复性。本节将围绕以下三个方面展开：论文中常见的实验设计与数据收集过程，数据图表的规范化与可视化方法，常见的分析软件或统计工具应用示例。

1.论文中常见的实验设计与数据收集过程

在环境生态工程和地理信息科学领域，数据收集往往具有多样化特征，需要充分考虑研究目标、研究区域与研究对象的特点，制订有针对性的实验设计或数据获取方案。常见的类型及过程可概括如下。

（1）实地采样与监测设计。

①确定采样点与采样频次。在环境生态研究中，如需监测水质、土壤养分、植被生长等指标，首先要根据研究区的地理、生态特点以及研究目标来布设采样点。例如，在研究某一流域的水质变化时，应选择代表不同支流、上下游、潜在污染源附近等关键位置的采样点；若在研究湿地生态功能时，则需结合湿地的核心区、缓冲区及外围人类活动区分布，确定合理的采样分层。

同时，采样频次也需结合季节性、气候特征及研究周期安排而定。对于水质或空气监测，一年四季、汛期和旱季可能存在显著差异，需要相应加密观测。对于植被或土壤，则可根据生长周期或枯荣期的变化来设定测量间隔。

②采样方法与测量指标。不同类型的指标往往要求不同的仪器与测量手段。例如，水质常涉及 pH、溶解氧（DO）、化学需氧量（COD）、总磷（TP）等；土壤样品则需测定有机质含量、含水量、养分浓度（氮、磷、钾）等。环境生态工程学生在设计实验时，应基于国家或国际标准（如 ISO、EPA 等），选择合适的采样器材、存储条件以及实验室分析流程。

③质量控制。任何采样过程都需制定质控方案，以确保数据的可信度与可比性。包括使用空白样、重复样、平行样检测方法误差，与此同时要对仪器进行定期校准。若涉及生物学指标或生态学观测，也需根据被测对象特性来控制干扰变量（如气温、光照、人为踩踏）。

（2）遥感影像与地理信息数据获取。

①选择合适的遥感数据源。地理信息科学专业的论文中，遥感影像是非常常见的数据类型之一。选择数据源需结合空间分辨率、光谱波段、时间分辨率等因素。例如，Landsat 系列（30 m 分辨率）适合大区域生态动态监测；Sentinel-2（10 m 分辨率）可对土地利用、植被覆盖进行更高精度的判读；高分系列（Gaofen）在中国境内更有优势，商业卫星（如 WorldView、QuickBird）则能提供亚米级空间分辨率，但常常付费较高。

②数据预处理。遥感影像往往存在大气校正、几何校正、云及阴影去除等必备步骤。研究者必须说明这些处理过程的算法或软件（如使用 ENVI、ERDAS、SNAP 等），并记录处理参数。若精度要求更高，还应关注传感器偏移、辐射校准等细节。

③矢量地图、地形与行政边界。环境生态课题常需用到地形高程数据（如 SRTM、ASTER GDEM 等）或行政区矢量数据，用于分区统计或叠置分析。在国内研究中，常用的数据来源包括国家基础地理信息中心或各省市的地理信息公共服务平台，获取时需注意授权与保密规定。

（3）模型模拟输出与二手数据库。

①模型驱动数据。环境模拟模型（如水文模型、气候模式、生态系统模型等）常用

于对研究区的水文水质、气候变化对生态系统的影响进行预测与情景模拟。论文中若涉及此类数据，需在材料与方法中明确模型原理、关键参数设定、输入数据类型，并评估模拟结果的不确定性。

②二手数据库。部分研究可直接利用政府或科研机构长期积累的大型数据库，如中国生态系统研究网络（CERN）的生态监测数据、联合国粮食及农业组织（FAO）的全球农业及土地利用数据库等。作者在引用这类数据时，应注明来源并关注更新周期、数据格式及空间分辨率，以保证数据与研究目标的匹配度。

（4）人文社会经济数据。

①许多环境与生态问题往往与社会、经济活动高度相关，如城市扩张、产业结构调整、人口密度变化等。此时，可从统计年鉴、政府官方网站、学术数据库（如 CNKI 或 Web of Science 中的经济统计栏目）中获取人口、GDP、土地利用或排污许可数据。

②在使用社会经济数据时，需注意资料更新年份、统计口径差异，以及可能的跨部门数据冲突。最好通过多元对比或文献交叉验证提高数据可靠性。

通过以上环节的系统规划与执行，研究者便可在论文写作时清晰地向读者交代数据从何而来、质量如何保证、实验或监测如何进行。这是论文可信度和学术价值的根基所在。

2.数据图表的规范化与可视化方法

数据分析完成后，将核心发现转换为图表是学术论文中最直观、最重要的展示手段之一。尤其在环境生态工程与地理信息科学领域，空间数据、时间序列数据通常较为复杂，如果能借助恰当的可视化形式，可以大大提升论文的说服力与可读性。

（1）图表排版的要点。

①图表类型与选用。

a.折线图（line chart）：常用于反映随时间或随某连续变量变化的趋势，如某流域多年降水量、植被指数时序变化。

b.柱状图或条形图（bar chart）：适合对比不同类别的数值，如对比不同样点间的水质指标、不同土地利用类型面积占比等。

c.饼图（pie chart）：更适合用于百分比结构的描述，但占比的类别不宜过多，否则难以阅读。

d.散点图（scatter plot）：可表现两个连续变量之间的相关关系，如植被覆盖度与土壤水分含量的散点分布。

e.箱线图（box plot）：用于揭示数据的中位数、四分位数、异常值情况，适合在生态学或环境监测指标分析中挖掘分布规律。

f.空间分布地图：包括分类图、热力图、插值图等，用于地理信息数据的空间可视化，往往是 GIS 论文的重点。

②配色与标注。选择颜色时应考虑阅读者的识别度和论文整体风格，建议颜色对比明确但不刺眼；对色盲人群相对友好的调色板（如 ColorBrewer 提供的方案）也值得参考。标注要素（图例、坐标轴、尺度尺等）需完善，尤其是空间地图，需要标明投影信息、北箭头、比例尺、行政区边界等基本元素。

③标题与注释。标题应该简明扼要地说明图表的主要内容，如“图 3××河流域 2000~2020 年土地利用变化”。在图表下方或上方的注释中，可补充该图表的关键说明，如数据来源、统计方法、异常值处理方式等。

（2）统计学方法在图表呈现中的应用。

①平均值与标准差。对环境监测数据或生态调查数据进行汇总时，常常需要展示不同样本组的平均值 ± 标准差（或误差线），以体现数值的中心倾向与波动范围。

②显著性检验。在比较两个或多个样本组差异时（如对比治理前后或不同实验处理组），可将显著性水平（如 $p < 0.05$）标注在图表中，并在注释处说明使用的统计检验方法（如 T 检验、ANOVA 等）。

③回归与相关分析。若通过散点图或回归模型分析了某两个变量的关系，可在图表中添加回归线、相关系数（R 或 R^2）和显著性水平，从而直观显示变量间的关联强度。

（3）空间可视化技术。

①多图层叠加与要素符号化。GIS 论文中常需展示多个要素：底图（DEM 或行政边界）、监测站点位置、遥感分类结果等。要保证图面层次清晰、主题突出，避免颜色过多导致阅读混淆。

②空间插值与分级设色。水质指标、气温、降水量等连续变量可以利用插值方法（IDW、Kriging 等）生成连续分布图，然后分级设色（4~7 级为宜）来直观表现值域。

③动画与交互地图。在某些研究中，为展现时空变化趋势，还可创建动态地图或基于 WebGIS 的交互式地图。不过在传统的学术论文中，主要仍以静态快照的形式呈现，若有需要可附加视频链接或在辅助材料中提供演示文件。

通过充分利用以上可视化技巧，研究者能把复杂的数据信息简洁明了地传达给读者，强化论文的直观冲击力和专业水准。

3.常见的分析软件或统计工具应用示例

在实际论文写作与研究中，适当选择分析软件能够大幅提高工作效率并提升数据处理的准确性。本节简单介绍几类常见工具及其在环境生态工程和地理信息科学中的典型应用。

（1）统计产品与服务解决方案（statistical product and service solutions，SPSS）。

①适用场景。适合社会科学、环境监测以及生态学中常规统计分析场景，如描述性统计、方差分析、回归分析、卡方检验等；也能完成聚类分析、判别分析等较为复杂的多元统计。

②操作要点。统计产品与服务解决方案拥有相对友好的图形化界面，可通过菜单选择分析类型。对于本科生而言，易于入门。但在使用高级功能时仍需一定统计学原理的支撑，如明白 ANOVA、Regression、Factor Analysis 背后的逻辑假设。

（2）Origin。

①适用场景。Origin 在制作专业科研绘图（如曲线拟合、光谱分析、箱线图等）方面拥有强大功能，常被用于环境监测数据、实验室仪器测量数据的可视化与统计。

②操作要点。可进行多种数据拟合，如线性、非线性拟合，输出回归方程和可信区间；在图表设计上比一般统计软件更灵活，能够制作高质量出版级图表；支持多维度数

据管理，能导入 Excel 表格或文本数据，然后进行批量分析。

（3）Python 及相关数据分析库（pandas、NumPy、SciPy、matplotlib 等）。

①适用场景。Python 在科学计算与可视化中的应用日益广泛，适合处理大规模、多类型数据，尤其适合自动化批量处理、数据爬取、机器学习等需求。对地理信息科学学生而言，还可结合 GeoPandas 等库进行空间数据运算。

②优势。代码开源、生态完善，社区贡献大量可复用函数与示例；可搭配 Jupyter Notebook 或 VSCode 等环境进行可视化编程，便于记录并分享每一步分析过程；在环境生态研究中，Python 可用于时序遥感数据处理、统计建模、地图可视化等多重任务。

③常见模块。

a.pandas：表格化数据读写与处理，类似 Excel 但更为灵活。

b.NumPy：高效的数组运算库。

c.SciPy：提供大量科学计算函数，如统计、插值、优化等。

d.matplotlib / seaborn：经典的绘图库，可实现各类 2D 图表，以及更美观的高级绘图；

e.rasterio / GDAL：读写处理遥感栅格数据。

f.GeoPandas：处理矢量地理数据（Shapefile、GeoJSON 等），支持空间操作与投影变换。

（4）语言 R 语言及其扩展包。

①适用场景。R 语言同样在统计分析和可视化上表现出色，拥有大量针对生态学、环境科学的专用包（如 vegan 做群落多样性分析，sp、rgdal、raster 用于空间分析）。

②特点。在生物统计、生态学研究社区有广泛应用，一些国际期刊的附录示例常用语言语言 R 语言脚本来展示分析过程；与 Python 类似，R 语言也可通过 R Markdown 或 RStudio 进行可视化编写与结果输出；在多变量统计、群落生态学、物种分布模型等领域有成熟的函数或包可直接使用。

（5）ArcGIS / QGIS。

①适用场景。这两款 GIS 软件是环境生态与地理信息专业的必备工具。ArcGIS 在商用环境应用极为普及，QGIS 在开源社区有广泛用户，二者可进行矢量与栅格数据处理、叠加分析、插值分析、网络分析、制图等常用操作。

②要点。

a.ArcGIS：拥有强大的附加模块（Spatial Analyst、3D Analyst 等），界面友好，但需要付费授权。

b.QGIS：免费开源，插件丰富，更新迅速，适合作为补充或替代方案；可与 Python、R 语言进行联动，比如在 ArcGIS Pro 中使用 ArcPy 脚本批量处理数据，或在 QGIS 中使用 PyQGIS。

读者可根据自身研究需求、数据规模与技术背景灵活选择分析工具，做到“合适即最优”。通过恰当的数据处理与可视化手段，论文的结果部分将更加准确、生动，也更能抵御审稿人员对数据质量和方法透明度的质疑。

四、讨论与结论的撰写技法

当作者完成实验、数据分析与结果展示后，还需要把对研究发现的深层次理解及对未来研究或实际应用的启示进行提炼和归纳，这便是“讨论”与“结论”的核心功能。对于环境生态工程与地理信息科学专业的本科生而言，如何在讨论部分既展现学术思维深度，又兼具批判性和前瞻性，是提升论文质量的关键；而在结论中，作者需要在有限的篇幅内对论文贡献、局限以及后续研究方向给予高度凝练。

1.讨论部分如何围绕研究目标展开，联系文献检索结果进行对比和理论解读

（1）围绕研究目标进行结构化讨论。

①重申研究目标或问题。讨论部分的第一步通常是简要回顾论文在引言中提出的问题、假设或目标，让读者重新聚焦于研究者原本想探讨或验证的主题。

②逐条回应研究结果。若研究目标分为多个层面（如对比不同土地利用类型对某生态指标的影响、评估某种工程措施的减排效果等），则在讨论中应依次围绕这些子目标展开。此时需要对结果部分的关键数据、图表进行解释和延伸。

③结合分析方法特点。同样重要的是解释所用方法和模型为何能够（或未能）有效回答研究问题，数据间呈现怎样的逻辑关联。例如，如果在 GIS 环境中进行空间叠置分析发现湿地退化最严重区与农业面源污染源高度重合，则应说明这对研究目标的意义：是否印证了之前的假设？是否提示需要纳入更多社会经济变量？

（2）与已有文献或理论的对比。

①引入文献佐证或反驳。在讨论中，作者应回顾文献综述阶段所提及的相关研究。例如，“本研究的结论与 Smith 等（2020）在类似湿地环境下的发现相符，进一步证明了农业用地扩张对湿地生态健康的负面影响”。也可指出差异之处，“然而，与 Johnson 等（2019）的研究相比，本研究并未发现显著的植被生物量增长，这可能与研究区所在气候带及水文背景差异有关”。

②理论解读与学术意义。如果研究中观察到某一新颖现象或无法用现有理论解释的结果，作者应尝试从不同学科视角进行推测，并提出可能的机理。例如，环境生态工程中“山-水-林-田-湖-草”系统耦合理论、GIS 中的空间异质性理论等，都可以为此提供解读框架。对于本科生而言，不能只局限于“表面结果”，而要善于发掘背后的过程与机制。

（3）多角度剖析结果的合理性与局限性。

①数据和方法的限制。比如遥感影像受云影影响、传感器分辨率局限；现场采样点位不足、样本分布不均衡；模型假设与实地复杂性之间的差距；等等。

②可能的干扰因素。环境生态与 GIS 研究往往受到自然变化（气候波动、季节循环）和人类活动（政策、经济波动）双重影响，需要讨论其中的随机性与不确定性。

③与不同尺度或不同情境的比较。有时，结果在局地尺度上“似乎无效”，但在更大区域或更长时段观察时又出现明显规律，这类现象亦可纳入讨论的范畴。

2.结论部分如何提炼研究贡献与不足，展望后续研究方向

结论通常是整篇论文的“收官之笔”。在有限的篇幅中，作者需高度提炼研究所回答的问题、关键发现与其意义，也要基于已有局限提出对未来研究或实践的建议。

（1）回答研究目标与提炼核心贡献。

①围绕研究目的进行总结。先回到引言中所设定的研究问题，逐一给出简要且直接的回答。例如，本研究针对××湿地生态健康评估的三大目标，得到以下主要结论……

②凸显创新点与贡献点。本书是否提出了新的方法?是否验证了已有模型的适用性？是否填补了研究区空白？本科生虽不必勉强追求“理论创新”，但可说明在实践应用、数据整合或研究区特征上的新发现，亦是论文的价值所在。

（2）研究局限性或不足。

①数据与实验不足。比如采样周期过短、样本量不够，或遥感数据时序不够连续、云量过高；模型参数设置简单，尚需更多实测校正。

②空间与时间尺度。在宏观层面研究时，可能忽略微观过程；在局地尺度研究时，也许难以对更大区域概括。作者需对这些尺度局限做出说明，避免读者误读或夸大研究结果适用范围。

③方法和模型的适用性。对环境生态工程与地理信息科学中的多种方法，需要指出算法或模型假设的限制，提醒后续研究者避免在不当情境下使用。

（3）对未来研究或实践应用的展望。

①数据层面。建议建立长期监测站点、引入高时空分辨率卫星数据或激光雷达技术（LiDAR）、整合社会经济数据库等，以深入剖析生态过程。

②方法和技术层面。在地理信息科学方向可探讨更先进的机器学习与大数据分析手段，在环境生态工程方向则可强调多学科交叉（如结合生态经济学模型、社会学访谈数据等）。

③与政策和管理的结合。若研究显示产业结构、土地利用决策对环境有深远影响，则可在结论末尾呼吁政府、机构等将新的监测结果与生态补偿、污染源治理等措施相结合。

在写作风格上，结论力求简明凝练、呼应全篇，避免过多重复讨论部分的冗长分析。许多期刊规定，结论一般不超过三段，但要涵盖研究回答了什么问题、发现了什么、还有哪些工作可延伸等关键点。对本科生而言，完成一个有条理、合乎逻辑的结论段落，也标志着对自身研究的全面审视与有效收束。

五、论文修改与润色案例

在完成论文初稿之后，修改与润色往往决定了一篇论文的整体质量与呈现效果。对于环境生态工程和地理信息科学专业的本科学生而言，如何在初稿的基础上，通过细致的逻辑调整、语言润色以及数据呈现形式的优化，最终得到一篇结构清晰、表达流畅且学术规范严谨的论文，是一个较具挑战性的过程。本节将结合实际案例，展示从初稿到最终稿的修改历程，并针对常见语言与文献格式问题，提出具体的解决对策与示例，以帮助读者在完成自身论文时更加得心应手。

1.通过对初稿和最终稿的对比，展示学术论文在逻辑结构、行文措辞、数据呈现等方面的修改过程

为了让读者更加直观地感受学术论文修改的整个流程，本节选取两个示例进行对比说明：一个来自自然科学类课题（如湿地生态系统健康评估的论文），另一个则来自社会科学或综合交叉类课题（如与环境政策或社会经济因素相结合的 GIS 分析论文）。希望通过这两个不同背景案例的呈现，帮助环境生态及地理信息科学专业的读者了解不同类型论文在修改过程中可能出现的差异与侧重点。

（1）自然科学类课题示例：湿地生态系统健康评估论文。

①初稿存在的主要问题。

a.逻辑结构混乱：初稿中将数据分析结果与对比文献的讨论部分穿插在一起，没有明确的“结果”“讨论”章节区分，导致读者难以厘清数据事实与作者观点。

b.研究方法描述不完整：在“材料与方法”部分缺乏图示或步骤拆解，对遥感影像的预处理、采样点的布设原则等着墨不够，容易让审稿人员质疑结果的可信度。

c.语言表述较为口语化：句子中时常出现类似“我们发现了一个很奇怪的现象，这个现象可能是因为很多原因”的宽泛说法，缺乏精准学术词汇。

d.图表不够规范：有的统计结果仅用文字描述，没有可视化图表；少量图中没有坐标轴标注与图例，导致信息无法被清晰读取。

②针对问题的修改思路与过程。

a.重新设计论文结构：明确设置“结果”与“讨论”两个主段落；在“结果”中只陈述客观数据与发现，在“讨论”中则对比已有文献、阐释原因并探讨局限性；调整“引言”和“材料与方法”中与结果或讨论重复的内容，避免信息碎片化。

b.补充与细化方法描述：使用流程图（如遥感影像处理与生态健康评估的工作流程图）帮助读者快速抓住重点；在“材料与方法”部分增加“遥感数据预处理”“水质指标实验检测”“生态健康指标构建” 三个小节，并用编号或小标题细分步骤，保证可重复性。

c.语言与措辞的精准化：将初稿中带有口语化色彩或不够明晰的表述修改为更符合学术论文的客观描述。例如，“我们发现了一个很奇怪的现象”可改为“分析结果显示出与预期不符的趋势，可能源于以下几方面原因”；检查主谓一致、时态一致性等基本语法问题，确保语言在学术语境下的严谨与统一。

d.优化图表呈现：为关键数据制作对比折线图、分层设色地图或散点图；补齐坐标轴标签、图例、数值标注以及数据来源说明；将多条数据序列合并到一张图表或一张地图上时，要突出重点，避免信息过载。

③最终稿呈现效果。

a.调整后的论文章节清晰：引言聚焦研究背景与目标，材料与方法全面描述技术路线，结果使用高质量图表呈现时空变化趋势与数值对比，讨论围绕研究目标结合文献深入阐释，结论则高度概括研究发现与后续展望。

b.表述精准：行文中不再出现大段“模糊”表述，学术用语更加精准。

c.结合对比文献的引用也更加有逻辑：先引用他人研究，再指出本研究与之的差异或相似点。

d.修改微小：最终稿在投稿后，审稿意见主要集中于数据的进一步核对或对局部图表精度的提升，整体结构未再被要求大幅修改。

（2）社会科学/综合交叉类课题示例：环境政策与 GIS 分析论文。

①初稿存在的主要问题。

a.文献综述不完整：作者仅列举了部分国内文献，缺乏国际研究对比；同时，对于环境政策的背景与演变过程描述过于简略。

b.缺少对 GIS 分析结果的深入解释：初稿只给出了土地利用变化地图，并简单说明“城市扩张导致生态压力增大”，但未针对何种政策因素在何时段内、何种方式下产生了具体影响进行细化讨论。

c.语言问题：大量中式英语表达，尤其在引用国外文献时词句生硬；专业术语翻译不够统一。

d.参考文献格式混乱：同一篇文献在不同段落中被引用却出现不同格式；中英文文献混排，未按统一标准列序。

②针对问题的修改思路与过程。

a.补充国际与跨区域文献。

b.在图书馆或电子数据库中进行更多检索，把与研究主题相近的国际案例（如欧美城市扩张对生态系统服务影响的研究）纳入综述，提升论文的学术深度与国际比较意义。

c.重新梳理国内外主要政策文件（如城市规划条例、环境保护法）对土地利用管控的差异，并结合政策发布的时间节点与研究区 GIS 数据的时序变化，进行重点对照。

d.GIS 结果的再分析与深入阐释：增加对城市扩张速率、生态敏感区受影响程度的定量评估；将不同时期的政策措施（如建立自然保护区、颁布土地利用红线制度等）与空间变化图进行对应，分析各政策对环境格局的实际影响，而非仅笼统结论。

e.统一语言与术语：借助翻译软件或英文学术词典，核对环境政策相关术语（如“生态补偿机制”对应的英文表述），确保前后一致；检查中式英语句子，将“I think it is very important”（我认为非常重要）或“It is a big problem”（这是一个大问题）之类的句子改为更规范且有信息量的表达，如“It is critical to address this issue, given the increasing rate of...”（鉴于……的增长速度，解决这个问题是至关重要的）等。

f.参考文献格式修订：选定目标期刊或院校要求的参考文献格式（如 APA、Harvard 或 GB/T 7714），借助 EndNote、Mendeley 等工具进行统一排版；检查每条参考文献的作者名、年份、期刊名、页码、DOI 是否完整且正确，并与正文引文一一对应。

③最终稿呈现效果。

a.综合性文献综述更能体现研究课题的前沿性和多维度背景。

b.GIS 分析结论与政策因素联系更加紧密，清晰辨析了不同时期或不同类型政策的实施效果。

c.全文语言流畅且术语统一，参考文献列表排版整齐、引文对应正确，为整体学术规范性加分。

2.常见语言问题（中式英语、专业术语混乱等）与解决方法

对于很多环境生态工程和地理信息科学专业的本科生而言，英语写作或中英文混合写作往往是论文润色的一大挑战。若投稿到国际期刊，更需严格遵循英语行文规范。本节总结了常见语言问题及对应的解决对策。

（1）中式英语（Chinglish）表述。

①问题表现：语序混乱、缺乏定冠词或介词、用词过度直接翻译。例如，“We must protect wetland environment strongly”（我们必须大力保护湿地环境）可被审稿人员认为表达幼稚或生硬。

②解决办法：练习学术句型，多读高水平论文的引言和讨论部分，模仿其逻辑表达方式；合理使用翻译工具（如 DeepL、Google Translate），但要进行二次审校，避免机械翻译造成的错漏；如果条件允许，可寻求母语为英语的同学或专业语言润色服务机构进行校对。

（2）专业术语混乱。

①问题表现：同一技术概念在论文不同章节中使用不同翻译或不同拼写，或过度使用缩写却不做解释（如 DEM、DOC、NDVI 等）。

②解决办法：在撰写前制作一个术语表，记录每个关键名词的中英文表述、缩写、解释；首次出现专业术语或缩写时，应在括号中给出对应全称（如 normalized difference vegetation index，NDVI），后续使用时方可简写；保持论文前后一致性，若同一名词已选定某种译法或缩写，就不要随意更改。

（3）缺乏学术精确度或概念不恰当。

①问题表现：使用一些“可能、大概、似乎”等模糊词汇，或将“污染物扩散”与“污染物流失”混为一谈等不当措辞。

②解决办法：在学术论证时尽量使用数据和证据来支撑观点，而非“可能”或“似乎”；若确实存在不确定性，也应表明“不确定性范围”或“需要进一步研究”；避免在不同段落对同一参数或现象使用多个表达，如同时用“地下水渗漏”和“地下水泄漏”来指代同一现象会令读者混淆，需在前文先定义好。

3.参考文献的格式调整示例

在学术论文中，参考文献格式不仅代表作者对知识产权的尊重与引用规范的遵守，也往往是审稿人员和编辑最先注意到的“硬指标”之一。以下展示一个简单的格式调整示例，帮助读者理解具体操作要领。

示例需求：某环境生态期刊采用的是 APA 格式，要求在参考文献列表中，作者姓氏在前，名字首字母在后；多位作者之间用“，”分隔，最后一个作者前用“&”；期刊名全部拼写，不得使用缩写；每条文献在引用时按“（作者，年份）”或“作者 （年份）”形式在正文出现。

（1）初稿中一条示例文献（错误格式）。

Zheng， T.， Xiao L.， & Li， Y. 2019. The Study for Ecological Health in Wetland. In: Environmental Research Letters. 12（4），250-261.

存在的问题：“In:”一般用于会议论文或书籍章节引用，期刊无须此标记；年份后应加圆括号，而非句号；刊名 Environmental Research Letters 应不加任何标点；排版中标题首字母问题、作者名字首字母大小写也需注意。

（2）修改后示例（APA 格式正确写法）。

Zheng，T.，Xiao，L.，& Li，Y.（2019）. The study for ecological health in wetland. Environmental Research Letters，12（4），250-261.

调整要点：以“（2019）”替代原有“2019.”；删除“In:”，期刊名以斜体或正常形式呈现视具体期刊要求而定，通常在引用管理工具中可自动生成；文献标题中只有首个单词首字母大写，其余如非专有名词应小写（APA 风格要求）；刊名 Environmental Research Letters 保留每个单词首字母大写，其后为逗号，紧接卷号（期号）与页码。

在具体执行时，读者可结合 EndNote、Mendeley 或 Zotero 等工具批量管理与格式转换，但仍需人工复核关键字段，以免出现作者姓名或年度的错漏。对于中文期刊或书籍引用，也需严格按照该格式进行拼音化或中英文对照，保持整体参考文献列表的排版美观与内在统一。

六、常见疑难问题与解决对策

学术论文写作是一个复杂且反复迭代的过程，环境生态工程与地理信息科学专业的本科生在此过程中常常会遇到各种困惑或瓶颈。本节就写作瓶颈、文献支持不足以及研究结果与预期不一致这三种常见情形，提供相应的思考路径与应对策略，帮助读者在学术写作旅程中少走弯路、及时修正。

1.写作陷入瓶颈时如何突破

（1）重新审视研究目标与思路。

①分解问题：如果发现写到一半就“无话可说”，或思路无法连贯，可能是对研究目标尚未拆解清晰。可尝试把研究目标再分成几个具体问题（如：哪些因子影响湿地水质？如何评估 GIS 数据精度？），围绕这些小问题逐一输出内容。

②回看提纲：在初稿开始前的一份论文提纲常常能帮助作者“回到原点”，思考是否偏离了核心主题，或遗漏了关键环节。若最初的提纲过于粗略，需再次更新并细化，给后续写作指明方向。

（2）补充文献与案例。

①文献拓展：若感觉论证不充分，或者思考无从下手，可以再度检索更多文献，尤其是近几年出版的高水平期刊论文或综述，从中寻找灵感、数据对照或思路启迪。

②案例研究：在环境与 GIS 类论文中，引入一些经典案例或区域对比分析，往往能拓宽思路。例如，对比不同流域或不同城市的管理模式，作者可能发现更多值得讨论的交叉点。

（3）与导师或同学交流。

①集思广益：在写作中遇到瓶颈，不要过度闭门造车。向导师汇报最新进展或与同学互相评阅初稿，往往能收获有益建议，或者通过倾听他人视角激发新的写作思路。

②模拟答辩或报告：在小范围内就论文要点进行口头汇报，也是一种寻找“写作盲

点”的方式。口头表达时的逻辑断点或对方的提问往往能暴露文章尚未阐述清楚之处。

（4）调整写作节奏与心态。

①“番茄工作法”或计划分块：若写作压力大、时间紧，可将写作任务划分为数个小目标，每完成一块内容后适度休息。

②转换思路：暂时搁置某个难以着手的章节，先去写其他相对容易部分（如“材料与方法”或“结果”中的图表注释），在完成一些“轻量”任务后再回头处理难点，或许会更游刃有余。

2.未能找到足够支撑论点的文献，如何应对

对于本科生而言，写论文时常常在理论构建或论点支撑上依赖文献背书。但是，如果某一新兴方向或小众课题相关研究文献较少，或者检索到的资料不足以支撑一个强有力的论点，该怎么办？

（1）拓宽检索范围。

①多数据库联用：别只依赖单一数据库（如 CNKI 或 Web of Science），尝试在 Scopus、Google Scholar、ScienceDirect、IEEE Xplore 等更多平台进行搜索。

②跨学科检索：环境生态工程和地理信息科学本就是交叉性较强的学科，或许在地质学、农业科学、社会经济学、城市规划等邻近领域能找到有启示意义的相关研究。

③多关键词组合：若主关键词下检索不到足够文献，可换用同义词或上下位概念。例如，研究“湿地生态补偿”或许需要检索“生态补偿机制”“湿地保护经济学”等不同关键词。

（2）寻求替代信息与灰色文献。

①政府报告、技术手册、项目报告：这类文献虽未正式发表在期刊上，但往往包含丰富的一手数据与经验；需要注意判断其可信度和客观性，并在引用时注明出处。

②学位论文：硕士或博士论文常包含新颖研究，尤其在小范围或新兴课题领域。通过高校图书馆或数据库可获取参考。

③会议论文、预印本平台（arXiv、ESSOAr、EarthArXiv 等）：有时新方向的成果先以会议论文或预印本形式出现，尚未收录到核心数据库。

（3）调整研究假设或角度。

①如果确实无法搜集到足够文献来论证某个观点，也许需要重新审视该观点的可行性。

②论文在创新性和可操作性之间要取得平衡，对于完全没有文献基础的“空白点”，建议在本科论文阶段谨慎尝试。

③也可以将研究焦点转向更具文献支持或数据可获取的相关方向，或在论文中明确“该研究目前尚缺乏系统文献，可在未来拓展”。

（4）突出个人实证与数据分析。

①若文献基础有限，则更加需要增强论文中一手数据的重要性，如扩充实验设计、增加实地调研或案例访谈。

②借助自身实验结果或模型模拟数据，再与少量相关文献进行对比或验证，也可构成有效的学术论证。务必以客观、严谨的态度来呈现研究局限性，避免夸大或“生拉硬

扯”。

3.研究方法或结果与预期不一致时的处理方式

在环境生态工程与地理信息科学研究中，实际测得或分析出来的结果经常与预想不符，这可能源于自然系统的复杂性，也可能来自研究方法或数据质量方面的问题。如何在论文写作中坦然处理这类“意外结果”，并保持学术严谨性？

（1）区分方法问题与客观现象。

①方法问题：若确认是仪器故障、数据录入错误、模型参数设定失误等导致结果异常，则需及时纠正或重复实验/分析；若无法重做，也应在论文中坦诚地说明该问题及其对结论的影响。

②客观现象：自然环境和社会因素常具多变性，若与预期不符却没有明显方法失误，则可能蕴含新的科学发现或对既有结论的修正，应在“讨论”部分加以重点探讨，寻找更多文献来解释。

（2）诚实呈现结果，不要“选择性报告”。

①有些同学在面对“不理想”结果时，倾向于只呈现与预期一致的部分，甚至“篡改”数据。这样不仅违反学术道德，也会使论文缺乏科学价值。

②在同行评审环境中，“结果并不支持预期”同样具有研究意义。关键是如何解读并与既有研究对话，这本身也是科研探索的价值所在。

（3）检验不同层面或不同尺度。

①在环境生态工程与地理信息科学研究中，如果总体结果不符合预期，可以尝试细分到不同区域、不同季节、不同群落类型等进行再次分析。有时宏观上不显著，而在微观层面会出现规律；或反之亦然。

②若确实各层面结果都无法验证假设，则需回到研究设计阶段反思假设是否合理，或是否有更多干扰因素未纳入研究范围。

（4）在讨论与结论中如实说明局限与后续展望。

①如果发现意料之外的结果，不要遮掩或仓促得出结论，而应尽力从理论与实证角度做出解释，并为后续进一步研究提供思路（如“应引入更长时间序列数据”“应扩大采样范围，包含更多土地利用类型”等）。

②对于本科论文而言，导师或评审会更多关注你的研究态度与方法完整性，而非一定要验证某个“正确”结论，因此不必过度担忧与预期不符的问题。

在本节中，我们聚焦了学术论文写作中从初稿到修改润色以及在撰写过程中的常见难题与应对策略。对于环境生态工程与地理信息科学专业的本科生而言，这些实践环节往往比理论知识更具挑战性，也更能体现个人的综合素质与研究素养。

在此基础上，若读者能够将本节与前面各节的内容融会贯通，持续地进行实践与修改，就能在本科论文阶段初步掌握学术研究与写作的完整流程，并为今后更深入的科研活动奠定坚实的基础。在随后的章节或后续学习中，读者会接触到投稿与审稿流程的“实战演练”，进一步了解学术论文从写作到发表的全链条过程。相信通过多轮次、多方位的学习与实践，环境生态工程与地理信息科学专业的同学们定能在学术写作上更加游刃有余，产出高质量、有影响力的研究成果。

第三节　期刊投稿流程模拟

在完成文献检索和论文写作的基础上，投稿环节往往是本科生在踏入学术世界时所面临的第一道“实践大关”。对于环境生态工程和地理信息科学专业的学生而言，选择何种期刊来发表研究成果，如何依照期刊要求进行投稿，以及在投稿系统中如何填写信息、应对审稿意见等，都是需要系统学习和实操练习的内容。本节通过“期刊选择与投稿准备”和“投稿系统的使用与投稿流程演示”两个方面的展开，引导读者进行“实战演练”，使其在正式投稿时能够更有条理、更加从容地应对各类问题，避免因流程不熟悉而导致的多次返工、退稿或延误发表等情况。

一、期刊选择与投稿准备

在开始正式投稿之前，研究者需要先对目标期刊进行谨慎而充分的选择与了解。这一步非常关键，因为不同期刊的审稿周期、影响因子、读者群体、论文格式要求等存在较大差异。环境生态工程和地理信息科学这两个领域本身就具备多学科交叉的特性，既可以选择偏生态、环境领域的专业期刊，也可以选择偏地理信息技术或遥感方向的期刊，更可以选择综合性高影响力期刊。如何在众多期刊中挑选到最合适的“归宿”并做好投稿前的各项准备，是本节首先要讨论的重点。

1.针对不同研究方向选择合适期刊的策略

（1）影响因子与期刊分区。

①影响因子（impact factor）。由某些国际公认的文献计量数据库（如 JCR）每年发布，根据期刊在特定年度的平均被引频次计算得出。影响因子在一定程度上反映了期刊在学术界的总体影响力和关注度。一般而言，影响因子越高，期刊的学术认可度越强，但投稿难度也会相应增加。

②期刊分区（quartile，Q 分区）。通常依照同学科期刊的影响因子从高到低分成 Q1、Q2、Q3、Q4 ，4 个区间。若论文投稿目标是国际一流水平，对作者的学术背景与文章质量要求会比较严苛；如果是国内核心期刊或某一专业领域的国内权威期刊，则需要参考对应的国内分级标准（如中文核心期刊、CSSCI、CSCD 等），以便更好地评估自身论文与期刊定位的匹配度。

（2）审稿周期与发表效率。

①审稿周期。不同期刊的审稿速度相差较大。有些期刊（尤其是高影响力的国际综合类或专业类期刊）由于投稿量大、审稿严格，审稿周期可达数月甚至更久；而某些新兴或较专业化的期刊，审稿周期可能更快。对于需要在本科毕业前发文或在项目关键节点前需要论文结果的读者，应综合考虑审稿时长，以免延误学术进程。

②发表效率。发表效率即从“论文接收”到“正式在线发表”或“见刊”所需的时间。较快的发表效率对于研究时效性高或竞争较为激烈的课题尤为重要。部分期刊提供快速审稿通道（fast track）或在线优先出版（online first）功能，文章一旦接收即可在线

检索，但往往需要额外付费或具备较高质量的研究成果。对于环境生态工程与地理信息科学专业的本科生，一般不必盲目追求过快的发表速度，但需留意校历、毕业时间或项目节点是否与期刊流程匹配。

（3）期刊读者定位与学术领域匹配度。

①学科方向与主题。环境生态工程与地理信息科学既可往生态学、环境科学、化学工程、地理学等方向偏，也可往遥感、测绘、计算机技术等领域延伸。作者应仔细查阅心仪期刊的往期论文、栏目设置、编委会学科背景等，确认与自身论文主题有较高契合度。

②是否具备跨学科特色。一些高影响力期刊或综合性期刊如 *Nature*、*Science*、*PNAS*，或者较大型的领域综合期刊如 *Remote Sensing*、*Environmental Science & Technology* 等，通常欢迎具有交叉学科特质的新颖研究，但对文章质量与创新性要求极高。若研究属于实践性较强的应用研究，或方法创新不够前沿，选择领域内更专业和更定向的期刊（如《湿地科学》、《生态学报》、*GIScience & Remote Sensing* 等）会提高命中率。

（4）期刊信誉与开放获取（open access）策略。

①期刊信誉与口碑。一些山寨或掠夺性（predatory）期刊通过收取高额版面费却缺乏严格审稿，导致文章质量难以得到保证，也会使作者学术声誉受损。可以借助各国学术机构或编辑协会的“黑名单”信息来甄别。

②开放获取（open access，OA）。现在许多期刊提供 OA 模式，作者需要支付版面费（article processing charge，APC）以使论文在发表后对读者免费开放。OA 模式能快速提高论文传播度，但 APC 可能较高。作者需在预算允许范围内或通过导师/项目资助评估是否选择此模式。

（5）综合评估与导师意见。

最终，应在影响因子、期刊分区、审稿效率、学科匹配度、期刊信誉等多重因素间取得平衡，并征求导师或科研团队的建议。对本科生来说，如果是独立完成的研究，可选择专业期刊，在保留学术质量的同时提高录用机会；若是导师项目的一部分，则可和团队共同商定目标期刊。

2.模拟准备工作

在决定目标期刊后，投稿的第一步并不是立即将论文上传系统，而是要做好各种前期准备工作。其中最关键的几点包括：获取期刊的格式模板和作者须知、草拟投稿附信/投稿说明信（cover letter）、安排共同作者的署名顺序与联系信息等。

（1）下载格式模板与样稿（template/sample paper）。

①目的。许多期刊在网站上提供专用的稿件模版（Word 或 LaTeX）和示范文章，涵盖字体、段落格式、参考文献格式、图表插入要求等。作者可直接在模板上进行写作或将现有文稿排版迁移，以避免后期大量格式修改。

②注意事项。字体、行距、页边距、页码等基础格式常有严格要求；引用文献格式（哈佛、APA、vancouver 或本期刊特有格式）需仔细核对；图表插入位置、图片分辨率、所需图题（caption）及说明文字（legend）等均需与模板一致。

（2）研读作者须知（author guidelines）。

①阅读重点。

a.文章类型：有些期刊对研究性论文、综述论文、短文（short communication）或技术报告（technical report）有不同字数与结构要求。

b.参考文献数量与引用要求：是否限制最多多少条文献，是否一定要把未公开发表的报告列入脚注。

c.图表数量或附录限制：某些期刊对图表总数有上限要求。

d.针对补充材料（supplementary material）的说明：补充材料如何提交也有明确规定。

e.伦理声明或数据共享政策：在环境生态研究中，若论文涉及动物实验、田野实验等，需查看期刊是否要求伦理审核证明。

f.数据共享要求：部分期刊鼓励或要求作者提供研究数据在公共平台上共享。

②投稿语言与排版指引。国际期刊大多规定论文需要英文撰写，母语非英语的作者通常要通过专业校对或高质量的语言润色服务，使文章表达更加流畅准确；中文核心期刊则需查看是否允许中英文摘要、是否需要提供英文题目、关键词等；字符数和文件大小的限制，也要在提交前做好压缩或拆分。

（3）投稿附信/投稿说明信撰写要点。

①投稿附信/投稿说明信的作用。投稿附信/投稿说明信是作者写给期刊主编或编辑部的“第一印象信”，简要阐述论文的研究主题、主要创新点、与期刊的契合度，以及对编辑和审稿人员的感谢和期待。许多期刊在投稿系统中将投稿附信/投稿说明信视为必须填写的部分，或要求单独上传。

②结构与内容。

a.开头：称呼期刊主编或编辑（如“Dear Editor-in-Chief”或“Dear Dr. ××”）。

b.简要介绍论文背景与价值：用 2~3 句话概括论文研究的问题与贡献，如“我们针对××流域的湿地退化进行了多时相遥感分析，以阐明……”

c.与期刊的匹配度：说明本研究为何适合在该期刊发表，如“本研究与贵刊关注的生态修复和 GIS 应用方向高度契合”。

d.原创性与无一稿多投声明：如“本书为作者原创研究成果，未在其他期刊或会议公开发表，也未在审稿中”。

e.对编辑与审稿人员的期待：可简短感谢对方审阅，如“我们诚恳希望贵刊编辑部和审稿人员对本稿进行评审，并非常感谢宝贵意见”。

③常见问题。不可过度吹捧自己的研究，以免引发不良印象；避免在投稿附信/投稿说明信中体现情绪化语句（如“若不接收，将给我们造成巨大损失”），要保持专业、客观的学术态度；检查人名和期刊名称拼写，避免出现写成别的期刊名等尴尬错误。

（4）作者信息准备与声明。

①作者署名顺序。在学术论文中，通常第一作者（first author）是主要完成论文写作与实验的人员；通讯作者（corresponding author）负责与期刊沟通联络（多数情况下是导师或项目负责人）。其他参与者根据对研究的贡献大小排序或按惯例排序。

②作者单位与联系方式。需在投稿系统中填写准确的单位名称、邮寄地址、电子邮

箱等。若多位作者来自不同单位，需在论文中用脚注或上标标明。

③利益冲突与版权转让声明。部分期刊要求在投稿前或投稿时提交声明，说明作者与资助方、研究机构间是否有商业利益关系，并确认愿意将论文版权（或排他性许可）转让给期刊。需认真阅读版权协议，保证后续发表程序合法合规。

完成上述准备工作，作者基本可以确保在正式提交论文时，文稿形式与期刊偏好相符、作者及版权信息完整无误，最大限度地减少因“格式或信息不符”而被编辑直接退稿（desk rejection）的风险。

二、投稿系统的使用与投稿流程演示

在完成前期的期刊选择与投稿准备后，研究者需要登录期刊指定的投稿系统（submission system）进行在线投稿操作。当前主流的投稿系统如 ScholarOne Manuscripts、Editorial Manager、Elsevier EVISE 等，都有较为相似的操作步骤和流程，但具体界面和要求可能稍有不同。本节通过一般化的投稿流程演示，帮助环境生态工程和地理信息科学专业的本科生了解在系统中需要注意的关键环节，以及常见的问题与解决办法。

1.不同出版社常见投稿系统

（1）ScholarOne Manuscripts。

①主要特点。ScholarOne Manuscripts 是美国 Web of Science 集团（Clarivate Analytics）旗下的投稿审稿系统，广泛应用于许多国际期刊（包括部分 Wiley、Royal Society of Chemistry、American Chemical Society 等出版商的期刊）。

②基本流程。注册账号/登录：首次使用需注册个人账号，之后可使用邮箱和密码登录；填写作者信息：包括第一作者、通讯作者、所有共同作者；提交稿件信息：论文标题、摘要、关键词、论文类别（研究论文/评论文章/短篇通讯等）；文件上传：主文档（通常含正文和参考文献）、图表文件（若期刊要求单独上传）、投稿附信/投稿说明信、版权与利益冲突声明等；审稿人员建议：可在系统填写“推荐审稿人员”或“回避审稿人员”信息（如与作者有利益冲突或竞争关系）；核对并确认提交：检查所有信息无误后点击“submit（提交）”。

③注意点。ScholarOne Manuscripts 在文档格式、文件大小方面有特定限制（如单个文件不超过×× MB），作者需提前准备压缩或拆分图表；填写时注意每个必填字段不能留空。

（2）Editorial Manager （EM）。

①主要特点。大型出版社的部分期刊常采用 Editorial Manager。其界面布局与 ScholarOne Manuscripts 类似，但对元数据（如论文标题、作者、摘要等）的填写可能更加细化。

②额外功能。Editorial Manager 常有“稿件详情/稿件基本信息”栏目，作者在此可针对论文领域、方法、主题等做进一步标记，便于系统自动匹配审稿人员。

③常见易混淆之处。上传图表时，可能需要分别上传每张图/每个表格为单独文件并

标注其类型（图/表/补充材料）；可能要填写“亮点/图文摘要”等额外信息，以帮助读者快速了解研究亮点（在环境生态类期刊中亦较常见）。

（3）Elsevier EVISE。

①特点。操作流程与 Editorial Manager 相近，因为都属于 Elsevier 旗下；作者在投稿附信/投稿说明信或系统页面中需回答一些合规性问题，如“是否遵守伦理”“是否符合相应的数据保存政策”等。

②界面与模块。首页通常有“提交新稿件”按钮；“稿件信息”模块填写论文标题、类别、摘要、关键词；“作者信息”模块添加作者信息与排序；“上传文件”模块上传论文主体档、图表、投稿附信/投稿说明信等；“审稿人建议”模块选择审稿人员建议或回避；最后检查并提交。

（4）其他投稿系统。

不同学会或独立出版商可能使用各自的定制化系统，但流程大致相同：注册→登录→填写信息→上传文件→核对→提交。用户需要在投稿前浏览系统指引或帮助文档，避免误操作。

无论哪种系统，作者都需按顺序完成各模块的必填项，否则无法进入下一步。有时系统会在提交前进行自动格式检查，如标题字数、摘要字数、关键词数量、参考文献格式等不符合要求，系统会提示作者修改，这对减少不必要的退回起到一定的预防作用。

2.填写作者信息、上传文档、建议审稿人员/避审稿人员等流程要点

在投稿系统中，作者需要逐一填写并上传大量信息与文件，此过程需特别仔细谨慎。以下详细介绍关键环节与注意事项。

（1）作者信息填写。

①第一作者和通讯作者。确保正确填写电子邮箱与所在单位地址，因为期刊编辑部和审稿系统后续的所有联系与通知都会发送到这个邮箱。此外，如导师是通讯作者，需事先与导师确认是否使用导师的工作邮箱。

②共同作者顺序。严格按照论文中确定的署名顺序在系统中添加，且拼写必须与论文稿件内一致。若中英文姓名不一致，应在系统说明作者的拼写或汉语拼音写法，避免刊登时出错。

③作者贡献声明（optional 或 required）。部分期刊要求作者在投稿系统或稿件中填写作者各自的贡献，如实验设计、数据分析、论文撰写、经费支持等（如 CRediT 作者贡献制式）。要保证信息真实无误。

④上传文档。论文主体档（main document），通常包含正文、参考文献、图表插入位置（或仅放置图表插入处的占位符），但不含作者信息（为保证双盲审稿）或含作者信息（单盲审稿）。图表文件（figures/tables），有些期刊需要将所有图表分别上传为单独文件，并在系统中勾选“图 1”“图 2”等标识，也需提供高分辨率版本（一般 300 dpi 或 600 dpi）。投稿附信/投稿说明信，可在系统中专门的文本框填写，也可要求上传独立的 Word/PDF 文件。补充材料，若论文有附加的数据集、模型代码、额外图表等，需上传为补充文件并标明标题与说明，以便读者或审稿人员参考。版权与利益冲突声明，如期刊要求，可在此环节上传签字的版权转让协议扫描件，或在线勾选同意版权条款等。

⑤常见错误。文件命名随意，如“Figure1Version3_final2.doc”，容易引起混淆；上传文件格式与期刊要求不符，如要求 PDF 却上传 Word 文档；图片分辨率不足，导致审稿人员无法看清关键细节。

（2）建议审稿人员/避审稿人员。

①必要性。期刊有时允许作者推荐 1~3 位熟悉该领域的潜在审稿人员，也可列出想要回避的审稿人员（可能因竞争关系或个人冲突等）。

②选择审稿人员的策略。可推荐与自己领域方向契合、学术水平较高且有相关研究发表记录的学者；避免与自己或合作团队有过密切合作的学者，保持审稿公正；不要在投稿附信/投稿说明信中出现类似“请一定要用××教授当审稿人员”等过度干预的语气，只提供推荐名单即可。

③回避审稿人员的合理性。如果已知某学者与作者存在竞争或个人冲突，或曾在公开场合激烈反对作者的研究思路，则可向期刊方提出“避审”请求，期刊编辑会酌情处理，但不一定全部采纳。

（3）核对并确认提交。

①在点击最终“提交”按钮前，务必要再三检查各部分信息，如文章类别、标题、摘要、关键词、作者顺序、通讯作者邮箱、图表数量、投稿附信/投稿说明信等。

②若存在缺漏或格式不符，系统通常会给出红色提示，需要修正后方能提交成功。

③提交后，系统会生成唯一的稿件编号（manuscript ID），作者应保存该编号以便后续查询状态。

3.常见错误与注意事项

（1）文件格式不符合。

①案例 1：某环境生态论文作者按照国内习惯将所有图表与文字整合在一个 Word 文档中，但期刊明确规定要分别上传各图的 TIFF 文件，于是被编辑部退回要求分开上传再提交。

②案例 2：有些投稿系统要求 PDF 供审稿人员阅读，但作者只上传了可编辑的 Word 文档，或者忘记嵌入字体，导致排版错乱，影响审稿体验。

③对策：在投稿前务必核对期刊的“投稿须知”并参照模板示例进行排版与文件准备。

（2）作者信息不完整或排错顺序。

①案例：第一作者发现系统中的作者名单顺序与实际论文中不一致，或者忘记添加某位重要的实验参与者。若提交后才发现，需要联系编辑部申请更改，过程烦琐且可能影响编辑对作者团队的评价。

②对策：在提交前组织所有作者再次确认署名顺序与信息拼写，避免引起纠纷。

（3）未阅读期刊的特殊要求。

①案例：有些环境生态期刊要求作者必须提供研究区位置图、实验流程图或数据信息共享链接，否则无法送审。作者如疏忽此要求，投稿时就会被直接退回，耽误时间。

②对策：仔细阅读期刊的“作者指南”或投稿须知栏目，若不确定，可在投稿前发邮件咨询编辑部。

（4）使用不当的语言、写不合理的投稿附信/投稿说明信。

①案例：作者在投稿附信/投稿说明信中过度吹嘘论文意义，或夹杂贬低他人研究的言论，引起编辑反感；或错误写上别的期刊名，让编辑感觉此文“一稿多投”嫌疑。

②对策：投稿附信/投稿说明信要简洁得体，表述论文主题与贡献即可；避免情绪化或盲目吹捧。提交前务必检查期刊名、主编名字和其他信息的准确性。

（5）投稿系统操作不当。

①案例：作者错选了论文类别（把 research article 选成 review），导致编辑部初步审查时发现不匹配而延迟处理。

②对策：仔细核对系统所需填写的所有下拉菜单或选项，确保选项与实际论文属性相吻合，如“研究型文章/综述性文章/案例型研究”等分类。

三、审稿意见解析与回复策略

在顺利完成投稿并经历了编辑初步审查后，论文会被送交同行专家进行正式评审（peer review）。审稿人员结合论文内容与研究领域前沿，为作者提供专业的修改或改进建议。环境生态工程与地理信息科学专业的研究往往涉及多学科交叉，审稿意见可能既包括对实验设计、模型方法的质疑，也包括对数据分析、结果解读以及行文逻辑的改进建议。

本节将围绕不同审稿意见类型（小修、大修、退稿、录用）分别说明常见的处理思路，并阐述回复审稿意见的细节要求，如逐条回复（response letter）、修改说明以及与编辑沟通的礼仪等。对于本科生来说，学会在审稿环节从容应对、合理修改并清晰地回应审稿建议，既是保证论文顺利发表的关键一步，也是科研职业生涯的重要训练。

1.审稿意见类型

（1）小修（minor revision）。

①定义：表明审稿人员和编辑对论文总体质量与创新性较为认可，认为只需进行一些较小的修订（如补充文献、微调行文、修正某些图表或细节），即可满足期刊发表的要求。

②常见情形：引言或结论的表述还不够准确，需要局部文字润色；方法部分缺少对某参数选择的解释，需做少量补充；图表格式或引用文献格式存在瑕疵，需要修正。

③作者应对态度：小修往往意味着只要认真改好即可被录用，但也不能掉以轻心；需在规定的时间（通常 1~2 周或更长，视期刊要求而定）内提交修改稿；回复审稿意见时，逐条对应并说明修改之处或理由；不可忽视语言润色与格式要求，保持整体学术规范。

（2）大修（major revision）。

①定义：表明论文核心思路或结果仍有价值，但存在某些实质性或较大范围的问题，需要进行更多实验数据补充、理论论证加强、结构调整或深度修改后才能进入再次审稿流程。

②常见情形：环境生态工程研究中，审稿人员对实验设计或采样方案提出质疑，需

要增加对照实验或更充分的数据支撑；地理信息科学研究里，遥感影像分类精度不足，需要重新分类或补充更高分辨率数据；论文结构或行文逻辑混乱，需要从引言到结果整个框架进行重构；研究结论缺乏理论支撑，或与已有文献严重冲突，需要补充文献或展开新的讨论。

③作者应对态度：要客观审视审稿意见，确认哪些是合理可行的补充或修正；若审稿人员要求补做实验或获取新数据，需评估时间与资源是否允许；如果确实无法完成，应在回复时提供充分理由；若经过充分修改后论文仍能满足期刊要求，则可在二次投稿时附上详细的修改说明和新的结果；否则，作者也可考虑转投更合适的期刊（视具体情况而定）。

（3）退稿（reject）。

①定义：期刊编辑在综合审稿人员意见后，认为该论文当前的研究内容或质量尚不具备发表价值或不符合期刊定位，直接给出退稿结论。

②常见情形：论文和期刊主题不匹配，或创新性与学术价值不足；研究设计或数据分析存在重大缺陷，无法通过简单修正补救；表达、结构与学术规范问题严重，审稿人员花费大量精力仍难以看出论文价值；存在学术道德问题，如涉嫌抄袭、重复发表、一稿多投等。

③作者应对态度：仔细分析审稿意见，判断论文是否确实存在根本性问题；若论文并非完全没有价值，只是与期刊定位不符或需大幅度修改，可在深入修改后转投其他期刊；如果作者认为审稿有明显不公平之处或重大误解，也可以尝试与编辑沟通甚至提出申诉，但必须基于合理证据；失败一次投稿并不意味着研究的终结，应积极吸取审稿建议，全面提升论文质量后再尝试其他途径。

（4）录用（accept）。

①定义：论文通过了所有审稿与编辑评估，无须进一步修改或只需极少格式润色后即可被正式发表。

②常见情形：审稿人员对论文的创新性、研究方法与结论都表示认可；作者在小修或大修阶段已充分回应所有意见，没有遗留问题。

③作者应对态度：在收到录用通知后，若期刊要求进行排版校对（proof checking）或完成版权协议签署，需及时配合；作者可考虑下一步学术宣传（如个人主页、科研社交平台）或跟进研究结果应用等事宜；保持与编辑的沟通，确认最终刊出时间、版面信息等。

2.不同类型审稿意见的处理方法

审稿意见的处理方法可归纳为“小修”“大修”“退稿”三大场景下的具体应对策略。录用则不需要再次修改，作者只需进行少量形式性工作即可。

（1）小修：如何在引言、方法或结论部分做细微补充。

①认真阅读审稿人员意见。通常审稿人员会在意见中列出若干小问题或建议，如“在引言中最好补充某某文献对相关技术方法的说明”“结论的第2条表述尚不够严谨，建议补充数据引用”。需要将这些意见一条条罗列，并与论文现有内容对照，找出修改的具体位置。

②逐条进行微调并保留原文稿。在 Word 文档或 LaTeX 中开启“修订”(track changes)模式，便于对照新旧内容。例如，审稿人员提到“第 3 段中引用不足”，则作者可增加 1~2 篇最新文献或完善文献综述逻辑；若是语法或表达问题，则需做相应的语言润色。

③注意相互关联的章节。若对引言的背景论述做了修改，结果或讨论的某些陈述可能也需对应微调，以保持论文内部一致性；在方法部分增添了数据来源或模型参数细节，讨论部分也应相应提到这些改动如何影响结果解读。

④回复信中的写法。对小修意见，可在回复信（response letter）中简明扼要写道：“感谢审稿人员指出本处文献综述的不足。我们已在引言第三段加入 Smith 等（2021）与 Li 等（2022）的研究成果，并相应更新了讨论中对比分析的文本。”列明所修改的段落或行号（行号可在编辑器中设置显示），以便审稿人员快速核对。

⑤提交修改稿。小修通常不需要补充新的实验证据，但要确保每处细节都符合期刊要求。重新检查图表分辨率、参考文献格式等细节。在规定时间内（通常不长）提交修改稿，等待最终录用通知。

（2）大修：如何重新设计实验或补充新数据，如何针对每条意见逐条回复。

①评估审稿意见与自身研究资源。有时大修意味着需要新增实验、采样或数据分析。对于环境生态工程或地理信息科学研究，若涉及野外采样季节性限制（如雨季或冻土期）或遥感数据获取难度，作者需判断是否能在合理时间内完成；若作者无法短期内完成补充，可在回复时诚恳说明原因，并尽力用已有数据或相似实验进行补充。不过，这可能影响录用结果。

②制订详细修改计划。将审稿意见分为“方法改进”“数据补充”“结构逻辑”“语言表述”等类别；针对方法改进，逐一解释如何弥补实验设计的不足，或使用新模型/新算法再跑一次数据；若需要新数据采集，应说明采集方式、时间、地点及与原先数据的可比性。如果涉及统计或地理信息科学分析部分的错误，需要考虑是否全部重做，或局部修正即可。

③逐条回复并引用新结果。在回复信里先摘录审稿人员原意见（可以简要概括）：“审稿人员 A 指出遥感分类精度仅为 70%，难以支持结论 2，请作者提供更高精度分类或新算法的验证。”然后写对应的回应：“我们已采用高分辨率影像（Sentinel-2）对研究区进行重新分类，分类精度提升至 85%。详见修订稿方法部分与结果。”附上对比图或补充说明，如在附录或补充材料中上传新的实验流程图、分类精度评价表、测绘误差分析等。

④深度优化论文结构与逻辑。大修往往伴随对文章整体框架或讨论角度的调整，作者可重写引言的研究假设，在结果或讨论章节增加新的数据可视化或案例解释；要保证修改前后各段落相互呼应，不要出现“前文说法 A，后文说法 B”自相矛盾的现象。

⑤可能进行二次或多次审稿。在提交大修后的修改稿后，审稿人员或编辑可能要求再次审查，以确认新数据或新分析方法确实达到了期刊要求；作者应保持耐心，按时完成后续沟通或修订，直到审稿人员及编辑共同认可。

（3）退稿：如何判断是否要转投其他期刊，文章是否需要大幅修改。

①评估退稿原因。若是因为论文与期刊方向严重不符，可以考虑转投更贴近主题的

期刊。若是研究设计本身存在根本缺陷或结论被审稿人员否定，则需反思是否要进行大幅修改或推翻原有假设。有时审稿人员提出的质疑涉及论文诚信或数据真实性问题，这种情况下必须先解决问题根源，再行投递。

②是否转投其他期刊。如果论文本身质量尚可，只是与期刊定位不匹配，可考虑小范围修改引言与讨论部分，使之适应更合适的期刊；如果论文核心创新不足，或方法明显落后，转投影响因子或分区较低的期刊或领域内较偏应用化的期刊，成功率会相对提升；拒稿后重新投稿会重新经历审稿周期，若毕业或项目结题时间紧迫，需要综合权衡。

③大幅修改与提升。根据退稿意见，梳理整篇文章可能需要改进的方向，如重新收集数据、加深理论分析等；若确实存在语言逻辑混乱的问题，可请专业语言润色或导师协助重写；再次投稿前务必保证已针对退稿意见进行了充分的升级调整，并核对新目标期刊的选题与格式要求。

3.撰写修改说明（response letter）或回复邮件的礼仪与格式

无论是小修、大修还是退稿后转投，作者都需要向期刊或审稿人员提供一份修改说明（response letter），详细列出对每条审稿意见的回应方式。这不仅体现作者的专业与敬业态度，也有助于编辑和审稿人员快速理解修改成果。

（1）基本结构。

①称呼：如“Dear Editor/Reviewers”（亲爱的编辑/审稿人）。

②感谢与致意：感谢对方认真审阅论文，并表示作者重视意见。

③概述修改范围：简要说明进行了哪些主要改动，如“我们对实验方法进行了重大调整，并新增了 5 个监测点的数据采集”，形成总述段落。

④逐条回应：针对审稿意见 1、2、3……分别进行回复，可按照“审稿意见→作者回应→修改后文本所在位置”的格式进行撰写。

⑤结尾：再次感谢审稿人员的帮助，表示愿意进一步交流，如“若有其他问题，我们非常乐意修改或补充”。

（2）礼仪与口吻。

①客观、礼貌、简洁：不要情绪化反击，即便审稿意见不完全正确，也要平和说明不同见解。

②表明修改事实：最好引用修订稿的行号或页码，如“在修订稿第 5 页第 12 行，我们增加了对×××指标的说明，详见下文数据表 2 修改”。

③对无法满足的意见给出理由：若审稿人员提出的修改过于苛刻或与作者研究目的矛盾，则可在回复中耐心解释，比如“鉴于研究地区地理条件限制，短期内难以补充另一个季节的数据，因此我们在讨论中增加了对该局限性的说明”。

④避免自夸或敷衍：不要在回复中夸大修改效果，也不要简单写“已修改”而不给予详情，否则会令审稿人员再次质疑。

（3）格式与系统提交。

①不同期刊有不同的格式要求：有些要求在投稿系统的“对审稿人员意见的回复（页内回复）”文本框中逐条输入，有些要求上传独立的审稿意见回复信（独立文档）文件（Word 或 PDF）。

②回复审稿人员 A、B、C 时，要明确注明对应审稿人员的每条意见，并按相同编号顺序列出回复。

通过一份条理清晰、态度诚恳的修改说明，作者往往能在第二轮审稿中赢得审稿人员的积极评价，提升论文最终被接收的概率。这也是学术写作与学术交流能力的重要体现。

四、二次投稿与终稿确认

当作者完成大修后重新投稿或在小修提交后收到进一步意见时，论文往往还需经历一次或几次往返审查。编辑和审稿人员如果对修改稿表示满意，则会进入终稿确认与排版流程。本节将介绍大修后的再次投稿流程与注意事项，以及论文在最终录用后如何进行排版校对（proof）并获取 DOI 等事项。

1.大修后的再次投稿流程与注意事项

（1）再度检查修改稿完整性。

①在大修后，论文可能新增数据、重做分析或增删段落，作者要通读全文，确保逻辑前后一致。

②检查新增图表与旧图表的对应关系，引用文献是否在参考文献列表中正确列出。

③若进行了语言深度润色，需注意术语翻译、作者名字、单位等信息的正确性。

（2）与首次投稿不同之处。

①第二次投稿通常依旧使用同一篇论文的稿件编号（manuscript ID），在投稿系统中找到“重提交”或“修订稿提交”选项。

②系统会要求上传修订稿与修改说明（答复信/审稿意见回复信）。

③若期刊允许，也可以在投稿附信/投稿说明信中加一句简要说明本次修订的重点，如“我们根据审稿人员 A 和 B 的建议，增加了对××因子的分析，并修正了实验设计中存在的漏洞”。

（3）时间控制。

①若期刊对大修设定了截止日期（如 1~3 个月），务必在期限内完成。若需要更多时间，可通过邮件与编辑部沟通申请延长时间。

②拖延过久会导致编辑对论文的时效性产生疑问，甚至直接终止审稿流程。

（4）再次审稿。

①大修后重新提交的论文，编辑可能再次分配给相同审稿人员，也可能调配新审稿人员进行核查。

②若修改质量较高，一般只需一轮确认即可进入录用阶段；若审稿人员认为仍有缺陷，或新增的数据又引出新的问题，则可能继续修改。

（5）保持与编辑沟通。

①如果对某条审稿建议或技术问题有任何疑问，作者可通过投稿系统或编辑邮箱联系编辑，简要说明疑惑，避免盲目修改。

②良好的沟通有助于节省多轮返工的时间。

2.终稿版式确认：排版、作者信息、致谢、参考文献等最终检查

当编辑部发出“录用通知”（acceptance letter）后，接下来会进入出版流程，通常包括专业排版、校样/校样稿校对及作者确认。在此阶段，论文已经基本确定会发表，但还需作者进行最后一轮精细化检查。

（1）排版与校样/校样稿。

①专业排版。期刊排版部门会使用专业排版软件（如 LaTeX 或 InDesign）将论文按期刊风格进行整体布局，包含分栏、插图位置、页眉页脚、引文编号等。

②校样。编辑部会将排好版的 PDF（或其他格式）发给作者进行校对。作者需仔细核对文字、数据、图表、作者署名、单位等。

③校对重点。作者姓名及单位：是否有拼写错误或顺序错位；图表内容：标题、标注、单位符号、图注、分辨率等；文内引用：如作者-年份制是否与参考文献列表对应；数字标注制需检查编号是否错乱；参考文献列表：作者姓名、年份、期刊名、页码、DOI 等是否准确。

④适当修改与限制。校样阶段通常只允许修正打印或排版错误，或极少量语言问题，不应再增加新的数据或大幅改写内容，否则需重新经过审稿或编辑许可。

（2）作者信息、致谢与基金项目。

①作者信息。一些期刊会在文后列出作者的简要信息或贡献分工（如 CRediT 条目），作者需核对无误；如果有新增作者或删除作者，需符合学术伦理并征得期刊允许，一般在此阶段变动作者顺序难度较高。

②致谢与基金项目。在国内外期刊中，若论文得到基金、项目或实验室资助，需要在致谢段落中明确列出项目名称与编号；若在语言润色、数据采集等方面得到他人帮助，也可在致谢中简要说明。

③签署版权协议与利益冲突声明。如果编辑部尚未收取版权转让协议或冲突声明，可能会在此阶段要求作者正式签署，作者需仔细阅读并保留副本。

（3）最终返回编辑部确认。

①校对完成后，将带有批注或改动痕迹的校样/清样文件发回编辑部。

②若没有问题或仅修正少量排版错字，期刊即可进入最后的出版流程。

③在网刊（在线优先发表/预出版）或纸质刊物正式出版后，作者会收到论文最终链接或 PDF。

3.发表后论文的页面链接与 DOI 获取

当论文顺利通过排版、校对环节后，就进入正式发表阶段。对于环境生态工程和地理信息科学专业的学生而言，论文一旦发表即可在学术界留下可查阅、可引用的正式记录，这在毕业论文、科研项目绩效评估或后续升学与求职中都具有重要意义。

（1）在线优先/预发表。

①许多期刊实行“先上网，后出刊”的方式，即一旦论文被录用并完成排版校对，就能在期刊网站上抢先在线发表。

②此时虽然还没被分配到具体的期、卷与页码，但论文已具备独立的 DOI 编号，可被引用和检索。

③作者可将该链接分享给导师、研究团队或其他学者，便于阅读交流。

（2）DOI。

①作用。DOI是学术出版领域广泛使用的唯一数字标识符，能够确保论文在互联网上的永久链接，无论期刊网站如何变动，DOI都能帮助读者检索到该文章。

②获取与显示。通常在正式在线发表后，编辑部或出版商会为论文分配DOI，如10.1000/xyz.2019.05.003 这类格式。作者可在论文首页或期刊网站的信息页看到。

③引用功能。引用时可使用“DOI:10.××××”格式让读者轻松跳转到全文；大部分学术数据库也通过DOI来进行快速检索和统计分析。

（3）正式刊出（纸质期刊/电子期刊的正式期号）。

①当期刊出到相应卷（issue）时，会对已在线发表文章按排版次序或主题进行打包。

②在国内外综合或专业期刊中，正式纸质版或电子版常见的引用格式类似“Vol.××，No.×，pp.××–××，Year”并保留原有DOI。

③作者可向导师或图书馆申请样刊，或自行下载论文PDF用于个人存档、学术汇报等。

（4）后续学术影响。

①随着论文被引用次数增加，作者可利用学术搜索引擎（如Google Scholar）或数据库（Web of Science、Scopus）跟踪论文引用与影响力。

②在ResearchGate、ORCID或个人网站上更新成果信息，扩大学术传播与交流机会。

③对于环境生态工程与地理信息科学课题而言，可进一步将数据或方法共享到公开平台，推动学科协作与再利用。

第七章　学术论文的投稿与发表

科学没有国界，因为知识属于全人类，它是照亮世界的火炬。（Science knows no country, because knowledge belongs to humanity, and is the torch which illuminates the world.）——路易•巴斯德。

第一节　期刊选择与投稿指南

一、期刊选择的意义

学术论文的投稿是科学研究传播的核心环节，而选择合适的期刊则是决定研究能否获得关注与认可的关键一步。在全球化的学术环境中，研究者面临着数以万计的期刊选择，不同期刊的读者群体、学术影响力和主题范围差异显著。如何选择适合的目标期刊，不仅影响论文的发表概率，还直接决定了研究成果的传播范围和引用潜力。

通过合理选择期刊，研究者可以确保研究成果传播到目标受众手中，并有效提升研究的学术影响力和实际价值。本节将从期刊与论文内容的匹配性、目标读者的需求、实际案例分析等方面详细探讨期刊选择的重要性。

1.匹配论文内容与目标读者

每本学术期刊都拥有特定的学术定位和目标读者群体，通常以学科领域、研究主题和应用背景为核心。选择与论文内容精准匹配的期刊，是确保研究成果得到正确解读和高效传播的前提条件。

（1）学术期刊的定位与范围。

学术期刊的定位通常体现在其“scope”部分（即期刊范围）。这一部分详细说明了期刊所覆盖的研究领域、期望的研究类型以及目标读者群体。例如，综合性期刊（如 *Nature*，*Science*）通常涵盖多学科研究，而领域期刊（如 *Wetlands*，*Soil Biology & Biochemistry*）则更专注于某一特定领域。选择期刊时，研究者需全面了解目标期刊的定位，判断论文是否与期刊的核心主题契合。

（2）如何确保论文内容与期刊范围匹配。

阅读目标期刊的“scope”：期刊范围通常对研究内容的主题、应用方向和创新性要求进行明确规定。研究者应仔细研读，判断论文的主题是否符合期刊的期待。例如，环境科学领域的 *Environmental Science & Technology* 通常偏重于技术创新和环境问题解决的研究，而 *Journal of Hydrology* 更关注水文学领域的基础与应用研究。

（3）分析已发表论文的关键词与结构。

通过分析目标期刊近两年内的高引用论文，可以直观了解其偏好的研究方向和内容结构。例如，某期刊是否更偏爱实验研究、多尺度分析，或注重理论模型的创新，这些信息都可以指导研究者调整论文内容以提高投稿的成功率。

案例分析：某研究团队在哈尔滨学院进行了一项关于中国北方湿地土壤微生物代谢路径的研究，重点分析了不同湿地类型对土壤微生物代谢功能的影响。他们最初选择将论文投稿至国际权威期刊 *Nature Climate Change*，认为该研究与气候变化的议题存在间接关联。然而，审稿意见显示，尽管研究具有科学价值，但其主题集中在微生物代谢功能的具体机制，与期刊关注的全球气候变化模型和政策分析相去甚远。编辑建议研究者改投更专注微生物生态学的领域期刊。

问题分析：

①目标期刊读者的关注点与研究内容不匹配。*Nature Climate Change* 的目标读者包括气候政策研究者、宏观模型开发者以及跨学科气候学家，偏重于气候变化的全球影响和应对策略。然而，该研究聚焦于土壤微生物的代谢功能，尽管与碳循环相关，但研究深度未达到该期刊所需的跨学科性和政策相关性。

②研究内容与领域期刊更契合。研究内容详细探讨了湿地土壤微生物代谢路径在全球碳循环中的角色，这是微生物生态学和土壤科学的核心议题，与 *Soil Biology & Biochemistry* 高度匹配。

解决策略：阅读目标期刊近期已发表论文的关键词与内容结构。在调整投稿方向后，研究团队系统分析了 *Soil Biology & Biochemistry* 近期高被引文章的关键词和研究主题，发现微生物代谢途径与碳循环的研究是该期刊的重要领域之一。因此，他们在论文中补充了代谢途径在湿地碳储存中的实际作用，并引用了多篇该期刊发表的相关文献，增强了论文的领域契合度。

从期刊的“scope”（范围）明确研究内容是否适配。在重新定位目标期刊后，研究团队扩展了论文的讨论部分，强调了研究结果在全球碳循环模型中的潜在应用价值。这一调整不仅提高了论文的学术影响力，也直接响应了目标期刊的核心主题。

匹配论文内容与目标读者群体，是期刊选择中需要优先考虑的因素。通过深入理解目标期刊的范围和学术定位，分析已发表论文的关键词与结构，研究者可以更精准地选择投稿方向，确保研究成果被目标读者群体关注。同时，通过灵活调整论文内容以匹配期刊需求，研究者不仅可以提高投稿成功率，还能最大化论文的学术影响力。

2.提升论文的学术影响力

学术论文的影响力不仅取决于研究本身的质量，还受到发表期刊的学术声誉和目标读者群体的广度影响。选择适合的高质量期刊，可以显著提升论文的可见度和引用率。然而，在追求高影响因子期刊的同时，研究者还需要考虑期刊的领域权威性与内容适配性，以实现论文传播效果的最大化。

高影响因子期刊往往因其广泛的学术声誉和读者群体而受到研究者的青睐。发表在这些期刊上的论文往往能获得更高的关注度，也更易被引用，尤其是跨学科研究论文以及有突破性发现的文章。然而，这类期刊也存在一些潜在的局限性，研究者需要在投稿前仔细评估。

（1）吸引力。

提升论文可见度：高影响因子期刊通常覆盖更大的学术受众，能够让论文触达更多领域的研究者。例如，*Nature*、*Science* 这类顶级期刊，不仅被科学家阅读，也常被政策制定者和工业界关注。

增强学术声誉：在这些期刊发表论文，可以显著提高研究者的学术声誉，有助于获得更多的研究机会和资源支持。

（2）局限性。

竞争激烈：高影响因子期刊的退稿率通常超过 90%，这些期刊的审稿流程严谨细致，周期往往较长，这对新手研究者或时间紧迫的研究可能不利。

适配性问题：综合性期刊对研究的跨学科价值要求较高，而一些细分领域的研究可能无法完全满足其需求，容易在初审中被退稿。

（3）领域权威性与目标读者的匹配度。

在选择期刊时，研究者还需关注目标期刊的领域权威性与目标读者的匹配度。领域权威性较高的期刊通常更聚焦于特定研究方向，其读者群体对该领域的最新研究进展有更强的兴趣。这种针对性可以确保论文的研究价值被充分理解和引用。相比于综合性期刊，领域期刊更能吸引研究领域内的核心读者群体。例如，*Geoderma* 作为土壤科学领域的权威期刊，其读者大多为从事土壤生态学研究的学者，而非环境科学领域的广泛读者。当论文内容与期刊主题高度契合时，读者更可能基于兴趣或研究需求引用论文，从而提升论文的引用率和影响力。

案例分析：某博士生完成了一项关于城市污泥在北方湿地中的长期环境影响的研究，分析了污泥施用对土壤养分动态变化和微生物活动的影响。起初，该研究被计划投稿至 *Environmental Science & Technology*——一本影响因子较高（约 11.0）的环境科领域学期刊。然而，在导师的建议下，研究者重新评估了论文的技术深度与创新性，最终投稿至土壤科学领域的权威期刊 *Geoderma*。

①具体分析。

a.适配性评估：*Environmental Science & Technology* 作为环境科学领域的综合性期刊，涵盖了广泛的研究主题，如环境政策、技术开发和污染处理。尽管该期刊影响因子较高，但其目标读者主要关注环境治理的技术和应用，对细分领域的基础研究关注度较低。*Geoderma* 专注于土壤科学及相关研究，是土壤生态学领域的重要期刊。研究内容与其主题范围高度契合，包括土壤-植物相互作用、土壤改良技术和养分循环等。结果表明，研究内容在 *Geoderma* 的目标读者中更具吸引力，具有更高的被引用潜力。

b.调整投稿策略：根据 *Geoderma* 的要求，研究者优化了论文结构，在讨论部分增加了污泥施用对土壤健康的长期影响，以及该研究对土壤管理实践的启示。研究者还引用了多篇 *Geoderma* 近期发表的相关论文，进一步展示了研究与期刊主题的契合度。

②结果与影响。修改后的论文在 *Geoderma* 顺利发表，并在次年被引用超过 15 次，其中多篇引用论文直接讨论了污泥施用的土壤生态效应。研究者通过精准选择目标期刊，不仅提高了论文的引用率，还为后续的研究合作奠定了基础。

③提示与建议。高影响因子期刊并非唯一考量，研究者应根据论文内容和目标受众的需求，优先考虑领域权威性和学术适配性。如果研究内容聚焦细分领域且偏向基础研究，可选择专业领域内的权威期刊，而非综合性或高影响因子期刊。

④利用期刊评估工具优化选择。工具如 Elsevier Journal Finder 和 Springer Journal Suggester，可根据论文的摘要和关键词推荐合适的期刊。这些工具还能显示目标期刊的影响因子、审稿周期和接受率等关键信息，便于研究者综合评估。

3.确保研究发表的高效性

不同期刊的审稿周期和发表时效差异显著，这种差异对某些时效性较强的研究成果尤为重要。对于关注热点问题或具有社会紧迫性的研究而言，快速发表能够让研究及时进入公众视野或科学决策进程，从而对社会问题的解决产生直接贡献。研究者在投稿时，需要充分考虑期刊的审稿效率与发表时效，根据研究的时效性需求选择最优的发表路径。这种策略不仅关系到研究的传播速度，更可能影响其学术影响力和实际应用效果。

时效性研究的特点往往是对特定问题的快速响应。例如，在自然灾害、公共卫生事件或政策变革期间，许多研究需要以较快的速度完成数据分析、论文撰写并向学术界发布成果。与此相对应，期刊的审稿效率与出版速度在此类研究中尤为重要。影响期刊时效的因素包括审稿流程的透明度、同行评审的平均时间以及期刊是否提供快速出版选项等。许多高影响因子期刊由于投稿量大且审稿要求严格，其从投稿到发表的周期可能长达一年甚至更久，这对急需传播成果的研究者来说并不理想。

案例分析：2020 年初，一些研究团队展开了与疫情相关的紧急研究。其中，一个团队针对空气质量变化与封锁措施之间的关系进行了分析研究。这项研究不仅提供了大量一手数据，还探讨了封锁政策对环境污染的短期影响。然而，在投稿过程中，该团队意识到，由于这项研究的政策相关性较强，如果不能快速发表，其学术价值和现实意义将大大削弱。团队最初计划将论文投向环境科学领域的一本高影响因子期刊。然而，经过对该期刊平均审稿时间的查询发现，其“Submission to Acceptance（从投稿到接受）”周期超过 12 个月，这显然无法满足研究的时效性需求。

经过慎重考虑，团队决定将论文投稿至 *Science of the Total Environment*，一家环境领域的专业期刊。尽管该期刊的影响因子低于原计划的目标期刊，但其审稿效率和出版速度在同行中表现突出。该期刊不仅设有“快速审稿”通道，还对疫情相关研究采取了优先处理策略。团队通过此通道提交论文后，仅在 4 周内便完成了同行评审，并在两个月内完成排版和出版。最终，这篇文章在 6 个月内正式发表并迅速获得了学术界的关注。这一速度使研究成果及时为环境政策提供了数据支持，并推动了后续多个相关研究的开展。

从这一案例中可以总结出几点经验。首先，对于具有时效性的研究，期刊的审稿效率往往比其影响因子更为重要。尽管高影响因子期刊的学术声誉无疑令人向往，但若其审稿流程过于漫长，可能会延误研究成果的传播并降低其实际影响力。其次，研究者在投稿前应查询目标期刊的“从投稿到录用”数据，了解其平均审稿时间。这一信息通常可以在期刊的官网或相关文献数据库中找到，并为研究者选择期刊提供重要参考。最后，针对紧急性研究，可以优先选择设有“快速出版”或“优先处理”选项的期刊。许多期刊会针对热点议题或重大事件设立专门通道，加速论文的评审与发表。

需要注意的是，快速出版虽然能为时效性研究提供便利，但研究者仍需确保论文的质量和严谨性。快速审稿不意味着对研究内容的标准有所降低，因此在投稿前仍需充分准备，确保论文经得起审稿人员的专业审查和质疑。此外，研究者应留意选择合法和信誉良好的期刊，以免因选择掠夺性期刊（predatory journals）而影响研究成果的声誉。

综上所述，不同期刊的审稿周期和出版时效在研究成果的传播中具有重要作用，特别是对于时效性较强的研究。通过合理评估目标期刊的审稿效率，并优先选择具有快速出版选项的期刊，研究者能够更有效地将成果传播给目标受众，确保研究在社会和学术领域的影响力得到最大化。这一策略对许多关注实时热点的科学研究具有普遍意义。

4.符合机构和资助要求

在学术研究中，许多研究项目由资助机构提供支持，这些资助方通常对研究成果的发表有明确的要求，包括目标期刊的范围、影响因子、分区等级等。这些要求往往作为研究者完成项目的硬性指标，与项目结题、经费使用合规性以及后续资助的申请直接挂钩。因此，在选择期刊时，研究者不仅需要考虑论文与期刊的学术适配性，还需确保目标期刊符合资助方或研究机构的规定。

资助方对发表期刊的要求通常包括两类：第一，期刊需被特定的学术数据库（如 SCI、SSCI、EI 等）收录，这反映了期刊的国际认可度和学术质量；第二，要求期刊在一定的分区范围内（如 SCI 分区的 Q1 或 Q2），以确保论文的学术水平和影响力达标。此外，一些资助项目还可能提出额外的规定，如期刊的最低影响因子、论文的学术贡献类型（如原创性研究、综述文章等）。在投稿前，研究者需仔细研读资助项目的相关文件或与资助机构直接沟通，明确这些要求，以免因投稿失误而影响项目的结题进度或后续评估。

案例分析：某研究团队在国家自然科学基金的资助下完成了一项关于生态恢复的研究，研究成果涉及湿地植被恢复对土壤养分动态的影响。团队原计划将论文投稿至某区域性学术期刊，该期刊因其在湿地生态管理中的影响力被视为该领域的重要期刊。然而，在论文撰写即将完成时，团队仔细检查了资助方的结题要求，发现资助机构明确规定研究成果必须发表在 SCI 分区内的期刊中，且需达到 Q2 及以上分区。

这一发现使团队意识到原计划的目标期刊虽然在研究领域内具有一定影响力，但并未被 SCI 收录，不符合资助方的结题要求。如果坚持选择该期刊，可能导致研究无法顺利结题，影响资助经费的拨付以及后续研究的开展。为满足资助方要求，团队决定重新选择目标期刊。经过检索与筛选，他们最终将目标调整为 *Ecological Indicators*，一份 SCI 分区的环境科学领域期刊，该期刊不仅符合资助方的要求，还具有较高的学术声誉和影响因子，能够覆盖更广泛的国际受众。

在调整目标期刊的过程中，团队遇到了一些挑战。例如，*Ecological Indicators* 对论文的理论深度和国际化程度有较高要求，而团队的初稿内容偏向于区域性案例分析。为了增加论文的国际化属性，团队在讨论部分新增了一节内容，重点分析了研究结果在全球湿地管理中的潜在应用价值，并引用了多篇国际高质量研究作为背景支持。此外，他们还将原本集中于单一生态指标的研究范围扩大到多指标分析，进一步丰富了论文的理论深度。

尽管这一调整延长了论文的修改和发表周期，但调整后的论文成功通过了 *Ecological Indicators* 的审稿流程，并顺利发表。该研究不仅满足了资助方的结题要求，还因其广泛的国际关注获得了多个研究团队的引用。团队也凭借这一成果成功申请了后续的国家自然科学基金资助，为研究的持续开展奠定了基础。

经验与提示：这一案例表明，在学术发表中，期刊选择不仅影响研究成果的学术传播，还与资助项目的评估和资源获取息息相关。研究者在选择目标期刊时，应优先考虑资助方或研究机构的具体要求，避免因期刊不符合规定而影响项目进展。此外，针对以下几种常见情境，研究者可以采取适当策略。

提前规划与沟通：在论文撰写初期，研究者应仔细查阅资助协议中的结题要求，包括发表期刊的类型、数据库收录情况和分区等级等。如果对要求不明确，应主动与资助方或项目管理部门沟通，确保论文的发表方向正确。

筛选符合条件的期刊：研究者可以利用期刊检索工具（如 Web of Science、Scopus）查询目标期刊的数据库收录情况及分区排名。例如，通过 Web of Science 的期刊引用报告（JCR），可以快速了解期刊的最新分区和影响因子数据，为选刊提供依据。

灵活调整投稿策略：如果发现原计划的期刊不符合资助方要求，研究者应尽早调整目标期刊。在调整过程中，可以通过与期刊编辑沟通，确认论文的适配性及调整方向。例如，一些高影响力期刊可能接受关于研究范围扩展或理论创新的讨论建议，这有助于研究者提升论文质量并顺利投稿。

平衡质量与周期：选择符合资助方要求的期刊可能会增加审稿周期，研究者需要在时间安排上留有余地，确保论文能够按时发表并用于结题。同时，对于那些具有时间紧迫性的项目，可以优先考虑快速出版期刊或开放获取期刊，以缩短发表周期。

通过合理的期刊选择与科学的投稿策略，研究者可以在满足资助方要求的同时，提升研究成果的学术影响力和实际价值。 这一过程不仅是对资助项目负责的表现，也是研究者提升自身学术声誉和资源竞争力的重要机会。

5.避免学术期刊的潜在风险

在学术发表中，研究者常面临期刊选择的多样性与复杂性，尤其是在开放获取模式日益普及的背景下。这种模式虽然在提升论文可见度方面具有优势，但也滋生了一些不良现象，其中最具代表性的就是掠夺性期刊。这些期刊以追逐利润为主要目的，通过收取高额版面费、缩短审稿流程等方式吸引投稿，但通常缺乏严格的同行评审和学术规范。一旦论文发表在此类期刊上，不仅不能增加学术声誉，甚至可能对研究者的职业发展和学术诚信造成严重影响。

掠夺性期刊通常具备一些共同特征，如宣传语言过于夸张，承诺快速发表，不提供详细的审稿流程说明，甚至直接发送侵入性的投稿邀请。这些期刊大多未被权威学术数据库（如 Web of Science、Scopus 等）收录，其文章的学术质量普遍较低，难以在学术界产生实际影响。更严重的是，这些期刊可能会影响研究者的学术声誉。在某些情况下，资助机构、学术评审委员会甚至公众都会将发表在掠夺性期刊上的论文视为负面标志，进而质疑研究者的专业能力与学术诚信。

案例分析：某年轻研究者因缺乏投稿经验，在完成一篇关于水资源管理的论文后，选择了一家“国际开放获取期刊”。该期刊以低门槛、高效率为卖点，通过直接发送投稿邀请吸引研究者。研究者受限于时间压力和经验不足，未仔细核实期刊的学术资质，便支付了高额版面费以求快速发表。文章在一周内即被接受，并在两周后完成发表。然而，研究者很快发现，这家期刊不仅未被 Web of Science 或 Scopus 收录，其网站也未提供任何详细的同行评审流程记录。

更令人担忧的是，这家期刊随后因涉嫌学术不端被曝光为掠夺性期刊，研究者的论文因此被视为低质量甚至无效研究，直接影响了他在学术界的声誉。研究者的后续投稿也因此受到质疑，资助机构在评审过程中对其研究能力表示担忧，导致他在申请项目时接连受挫。

这一案例揭示了掠夺性期刊的多重风险，不仅包括发表文章的学术价值无法被认可，还可能导致研究者的职业发展受阻。为避免类似情况，研究者需要在投稿前进行充分的背景调查和期刊验证。

解决策略：有效规避掠夺性期刊的风险。

（1）验证期刊的学术性。

在投稿前，研究者可以利用权威工具与资源验证目标期刊的合法性与学术声誉。例如：Beall’s List 提供潜在掠夺性期刊的名单，尽管目前已不再更新，但仍具有一定参考价值；DOAJ（Directory of Open Access Journals）收录了经过严格筛选的开放获取期刊，其文章通常具有较高的学术质量。

（2）优先选择权威数据库收录的期刊。

目标期刊是否被学术数据库收录是判断其学术质量的重要指标。

权威数据库包括：Web of Science，提供期刊的影响因子、分区等重要信息；Scopus，涵盖多学科领域，支持详细的期刊检索。确保期刊名和网址与官方数据库中的记录一致，以避免“山寨”期刊的误导。

（3）核实期刊的审稿流程。

合法期刊通常在其官网上清楚描述审稿流程，包括同行评审的时间周期、步骤，以及可能的退稿原因。如果期刊承诺超快的审稿周期（如“投稿后一周内接受”），需格外警惕。

（4）咨询导师或资深研究者。

对于不熟悉的期刊，可以请教学术领域内的导师或资深研究者，了解其学术声誉和发表情况。

避免掠夺性期刊的意义：这不仅是维护学术诚信的需要，也是保障研究成果质量的重要措施。选择信誉良好的期刊发表论文，不仅能够扩大研究的传播范围，还能为研究者建立稳固的学术基础，进一步推动职业发展和资源获取。尤其是在学术评审和资助申请过程中，研究成果的质量是评价研究者能力的重要依据。因此，确保论文的发表渠道合法可靠，是研究者不可忽视的责任。

总结与启示：掠夺性期刊的存在为学术界带来了潜在风险，也对研究者的投稿选择提出了更高的要求。通过充分了解目标期刊的背景，并利用权威工具验证其资质，研究者可以有效规避不良期刊的影响。期刊选择的合规不仅关系到论文的发表成功率，更是研究者学术诚信的体现。作为学术传播的重要环节，期刊选择需要从多个方面综合考虑，包括内容匹配情况、学术影响力、发表效率、资助要求及期刊信誉。避免掠夺性期刊是研究者维护研究诚信的最后一道防线，也是确保学术成果能够为科学进步和社会发展做出真正贡献的基础。

二、如何筛选期刊

在学术论文的投稿过程中，期刊筛选是至关重要的一步，直接影响论文被接受的概率和其影响力。研究者需要综合考虑论文主题、学科领域、受众范围、期刊影响力等多重因素，以选择最适合的目标期刊。以下从三个方面详细阐述期刊筛选方法。

1.明确研究领域和目标期刊

在学术论文的投稿过程中，明确研究领域是筛选目标期刊的基础。只有在充分理解研究主题及其学术价值的前提下，研究者才能选择出与论文内容相匹配的高质量期刊。这一过程不仅涉及对论文主题的深刻把握，还需要研究者对目标期刊的定位、范围及读者群体有深入了解。利用科学的筛选方法，研究者可以最大限度地提升论文被接受的概率，同时增强其学术传播效果。

明确研究领域和目标期刊需要从多个角度考虑，包括论文主题与期刊的匹配度、关键词的匹配度分析，以及学科交叉领域的特殊考虑。以下从这些方面进行详细探讨，并结合实际案例提供实用指导。

（1）论文主题与期刊的匹配。

学术期刊通常有其特定的主题范围（scope），其明确规定了期刊所关注的研究方向、读者群体和文章类型。例如，*Ecological Indicators* 专注于生态系统指标和评估方法，旨在为生态系统健康与可持续发展提供科学依据；而 *Environmental Research Letters* 更注重环境科学和政策之间的联系，对环境问题的多学科解决方案表现出浓厚兴趣。

研究者在筛选期刊时，应首先仔细阅读目标期刊的“scope”部分，明确其是否接受与自身论文主题相关的研究。例如，一篇关于湿地生态恢复的研究性论文，如果关注湿地功能的指标化评估，可以优先考虑 *Ecological Indicators*；而如果研究涉及环境政策的制定与评估，则 *Environmental Research Letters* 可能更适合。此外，一些期刊会在投稿指南中列出其排除的研究类型，例如过于区域性或描述性的数据分析，这也需要研究者提前注意。

（2）关键词的匹配度分析。

关键词是筛选目标期刊的重要工具。研究者可以通过论文中的核心关键词与目标期刊的主题词进行匹配分析，快速筛选出相关领域内感兴趣的期刊。例如，如果论文主题涉及“湿地生态恢复”“碳储量”和“生态系统健康”，研究者可以在学术数据库（如Web of Science、Scopus）中输入这些关键词，找到频繁发表类似研究的期刊。

这种方法尤其适用于不熟悉某一研究领域的研究者。通过分析目标期刊高被引论文的关键词和摘要内容，研究者可以判断该期刊是否倾向于发表与自身研究相关的论文。这种数据驱动的方法不仅提高了筛选效率，还能够帮助研究者了解目标期刊的论文风格与结构，从而更有针对性地调整自己的论文。

案例分析：某研究团队在完成一项关于中国北方湿地恢复的研究后，计划向 *Nature Communications* 投稿。该团队认为论文中关于湿地恢复机制的研究具有较强的科学性和创新性，符合综合性期刊的高标准要求。然而，编辑在初审意见中指出，虽然研究具有区域代表性，但未能体现 *Nature Communications* 所强调的跨学科性和全球议题关联性。编辑建议研究者考虑投稿至生态学领域的期刊。

后续，该团队重新评估了目标期刊，最终选择了 *Restoration Ecology*。在审稿过程中，团队根据审稿意见进一步强化了论文中生态恢复过程的理论分析，并结合全球案例拓宽了研究的国际视野。最终，论文顺利发表，并获得了生态学领域多个研究团队的引用与关注。

（3）学科交叉领域的特殊考虑。

①学科交叉的复杂性。对于涉及多学科交叉的研究，选择目标期刊时的难度通常更大。因为研究内容可能同时适用于多个领域的受众，例如，人工智能与环境监测、遥感技术与生态学等。此类研究投稿时需充分考虑目标期刊的学术覆盖范围及读者群体的接受度。

研究者在选择期刊时，可以优先考虑那些具有较强学科融合性的期刊。例如，一项结合人工智能与环境监测的研究，既可以投稿至计算机领域的期刊（如 *Journal of Artificial Intelligence Research*），也可以投稿至环境科学相关期刊（如 *Environmental Modelling & Software*）。选择时需明确论文的主攻方向——是突出技术方法，还是强调环境应用，这一决定将直接影响目标期刊的选择。

②选择综合性或细分领域期刊。研究主题的倾向性在很大程度上决定了期刊的选择。基础理论研究通常适合投稿至综合性期刊（如 *Science*，*Nature*），而应用研究则更适合细分领域的期刊（如 *Agricultural Water Management*，*Climate Research*）。

例如，如果研究关注湿地恢复的基本生态过程，那么选择综合性期刊可能更具吸引力；而如果研究更多集中于湿地管理的具体应用措施，则细分领域的期刊更能吸引核心读者群体。

案例分析：某研究团队开展了一项关于气候变化对湿地生态系统影响的研究，涉及生态学、气候学和遥感技术三个领域。他们最初选择投稿至综合性较强的 *Global Change Biology*，期望论文能够覆盖广泛的读者群体。然而，由于初稿中的遥感技术部分缺乏深入分析，编辑决定退稿，但提供了建议，推荐他们改投专注气候影响的 *Climate Research*。团队随后调整了论文结构，增加了对遥感方法适用性的详细讨论，并加强了气候变化与生态过程的关联性。最终，论文成功发表，并在气候生态学领域引起了较大反响。

明确研究领域和目标期刊是论文投稿的基础环节，也是提升发表成功率的关键所在。研究者应通过阅读期刊范围（scope）、分析关键词匹配度，以及针对学科交叉领域的特殊需求，筛选出最适合的目标期刊。同时，结合实际案例可以看出，精准选择期刊不仅能提高论文的学术传播力，还能为研究者的职业发展和资源获取提供有力支持。

2.利用工具筛选期刊

在论文投稿过程中，选择合适的期刊对于研究成果的传播和提高其影响力具有重要意义。然而，面对数以万计的学术期刊，如何高效筛选出与论文主题、目标读者和研究方向匹配的期刊，是许多研究者面临的共同难题。科学的工具和数据库可以为研究者提供强大的支持。通过分析期刊的影响力、接受率和审稿周期，研究者可以做出更加科学的决策。接下来将详细介绍几种常用工具的使用方法和案例分析。

（1）Web of Science、Scopus 等数据库的使用方法。

Web of Science 和 Scopus 是目前全球学术界最具影响力的两大文献数据库。它们不仅提供全面的文献检索功能，还能为研究者筛选目标期刊提供重要的参考指标，例如，影响因子（impact factor）、分区（quartile）信息和其他评价维度。这些工具在期刊筛选过程中应用得极为广泛，特别是在需要深入了解目标期刊的学术声誉和读者覆盖范围时。

① Web of Science。Web of Science 是由科睿唯安（Clarivate）开发的文献检索平台，其核心功能包括期刊检索、文献引用分析和学术网络构建。研究者可以利用其数据库查找领域内高质量的期刊，并通过影响因子和分区信息评估期刊的学术声誉。

a.具体操作：登录 Web of Science 平台，在主页的检索框中输入论文的核心关键词。例如，“water resource allocation”。检索结果显示与关键词相关的高被引论文及其所发表的期刊。研究者可以筛选出与论文主题相符的目标期刊，例如，*Water Resources Research*、*Journal of Hydrology*。点击目标期刊的详情页面，查看其影响因子、分区、出版周期和审稿效率等关键信息。

b.优势：平台提供权威的影响因子和分区信息，是评估期刊学术声誉的重要工具，可以帮助研究者了解目标期刊的历史引用数据和研究热点。

② Scopus。Scopus 是由爱思唯尔（Elsevier）开发的多学科文献数据库，其覆盖范围包括科学、技术、医学和社会科学等领域。与 Web of Science 类似，Scopus 同样可以帮助研究者筛选高质量的期刊，同时，还可提供多维度的期刊评价指标，例如 CiteScore 和 SJR（SCImago Journal Rank）。

a.具体操作：登录 Scopus 平台，在检索框中输入论文的主题关键词，例如“climate change mitigation”。检索结果显示与关键词相关的文献，点击“Source”选项卡，查看这些文献的来源期刊。筛选出与研究主题相匹配的期刊后，点击查看其详细信息，包括期刊的 CiteScore、SJR、出版频率和目标读者群体。

b.优势：提供多维度评价指标，有助于全面了解期刊的学术影响力。数据覆盖面广，尤其对新兴期刊和交叉学科期刊的分析更加全面。

c.案例分析：某博士生完成了一篇关于水资源管理的论文，论文主题聚焦于“water resource allocation”相关的优化模型。他希望选择一个既有学术影响力又能覆盖水文研究核心读者群的期刊进行投稿。

该博士生在平台上输入关键词后，发现高被引论文多集中在 *Water Resources Research*，*Journal of Hydrology* 等期刊。这些期刊在水资源管理领域得到广泛认可，并具有较高的读者覆盖率。

通过对比发现，*Water Resources Research* 的影响因子较高，但审稿周期偏长；*Journal of Hydrology* 虽然影响因子略低，但分区仍然在 Q1 且审稿速度更快。

最终，该博士生选择了 *Journal of Hydrology* 作为目标期刊，并成功发表了论文。

（2）Elsevier、Springer 的实操示例。

除了传统的文献数据库，一些期刊出版商提供的专门工具（如 Elsevier 的 Elsevier Journal Finder 和 Springer 的 Springer Journal Suggester）可以通过论文摘要和关键词直接推荐适合的期刊。这些工具利用大数据和匹配算法，可以快速为研究者提供多种选择，是期刊筛选的高效辅助工具。

① Elsevier Journal Finder 的使用方法。Elsevier Journal Finder 是 Elsevier 提供的在线工具，可以根据研究者输入的论文题目、摘要和关键词自动推荐匹配的期刊。

a.操作步骤：打开 Elsevier Journal Finder，输入论文的题目、摘要和关键词。系统基于匹配算法生成一组推荐期刊，并提供每个期刊的基本信息，包括影响因子、审稿周期和出版模式（如开放获取）。研究者可以点击期刊的详情页面，查看更多细节，如目标读者群和投稿指南。

b.案例分析：某研究团队完成了一篇关于土地利用变化的论文，其利用 Elsevier Journal Finder 进行期刊筛选。系统推荐了多个期刊，包括 *Land Use Policy* 和 *Environmental Modelling & Software*。团队结合研究主题和期刊指标，最终选择了更适合其论文方向的 *Land Use Policy*。

② Springer Journal Suggester 的使用方法。Springer Journal Suggester 是 Springer 提供的一个免费工具，类似于 Elsevier Journal Finder。研究者可以通过输入文章信息，获取 Springer 旗下相关期刊的推荐列表。

a.操作步骤：在 Springer Journal Suggester 页面输入论文的标题、摘要和关键词。系统据此推荐 Springer 旗下的相关期刊，并提供期刊的详细信息，包括出版周期、审稿效率和出版费用等。研究者可以根据期刊的特点进一步对比选择。

b.案例分析：某研究团队完成了一篇关于土壤污染修复技术的论文，其利用 Springer Journal Suggester 工具进行筛选。系统推荐了多个选项，包括 *Environmental Science and Pollution Research* 和 *Soil & Tillage Research*。经过对比，团队选择了审稿周期较短且影响力较高的目标期刊 *Environmental Science and Pollution Research*。

3.参考文献分析法

参考文献分析法是一种高效且科学的期刊筛选策略，通过分析论文中引用的文献及其来源期刊，研究者可以快速定位与论文主题高度匹配的目标期刊。这种方法基于研究者已有的学术网络，同时能反映论文所依托的学术背景和研究前沿，是精准筛选期刊的重要工具。以下将从引用期刊分析、网络分析工具的使用等角度展开详细讨论。

（1）引用期刊分析。

引用期刊分析是参考文献分析法的核心步骤之一。论文中的参考文献通常来源于研究者所关注的相关领域内高质量的研究成果，这些成果所发表的期刊自然成为潜在的目标期刊候选。

①操作方法：将参考文献集中整理至 Excel 表格中，记录每篇文献的来源期刊的名称。使用分类和统计功能，计算每个期刊出现的频率。将频率最高的期刊作为优先考虑的目标期刊。

②优势与意义：引用期刊分析直接基于论文本身的学术背景，与研究主题的相关性

高，能够快速缩小目标期刊范围。高频引用的期刊通常也是领域内权威的期刊，投稿至这些期刊有助于论文获得更多的学术关注。

③案例分析：某研究团队完成了一篇关于湿地碳循环的论文。在分析参考文献时，他们发现论文引用了多篇发表在 *Wetlands* 和 *Hydrobiologia* 上的文章。这两个期刊均为湿地生态学领域的重要期刊，最终，团队选择将论文投稿至 *Wetlands*。论文顺利通过审稿，并在发表后受到广泛引用。

（2）网络分析工具的使用。

引用期刊分析虽然高效，但对于研究者来说，手动整理参考文献可能费时费力，尤其是在文献数量较多的情况下。利用现代网络分析工具（如 VOSviewer）可以直观且快速地完成参考文献的统计与分析，并进一步挖掘相关领域的热门期刊及其学术关联。

VOSviewer 是一款常用于科学研究的网络可视化工具，能够通过引文、关键词和期刊之间的关联性生成网络图，帮助研究者了解学术领域的关键期刊及热点主题。

①操作步骤：从 Web of Science 或 Scopus 等数据库中导出论文参考文献的引文数据。将数据导入 VOSviewer，并选择分析模式（如期刊共被引分析或关键词共现分析）。生成的网络图会显示出高频引用的期刊及其学术关联性。

②分析结果的应用：通过网络图中的节点大小判断期刊的重要性，节点越大，说明该期刊在相关领域内的影响力越高。分析节点之间的连线，可以发现不同期刊之间的学术关联性。例如，*Wetlands* 与 *Aquatic Botany* 可能在湿地植被研究方面具有高度关联性。

③优势：VOSviewer 可利用大数据提供直观的分析结果，帮助研究者快速锁定热门期刊。网络分析不仅显示高频引用的期刊，还能揭示学术领域的整体结构和趋势，为研究者提供更全面的参考。

④案例分析：某博士生完成了一篇关于湿地生态学的论文，研究聚焦于湿地植被变化对水质的长期影响。该博士生希望选择一个能覆盖湿地生态学核心读者群的期刊进行投稿，但对目标期刊的具体选择犹豫不决。解决策略如下：

该博士生整理了论文的参考文献，发现多篇文献来源于 *Wetlands*、 *Hydrobiologia* 和 *Aquatic Botany* 这三个期刊。其中，*Wetlands* 出现的频率最高，反映了该期刊在湿地生态学领域的重要性。

他进一步使用 VOSviewer 对参考文献数据进行了共被引分析，网络图显示 *Wetlands* 不仅是引用频率最高的期刊，还与 *Hydrobiologia* 和其他生态学期刊形成了密切的学术关联。

基于分析结果，该博士生最终选择了 *Wetlands* 作为投稿的目标期刊，并根据期刊的投稿指南调整了论文结构和关键词描述。论文成功发表后，不仅获得了相关领域的广泛关注，还促成了与其他研究团队的合作。

参考文献分析法为期刊筛选提供了一条科学且高效的路径，特别适用于研究者希望精准定位与论文主题高度匹配的期刊时。通过引用期刊分析和网络分析工具的使用，研究者可以更好地理解学术领域的热点分布和核心期刊的影响力。

在实施这一策略时，研究者应注意以下几点：整理参考文献，确保引用期刊的统计和分析基于完整且准确的参考文献列表；结合多种工具，在引用期刊分析的基础上，借助 VOSviewer 等工具进一步挖掘学术网络中的关联性；与期刊编辑沟通，如果仍不确定，可以通过邮件向目标期刊的编辑咨询，确认论文主题是否符合该期刊范围。

4.投稿指南解析

期刊的投稿指南是研究者在投稿前必须深入了解的关键内容，其详细规定了稿件类型、格式要求、内容排版及其他重要事项。严格遵守投稿指南不仅可以避免被直接退稿，还能提高编辑和审稿人员的好感度。以下从几个方面详细解析了投稿指南的重要内容和获取方法。

（1）期刊投稿须知的结构。

每个期刊的投稿须知（instructions for authors）一般包含以下核心部分，研究者在投稿前需要逐一核对，以确保稿件符合要求。

①常见稿件类型。

a.原创研究（original research）：通常是期刊的主要稿件类型，包含完整的研究设计、数据分析和结论。

b.综述文章（review article）：对某一领域的研究进展进行系统总结和评价。

c.短篇报告（short communication/letter）：简短的研究成果或重要发现。

d.技术报告（technical report）：介绍新技术或方法的应用。

e.观点文章（perspective/opinion article）：作者对某一主题的个人见解和评论。

f.案例研究（case study）：详细描述特定案例的研究与分析过程。

②版式要求。

a.字体与行距：大多数期刊要求使用 Times New Roman，12 号字体，双倍行距。

b.页面边距：标准为 2.54 cm。

c.标题层级：明确分级的标题，如“1”“1.1”“1.1.1”等。

d.段落与对齐：通常为左对齐，避免全文过多使用缩进。

③字数限制。

a.全文字数：不同期刊对总字数有严格限制，如 3 000 到 8 000 字不等。

b.摘要字数：一般要求在 150~250 字。

c.图表和附录：部分期刊对插图数量或页面总数有限制。

d.参考文献数量：某些期刊对引用文献的数量设有上限（如不超过 50 篇）。

④内容排版。

a.标题与摘要：明确突出关键词和研究贡献。

b.正文结构：通常要求包括引言、方法、结果、讨论和结论。

c.图表格式：规范的图注和表注，表格应使用简单明了的线框结构。

d.案例：某研究团队在投递论文时忽视了字数限制，提交的稿件超过规定字数的 20%。尽管内容质量较高，却因不符合版式要求被编辑直接退稿。

（2）重点注意事项。

即使论文具有较高的科学价值和研究意义，如果在投稿过程中忽视了技术性和规范性要求，也可能导致稿件被直接退稿或延误审稿流程。期刊编辑通常会在技术审查阶段对稿件进行初步筛选，确保其符合基本的格式，以及伦理声明与利益冲突声明等要求。

一旦出现不符合期刊要求的情况，稿件很可能会被直接退回，甚至可能影响研究者的学术声誉。因此，投稿时对细节的关注与研究内容的质量同样重要。

以下将从格式要求，以及伦理声明与利益冲突声明两方面，详细分析投稿中的关键注意事项，并结合实际案例提供改进策略。

①格式要求方面。在学术期刊的技术审查阶段，编辑首先会检查稿件是否符合期刊的基本格式要求。这一环节的目的是确保稿件具有良好的可读性和规范性，以便进入同行评审阶段。如果稿件在格式方面存在明显问题，如参考文献格式不统一、图表不规范或字体行距不符合要求等，很可能会被直接退稿。

a.不符合格式要求的后果。

被直接退稿：技术审查是稿件处理的第一步，任何违反基本格式要求的稿件都会被编辑直接退回。

延误审稿流程：即使编辑允许作者重新提交，额外的修改和重复提交过程可能导致审稿周期显著延长。

影响学术声誉：不符合格式要求的稿件会给编辑留下不专业的印象，从而影响后续评审的态度。

b.常见格式错误。

参考文献格式不统一：如参考文献格式未按期刊要求统一，包括文献顺序、标点符号和缩写方式不一致。

图表未按规定排列：如图表未按顺序编号或分辨率低。

字体和行距问题：如使用的字体不符合要求，行距过宽或过窄影响排版效果。

c.解决策略。

创建符合期刊要求的模板：在撰稿前，研究者可以根据期刊的投稿指南创建符合格式要求的模板，包括页边距、字体、行距、标题格式和图表布局等。

使用文献管理工具：利用 EndNote、Mendeley 等文献管理工具，快速调整参考文献格式。这些工具支持多种期刊格式的自动切换，能够显著减少手动调整的时间和错误。

定期检查期刊的最新投稿指南：期刊的投稿要求可能会定期更新，因此在投稿前需要再次核对投稿指南，确保稿件符合最新要求。例如，某些期刊可能新增对数据共享的声明或对图表格式的特殊规定。

案例分析：某研究团队完成了一篇关于生态系统碳循环的论文，由于未按照目标期刊的投稿指南调整参考文献格式，稿件被直接退回。期刊要求文献采用 APA 格式，而该研究团队提交的稿件中参考文献格式参差不齐，包括不同标点符号和缩写格式。后续，团队使用 EndNote 重新调整了参考文献格式，又额外花费了时间，然后重新提交。该案例说明，遵守格式要求是顺利投稿的基本保障。

②伦理声明与利益冲突声明。在学术研究中，伦理声明与利益冲突声明是保障研究合法性和透明度的重要环节。许多高影响力期刊要求研究者在投稿时提供详细的伦理声明，并明确披露任何可能产生的利益冲突。一旦这些信息缺失或不完整，可能会延误审稿流程，甚至导致稿件被退回。

a.伦理声明：针对涉及人体、动物实验或敏感数据的研究，确保研究符合相关伦理标准的书面证明。

b.具体要求：提供伦理审查委员会（IRB）批准信，即研究者需提供由伦理审查委员会签发的研究批准信，证明研究符合伦理标准。

c.知情同意与数据保护：如果研究涉及人体受试者，需说明受试者是否签署知情同意书，以及数据保护的具体措施。例如，数据是否匿名处理，隐私保护措施是否充分。

d.利益冲突声明：这确保研究透明性的重要部分，要求作者披露是否与资助方、企业或其他相关方存在经济或学术利益关系。如果研究受到企业资助，需说明资助方是否参与研究设计、数据分析或结果解释。如果没有利益冲突，需明确声明“无利益冲突”（no conflict of interest）。

e.案例分析：某团队在投递一篇涉及人体实验的论文时，未在初稿中附上伦理声明，导致期刊在技术审查阶段被退稿，要求补充材料后重新提交。这一失误不仅延误了审稿流程，还给团队增加了不必要的修改负担。如果团队在投稿前就仔细核对了伦理声明的要求，完全可以避免这一问题。

在学术论文投稿过程中，格式要求，以及伦理声明与利益冲突声明是技术审查的重要内容。忽视这些细节可能导致直接被退稿或审稿流程被延误。因此，研究者在投稿前需仔细核对目标期刊的投稿指南，确保稿件在技术和规范性上完全符合要求。通过创建符合期刊规范的模板、使用文献管理工具，以及提交完整的伦理与利益冲突声明，可以显著提高稿件的技术审查通过率，确保研究成果能够顺利进入同行评审阶段。

（3）高效获取投稿指南。

学术论文能否成功投稿不仅取决于研究内容的质量，还依赖于作者是否严格遵循目标期刊的投稿指南。投稿指南详述了稿件的技术规范、审稿流程、字数限制和伦理声明要求等，是确保论文符合期刊技术标准的关键文档。忽略投稿指南中的细节，可能导致稿件被直接退回或延误审稿流程。研究者通过期刊官网或在线工具可快速获取并解析投稿指南，不仅可以避免技术性错误，还能显著提高投稿效率。

以下将详细探讨如何通过期刊官网和在线工具获取投稿指南，同时解析其核心内容，并结合实际案例提供高效使用投稿指南的策略。

第一，通过期刊官网快速定位投稿指南：期刊官网是获取投稿指南的主要渠道，大多数期刊都会在其官方网站上提供详细的投稿要求和说明。这些信息通常包括稿件格式、图表规范、伦理声明、审稿流程等。

第二，导航路径：研究者在访问期刊官网时，通常可以通过导航栏快速找到投稿指南；常见入口是在期刊官网首页的顶部或侧边栏导航中，查找“Instructions for Authors（作者简介）”或“Author Guidelines（作者指南）”等链接。

第三，格式类型：某些期刊的投稿指南以 HTML 页面直接展示，还有一些则是 PDF 文件形式，研究者可以下载后离线阅读。

①重点查阅内容。研究者在阅读投稿指南时，需特别注意以下几个核心内容。

a.稿件格式要求：包括行距、字体、段落设置、参考文献格式等。

b.字数限制：期刊通常对全文、摘要和图表数量有具体限制，超出范围可能导致稿件被退回修改。

c.图表和补充材料要求：图表的分辨率、文件格式（如 TIFF 或 JPEG）及是否需要上传原始数据文件。

d.审稿流程：包括初审、同行评审、修订和终审的时间节点等。

e.伦理声明和利益冲突声明：如果研究涉及人体实验或企业资助，期刊可能要求附加伦理声明或利益冲突声明。

f.案例分析：某研究者计划向环境科学领域的知名期刊 *Environmental Science & Technology* 投稿，但对该期刊的技术要求不熟悉。打开官网后，该研究者通过导航栏中的“Instructions for Authors”链接下载了投稿指南。在详细阅读后，研究者了解到该期刊要求图表以 300 DPI 分辨率的 TIFF 格式提交，并明确规定参考文献需采用 ACS 格式。研究者在撰写过程中严格遵循这些要求，确保稿件技术规范无误，最终顺利通过了初审。

g.利用在线工具解析投稿格式：除了期刊官网，一些在线工具也为研究者提供了高效获取投稿指南的便捷途径。这些工具通常结合期刊推荐功能，可直接为研究者匹配目标期刊并附带投稿指南链接，节省了筛选和查询的时间。

②Elsevier Journal Finder 工具。Elsevier Journal Finder 工具是由出版商（如 Elsevier）提供的在线服务，研究者只需输入论文摘要和关键词，系统即可推荐适合的目标期刊，并提供投稿指南的快速访问链接。

a.操作示例：打开 Elsevier Journal Finder，输入论文标题、摘要和关键词。系统根据内容匹配算法生成推荐期刊列表，并附带投稿要求链接和期刊影响因子、审稿周期等关键信息。研究者可以对比推荐的各期刊，直接访问目标期刊的投稿指南进行查阅。

b.自动化格式调整工具：现代学术写作工具（如 Overleaf、Typeset.io）不仅支持稿件的协作编辑，还提供数千个期刊的模板。研究者可以在撰稿时直接套用目标期刊的格式模板，避免因格式错误导致被退稿。

c.Overleaf：支持 LaTeX 格式的在线编辑工具，涵盖多种期刊模板，特别适合复杂公式和图表较多的论文使用。

d.Typeset.io：支持 Word 格式稿件的自动排版，研究者可以在上传文档后快速将其调整至期刊要求的格式。

e.案例分析：某研究团队完成了一篇关于土地利用变化研究的论文，但由于不熟悉期刊的格式要求，初稿未通过技术审查。随后，该研究团队利用 Elsevier 的 Journal Finder 工具筛选期刊，发现 *Land Use Policy* 与论文主题高度契合，并通过工具获取了投稿指南。在明确了参考文献格式和图表规范要求后，团队使用 Typeset.io 快速调整了稿件格式，最终顺利完成投稿。

③投稿指南解析的关键技巧。研究者在解析投稿指南时，应优先关注以下几个方面。

a.稿件类型：确认期刊接受的稿件类型（如原创研究、综述文章、短通讯等）。

b.补充材料：了解是否需要提交数据共享声明或其他补充性文件。

c.要求：确定是否需提供英文版本，特别是非母语研究者。

④技术支持与问题解决。

a.期刊客服支持：如果对投稿指南中的某些条款存在疑问，可通过期刊提供的编辑邮箱或客服通道直接咨询。

b.工具辅助：通过文献管理工具（如 EndNote）快速调整参考文献的格式，通过数据可视化工具（如 Origin Pro）优化图表质量。

投稿指南是确保论文符合期刊技术要求的基础，忽略其中的细节可能导致被退稿或延误审稿流程。通过期刊官网和在线工具，研究者可以快速获取投稿指南并解析其核心内容。在撰写和提交论文时，借助自动化工具优化稿件格式，使其符合投稿指南的技术要求，可以大幅提高论文的投稿成功率。无论是通过期刊官网导航还是在线工具，都可为研究者提供高效且精准的投稿指南，帮助他们在学术传播中实现更好的成果展示。

在学术论文投稿过程中，成功的经验与失败的教训往往都蕴含着重要的启示。分析具体案例可以帮助研究者理解投稿的关键环节，包括如何选择目标期刊、优化稿件准备、应对审稿意见，以及在整个过程中避免潜在的错误。以下通过一个成功案例的详细解析，展示如何实现高效与高质量地投稿。

一位从事环境科学研究的博士生完成了一项关于北方湿地生态系统服务功能的研究，重点分析湿地在碳储存和水质调节中的作用。研究成果基于长时间序列的数据采集，开发了创新的生态系统服务评价方法，并结合统计模型量化了湿地功能对区域生态系统的贡献。该博士生希望将论文发表在环境领域的高影响力期刊上，以扩大和提高研究成果的传播范围和学术影响力，其投稿路径的详细解析如下。

首先，初步筛选目标期刊：在期刊选择阶段，该博士生利用 Web of Science 数据库检索与研究主题相关的高质量期刊。他输入关键词“wetland ecosystem services”和“carbon sequestration”，并分析检索结果中的高引用文章来源。

结果：多篇高引用论文发表在 *Ecological Applications* 和 *Journal of Environmental Management* 上。

经过对比发现，*Ecological Applications* 聚焦于生态学领域的理论创新和生态系统服务的评估，与论文主题更为契合，*Journal of Environmental Management* 则更倾向于应用型研究和政策导向。

最终选择：*Ecological Applications* 的影响因子较高且读者群体为生态学研究者，最终被确定为首选目标期刊。

分析与经验：通过关键词和高引用文章的来源期刊分析，可以精准锁定相关领域内的权威期刊。理解目标期刊的主题偏好和读者群体，有助于提高论文的适配性。

其次，准备工作。投稿前的准备工作是成功投稿的基础。该博士生在确定目标期刊后，详细研读了 *Ecological Applications* 的投稿指南，并针对性地调整了稿件的格式和内容。

具体步骤：阅读投稿指南，明确期刊的格式要求，包括标题长度、摘要字数限制、行距、字体，以及图表的分辨率和排列方式。

调整参考文献格式：使用 EndNote 工具快速将参考文献调整为 APA 格式，确保文献引用符合期刊要求。

优化图表质量：制作清晰的图表，使其分辨率达到 300 DPI，并按照期刊要求提供补充材料，如原始数据文件和附加图表说明。

强化理论创新性：针对期刊强调的“生态学理论创新性”要求，该博士生在论文中重点阐述了湿地碳储存与气候变化之间的理论联系。

分析与经验：在投稿前详细研究目标期刊的投稿指南并调整稿件内容和格式，可以有效避免因技术性问题被退稿。

借助文献管理工具和图表优化工具，能够显著提高稿件的技术规范性。

再次，投稿与审稿。该博士生在完成初稿准备后，通过期刊官网的在线投稿系统提交了论文。投稿后，他收到了来自编辑和审稿人员的详细意见。以下为主要修改建议。

增强政策相关性：审稿人员建议补充案例研究相关内容，以探讨湿地碳储存功能与气候变化政策的潜在联系。

改进数据分析：要求对部分数据进行更深入的统计分析，验证湿地碳储存功能的长期发展趋势。

在审稿意见的基础上，该博士生进行了以下全面的修改。

新增了案例研究，重点分析湿地恢复与碳中和政策的互动；对现有数据进行二次分析，生成新的图表和统计结果，以增强研究的严谨性和说服力；在回复信中逐条回应了审稿意见，详细说明了修改内容和依据。

分析与经验：积极回应审稿意见并进行必要的补充性研究，可以显著提高论文的科学价值和被录用的概率。回复信的质量至关重要，清晰且有逻辑的回复能赢得审稿人员的认可。

最后，发表结果。修改后的论文被 *Ecological Applications* 采用，并在发表后一年内获得 50 余次引用。这一成果得益于论文的理论创新性和生态政策相关性，在生态学研究领域引起了广泛关注。

分析与经验：高质量的研究加上精准的期刊选择和有效的投稿策略，是论文成功发表并获得高引用的关键。增强论文的跨学科关联性，能够吸引更多领域的读者并获得更多引用。

成功经验总结：精准筛选期刊，通过关键词检索和文献分析，选择领域内权威且与论文主题高度契合的期刊。理解目标期刊的学术定位和读者需求，是提高投稿成功率的关键。在稿件准备阶段，详细阅读期刊的投稿指南，调整格式、参考文献和图表，以满足技术审查的要求。

借助现代工具（如 EndNote、Overleaf）快速优化稿件格式，既可节省时间也可降低出错率。审稿意见是提升论文质量的重要反馈，研究者应主动接受修改建议并进行详细回复。在修改稿中补充案例研究或进一步的数据分析，可以显著增强论文的学术深度和适配性。提升论文的政策相关性与跨学科价值，针对政策或应用性问题进行讨论，能够让论文在学术界和实践领域产生更大的影响力。

通过这篇论文的成功案例可以看到，在期刊选择、投稿策略和审稿意见应对方面的科学规划与执行对于论文发表的重要性。每一个环节的细致处理，都为研究成果的传播和被引用奠定了坚实基础。

在学术论文投稿过程中，期刊选择的失误也是导致投稿失败的主要原因之一。研究者过于追求高影响因子期刊，而忽视了研究内容与期刊范围的契合度，极易导致稿件被快速退稿。以下通过一个具体的失败案例，详细解析投稿过程中的问题与教训，并提出相应的解决策略。

失败案例：一位地理信息系统（GIS）领域的研究者完成了一项关于城市热岛效应的研究，提出了基于遥感数据的新型分析模型。该研究结合多源遥感数据和创新的算法，量化了城市热岛效应的时空动态，并验证了模型的精度。这项研究具有很强的实践应用价值，在城市规划和环境管理中有潜在的应用前景。然而，该研究的理论深度相对不足，主要聚焦于数据分析和方法改进，因此在学术定位上更倾向于应用型研究。

作者在选择目标期刊时，过于追求高影响因子，认为将论文发表在综合性高端期刊上能够更好地提升论文的影响力。因此，作者选择了 *Nature Communications* 作为投稿目标。然而，该期刊对稿件的理论创新性和跨学科影响力要求极高，强调在科学理论上的突破性贡献，这显然与作者的研究成果明显不匹配。

投稿路径与失败过程如下。

首先，期刊选择的失误。该研究者在期刊选择时，未能深入理解目标期刊的范围和学术定位。*Nature Communications* 虽然是综合性高影响力期刊，但其审稿标准极为严格，尤其强调跨学科研究和理论创新性，而该研究者的研究以实践应用为主，理论贡献相对有限。

其次，期刊范围与论文相背。*Nature Communications* 更倾向于发表具有颠覆性理论贡献或跨学科意义的研究，而该研究者的研究虽然方法创新性较强，但主要聚焦于遥感技术在城市热岛效应中的应用，理论创新性相对不足。因此，论文的主题与期刊的核心读者群体显著错位。

再次，投稿后快速被退稿。稿件提交后不到两周，该研究者收到期刊编辑的退稿信。编辑明确指出，论文在理论创新性和科学贡献方面未达到期刊的要求，同时建议考虑应用导向更强的期刊。然而，编辑未提供具体的推荐期刊，导致该研究者在后续期刊选择中面临较大困惑。

退稿理由分析：论文的创新点主要集中在技术层面，而非科学理论的创新，未能满足期刊对“原创性理论突破”的高要求；缺乏跨学科视角，论文的研究内容局限于遥感数据的应用，未能吸引更广泛的读者群体。

最后，稿件修改不到位。后来，作者先后向两家期刊投稿，但由于未充分根据退稿反馈调整稿件内容，导致再次被退稿。

调整不足的表现：论文结构未根据期刊要求优化，仍然以数据分析为主，缺乏理论延展性。图表和参考文献格式未完全符合新目标期刊的投稿要求，暴露出对投稿指南的疏忽。

通过该案例，可以清晰地看出在学术投稿中，期刊选择与稿件定位的匹配度对投稿结果的影响至关重要，其失败的原因具体如下。

首先，未深入理解目标期刊的范围。研究者在选择目标期刊时，应首先阅读期刊的范围说明（scope），明确自身研究内容是否符合期刊的主题和读者需求。如果研究者在选择 *Nature Communications* 之前仔细研读期刊的投稿指南，便可以发现其对理论创新性和科学贡献的高要求，而避免因内容不符导致快速被退稿。

其次，忽视稿件与期刊的匹配度。应用型研究更适合投稿至关注实践价值和技术应用的期刊。例如，该研究在遥感数据与城市环境分析方面具有很强的应用性，选择遥感或城市环境领域的权威期刊（如 *Remote Sensing of Environment* 或 *Urban Climate*）可能更加合适。

最后，调整稿件的灵活性不足。在被退稿后，该研究者未能根据反馈对论文内容和结构进行充分调整，导致后续投稿仍然不符合目标期刊的要求，被退稿后未吸取经验教训是多次失败的重要原因。

针对上述问题，该研究者可以采取以下策略优化投稿流程。

首先，明确期刊定位。在未来选择目标期刊时，研究者应优先考虑与论文主题和读者群体高度匹配的期刊。例如，该研究者可以投稿至专注于遥感技术的 *Remote Sensing of Environment* 期刊，或聚焦城市环境的 *Urban Climate* 期刊。这些期刊对应用型研究的接受度更高，且其读者主要为相关领域的研究者和实践者。

其次，接受编辑的建议。退稿信中的建议通常具有较高的参考价值，研究者可以根据编辑的反馈意见优化论文结构，突出研究的学术贡献。例如，提高数据分析的全球适用性或添加相关政策讨论，从而提升论文的理论深度。

最后，投稿前的充分准备。在选择目标期刊后，研究者需仔细阅读投稿指南，调整论文格式和内容，包括行距、字体、参考文献格式及图表布局。此外，可以借助文献管理工具（如 EndNote）和投稿模板工具（如 Overleaf）快速优化稿件。

成功的投稿案例展现了如何通过精准选择期刊、严格遵循投稿指南和积极响应审稿意见实现高效发表，而失败的案例则提醒研究者，投稿前需充分了解目标期刊的范围和审稿标准，确保稿件内容与期刊定位高度匹配。通过深入阅读期刊指南、借助工具优化稿件，以及根据编辑反馈灵活调整内容，研究者可以显著提高投稿成功率，从而避免因选择失误或内容不符导致被退稿。

第二节　投稿信的撰写

撰写投稿信（cover letter）是学术论文投稿过程中至关重要的组成部分，它不仅是研究者与编辑建立联系的第一步，也是编辑快速了解论文内容、研究价值和适配性的关键。尽管投稿信通常只有一页，但其作用不容忽视。一封简洁、有针对性、条理清晰的投稿信能够显著提升编辑对稿件的兴趣，提高论文进入同行评审环节的机会。

投稿信的重要性体现在多个方面：它影响编辑对研究者及其研究工作的第一印象，也是向编辑阐述论文主题与期刊契合度的重要途径。此外，投稿信还是研究者传递特殊信息（如伦理声明、推荐审稿人等）的有效载体。在实际操作中，许多论文因投稿信质量欠佳或未能有效传递研究信息，而未能进入审稿阶段，甚至直接遭到退稿。

本节内容将分为以下几部分展开：首先讨论投稿信的重要性，随后剖析其结构与语言规范，并通过实例与模板为作者提供实用参考，最后针对一些特殊场景（如修订稿或转投）给出具体建议。以下从投稿信的重要性开始，逐步分析其在投稿流程中的核心作用。

一、投稿信的重要性

1.建立良好的第一印象

投稿信是编辑接触稿件的第一步，对编辑是否决定进一步阅读论文、安排同行评审具有重要影响。高质量的投稿信能够帮助作者展现专业性、清晰传递研究的价值，并迅速引起编辑的兴趣。编辑从投稿信看稿件的专业性与研究质量，投稿信通常影响编辑对作者学术能力的第一印象，编辑会通过投稿信判断以下几方面。

①研究的创新性和学术价值：投稿信是否清晰地传递研究的独特贡献和新颖之处？

②作者对期刊的熟悉程度：投稿信是否准确指出论文的主题与期刊的契合点？

③表达能力和学术规范：投稿信是否语言流畅、逻辑清晰、符合学术礼仪？

案例分析：某团队研究了基于遥感数据的湿地恢复监测方法，初稿投向 *Remote Sensing*。在投稿信中，该团队明确指出研究如何利用最新的遥感技术改进湿地动态监测，并引用了近期该期刊发表的相关论文，表明他们对该期刊主题的深入理解。编辑对这封投稿信的简洁和专业印象深刻，其顺利通过初审，进入同行评审环节。

投稿信常见问题及对策如下。

问题：投稿信语言模糊，未能突出研究的创新性或贡献。

对策：在投稿信中直接用一句话概括论文的核心研究问题和主要贡献，例如："This study introduces a novel approach to monitoring wetland restoration using advanced remote sensing techniques, filling a critical gap in the field."

2.表达论文与期刊的适配性

编辑在初步审阅稿件时，首要考虑的是论文是否符合期刊范围和目标读者群体。投稿信是研究者说明论文适配性的最佳工具。要明确论文与期刊范围的契合点，研究者需要在投稿信中清晰阐述以下问题。

①论文的研究主题与期刊的目标范围如何匹配？

②论文的研究结果对期刊读者有哪些学术价值或实践意义？

示例：如果论文投向 *Environmental Research Letters*，投稿信中可以写道："This manuscript investigates the impact of land-use changes on regional carbon budgets using an integrated modeling approach. The findings align closely with the journal's focus on environmental sustainability and climate impact assessment."

案例分析：某作者投向 *Journal of Hydrology* 的论文研究了极端天气事件对流域水资源的影响。在投稿信中，作者特别强调论文提出了一种新型的水文模型，并明确表示该模型对全球气候变化情景下的水资源管理具有广泛的应用价值。这种针对目标期刊的描述不仅凸显了研究的重要性，还直接回应了期刊的读者需求。

3.减少不必要的退稿

投稿信不仅是向编辑介绍研究内容的工具，也是一种有效的沟通手段。通过投稿信，作者可以主动回应期刊的基本要求，减少因不符合期刊范围或技术性问题而被退稿的风险。

投稿信应直接回应期刊的核心要求。许多期刊在投稿指南中明确列出了对稿件的基本要求，例如研究内容的原创性、伦理声明、格式规范等。投稿信可以作为验证这些要求是否被满足的渠道。例如："We confirm that this manuscript is an original work and has not been submitted elsewhere. The study adheres to ethical guidelinesm, with IRB approval from [Institution Name]."

案例分析：某博士生完成了一篇关于城市热岛效应的研究论文，计划投向 *Urban Climate*。在投稿信中，该博士生不仅描述了本研究与期刊范围的匹配性，还附加声明："The manuscript follows the formatting guidelines of *Urban Climate*, including referencing style and figure specifications." 这种明确回应期刊要求的做法大大降低了因技术性被退稿的可能性。

常见问题及对策如下。

问题：忽略投稿信中对伦理声明、原创性声明等要求的表述，导致被编辑直接退回。

对策：投稿前核对期刊的技术性要求，在投稿信中逐一回应。

投稿信在学术论文投稿过程中发挥着重要作用。通过建立良好的第一印象、准确表达论文的适配性，并主动回应期刊的核心要求，研究者可以大幅提升论文进入同行评审的概率。在撰写投稿信时，注重简洁、清晰和针对性，将为后续的发表流程奠定坚实基础。

二、投稿信的结构

投稿信应逻辑清晰、简明扼要，同时展现作者的专业性和对期刊的了解。以下是投稿信的典型结构及每部分的详细说明，可帮助研究者快速构建高质量的投稿信。

1.开头问候

投稿信的开头是向期刊编辑展示礼貌和专业态度的第一步，通常包含正式称谓和简短的引言。

首先，使用正式的称谓和尊称，例如"Dear Editor-in-Chief"或"Dear [期刊名称] Editorial Team"。如果编辑的具体姓名已知，推荐使用"Dear Dr. [Editor's last name]"。

其次，简要介绍研究团队的专业背景、研究领域及单位名称，为后续内容铺垫。例如："My name is Dr. Zhang, and I am writing on behalf of my colleagues from Harbin University. Our research focuses on wetland ecosystem restoration and carbon dynamics."

最后，表达感谢。感谢编辑抽时间审阅稿件，体现对编辑工作的尊重。例如："Thank you for taking the time to consider our manuscript submission."

2.论文基本信息

编辑需要快速了解论文的核心信息，以便进行初步评估。投稿信应简洁明了地提供以下内容。

①提供论文标题和作者信息：明确写出论文的标题和所有作者的全名，突出论文的主题。例如："The manuscript, titled 'Urban Land Use and Climate Resilience: A Case Study of Northern Cities,' is authored by Dr. Zhang, Dr. Li, and myself, representing Harbin

University.”

②声明论文的原创性：明确说明论文为原创研究，未在其他期刊同时提交或发表。例如：“This manuscript represents original research and has not been submitted elsewhere for consideration.”

③提供作者的联系方式：明确列出作者对应的邮箱、电话和单位地址，便于后续联系。例如：“Please do not hesitate to contact the corresponding author, Dr. Zhang, at [email] or [phone number].”

3.研究贡献和期刊适配性

这一部分是投稿信的核心，需要作者用简洁、清晰的语言说明研究的价值、贡献，以及与期刊主题的契合度。

①描述研究的核心内容和创新点：用 1~2 句话总结论文的研究背景、核心问题和创新点。例如：“This study provides a novel modeling framework to analyze the impact of land-use changes on carbon sequestration, filling a critical gap in the understanding of urban ecological processes.”

②说明研究与目标期刊的适配性：明确指出论文内容与期刊范围的匹配度，以及对期刊读者的潜在学术价值或实践意义。例如：“The findings align closely with Land Use Policy’s focus on the intersection of urban planning and sustainability, providing actionable insights for policymakers.”

③案例分析：某作者计划向 *Remote Sensing of Environment* 投稿的论文重点研究了基于多源遥感数据的湿地退化动态监测。在投稿信中，作者特别提到论文的研究方法与近期该期刊发表的几篇文章（直接引用文章的标题和年份）存在内容呼应，表明作者对该期刊的深入了解。

4.推荐审稿人（可选写）

推荐审稿人是投稿信中的可选内容，但对于提升审稿效率具有重要作用。提供审稿人员名单时需确保信息准确、理由充分。

①提供潜在审稿人员名单：列出 1~3 位潜在审稿人员，包括他们的姓名、单位、邮箱和研究领域。例如：“We kindly suggest Dr. Jane Doe （University of California, jdoe@email.com） as a potential reviewer for her expertise in urban land-use modeling.”

②推荐理由：简要说明推荐理由，例如潜在审稿人员的研究方向与论文主题的相关性。例如：“Dr. Doe has extensively published on urban sustainability and is familiar with advanced spatial analysis techniques.”

③列出不适合作为审稿人员的名单（如适用）：如果作者认为某些学者可能存在利益冲突或不适合评审，可在投稿信中附加说明。例如：“We respectfully request that Dr. John Smith not be selected as a reviewer due to prior collaborative work.”

5.结束语

投稿信的结尾需要再次体现礼貌，同时明确表达对审稿反馈的期待。

①感谢：感谢编辑和审稿人员对稿件的审阅工作。例如：“Thank you for considering our manuscript for publication.”

②表达期待：表明希望与编辑、审稿人员合作的意愿，并愿意提供进一步的信息。例如：“We look forward to your feedback and are happy to address any questions or suggestions that may arise during the review process.”

③再次提供联系方式：最后重申对应作者的联系方式，确保信息准确。例如：“For any further inquiries, please contact Dr. Zhang at [email] or [phone number].”

投稿信的结构是确保其逻辑清晰、条理分明的关键。通过合理安排问候语、论文主要信息、研究贡献和审稿人员推荐等部分，作者可以有效传递论文的核心信息并增强其与期刊范围的适配性。同时，正式而礼貌的语言进一步体现了作者的专业性，为编辑留下了良好的第一印象。

三、投稿信的语言与礼仪

投稿信不仅是展示论文内容的载体，也是作者表达学术素养和专业态度的重要渠道。在撰写投稿信时，语言风格和表达方式直接影响编辑对作者的第一印象。因此，投稿信需要保持正式、简洁、清晰，避免表达不当。

1.正式与礼貌的表达

投稿信的语言应符合学术交流的正式语境，同时体现对编辑及期刊工作的尊重。

①使用得体的学术用语：避免过于口语化的表达，如“Hi there”或“Thanks for checking out my paper”。使用正式的语句，如“Dear Editor-in-Chief”或“Thank you for considering our manuscript”。例如，正式表达：“We are submitting our manuscript titled ‘Impacts of Urbanization on Wetland Ecosystems’ for consideration in Ecological Applications.”非正式表达：“Here’s my paper for you to take a look at.”

②避免过度恭维：不宜使用过度夸张的语句，如“Your journal is the best in the world.”或“Publishing in your journal is my lifelong dream.”恰当的表达可以体现对期刊的尊重，例如：“We believe that our study aligns closely with the scope of your esteemed journal and may contribute to ongoing discussions in the field.”

③确保语言的准确性：避免语法错误、拼写错误和不规范的句式，否则会让编辑对作者的学术能力产生怀疑。推荐在提交前使用语言校对工具（如 Grammarly），并请合作者或导师审阅。

案例分析：某研究团队在投稿信中使用了不规范的句式，如“our paper got a lot of cool stuff”。尽管研究本身具有创新性，但编辑对投稿信的不专业表达不太满意，建议重新修改后再投稿。作者改用正式语言重新撰写投稿信后，论文顺利进入审稿流程。

2.突出重点，避免冗长

投稿信的篇幅应控制在一页以内，避免过于详细地描述或信息重复。

①明确内容结构：按照“研究背景—研究贡献—适配性”的顺序组织内容，确保传递清晰的信息。每段的首句应概括核心内容，使编辑快速获取关键信息。

②关键内容放在显眼位置：研究贡献和期刊适配性应在投稿信的中间段落明确呈现。例如：“This study introduces a novel method for assessing urban climate resilience, addressing a critical gap in sustainable urban development research."

③避免冗长的描述：投稿信不是论文摘要，无须包含过多技术细节或数据分析内容。例如：冗长的表达："This study collected data from 10 different locations over a span of 5 years, using advanced statistical methods such as regression analysis, factor analysis, and time series modeling to identify patterns."简洁的表达："This study uses a comprehensive dataset and advanced statistical modeling to analyze trends in wetland ecosystem recovery."

④避免常见错误：投稿信中的错误可能显著降低编辑对稿件的关注度，甚至导致被退稿。以下是几个需要注意的关键点。

a.避免模板化语言。模板化语言可能使投稿信显得缺乏针对性。例如："This study is submitted for your consideration and aligns with the journal's focus on X, Y, and Z."

应结合期刊的范围说明论文的具体贡献，例如："This manuscript aligns with the journa' s focus on innovative solutions for climate resilience by introducing a new analytical framework for urban ecosystem adaptation,"

b.避免夸大或主观表述。过于夸大的语言会削弱投稿信的可信度，例如："This research is groundbreaking and will completely change the field."

推荐使用客观的学术语言，例如："The study provides new insights into the role of land-use planning in mitigating climate change impacts, offering a valuable contribution to urban sustainability research."

c.避免内容冲突或重复。不要使投稿信内容与论文正文或摘要内容产生冲突，例如声明不同的研究目标或方法。确保投稿信的内容与论文的主要结论保持一致，且不重复论文摘要中的大段内容。

案例分析：某作者在投稿信中声称其研究"彻底改变了气候模型的构建方式"，但在同行评审中，审稿人员认为该研究的创新性有限。这种夸张的语言在投稿信中显得不够诚实，导致审稿人员对作者的学术能力产生质疑。

投稿信的语言与礼仪是建立专业形象的重要环节。通过正式而礼貌的表达、简洁而突出重点的结构，以及避免常见错误，研究者可以有效提升投稿信的质量和编辑对稿件的关注度。适当的润色和审阅不仅能增强投稿信的可读性，还能体现作者的学术修养，为论文的成功发表奠定良好的基础。

四、投稿信模板与实例分析

投稿信的撰写对于论文的投稿过程至关重要。一封高质量的投稿信不仅能够有效传递论文的研究价值，还可以提升编辑对稿件的兴趣。本部分将通过提供通用模板、成功的投稿信案例和失败的投稿信分析，帮助研究者快速掌握投稿信的撰写方法。

1.投稿信通用模板

以下是一份适用于大多数学术期刊的投稿信通用模板，涵盖了核心要素，包括问候语、研究贡献、期刊契合度和推荐审稿人员等内容。

[编辑部地址，通常为期刊主页提供的官方地址]

Dear [Editor-in-Chief/Editorial Team],

We are pleased to submit our manuscript titled “[论文标题]” for consideration in [期刊名称]. This work represents original research conducted by [所有作者姓名及单位] and has not been submitted elsewhere for consideration.

Our study focuses on [研究的核心主题或领域] and addresses [所研究问题或领域中的关键挑战]. Specifically, we introduce [研究的创新点或核心贡献]. The findings contribute to [研究的学术或实践意义] and align closely with your journal's scope, particularly in [目标期刊的领域重点].

We believe this work will be of interest to your readership, as it offers [研究对目标期刊读者的重要性]. To facilitate the review process, we kindly suggest the following potential reviewers:

[推荐审稿人员姓名、单位及邮箱，附简要推荐理由]

Thank you for considering our manuscript for publication. We look forward to your feedback and are happy to address any questions or suggestions during the review process. Please do not hesitate to contact the corresponding author, [对应作者姓名], at [邮箱地址及电话].

Sincerely,

[对应作者姓名]

[单位及联系方式]

2.成功的投稿信案例

（1）案例背景。

某研究团队完成了一篇关于湿地生态恢复的论文，目标期刊为 *Ecological Indicators*。以下是他们撰写的投稿信以及其中的优点分析。

（2）投稿信示例。

Dear Editor-in-Chief,

We are delighted to submit our manuscript titled “Dynamics of Wetland Ecosystem Services under Different Restoration Scenarios: A Case Study from Northern China” for consideration in Ecological Indicators. This study represents original research and has not been submitted elsewhere.

Our research examines the impact of various restoration strategies on the provisioning of wetland ecosystem services, with a focus on carbon sequestration and water quality regulation. Using a novel combination of field measurements and ecosystem modeling, we provide actionable insights for wetland management and policy development. These findings align closely with the journal's focus on ecological indicators for sustainability assessment.

We believe this manuscript will resonate with your readership, especially researchers and practitioners interested in the role of restoration ecology in achieving global sustainability goals.

We kindly suggest the following potential reviewers for their expertise in wetland restoration and ecosystem modeling:

Dr. Jane Doe（University of California, janedoe@email.com）, who has extensively published on wetland carbon dynamics.

Dr. John Smith（Institute of Ecology， johnsmith@email.com）, an expert in ecosystem service modeling.

Thank you for considering our submission. We look forward to your feedback and are happy to address any questions or suggestions. Please contact the corresponding author, Dr. Zhang, at zhang@email.com for further information.

Sincerely,

Dr. Zhang

Harbin University

（3）优点分析。

①清晰的结构：投稿信按逻辑顺序组织，便于编辑快速获取关键信息。

②突出研究贡献：明确描述了研究的创新点（新型建模方法）及实际意义（有助于湿地管理和政策制定）。

③针对性强：结合目标期刊的范围，强调研究内容与期刊主题的匹配。

④推荐审稿人员合理：提供了相关领域的专家信息，增强了投稿信的专业性。

3.失败的投稿信分析

（1）案例背景。

某作者计划向 *Urban Climate* 投稿，但因投稿信存在多个问题，稿件被编辑直接拒绝。以下是该投稿信及其问题分析。

（2）投稿信示例。

Hi,

I am submitting my paper titled “Urban Heat Island Effects and Mitigation Strategies.” This is an original paper and has not been sent elsewhere.

The study looks at how urban heat islands form and ways to reduce their effects. It's a really important topic, and I think your journal would like it.

Please let me know what you think.

Thanks,

John

（3）问题分析。

①语言不正式：使用了非正式称呼“Hi”，缺乏基本的学术礼仪。

②内容过于简短：未提供研究背景、创新点或与期刊的契合度分析，难以引起编辑的兴趣。

③缺乏推荐审稿人员：未提供审稿人员信息，也未提及期刊要求的基本声明。

④主观性语言过多：如“really important topic”显得随意，不够严谨。

（4）改进建议。

使用正式称谓和礼貌语气。

①明确论文的研究背景、核心贡献和与期刊主题的匹配度。

②提供推荐审稿人员，并声明论文为原创研究。

通过提供投稿信通用模板、成功的投稿信案例和失败的投稿信分析，研究者可以清晰了解投稿信的撰写方法及需要避免的常见问题。一封条理清晰、语言正式、内容针对性强的投稿信，不仅能够为论文投稿建立良好的开端，还能显著增加稿件被送审的机会。

五、提升投稿信质量的实用技巧

投稿信的撰写不仅需要清晰的逻辑和条理，更需要在语言表达、内容匹配和细节处理上做到精益求精。本部分将为研究者提供实用的优化策略，从定制内容、借助工具到审阅反馈，帮助提升投稿信的整体质量。

1.根据期刊要求定制投稿信内容

每个期刊的风格和关注重点都可能有所不同，因此定制化创作投稿信是提高成功率的重要手段。

①针对期刊范围调整内容：投稿信应明确指出论文主题与期刊范围的契合度。研究者需在投稿前仔细阅读目标期刊的“scope”部分，了解其关注的研究方向和主题。

如果投稿至偏理论研究的期刊（如 *Nature Physics*），可这样表述：“This study provides a novel theoretical framework for understanding [具体问题] and contributes to the ongoing discourse in [学术领域] by addressing [核心理论问题]. ”

如果投稿至应用性期刊（如 *Land Use Policy*），可这样表述：“Our research offers practical insights for policymakers, focusing on [研究内容] to improve [实践领域的具体问题].”

②突出期刊的核心特色：结合期刊的侧重点，强调研究对跨学科问题的解决或理论贡献的深化。如果期刊有特定的出版主题（如特刊），则应在投稿信中提及论文与主题的关联。

针对跨学科期刊，可这样表述：“By integrating ecological modeling and economic policy analysis, this research aligns with the journal’s mission to explore interdisciplinary solutions for sustainable development.”

③避免“一稿多投”的痕迹：针对每个目标期刊，重新撰写投稿信。同时，可以提及目标期刊近期发表的相关文章，以表明作者对期刊内容的熟悉程度。

2.借助工具辅助撰写

高效使用辅助工具可以显著提升投稿信的语言表达水平和格式的规范性。

（1）语言润色工具。

①Grammarly：可以检查语法、拼写和语言风格问题，提供学术写作建议。

②QuillBot：可以优化句式，帮助调整语言风格，使投稿信更正式和流畅。

③DeepL：对于非英语母语作者，DeepL 可以帮助准确翻译并保持语义一致性。

优化示例：

优化前：“This paper focuses on the importance of urban planning in improving resilience.”

优化后：“This manuscript highlights the pivotal role of urban planning in enhancing resilience against climate challenges.”

（2）学术翻译工具。

使用学术翻译工具（如 Trados）或专业翻译服务确保语言表达精准。

（3）参考期刊官网的投稿信示例。

部分期刊官网提供投稿信示例，研究者可从中了解投稿信的格式和语言风格。示例内容包括：投稿信的核心结构、语气和关键词的使用。

（4）自动格式化工具。

①Overleaf：利用期刊模板优化投稿信格式，确保整体排版符合规范。

②Typeset.io：快速生成符合期刊要求的投稿信，并自动调整参考文献格式。

3.审阅与反馈

在提交投稿信之前，根据多方审阅后的反馈意见完善内容，是确保投稿信质量的重要步骤。

（1）邀请导师或合作者审阅。

导师和合作者通常对目标期刊有深入的了解，可以提供关于内容适配性和表达方式的建议。审阅时重点关注研究贡献是否突出、语言是否清晰、是否符合目标期刊范围。

（2）同行评审模拟。

邀请熟悉领域的同行模拟评审，提出改进意见。例如，询问同行：“是否能通过投稿信快速了解研究的主要贡献？”

（3）检查关键细节。

核对编辑姓名和期刊名称，避免拼写错误或引用错误信息。确认推荐审稿人员信息的完整性，包括其姓名、单位和邮箱。

案例分析：通过审阅优化投稿信。

某博士生完成一封针对 *Environmental Research* 的投稿信，初稿中未明确描述研究与期刊主题的匹配点。导师审阅后建议补充以下内容：

①强调论文的创新点（如基于长时间序列的碳排放监测）。

②引用期刊近期发表的相关文献，并说明论文的补充性作用。

修改后的投稿信语言更加精准，研究贡献更加突出，最终顺利通过编辑初审。

根据期刊要求定制投稿信内容、借助语言润色工具和翻译工具，以及在提交前进行多方审阅和反馈，研究者可以显著提升投稿信的质量。一封定制化、语言流畅、细节完善的投稿信不仅能够有效传递研究的核心价值，还能为论文的成功发表打下坚实的基础。

六、投稿信的特殊场景

在某些特殊情况下，投稿信需要根据具体情境进行调整，以便有效传达信息并避免误解，包括提交修订稿或转投其他期刊。以下将针对这两种场景的投稿信撰写方法展开讨论。

1.修订的稿投信

当论文在同行评审后需要进行修订并重新提交时，投稿信需要详细说明如何回应审稿意见。修订稿的投稿信不仅是对编辑和审稿人反馈的直接回应，也体现了作者对修改工作的重视程度。

（1）说明修订背景。

开篇应提到论文已经过初步审稿，并感谢编辑和审稿人员提出的宝贵意见。简单介绍修订稿的内容范围，例如是否针对全部审稿意见进行了修改。例如：

Dear Editor-in-Chief,

Thank you for providing the opportunity to revise our manuscript titled "Dynamics of Urban Land Use and Climate Resilience." We appreciate the insightful feedback from the reviewers, which has helped us improve the quality and clarity of our work.

We have carefully addressed all comments and made corresponding revisions in the manuscript. A detailed response to each comment is provided in the accompanying revision report.

（2）强调关键修改点。

列出针对核心问题的修改内容，说明如何改进了研究的科学性或清晰度。可以简短概述主要改动。例如：

The primary revisions include the following:

Expanded the discussion on the model's assumptions and limitations（Reviewer 1's comment）.

Included additional data analysis for validation（Reviewer 2's comment）.

Revised Figure 3 to enhance clarity（Editor's suggestion）.

（3）确认附加材料。

明确提及附上的修订报告、标注修改的稿件（使用 Track Changes 功能），以及其他补充材料。例如："Enclosed with this letter are the revised manuscript and a detailed response to reviewers' comments. We have also provided a version of the manuscript with track changes for your reference."

（4）表达感谢与期待。

感谢编辑和审稿人员对修订稿的再次审阅，并期待收到进一步反馈。例如："We sincerely hope that these revisions meet the reviewers' and your expectations. Please feel free to reach out for any further clarification or information."

2.转投其他期刊的投稿信

当论文因非学术性原因（如不符合目标期刊范围或初审被退稿）需要转投其他期刊时，投稿信需特别注意说明转投背景，并突出针对新目标期刊所做出的调整。

（1）简述转投背景。

开篇应直截了当地说明转投的背景，例如之前所投的期刊认为论文不符合其范围。避免提及任何负面信息，如退稿原因中提到的学术问题。例如：

Dear Editor-in-Chief,

We are submitting our manuscript titled "Assessing Urban Climate Resilience through Ecosystem Services" for consideration in Urban Climate. This work was previously reviewed by another journal, where it was found to be outside the scope despite its potential relevance to urban sustainability.

（2）突出与新目标期刊的适配性。

详细说明论文如何与新目标期刊的主题范围相匹配，强调研究的学术价值或实际意义。例如："We believe that our manuscript aligns well with Urban Climate, as it investigates the relationship between urban planning strategies and climate resilience, a topic of increasing interest to your readership."

（3）强调针对新目标期刊的调整。

提及针对目标期刊所做出的具体调整，例如补充了新数据、重新组织了内容或改进了图表。强调这些改动是为了更好地符合新目标期刊的读者需求。例如：

In preparing this submission, we have made significant modifications to the manuscript，including:

Revising the introduction to highlight urban heat island effects（a key topic in Urban Climate）.

Adding a case study to enhance the paper's practical implications.

Reformatting figures and tables to align with the journal's guidelines.

（4）避免任何不必要的比较。

不要在投稿信中提及之前所投期刊的审稿过程或细节，避免让编辑认为论文质量存在问题。

（5）结束语。

表达对编辑和期刊的感谢，同时期待收到反馈。例如："Thank you for considering our manuscript. We look forward to your feedback and are happy to address any questions or suggestions that may arise during the review process."

修订稿和转投稿的投稿信需要在标准结构的基础上，针对具体情境做出调整。修订稿的投稿信强调对审稿意见的回应，展现论文改进后的质量；转投稿的投稿信则需突出论文与新目标期刊的契合度，并明确针对新目标期刊所做出的调整。通过精心撰写这些特殊场景下的投稿信，研究者可以更好地展示研究的学术价值和端正的学术态度，增加论文发表的可能性。

第三节　审稿意见的回复与修改

审稿意见的回复与修改是学术论文发表过程中不可或缺的环节，是研究者与编辑、审稿人员之间的重要沟通途径。通过审稿意见，作者不仅可以了解论文的不足，还能从专家的反馈中发现研究改进的方向。有效地回应审稿意见，既可体现学术专业性，也展现了作者的开放态度和解决问题的能力。

审稿意见通常分为小修、大修、退稿后重投和直接退稿四种类型。每种情况都需要研究者采取不同的应对策略，不仅要逐条回应审稿意见，还需要在修改稿中体现具体改进措施。本节将系统介绍审稿意见的常见类型及其应对策略，帮助研究者在这一环节高效且专业地处理审稿意见，提升论文发表的可能性。

一、审稿意见的类型

在论文审稿过程中，编辑会根据审稿人员的意见和论文的整体质量，做出以下几种常见决定。针对不同类型的审稿意见，研究者需要采取相应的策略进行处理。

1.小修

①特点：修改意见通常集中在语言表达、格式排版、引用规范等技术性问题，或少量的实验数据补充。修改范围较小，不涉及核心实验方法或数据的调整。

②应对策略：快速处理，小修通常有较短的修改期限（1~2 周）。作者应在修改期限内逐条修改并详细回复。

针对每条意见，提供简洁明了的修改说明，例如：

Reviewer Comment 2: The introduction is overly concise.

Response: We have expanded the introduction to include a more detailed discussion of the research background（Page 2, Lines 10-15）.

③核对格式与语言：使用文献管理工具（如 EndNote）检查引用格式，确保符合目标期刊要求。使用语言润色工具（如 Grammarly）优化语言表达。

④案例分析：某研究团队的论文被要求补充引用的文献并修改几个表格的格式问题。他们在三天内完成修改，并在回复信中详细列出了修改内容。编辑对研究者修改的效率和质量表示满意，论文顺利被发表。

2.大修

①特点：审稿意见涉及论文的核心内容，例如研究方法、数据、结果解释或论文结构。通常需要较长的修改时间（4~8 周），且修改范围广泛。

②应对策略：优先处理关键问题，列出审稿意见中影响论文核心内容的关键问题，优先进行深入修改。团队协作完成修改，针对需要补充实验内容或重新分析数据的问题，可以分配给团队成员合作完成，详细说明修改的内容。

针对每条意见，解释具体的修改措施，并在修改稿中标明相关改动位置。

“回复”示例：

Reviewer Comment 1: The statistical analysis lacks robustness.

Response: Thank you for this valuable feedback. We have reanalyzed the data using a mixed-effects model to account for variability across sites. The updated results are presented in Table 3（Page 8）.

③案例分析：某论文在审稿后被要求增加一个对照实验，以验证研究结论的可靠性。研究团队花费一个月完成了实验，并在回复信中附加了新实验数据和图表。最终，论文在复审后③获得发表。

3.退稿后重投

①特点：论文被退稿，但编辑建议可在大幅修改后重新提交。这通常意味着论文内容具有一定潜力，但当前版本不够完善。

②应对策略：正视问题并逐条改进，认真对待审稿意见，详细分析编辑和审稿人员提出的所有问题；展示改进的诚意和能力，在回复信中明确列出改进措施，并附上修改稿和详细说明，重新组织论文结构。如果编辑在审稿意见中特别提及论文逻辑不清晰，应对论文进行全面重写，改善整体结构和逻辑连贯性。

③案例分析：某论文因实验样本量不足和结论缺乏数据支撑而被拒，但编辑建议增加样本后可重新提交。研究团队在半年内完成数据补充，并在重投时详细说明了修改内容。编辑和审稿人员对改进后的稿件表示满意，最终论文成功发表。

4.直接退稿

①特点：编辑认为论文不符合目标期刊范围或学术质量不达标，直接退稿。此时通常不会给出修改机会，但可能附带简要说明退稿原因。

②应对策略：评估审稿意见的合理性，仔细分析退稿理由，判断问题是与研究内容相关，还是因与目标期刊范围不符。如果退稿是因与目标期刊范围不符，可考虑转投其他期刊，在转投时，针对新目标期刊的要求修改论文和投稿信内容。总结被退稿的教训，为未来研究和投稿积累经验。

③案例分析：某作者的论文因与目标期刊范围不符而被直接退稿，但审稿意见中提到论文适合更注重应用研究的期刊。作者据此调整论文内容，成功投稿至另一个应用导向的期刊。

审稿意见的类型多种多样，从小修到直接退稿，每种情况都需要研究者采取不同的策略应对。针对审稿意见制订有效的回复和修改计划，研究者可以显著提升论文的发表成功率。接下来，我们将进一步探讨如何逐条回复审稿意见和准备修改稿，以确保论文高效发表。

二、　回复审稿意见的策略

审稿意见的回复是论文发表过程中的关键环节。一封逻辑清晰、语言得体的回复信，不仅能让编辑和审稿人员快速了解修改情况，还能展现作者对审稿意见的重视和学术严谨性。本部分将详细讨论回复审稿意见的策略，包括理解审稿意见、逐条回复、提供支持性材料。

1.理解审稿意见

在回复审稿意见之前，研究者需要仔细阅读每一条意见，并准确理解其重点和意图。

（1）区分优先级。

①核心问题：涉及研究方法、数据分析或结论的意见，应优先处理。例如，要求补充实验数据或调整模型。

②次要问题：与语言润色、排版格式或引用文献相关的意见，可以在后续修改中集中处理。

（2）理解模糊或不明确的意见。

对于审稿意见中含糊不清或难以理解的部分，建议联系编辑或审稿人员寻求进一步说明。例如：如果意见为“results need more detail”，需明确审稿人员具体希望增加哪些细节（数据分析、图表说明或实验描述）。例如：

审稿意见：“The introduction lacks sufficient context.”

作者理解后回复编辑：“Could you kindly clarify whether the reviewer suggests including more references to previous studies or elaborating on the theoretical framework?”

2.逐条回复

回复审稿意见时，应逐条回应，展现专业性和尊重，避免情绪化或防御性语言。

（1）回复格式建议。

引用审稿意见的原文，以明确所回复的内容。简要说明修改的内容，避免冗长。如果未能采纳审稿意见，提供充分的理由并说明替代方案。例如：

Reviewer Comment 1: The methodology section lacks details about data collection.

Response: Thank you for your comment. We have added a detailed description of the data collection process in Section 2.2（Page 5）. Specifically, we have included the sampling techniques, equipment used, and the timeframe of data collection.

以下为注意事项。

①礼貌和积极：要始终感谢审稿人员的建议，并突出其意见对论文改进的重要性。

②避免情绪化语言：例如，不应说“我们不同意这条意见，因为它没有意义”。

③清晰明确：使编辑和审稿人员能够快速找到修改的位置（如对应章节、页码和所在行）。

（2）说明重大修改。

对于涉及研究方法、实验设计或数据分析的重大修改，应在回复信中单独强调，并详细说明改动的依据。例如：

Reviewer Comment 3: The statistical analysis should include a sensitivity analysis to validate the robustness of the results.

Response: Thank you for this insightful suggestion. We have conducted a sensitivity analysis to evaluate the robustness of our results, as described in the revised Methods section（Page 6, Lines 10–20）. The results of the sensitivity analysis are presented in Table 4（Page 12）. These additional analyses confirm the consistency and reliability of our findings.

以下为注意事项。

①强调改动的学术意义：说明此次重大修改提高了论文的科学性或可信度。

②提供修改前后的对比：在回复信中提及原有内容的不足以及新内容的改进点。

3.提供支持性材料

为了方便编辑和审稿人员快速评估修改的内容，应准备多种支持性材料，包括提供修改稿的标注版本、撰写详细的回复信，以及补充数据或图表。

（1）提供修改稿的标注版本。

使用“Track Changes”功能突出所有改动，让编辑一目了然。

如果期刊有要求，可以在修改稿中用不同颜色标记新增内容。

（2）回复信。

回复信应完整覆盖每条审稿意见，避免遗漏。

按审稿意见的顺序组织内容，保持逻辑清晰。

（3）补充材料。

提交实验数据表、附加图表或算法代码，进一步支持修改内容。

如果实验数据过多，可通过在线存储平台（如 Figshare）提供访问链接。例如：

Enclosed with this letter are:

A marked-up version of the revised manuscript showing all changes.

A clean version of the revised manuscript.

Additional figures（Figure S1 and S2）illustrating the new data analyses.

The detailed response to reviewers' comments.

以下为注意事项。

①确保支持性材料完整无误，避免遗漏文件或命名混乱。

②如果提供补充材料，需在回复信中说明其用途和位置。

通过理解审稿意见、逐条回复及提供支持性材料，研究者可以显著提高论文的修改质量及其通过复审的可能性。回复审稿意见的专业性和逻辑性不仅体现了作者的学术能力，也有助于建立与编辑、审稿人员之间的信任。

三、修改稿的准备

在完成对审稿意见的回复后，准备一份清晰且符合要求的修改稿是关键。修改稿不仅需要展示对审稿意见的逐条改进，还应确保论文的语言和格式符合目标期刊的要求。本部分将详细讨论如何准备修改稿，包括明确修改范围、确保格式和语言符合要求，以及覆盖所有审稿意见、核对回复信与修改稿的对应关系。

1.明确修改范围

（1）使用清晰的标注工具。

使用文档编辑软件的“Track Changes”功能，突出所有修改内容，帮助编辑和审稿人员快速识别改动。如果期刊有特别要求（如不接受“Track Changes”修改版本），可以利用不同颜色标记新增内容或提供修改说明表。例如：

修改前：“The study reveals the role of urban vegetation in temperature regulation.”

修改后（带标注）：“The study reveals the significant role of urban vegetation in regulating microclimate temperature, particularly during heatwaves.”

（2）增加脚注或附录。

对于重要的新增内容，可在修改稿中增加脚注，并简要说明改动的依据。如果修改涉及复杂的实验方法或添加新的分析，可以在附录中提供更详细的补充信息。例如：

脚注：“The additional analysis was conducted based on the reviewer's suggestion to validate the robustness of the results.”

附录："Appendix A: Detailed description of the sensitivity analysis and supplementary figures."

2.确保格式和语言符合要求

（1）符合期刊的排版要求。

检查修改稿的排版是否符合目标期刊的投稿指南要求（如字体、行距、页边距、参考文献格式等）。如果期刊提供模板，建议直接套用模板以避免格式错误。

（2）确保语言流畅和语法正确。

在提交前再次检查修改稿的语言表达是否流畅，以及是否存在拼写和语法错误。推荐使用语言润色服务或工具（如 Grammarly、QuillBot）优化语言质量。例如：

优化前："We made changes in the discussion section to explain better the results."

优化后："We have revised the discussion section to provide a more comprehensive explanation of the results."

以下两点要注意。学术性表述需避免口语化或随意的语气。重点段落和新增内容可邀请合作者或导师进行审查，确保语言和逻辑的一致性。

3.覆盖所有审稿意见

制作一张审稿意见的清单，确保每条意见都被回应并与具体的修改内容对应。即使某些意见未被采纳，也需在回复信中说明原因，并在修改稿中做好标注。例如：

Reviewer Comment 4: Add data from additional sampling locations to validate the findings.

Response: Thank you for your suggestion. Due to logistical constraints, we were unable to collect additional data. However, we have expanded the discussion section（Page 15, Lines 5-10）to address the potential impact of additional sampling on our findings.

4.核对回复信与修改稿的对应关系

确保回复信中提到的修改内容在修改稿中有具体体现，并标明位置（如章节、页码和所在行）。避免回复信与修改稿之间产生矛盾，例如回复信中声称已补充内容，但修改稿中没有体现。

修改稿的准备是论文复审过程中至关重要的一步。通过明确修改范围、确保格式和语言符合要求，并覆盖所有审稿意见，核对回复信与修改稿的对应关系，研究者可以显著提升修改稿的质量和编辑审阅的效率。这一过程不仅体现了作者的学术能力和严谨态度，也为论文的顺利发表奠定了坚实基础。

四、成功的案例与失败的案例

审稿意见的回复质量直接影响论文能否通过复审并最终发表。本部分通过成功与失败的案例分析，帮助研究者掌握回复审稿意见时应采取的正确策略，同时避免常见错误。

1.成功的案例分析

①成功的案例：某研究团队在提交关于湿地生态恢复的论文后，收到审稿意见，其中一条核心建议是补充实验数据，以进一步验证研究模型的可靠性。

②处理过程：认真分析意见后研究团队明确了审稿人员对实验数据验证的需求，认定该建议能够显著提高研究的说服力。

③组织研究团队补充实验数据：经过 4 周，研究团队完成了两组新的实验，分别验证了模型在不同环境条件下的适用性。

④修改论文并撰写回复信：在回复信中详细说明了新增实验的设计和结果如何回应审稿人员的建议。在论文的讨论部分，增加了关于实验数据与结论之间相关性的分析。

⑤成功案例的回复信示例：

Reviewer Comment 2: The proposed model lacks sufficient experimental validation under varying environmental conditions.

Response: Thank you for your constructive feedback. We have conducted two additional experiments to validate the model under varying conditions. The new data and results are presented in Section 4.2（Page 12）and further discussed in Section 5.1（Page 15）. These experiments confirm the model's robustness, particularly in predicting wetland carbon dynamics.

⑥结果：修改稿通过复审，论文顺利发表。编辑在回复邮件中称赞了团队对审稿意见的重视及其翔实的修改工作。

⑦成功点分析：

a.积极的态度：团队接受了审稿人员的意见，并积极行动，体现了对学术反馈的尊重。

b.翔实的修改：新增实验和分析大大提升了论文的科学性和可信度。

c.清晰的回复：回复信明确传达了所改动的内容，增强了编辑和审稿人员的信任感。

2.失败的案例分析

①失败的案例：某作者提交了一篇关于城市热岛效应的论文。审稿意见指出，研究方法的描述不够详细，并建议补充具体的统计方法和数据来源。然而，作者在回复审稿意见时未能全面回应所有问题，且对部分建议持反驳态度。

②问题：

a.未全面回应：作者仅对部分意见做出了简单回复，未提及对研究方法的补充。

b.语言有情绪化倾向：在回复信中，作者使用了情绪化和防御性语言，例如“我们认为没有必要采纳此条建议，因为现有方法已经足够清楚”。

c.未提供修改说明：对于论文中做出的少量修改，未在回复信中明确说明，导致审稿人员无法快速评估改动的有效性。

③失败案例的回复信示例：

Reviewer Comment 1: The description of the statistical methods is insufficient. Please specify the statistical tests used.

Response: We believe that the current description is adequate, as the methods used are standard in this field.

④结果：编辑认为作者态度不够专业，未充分重视审稿意见，决定直接退稿。

⑤失败点分析：

a.忽略核心问题：研究方法是论文的关键部分，未按照审稿人员的建议补充说明，削弱了论文的可信度。

b.态度不够尊重：情绪化语言使编辑和审稿人员感到意见被忽视，影响了学术交流的质量。

c.回复不清晰：回复信中未详细说明论文的改动，导致审稿人员难以评估修改的效果。

成功案例与失败案例的各项对比见表 7.1。

表 7.1 成功与失败的案例对比

维度	成功的案例	失败的案例
态度	接受审稿意见，积极补充数据并改进论文	对审稿意见持反驳态度，未能充分回应
修改内容	补充了实验数据，并新增讨论部分	未补充关键内容，仅对部分次要意见做出修改
回复信质量	逐条清晰回应审稿意见，提供详细的修改说明	回复简短且含糊，缺乏具体的修改说明
结果	修改稿通过复审并顺利发表	编辑认为作者态度不够专业，直接退稿

通过成功的案例可以看出，对审稿意见的高质量回复和对论文的实质性修改是论文得以发表的关键，而失败的案例则提醒我们，忽视审稿意见或态度不够专业可能带来严重后果。在回复审稿意见时，研究者应始终保持尊重和积极的态度，清晰描述改动的内容，并认真解决审稿人员提出的关键问题，以提升论文的学术价值和发表的成功率。

五、提升修改与回复效率的技巧

面对复杂的审稿意见，效率和质量是成功修改的关键。研究者可以通过科学规划、团队协作和工具辅助，显著提高修改与回复的效率。本部分将提供实用的技巧，帮助研究者在规定时间内高质量完成修改稿和回复信。

1.制订修改计划

（1）列出所有审稿意见，按优先级排序。

将所有审稿意见整理成清单，区分核心问题和次要问题。核心问题涉及研究方法、数据分析或论文结构的修改。次要问题如语言润色、格式调整或参考文献的完善。

使用表格或项目管理工具（如 Trello、Excel）记录每条审稿意见及其修改状态，见表 7.2。

表 7.2　示例表格

审稿意见编号	问题描述	优先级	负责成员	进展
1	补充实验数据，验证模型的鲁棒性	高	张博士	数据分析中
2	方法部分增加数据采集细节	中	李硕士	已完成
3	修改图表格式，确保与期刊要求一致	低	王研究助理	待处理

（2）制定详细的时间表。

根据目标期刊的修改期限，合理分配修改任务的时间。为每项任务设定明确的截止日期，避免修改工作积压到最后时刻。时间表示例如下。

第 1~2 天：整理审稿意见并分配任务。

第 3~10 天：完成实验数据补充和新增分析。

第 11~14 天：撰写回复信和修改稿。

第 15 天：进行全稿审阅并提交。

2.团队协作

（1）分配任务。

根据团队成员的专长，将审稿意见的处理逐条分配给最合适的成员。数据分析相关问题由具有统计学背景的成员处理。语言润色由英语能力较强的成员负责。图表修正或格式调整由熟悉软件的成员完成。

（2）定期讨论进展。

每周安排一次团队会议，讨论修改进度和遇到的问题。在会议中复核回复信的内容，确保逻辑清晰、语言得体。例如：

某研究团队收到关于实验方法的审稿意见，团队成员分工如下：

团队负责人：统筹修改计划，撰写回复信。

实验负责人：设计并完成补充实验。

语言表达能力强的成员：润色回复信和修改稿的语言表达。

3.使用工具辅助

（1）文献整理工具。

使用 EndNote、Zotero 或 Mendeley 快速整理参考文献：调整参考文献的格式，确保符合目标期刊的要求。检查所引用文献是否完整且紧跟最新的研究成果。

（2）语言润色工具。

如前文所述，可使用 Grammarly、QuillBot 或 DeepL 优化回复信和修改稿的语言表达。

Grammarly：检查语法、拼写和句式问题。

QuillBot：优化句式，提高语言的流畅性和正式性。

DeepL：可用其帮助润色学术表达。

示例（优化前后对比）：

优化前："We add more details in the methods section to clarify the data collection."

优化后："We have added additional details to the methods section to clarify the data collection process."

（3）项目管理工具。

使用 Trello 或 Asana 管理修改任务。创建看板，记录每条审稿意见的完成状态。设置提醒功能，确保任务按时完成。

通过制订修改计划、团队协作和使用辅助工具，研究者可以在复杂的审稿意见处理中保持高效和精准。合理分工与科学管理不仅能减轻工作负担，还能确保修改稿和回复信的质量满足目标期刊要求。

第四节 论文发表后的宣传与推广

学术论文发表后，研究者的任务并未结束。如何有效宣传和推广研究成果是提升论文影响力的重要一环。在当前信息爆炸的学术环境中，即便是一篇高质量的论文，也可能因缺乏曝光而被淹没。研究者需要采取主动策略，通过多种渠道让更多学者、研究机构甚至公众了解论文的核心内容和研究价值。

有效的论文宣传不仅能提高论文的引用率，还能吸引潜在的学术合作和资源支持，为研究者的职业发展和学术声誉加分。此外，论文影响力的提升也有助于推动领域内知识的更新，扩大研究成果的社会价值和学术价值。

本节将系统介绍论文发表后宣传与推广的重要性，并提供多种实用的推广方法，包括利用学术平台和社交媒体、共享研究数据、参与学术活动等。同时，结合学术伦理与出版规范，确保研究者在推广过程中保持专业性和合法性。

一、论文发表后宣传的重要性

学术论文的影响力不仅体现在其科学贡献上，还包括其在学术界和实践领域的传播广度。宣传是扩大影响力的必要手段。

（1）增加可见度。

①覆盖更多读者：论文公开后，只有被更多学者阅读和引用，其学术价值才能被进一步认可。通过宣传，研究者可以触达不同领域的目标受众，让更多学者关注研究成果。

②突破学术界的限制：某些研究具有跨学科或实际应用价值，适当推广可以吸引工业界、政策制定者或非学术领域的关注。

（2）吸引潜在合作。

①学术合作：通过展示研究的创新性和适用性，研究者可以吸引相关领域的研究者或机构，与其展开联合研究或后续项目合作。

②产业合作：某些研究成果可能具有商业价值，通过宣传，研究者可以引起企业或

投资机构的兴趣，推动研究的转化和应用。

（3）案例分析。

一篇关于湿地生态恢复的论文，通过学术会议分享后，引起了一家环保组织的关注。研究团队随后与该组织合作，将研究方法应用于实际湿地保护项目中，进一步提升了论文的实践价值。

二、论文推广的方式

论文发表后，选择合适的推广方式是提高研究成果可见度和影响力的关键。研究者可以结合线上线下多种渠道，最大化研究传播范围。本节将详细介绍学术会议、社交媒体与学术网络平台，以及制作学术海报与视频摘要等推广方式。

（1）学术会议。

①线下活动。

a.参与学术会议：在领域内的学术会议、研讨会或论坛上，通过口头报告、专题研讨或圆桌讨论展示研究成果。

b.互动环节：参与问答环节，与领域内学者深入互动，不仅能进一步解释研究，还能获得有价值的反馈。

②线上活动。

a.组织或参与线上研讨会。

b.在学术界流行的线上平台（如 Zoom、Microsoft Teams）上举办研讨会，与全球学者分享研究成果。

c.利用线上网络平台：通过会议直播或录播吸引更多关注，让无法亲临会议的学者了解研究内容。

（2）社交媒体与学术网络平台。

① 社交媒体。

a.平台选择：在 Twitter、LinkedIn、Facebook 等社交媒体平台上分享论文链接，借助热门领域标签扩大传播范围。

b.内容形式：制作简短帖子总结论文亮点，吸引更多受众关注和转发。发布与研究相关的图片、视频或图表，增加内容的直观性和吸引力。

② 学术网络平台。

a.上传论文：将论文全文或摘要上传到 ResearchGate、Academia.edu 等学术网络平台，方便领域内学者下载和阅读。确保论文在 ORCID、Google Scholar 等学术档案中及时更新，保持个人研究页面的完整性。

b.与同行互动：通过学术网络平台主动与感兴趣的研究者联系，增加学术讨论的机会。

（3）制作学术海报与视频摘要。

①学术海报。

a.内容呈现：用简洁直观的方式展示论文的研究背景、方法、核心发现和结论。结合图片、图表和简短文本，吸引参观者快速了解研究亮点。

b.展示场景：在学术会议的海报展示区或实验室开放日活动中进行展示。

c.示例设计要素：

左上角：研究标题、作者姓名和单位。

中间：关键图表和方法总结。

右下角：研究结论和论文引用链接。

②视频摘要。

a.视频结构：时长为1~2分钟，突出研究背景、方法和主要发现。

b.形式：结合图片、图表和叙述解说，增强视觉效果。

c.发布平台：发布到YouTube、研究机构官网或学术网络平台，便于更广泛的传播。

通过线下会议和线上网络平台，结合社交媒体和直观的视觉化内容（如海报和视频摘要），研究者可以多维度推广论文研究成果。科学合理的推广不仅能提升论文的引用率，还能为后续研究和合作奠定坚实基础。

三、数据与附加材料的共享

在学术传播中，共享数据和附加材料是提升论文影响力和学术价值的重要方式。通过开放数据、提供多语言摘要和补充教学材料，研究者可以扩大论文的可见性，增强其学术传播和实践应用的深度。

1.数据库注册

（1）开放共享数据。

开放共享数据不仅是现代科学研究的趋势，也是许多高影响力期刊的要求。将研究数据上传到开放数据库，可以提高数据的可访问性，让其他研究者使用或扩展数据，还可以增强论文的透明度和影响力。

常用数据库有：Figshare：支持各种数据类型的共享，并提供永久链接（DOI）以便于引用；Dryad：主要用于共享生物科学和生态学领域的研究数据；Zenodo：由欧盟资助，可分享论文、数据集和代码，支持多学科应用。

操作建议：确保数据完整性。上传数据时附加元数据（metadata），包括变量定义、实验条件和单位说明。提供数据引用方式。在论文中包含数据链接和引用格式，例如，The dataset used in this study is available on Figshare at [DOI 链接]。

（2）增强论文的可重复性。

①附加详细实验步骤：提供实验过程的详细说明，包括设备、参数和数据采集方法。

②共享代码和分析脚本：上传分析所用的代码（如Python、R脚本）到GitHub或Zenodo，供其他研究者复现。

示例如下。

提供代码的说明：The R script used for data analysis can be accessed at [GitHub 链接]。

提供实验步骤的附录：Appendix A: Detailed experimental procedures for carbon flux measurement.

（3）提供多语言摘要。

为了扩大论文在国际学术界的传播范围，提供多语言摘要是一种有效方式，尤其适用于具有全球性影响的研究主题。以下是翻译的注意事项。

①确保翻译的准确性：建议使用专业翻译服务，或与该语言母语的学者合作完成翻译。

②保持简洁和科学性：避免因翻译过度详细而丢失摘要的核心信息。

示例：

英语摘要：This study investigates the impact of wetland restoration on carbon sequestration using field experiments and modeling.

中文摘要：本研究通过实地实验与建模，探讨了湿地恢复对碳汇能力的影响。

（4）补充教学与实践材料。

将研究成果转化为教学案例或实践工具，可以进一步扩大论文的适用范围，并吸引更多关注。

①教学材料。

a.制作教学案例：将研究的背景、方法和结论整理为教学案例，用于大学课程（如生态学、环境科学）。

b.设计学生练习：基于研究数据开发问题集或模拟分析任务，帮助学生加深对研究主题的理解。

②实践材料。

a.政策建议：将研究成果总结为政策建议报告，供政府部门或非政府组织参考。

b.技术指南：编写基于研究的实践指南，如湿地管理的具体操作手册。

通过开放数据共享、多语言摘要和补充教学与实践材料，研究者可以显著提升论文的传播范围和应用价值。这些措施不仅有助于增加论文的引用率和学术影响力，还能将研究成果更有效地转化为实践工具，为社会发展和科学进步做出更大的贡献。

四、学术合作与引用拓展

论文发表后，通过积极建立学术合作和制定有效的引用策略，研究者可以进一步扩大论文的学术影响力。这种互动不仅能提升论文的引用率，还能为后续研究和资源获取提供更多机会。

（1）积极建立学术合作。

①联系引用论文的研究者。

a.识别潜在合作伙伴：定期跟踪论文引用情况，识别领域内引用过论文的研究者。利用 Google Scholar、Web of Science 等平台获取引用论文的研究者的详细信息。

b.主动沟通：给引用论文的研究者发送邮件，表达对其工作的兴趣，并探讨合作可能性。例如：

Dear Dr. [姓名],

I noticed that your recent paper [标题] referenced our study on [主题] published in [期刊

名称]. Your work on [研究主题] is highly relevant to our interests, and I believe there is potential for collaboration on [具体合作方向]...

②共同撰写后续研究文章。在讨论合作时，可以提出共同撰写后续研究文章的建议，将自己的研究与合作方的研究成果结合，探索新问题或验证新的方法。在合作文章中引用自己的已发表论文，进一步巩固其学术影响力。

③与跨学科研究者合作。如果论文具有跨学科应用价值，如数据分析或技术方法，可联系其他领域的研究者，将成果推广到新的应用场景。

案例分析：某研究团队的论文被另一领域（遥感与农业）引用。通过邮件交流，两个团队决定合作，将研究模型应用于农业灌溉优化，随后共同发表了一篇跨领域的高影响力论文。

（2）制定有效的引用策略。

①撰写领域综述文章。

a.结合当前进展：撰写综述文章，将自己的研究与当前领域的最新进展结合，梳理研究发展脉络。在综述文章中引用自己的研究，展示其在领域中的重要地位。

b.选择合适的期刊：优先选择高影响力或目标受众广泛的期刊发表综述文章。

撰写综述文章的步骤：收集和整理领域内的重要文献，涵盖近期发表的关键研究。明确综述文章的主题，突出自己的研究对该主题的贡献。综述文章的逻辑结构要清晰，如“研究进展—当前挑战—未来方向”。

②引用扩展。

a.在后续研究中引用自己的已发表论文：在新的研究文章中适当引用自己的已发表论文，尤其是在方法或理论基础部分，强化其在领域内的持续影响力。

b.推荐自己的论文：在会议报告、合作讨论或学术写作中，适时推荐自己的研究成果，让更多同行学者了解并引用相关论文。

c.注意事项：引用自己的已发表论文需自然且与研究内容相关，避免不必要或过度引用。确保引用符合期刊伦理，避免因过多引用自己的论文而引发编辑的负面反馈。

d.案例分析：某研究者在新的研究中应用了自己早期开发的方法，论文中自然引用了原始方法的发表文章。结果，原始文章的引用量在两年内增长了30%以上。

通过积极建立学术合作和制定有效的引用策略，研究者可以进一步提升论文的学术传播力和引用率。在这一过程中，研究者既要注重与同行的互动，也要通过撰写综述文章和扩展引用展示论文的长期价值。合理规划和实施这些策略，将有助于研究者在学术圈内建立更广泛的影响力。

五、注意事项与伦理规范

在论文宣传与推广的过程中，研究者需要遵守相关的出版协议和版权要求，同时保持学术诚信，避免过度宣传或不准确的信息传播。本节将重点介绍论文推广过程中的注意事项和伦理规范，帮助研究者在合法、专业的框架内提升论文的学术影响力。

（1）遵守出版协议与版权要求。

①合法分享论文。大多数期刊对论文的共享和再发布有明确的版权规定。研究者在推广论文时，应遵守以下规则：

a.使用期刊提供的共享链接：一些出版商（如 Springer）提供共享链接（如 SharedIt）供作者在社交媒体或学术平台上合法分享论文。例如：“Read my latest article on wetland restoration strategies here:[SharedIt 链接]”。

b.上传论文到合适的学术平台：在 ResearchGate 或 Academia.edu 等平台上传论文时，需确保上传的版本（如预印本或作者接受稿）符合期刊的版权政策。

②明确数据版权。

a.注明版权归属：在共享数据时，需标注其版权归属，避免未经授权的使用或修改。例如：“This dataset is licensed under CC BY-NC 4.0 （Attribution-NonCommercial 4.0 International License）.”

b.与合作方协议：如果数据来源于合作项目，需提前明确数据共享范围和使用规则，以免引发争议。

c.案例分析：某研究者未经许可将期刊出版版本的 PDF 上传到社交媒体，被出版商要求删除，并受到警告。后续，研究者通过 SharedIt 链接分享论文，合法合规，同时确保研究成果的传播。

（2）避免过度宣传。

①保持学术诚信。在推广论文时，研究者需以真实准确的方式传达研究成果，避免夸大研究贡献或影响力。

a.切忌夸张表达：不宜使用绝对化的语言，如“这项研究彻底改变了该领域……”

b.替代表述：“This study provides new insights into [研究主题], offering potential pathways for further exploration.”

c.确保信息真实：分享数据、结论时，应如实反映研究结果，避免片面强调积极结果而忽略局限性。

②避免误导读者或公众。

a.澄清研究的适用范围：在推广论文时，应明确研究的局限性和适用范围，避免引起误解。例如：“This study focuses on wetland restoration in temperate regions and may not be directly applicable to tropical ecosystems.”

b.慎重面对媒体报道：在接受媒体采访或撰写科普文章时，需谨慎用词，避免过度简化复杂的科学问题。

遵守出版协议与版权要求，以及避免过度宣传，是研究者在推广论文时必须遵守的核心伦理规范。通过合法合规的方式分享研究成果，并以真实准确的内容进行宣传，研究者不仅可以维护学术诚信，还能在扩大论文影响力的同时，提升自身的学术声誉。

第五节　附录与工具推荐

论文的发表过程涉及写作、修改、投稿以及推广等多个环节，这些环节对效率和质量的要求非常高。随着学术工具的不断发展，研究者可以借助多种工具和资源优化每个环节的工作流程。从文献管理到数据分析，从语言润色到协作编辑，这些工具不仅提高了研究效率，还减少了人为错误的发生率。

此外，论文的附录部分同样至关重要。附录不仅为论文主体提供支持性信息，还增强了研究的透明度和可复现性。通过共享实验数据、代码、详细方法等，研究者能够更好地展示研究的深度和价值。

本节将从学术工具的分类与推荐开始，结合常用附录模板和示例，帮助研究者在论文的准备、修改和推广过程中实现更高效的管理和更精准的表达。无论是优化研究质量，还是提升团队协作水平，这些工具和方法都将成为研究者不可或缺的助力。

一、学术工具的分类与推荐

学术工具为研究者提供了全面支持，涵盖论文写作与润色工具、数据分析与可视化工具、引用与参考文献管理工具、投稿期刊选择工具、项目管理与协作工具等多个方面。以下是各方面常用工具的推荐及其适用场景。

（1）论文写作与润色工具。

①文档编辑工具。

a.Microsoft Word：功能全面，支持参考文献管理插件（如 EndNote）。适合初稿撰写和格式调整。

b.LaTeX：适用于需要复杂数学公式或图表排版的论文。

c.推荐工具：Overleaf，支持在线协作编辑和多模板选择。

②语言润色工具。

a.Grammarly：自动检查语法、拼写和句式问题，帮助优化英语写作质量。

b.QuillBot：提供句式优化，适合调整学术表达和正式语气。

c.DeepL：提供高质量翻译服务，适用于非英语母语研究者撰写英文论文。

③示例应用场景：在撰写多公式、多图表的论文时，使用 Overleaf 快速排版；在初稿完成后，通过 Grammarly 优化语言表达。

（2）数据分析与可视化工具。

①统计分析工具。

a.SPSS：界面友好，适合社会科学领域的多变量分析。

b.R 和 Python：强大的开源工具，适合处理大规模数据集、建模和高级统计分析。

②数据可视化工具。

a.Tableau：拖放式界面，适合快速生成交互式图表。

b.OriginPro：专为科学数据设计，适合生成高质量的图形和复杂数据分析。

③示例应用场景：使用 Python 进行数据清洗和分析，随后利用 Tableau 快速生成可视化结果，用于会议报告或论文图表部分。

（3）引用与参考文献管理工具。

①EndNote：支持多种期刊格式的快速切换，可与 Microsoft Word 集成，便于插入引用。

②Zotero：开源且易用，支持团队协作和自动生成参考文献。

③Mendeley：集成文献管理和学术社交功能，便于与团队共享参考文献库。

④示例应用场景：使用 EndNote 快速调整参考文献格式；在团队项目中，利用 Mendeley 共享文献资源并协作标注重点。

（4）投稿与期刊选择工具。

①Journal Finder（Elsevier）：根据论文摘要推荐目标期刊，提供投稿要求和影响因子等信息。

②Springer Journal Suggester：根据研究主题推荐 Springer 旗下的相关期刊。

③Think. Check. Submit.：帮助研究者识别掠夺性期刊，提供期刊评估清单。

④示例应用场景：在完成论文撰写后，使用 Journal Finder 匹配合适的期刊，并通过 Think. Check. Submit.评估目标期刊的信誉和学术质量。

（5）项目管理与协作工具。

①Trello：任务管理工具，支持任务分配、进度跟踪和团队协作。

②Slack：实时沟通工具，适合跨地区团队的高效交流。

③Overleaf：支持多人在线协作编辑 LaTeX 文档，实时同步更改。

④示例应用场景：在团队中使用 Trello 分配任务，利用 Slack 进行实时沟通，并通过 Overleaf 在线协作完成论文撰写。

论文撰写和研究管理的每个阶段都有合适的工具可以辅助研究者提高效率和质量。从撰写与润色到投稿与协作，这些工具不仅为研究者节省了时间，还帮助他们更好地专注于研究本身。接下来，可以进一步展示附录及其模板示例，帮助研究者更好地完成论文支持性材料的准备。

二、常用附录及其模板示例

附录是学术论文中提供支持性信息的重要组成部分，通常用于展示详细数据、补充研究方法、附加图表和算法与代码等。通过附录，研究者能够进一步提升论文的透明度和可复现性，同时节省论文主体篇幅。本节将介绍附录的常见类型及其模板示例。

（1）附录的类型。

①补充实验数据类的附录。

a.用途：提供论文中未详述的实验数据或额外的分析结果，便于其他研究者更深入地理解研究。

b.常见内容：原始数据表格；各实验条件下的详细数据；时间序列数据、分类数据等。

c.示例：

Table A1. Monthly Carbon Flux Data for Site A and Site B

Figure A1. Temporal Trends of Carbon Flux Across Different Seasons

②补充研究方法附录。

a.用途：包括未在论文主体中详述的实验步骤、技术细节或设备配置，便于其他研究者复现实验。

b.常见内容：实验流程分步说明；设备校准和操作方法；关键试剂或材料的来源与规格。

c.示例：

Step 1: Equipment Calibration

Step 2: Sampling Techniques

③附加图表类附录。

a.用途：为论文主体中未能展示的复杂图形、表格或模型提供补充，避免干扰论文主体的逻辑和流畅性。

b.常见内容：扩展性图表和统计分析结果图；补充的模型验证图或参数调整图。

c.示例：

Figure A2. Model Validation Under Extreme Conditions

Table A2. Sensitivity Analysis Results for Different Parameters

④展示算法与代码类附录。

a.用途：提交研究中使用的核心算法、计算流程或代码实现，提升论文的可复现性。

b.常见内容：算法的伪代码或数学描述；核心代码段和参数说明；数据处理和可视化脚本。

c.Python 代码示例：

复制代码

```
import numpy as np# Define carbon flux calculation functiondef calculate_flux（data）：
    flux = np.mean（data['flux']）
    return flux
```

（2）附录模板示例。

①数据附录。

a.标题：

Appendix A：Detailed Measurements of Wetland Carbon Flux

b.正文：

Table A1. Monthly Carbon Flux Data for Site A and Site B

Month	Site A （g/m²/day）	Site B （g/m²/day）
January	1.2	1.5
February	1.4	1.6

Figure A1. Temporal Trends of Carbon Flux Across Different Seasons
（附图描述：图中展示了碳通量在不同季节的变化趋势。）

②实验方法附录。

a.标题：

Appendix B: Experimental Protocols for Carbon Sequestration Measurement

b.正文：

Step 1: Equipment Calibration

使用 CO_2 分析仪进行设备校准，确保读数精度为±0.01%。

Step 2: Sampling Techniques

每月在固定样地进行气体采集，采样时间为上午 9 点至下午 3 点。

采样深度控制在地表以下 5 厘米，以确保数据的可比性。

通过提供详细的补充实验数据、研究方法、附加图表以及算法与代码，附录不仅增强了论文的可信度和可复现性，还为其他研究者提供了进一步探索和应用的参考。本节展示的模板示例为研究者组织和撰写附录提供了清晰的框架，便于他们根据研究内容灵活调整附录结构和内容。

三、使用工具与附录的注意事项

在论文写作和附录准备过程中，合理选择和高效使用工具，以及组织清晰、符合规范的附录内容，是提升论文质量和投稿效率的关键。本节将从工具整合与高效使用附录的组织与提交两方面提供具体的注意事项和实用建议。

（1）工具的整合与高效使用。

研究过程中使用的工具种类繁多，但同时使用过多功能重叠的工具可能导致效率降低。合理整合工具，并确保其输出符合期刊要求，是工具使用的关键。

①根据研究需求选择工具。

a.避免过多功能重复：选择具有核心功能的工具，避免同时使用多个具备相似功能的工具。例如，在文献管理方面，EndNote、Zotero 和 Mendeley 都具有相似功能，研究者只需选择一个适合自己的工具即可。

b.兼容性优先：选择能够与其他软件或平台无缝衔接的工具。例如，使用 Overleaf 在线协作撰写 LaTeX 论文时，可通过 Mendeley 或 Zotero 集成参考文献。

（2）附录的组织与提交。

附录是论文的重要组成部分，其内容的组织和提交需符合期刊要求，同时确保易于理解和使用。

①按照期刊要求整理附录。

a.编号与标题：使用清晰的编号系统（如 Appendix A、Appendix B），并为每部分附录添加简短标题。例如：

Appendix A：Detailed Measurements of Wetland Carbon Flux

Appendix B：Experimental Protocols for Sampling and Analysis

b.逻辑结构清晰：按照附录内容的逻辑顺序组织，如先数据表格，后实验方法，再附加图表。提供目录或简短说明，帮助读者快速找到所需内容。

②使用在线存储服务提供额外材料。

a.适用场景：当附录内容较多或文件较大（如大型数据集、视频文件）时，可使用在线存储服务提供访问链接。

b.常用服务：

Zenodo：提供 DOI 链接，适合分享数据集和代码。

Figshare：支持多种文件类型上传，并提供开放访问权限。

c.示例：The raw dataset used in this study is available on Zenodo at [DOI 链接], including all supplementary figures and scripts.

d.注意事项：上传前检查文件是否完整，文件命名是否清晰（如 Dataset_SiteA.csv、Code_Model Validation.py）。确保共享文件符合版权和数据隐私要求。

通过合理整合工具并高效组织附录内容，研究者可以显著提高论文的可读性和投稿效率。在使用工具时，应注重其功能兼容性和输出质量；在整理附录时，需保持清晰的逻辑结构并遵循期刊要求。对于复杂或较大的附加材料，使用在线存储服务是一种便捷而有效的解决方案。

（3）确保工具输出符合期刊要求。

①文献格式设置：使用文献管理工具（如 EndNote、Zotero）时，应按照目标期刊的投稿指南调整参考文献格式。例如：某期刊要求 APA 格式，但初稿使用的是 Chicago 格式，需通过工具一键切换格式。

②图表和数据格式：数据可视化工具（如 OriginPro 或 Tableau）输出的图表，应符合期刊的分辨率和格式要求（通常为 TIFF 或 JPEG 格式，分辨率 300 DPI 及以上）。例如：某研究者在论文图表制作中，同时使用了 Excel、Tableau 和 OriginPro，导致图表风格和格式不统一。在投稿时，使用 OriginPro 重新调整图表样式和分辨率，最终达到期刊要求。

四、工具推荐与附录的实践案例

学术工具的使用和附录的合理准备，不仅能提升论文的质量与规范性，还能为后续的研究传播与引用奠定基础。本节通过两个实践案例，展示工具与附录在论文管理和传播中的关键作用。

（1）案例 1：优化参考文献管理。

①背景：某研究团队完成了一篇关于湿地恢复的论文，在投稿前发现目标期刊要求

严格的参考文献格式，同时强调避免重复引用或遗漏文献。

②解决方案：

a.使用 EndNote 管理参考文献。

b.导入所有已使用的文献至 EndNote 库，并按目标期刊的要求调整参考文献格式（如 APA、Chicago 或 Vancouver）。

c.利用 EndNote 的自动格式切换功能快速完成文献格式调整。

d.检测并去重：使用 EndNote 的重复文献检测功能（Find Duplicates），发现了多个重复引用的文献条目。

e.检查并修正了多个拼写错误或不完整的文献条目。

f.团队协作检查：将最终文献列表分享给团队成员，共同核对引用的准确性。

③结果：修正后的文稿在投稿时符合目标期刊的参考文献格式要求，未出现重复引用或错误条目。编辑在初审中对参考文献的完整性和准确性给予了正面反馈，提升了论文的评审效率。

④经验总结：使用高效的文献管理工具（如 EndNote）可以大幅减少手动调整文献格式的时间，并显著提高参考文献部分的准确性和规范性。

（2）案例 2：附录助力论文复现。

①背景：一篇关于城市热岛效应的论文提出了一种新型的气候数据处理算法。由于论文主体篇幅限制，作者无法在论文中详述所有实验数据和代码实现细节。

②解决方案：

a.提供详细的实验数据集：在附录中列出了城市热岛效应的主要数据集，包括气温、湿度和城市绿化覆盖率等关键变量。

b.使用 Zenodo 平台上传完整数据集，并生成永久 DOI 链接，便于其他研究者访问。

c.分享 Python 分析脚本：附录中包括关键算法的核心代码段，如数据清洗和模型验证部分。提供代码的详细注释，帮助其他研究团队快速理解并复现分析。

d.在附录中提供说明：附录中明确列出了每个数据集的变量定义和实验条件。说明了脚本的运行环境（Python 版本、所需库）以及数据预处理步骤。

③结果：多个研究团队在后续研究中使用了该数据集和算法，对论文的模型进行了扩展或验证。论文的引用率显著提升，两年内增加了 30%。

④经验总结：通过提供详尽的实验数据和脚本，附录不仅增强了论文的透明性和可复现性，还为后续研究的拓展和引用创造了更多机会。

优化参考文献管理和精心准备附录，是提升论文质量和影响力的重要策略。通过使用工具（如 EndNote）高效管理文献，研究者可以避免格式和引用错误；详细的附录准备（如数据和代码），可以增强论文的透明性和复现性，从而扩大论文的学术传播范围。这些实践案例为研究者在论文撰写和推广过程中提供了宝贵的借鉴。

第八章　毕业论文的撰写

“科学中重要的不是获得新的事实，而是发现理解它们的新方式。”（The important thing in science is not so much to obtain new facts as to discover new ways of thinking about them.）——威廉·劳伦斯·布拉格

第一节　毕业论文概述

一、毕业论文的含义

毕业论文（设计）是指本科或研究生阶段，学生在导师指导下，围绕一定的研究或实践课题，独立进行系统研究、实验或设计，并撰写成文（或制作成设计方案）的综合性学术成果。撰写毕业论文的主要目的是检验和培养学生对所学专业知识的掌握、综合运用能力、创新意识以及独立解决实际问题的能力。具体来说，毕业论文（设计）具有以下几个基本特征。

①独立性：要求学生在导师的指导下，独立选题、搜集资料、进行实验或设计，并撰写论文或设计报告，充分体现个人在学术思考和实践探索中的成果。

②系统性与综合性：毕业论文（设计）往往涵盖理论分析、实践验证和数据处理等多个环节，需要学生将专业知识、方法和技能综合运用，形成一个系统、完整的研究或设计方案。

③创新性：除了对已有知识和技术的应用外，还要求学生在研究或设计过程中有所创新，提出新的观点、方法或解决方案，推动学科或专业的发展。

④规范性：毕业论文的撰写必须严格遵循国家和学校规定的格式、引用标准和写作规范，确保文献引用、数据统计、图表制作等符合学术标准，从而体现出严谨的科研态度和良好的学术素养。

撰写毕业论文是本科教学中极为关键的环节之一，其意义不仅在于为学生提供展示和应用所学知识的平台，更在于全面培养和检验学生的多项能力。对于本科生来说，毕业论文（设计）既是基础知识和基本技能训练的重要载体，也是研究能力、自学能力以及综合分析能力的重要考核方式。所谓“基础知识”不仅包括书本上的理论内容，还涵盖实验方法、数据采集、统计分析以及计算机辅助分析等方面的基本技能。通过撰写毕业论文，学生能够在实践中检验自己对专业基础知识的理解，找出不足，并在实际操作中加以改进，从而达到理论与实践相结合的目的。

撰写毕业论文是培养学生研究能力的重要途径。研究能力指的是发现问题、提出假

设、设计实验、数据采集、分析结果并得出科学结论的全过程能力。这一能力不仅需要学生具备扎实的理论基础，还要求他们能够独立思考、解决实际问题。以环境生态工程为例，学生在撰写毕业论文过程中可能需要调查某一区域生态系统的健康状况，利用遥感技术和 GIS 系统进行数据分析，从而得出关于生态环境保护的建议；而地理信息科学的学生则可能需要运用数据挖掘、空间分析和模型构建等方法，探讨城市扩展、土地利用变化与环境质量之间的关系。通过这样的设计，学生不仅将所学知识转化为解决问题的工具，还能在不断试错和调整中锻炼和提升自己的科研创新能力。

撰写毕业论文还在很大程度上锻炼了学生的自学能力。现代科学技术日新月异，许多前沿知识往往并未在课堂上进行详尽讲解。撰写毕业论文时要求学生在指导老师的帮助下，查阅大量国内外文献、了解最新研究动态，并将这些信息融入到自己的设计和论证中。这个过程不仅要求学生自主学习、快速吸收新知识，还培养了他们对多学科交叉领域的敏感度和适应能力。对于环境生态工程和地理信息科学专业的学生来说，自学能力尤为重要，因为这两个领域都要求不断跟进最新技术发展和理论创新，才能在未来的工作中立于不败之地。

撰写毕业论文也是培养学生综合分析能力的重要环节。综合分析能力是指在学生面对复杂问题时，能够将多方面的理论、数据和实际情况进行有机整合，从而提出合理解释和解决方案的能力。在撰写论文过程中，学生需要对实验数据、调查结果、理论模型及实际案例进行全面分析，既要分析各单项指标的意义，又要将它们联系起来，从整体上揭示出研究对象的内在规律。这种跨学科、多角度的综合分析，不仅是科学研究的重要方法，也是今后工作中决策和规划的重要依据。同时，毕业论文的撰写也强调了学生创新意识和创新能力的培养。创新能力不仅体现在提出新观点和新方法上，更体现在对已有知识的批判性思考和改进上。撰写毕业论文要求学生在充分理解前人研究成果的基础上，能够提出自己独到的见解，或者在实践中探索出更为适用的解决方案。对于环境生态工程专业的学生来说，这可能意味着他们要在生态恢复、污染治理、资源循环利用等方面寻找突破口；而对于地理信息科学专业的学生来说，则可能意味着他们在空间数据处理、遥感技术应用、城市规划与管理中发现新的研究问题。通过不断的创新尝试，学生不仅能为自己的毕业论文增添亮点，还能为学科发展贡献新的思路和方法。

在撰写毕业论文（设计）时，学生必须严格遵循国家标准和学校的具体要求。国家标准《科学技术报告、学位论文和学术论文的编写格式》（GB 7713—87）是我国关于科学技术报告、毕业论文、学位论文和学术论文编写格式的重要规范，它对论文的整体结构、文献引用、图表编排以及语言格式等都有详细规定。除此之外，每个学校通常也会根据自身的教学目标和学科特点提出更为明确和具体的要求。学生在撰写论文时必须认真研读这些规范，并严格按照规定执行。这不仅体现了学术论文严谨、规范的基本要求，也体现了对论文质量、学术水平以及读者负责的态度。

对于环境生态工程和地理信息科学专业的学生来说，毕业论文（设计）不仅仅是本科阶段的一项课程作业，更是进入专业领域后的第一块敲门砖。通过撰写毕业论文或进行毕业设计，学生不仅能系统总结所学知识、锻炼科研能力，还能培养独立解决问题、持续创新的能力。毕业论文的撰写过程，也是一个从理论到实践、从知识到能力全面提升的过程。正是通过这一过程，学生在面对复杂问题时能够运用多学科知识进行综合分析，同时也逐步形成自己独特的学术风格和研究方法，为今后在专业领域继续深造或从事科研工作打下坚实基础。

毕业设计（论文）作为本科教学的重要环节，其作用不仅在于巩固和强化学生的基础知识和基本技能，更在于培养学生的研究能力、自学能力、综合分析能力和创新意识。遵循国家和学校的各项编写规范，在撰写过程中注重理论与实践的结合，不断探索、反思和创新，才能真正使毕业论文（设计）成为具有学术价值和实践意义的成果，为学生未来的职业发展和科学研究奠定坚实的基础。

二、撰写毕业论文的目的与要求

撰写毕业论文的目的与要求如下。

1.培养综合运用知识和技能的能力

在本科阶段，学生系统地学习了大量的基础理论、专业知识和基本技能，但仅仅停留在课堂上是不足以应对实际工作中的复杂问题的。撰写毕业论文的首要目的就是要求学生将所学的知识转化为解决实际问题的工具，通过独立开展研究或设计活动，综合运用各种理论和技能。对于环境生态工程专业的学生而言，这既包括生态系统理论、环境监测方法、生态修复技术等方面的知识，也涵盖了遥感技术、GIS、数据统计与分析等工具的应用。对于地理信息科学专业的学生来说，撰写毕业论文更多的是要求他们能够利用现代信息技术，处理和分析海量空间数据，建立合理的空间模型，解决城市规划、环境管理或自然资源分配等实际问题。

这种综合能力的培养不仅要求学生在知识层面上牢固掌握各种基本理论，更重要的是在实践中学会灵活运用这些理论，形成自己的独立见解。撰写毕业论文正是在这一过程中，促使学生把分散的知识体系进行整合的。学生通过设计实验、采集数据、建立模型、论证分析等一系列环节，形成对某一具体问题的系统性认识，从而提高自身解决实际问题的能力。

2.强化实践训练与科学研究能力

毕业论文既是理论知识的综合展示，也是实践技能的集中体现。它要求学生在导师指导下，主动开展调查研究、实验设计、数据采集与处理等实际操作，完成从研究思路到实验验证再到结论归纳的全过程。具体来说，毕业论文主要有以下几个实践要求。

（1）文献检索与信息采集能力。

当前，科学技术发展迅速，各领域的新成果层出不穷。学生必须具备查阅中外文摘、利用网络资源以及检索专业数据库的能力，从海量文献中筛选出与自己课题密切相关的信息。这不仅有助于学生建立坚实的理论基础，也能使学生了解国内外最新研究动态，为自己的研究提供前沿视角和创新思路。

（2）设计与方案制定能力。

毕业论文的核心在于问题的提出和解决方案的制定。学生需要针对具体的研究或设计课题，进行深入调研，分析问题的本质，提出科学合理的设计或实验方案。无论是环境生态工程专业中的生态修复设计，还是地理信息科学专业中空间数据模型的建立，都要求学生能够进行系统的方案设计和逻辑推理，从而形成切实可行的解决思路。

（3）实验操作和数据处理能力。

科学研究离不开实验验证和数据分析。学生在撰写毕业论文过程中往往需要亲自开展实验，采集大量数据，并运用统计方法、模型计算等手段对数据进行深入分析。这样的过程不仅锻炼了学生的实验技能和数据处理能力，也使他们在实践中学会发现问题、分析问题并提出解决方案，逐步形成严谨的科学态度和系统思维能力。

（4）制图与设计表达能力。

对于环境生态工程和地理信息科学专业的学生来说，图表制作是展示研究成果的重要方式。毕业论文要求学生能够利用专业软件制作精美的、准确的图表，以直观的形式表达复杂的数据和模型分析结果。这不仅提高了论文的可读性和表达效果，也体现了学生在现代信息技术方面的实际操作能力。

3.综合分析、凝练创新与撰写表达

撰写毕业论文不仅仅是技术操作和数据处理的过程，更是一项综合分析、创新凝练和科学写作的系统工程。它要求学生在充分掌握前人研究成果的基础上，进行深入思考和逻辑推理，形成自己独特的学术见解，并将这些成果以规范、严谨的论文形式呈现出来。

（1）综合分析能力。

撰写毕业论文时，学生需要将不同来源的信息、数据和理论进行归纳整理，形成一个系统、连贯的论证体系。对于环境生态工程专业而言，这可能涉及对生态系统各组成部分之间相互作用的综合分析；而在地理信息科学领域，则可能要求学生综合考虑地理数据的多维属性和空间分布规律。通过综合分析，学生不仅能够更深入地理解研究对象的内在规律，也能为论文中心论点提供充分有力的支持。

（2）创新意识与凝练能力。

毕业论文强调在继承前人研究基础上的创新。学生应在大量文献调研和数据分析的基础上，提出具有新颖性的观点和方法，而不是简单地重复已有成果。这要求学生在撰写过程中敢于质疑、勇于突破，通过对问题的再认识、再提炼，形成自己独到的见解。创新意识的培养是毕业论文的核心目标之一，它不仅关系到论文的学术水平，也直接影响到学生今后在科研领域的发展。

（3）规范表达与撰写能力。

一篇高质量的毕业论文还必须体现规范的书面表达。毕业论文应按照国家标准《科学技术报告、学位论文和学术论文的编写格式》（GB 7713—87）及学校的具体要求撰写，格式规范、结构严谨、语言准确。论文中涉及的图表、公式、参考文献等均需符合相关规定，这不仅体现了学术写作的严谨性，更是体现了对研究成果和作者学术态度的负责。规范表达能力，是学生在长期学习过程中逐步形成的，也是未来进入职场和科研机构后必不可少的重要素质。

4.外语与计算机应用能力的培养

在当今全球化和信息化时代，外语和计算机应用能力已经成为科学研究和技术开发不可或缺的两项基本技能。毕业论文要求学生具备一定的外语阅读和写作能力，以便及时获取和理解国际前沿的研究成果。此外，计算机应用能力还体现在学生对数据处理、建模分析和图表制作等方面的熟练运用。对于环境生态工程和地理信息科学专业的学生来说，掌握外语和计算机技能不仅能够扩大视野、提高研究效率，还能为今后的学术交流、国际合作和技术创新打下坚实基础。

总体而言，学生撰写毕业论文的目的在于全面提升自身综合能力，既包括对基础理论和专业知识的深刻理解，也涵盖对实际问题的分析、设计和解决能力。通过这一过程，学生不仅能够巩固所学知识，熟练掌握专业技能，还能在实践中形成独立思考、创新思维和系统解决问题的能力。所有这些能力的培养，都旨在为学生提供从事实际工作和科学研究所必需的基本训练，使其在未来的职业生涯中能迅速适应复杂多变的工作环境，独立开展科研工作，并为推动专业领域的发展贡献自己的力量。

三、毕业论文的时间安排

毕业论文的时间安排是整个毕业设计过程中至关重要的一个环节，它不仅直接影响到研究内容的完成质量，也关系到学生在学术研究和实践中所培养出来的综合能力。按照学科性质的不同，不同专业对毕业论文撰写时间的要求也有所差异。一般而言，理、工类专业的毕业论文撰写时间不少于 14 周，而管、文、经、法类专业则不少于 12 周。无论哪一类专业，其毕业论文撰写时间一般都应覆盖整个学期，甚至更长时间。与此同时，各个学校对毕业论文的开题时间及其他阶段性安排也会有具体规定，学生必须密切关注学校的相关通知，以便在时间安排上做到心中有数，确保按时完成各项任务。

下面将从多个角度详细探讨毕业论文时间安排的重要性、学科差异与具体时间要求、时间安排的管理策略以及学校规定与注意事项，帮助学生更好地规划和利用这一宝贵的时间资源。

1.毕业论文时间安排的重要性

（1）全面体现研究全过程。

毕业论文不仅是对本科阶段所学知识和技能的综合检验，更是一个系统、完整的科学研究过程。为了让整个研究工作从课题选定、方案设计、数据采集与分析，到最终撰写论文，都能够得到充分展开和严谨论证，必须保证足够的时间进行各个环节的实施与调整。科学研究往往需要经过多次实验、数据反复验证和理论模型修正，因此，较长的时间周期可以使学生在各个阶段都有充足的时间进行深入研究，避免仓促应付而导致研究质量下降。

（2）促进思维的沉淀和创新。

毕业论文时间跨度通常覆盖整个学期甚至更长时间，这为学生提供了一个宝贵的“沉淀期”。在这个过程中，学生可以在初稿完成后放下手头的工作，经过一段时间的冷静思考，再回来对论文进行反复修改和完善。正是这一“缓冲期”，使学生能够从不同角度重新审视自己的研究内容，激发新的思考和创新，从而使论文的论证过程更为严密、观点更富新意。

（3）确保时间充足。

撰写毕业论文往往涉及大量的实验、实地调查以及数据采集与处理工作。无论是对环境质量的监测、生态系统的评价，还是对空间数据的采集和分析，都需要耗费大量的时间进行准备和实践。如果时间安排过短，学生可能无法完成必要的实验设计、数据验证和多次调整，最终影响论文论证的准确性和可靠性。

（4）培养良好的时间管理能力。

撰写毕业论文的整个过程不仅是学术训练，更是对学生时间管理能力的一次全面考验。科学合理的时间安排要求学生将整个毕业设计分解为若干阶段性任务，如开题、方案设计、数据采集、撰写初稿、反复修改、最终定稿等。通过有计划的时间管理，学生不仅能按时完成论文，还能形成严谨的项目管理能力和自律精神，这对他们未来从事科研工作和实际工程项目都有着重要意义。

2.学科差异与具体时间要求

不同学科对毕业论文撰写时间的要求各不相同，这主要取决于各专业研究内容的复杂程度和实践环节的要求。通常情况下：

（1）理、工类专业（不少于 14 周）。

理、工类专业通常涉及较多实验操作、数据处理和技术模型建立。这些工作往往需要较长的实验周期和数据验证时间，因此要求毕业论文的撰写时间不少于 14 周。以环境生态工程专业为例，学生可能需要进行多次现场测量、实验数据采集和生态模型构建，而在地理信息科学专业中，遥感数据处理、空间分析以及图表制作都需要花费大量时间。充足的时间不仅能保证实验和数据工作的充分开展，还能让学生在此过程中不断修正和优化研究方案，最终确保论文的科学性和准确性。

（2）管、文、经、法类专业（不少于 12 周）。

相对于理、工类专业，管、文、经、法类专业的研究工作在实验和数据处理方面的要求相对较低，但在文献阅读、理论分析和案例研究方面依然需要充足的时间。这些专业的毕业论文要求学生在较短的时间内完成文献整理、理论框架构建以及实证分析，通常规定不少于 12 周。尽管时间要求略短，但该专业的论文仍然需要覆盖整个学期，以保证论文的整体连贯性和深度。

（3）跨学科专业与特殊情况。

在一些跨学科的研究中，如环境生态工程与地理信息科学的交叉领域，研究工作可能既包含严谨的实验操作，也涉及大量的理论建模和数据分析。这类论文的时间安排通常应根据实际情况灵活调整，有时可能需要超过 14 周的时间，甚至延续到整个学期或更长，以确保各个部分的工作都能充分展开、协调统一。

3.时间安排的管理策略

毕业论文的时间管理不仅是遵守学校规定的要求，更是确保整个研究过程高效顺利进行的关键。以下是一些有效的时间管理策略。

（1）制订详细的时间计划。

在论文开题初期，学生应根据研究内容和工作量，制订一个详细的时间计划，将整个研究过程分为若干个阶段。例如，第一个阶段为课题调研和文献阅读，第二个阶段为方案设计和实验准备，第三个阶段为数据采集和初步分析，第四个阶段为撰写论文初稿，第五个阶段为反复修改和定稿。每个阶段都应设定明确的起止时间和阶段性目标，以确保各项任务能够按时完成。

（2）设置检查点。

在整个毕业论文撰写过程中，设置阶段性检查点是非常重要的。这些检查点可以是某个阶段性成果的完成，如完成论文开题报告、实验设计、初稿撰写等。通过定期自查或与导师讨论，及时了解进度和存在的问题，便于在后续工作中进行调整和优化，防止因时间安排不当而导致研究进度滞后。

（3）预留缓冲时间。

科学研究往往不可预见性较强，实验过程中可能会遇到意外情况或数据处理难题。因此，学生在制订时间计划时，建议在各个阶段之间预留适当的缓冲时间，以应对突发情况。这样即使某一阶段出现延误，也不会对整个毕业论文的完成时间产生致命影响。

（4）定期与导师沟通。

撰写毕业论文的过程中，导师的指导至关重要。定期与导师沟通，向导师汇报进度并与其讨论存在的问题，不仅有助于学生及时解决研究过程中遇到的困难，还能在导师的帮助下对时间安排进行合理调整。导师往往具备丰富的科研经验和时间管理经验，他们的建议对学生规划研究进度、把握重点方向具有重要指导意义。

（5）利用工具辅助管理。

随着信息技术的发展，许多时间管理工具和软件（如甘特图、项目管理软件等）都可以帮助学生更好地规划和跟踪毕业论文的进度。通过这些工具，学生可以清晰地了解各阶段的任务安排和进展情况，及时发现和解决时间管理中存在的问题，从而提高整体工作效率。

4.学校规定与注意事项

每个学校对毕业论文的时间安排都有具体的规定，这些规定不仅涉及总周期（如理、工类不少于 14 周、管文经法类不少于 12 周），还包括具体的开题时间、进度报告、初稿提交和最终答辩时间。学生在准备毕业论文时，必须认真阅读和遵守学校的相关通知和要求，确保自己的工作进度与学校规定保持一致。以下是几点注意事项。

（1）密切关注学校通知。

每个学校甚至每个学院对毕业论文的具体时间安排都可能存在差异，学生必须及时关注学校、学院及导师下发的各项通知，了解具体的开题、评审、提交和答辩时间节点，避免因时间安排不当而影响论文的整体进度。

（2）合理安排各阶段工作。

根据学校规定的总体时间安排，学生需要制订详细的个人时间计划，并在计划中明确每个阶段的任务和目标。尤其是在关键阶段（如开题报告和答辩前夕），必须预留足够的时间进行资料补充、修改润色和演讲练习，确保最终成果达到要求。

（3）注意时间的灵活性与调整。

虽然学校对毕业论文的时间有明确要求，但学生在实际操作中应保持一定的灵活性。遇到实验、数据处理或其他不可预见的问题时，及时与导师沟通，申请适当延期或调整计划，以保证研究质量不受时间限制影响。

（4）自我监督与团队协作。

在整个毕业论文的撰写过程中，学生应培养自我监督的习惯，定期检查进度，确保各项工作按计划推进。如果是团队合作项目，还需要协调各成员之间的时间分配和任务衔接，共同完成论文写作任务。

5.以环境生态工程与地理信息科学专业为例的特殊要求

对于环境生态工程与地理信息科学专业的学生来说，毕业论文往往涉及大量的实地调查、实验数据采集和遥感、GIS 技术应用，这些工作对时间的要求相对更高。具体来说要求如下。

（1）实地调查和实验工作。

环境生态工程专业的研究常常需要在野外进行实地调查和实验数据采集，这不仅受到天气、季节等自然条件的制约，还需要较长时间来完成数据的采集和验证。为了确保数据的准确性和完整性，研究工作往往需要延续整个学期甚至更长时间。因此，理、工类专业通常规定毕业论文的撰写时间不少于 14 周，以保证足够的实验和数据处理时间。

（2）遥感与 GIS 数据处理。

地理信息科学专业的研究涉及大规模空间数据的获取、处理和分析。这些数据往往来自卫星遥感、无人机巡查以及其他现代信息采集手段，其处理过程需要严谨的数据分析和多次模型验证。为了完成这一系列复杂的数据处理工作，学生需要充足的时间进行软件学习、数据整理、模型构建和结果验证。合理的时间安排不仅可以提高数据处理效率，还能为论文提供坚实的数据支持。

（3）跨学科综合应用。

环境生态工程与地理信息科学专业的交叉研究越来越受到重视。毕业论文不仅要求学生在专业领域内有所突破，还要求他们能够将多个学科的知识进行融合，如生态学、地理学、计算机科学等。这样的跨学科综合研究需要学生投入更多时间进行资料收集、文献调研和多方论证，因此也要求相应延长毕业论文的时间周期，以确保各环节都能得到充分展开。

总之，合理安排毕业论文的时间，是确保学术研究质量和成果水平的重要保障。通过制订详细的时间计划、设置阶段性检查点以及灵活调整时间安排，学生不仅可以按时完成毕业论文，更能在这一过程中形成独立科研的能力和严谨治学的态度，为未来的专业发展打下坚实基础。

第二节　毕业论文的格式

毕业论文的格式基本上可分为前置部分、正文部分和其他部分。毕业论文的前置部分可分为题目、摘要和关键词。正文部分可分为引言、材料与方法实验结果、讨论、结论和致谢。其他部分可分为参考文献和附录等。

一、前置部分

1.题目

论文的标题是对全文内容的精练总结和象征，是整篇论文的纲领性陈述。它不仅应涵盖研究对象、研究问题及其贡献，还需要用简洁、恰当的词语表达出论文的核心思想。与详细描述内容的摘要不同，题目要求高度概括和逻辑严谨，便于后续提取关键词、撰写摘要和构建索引系统。在实际阅读中，题目是最先吸引读者的部分。一个设计得当的题目，既要简短明了、准确鲜明，又应富有生动性和感染力，使读者一眼就能捕捉到论文的主要内容，从而激发继续深入了解全文的兴趣。这样的题目不仅可以让读者迅速获得论文的整体印象，还能起到引导和启发思考的作用。

题目是一篇论文给出的涉及论文范围与水平的第一个重要信息。论文题目是论文的灵魂，必须用心斟酌敲定。

确定论文题目时一般遵循四项要点。

（1）可完成性。

题目必须准确反映论文的核心问题和研究对象，避免使用空洞、模糊的词语。它应具有可操作性，即所表达的研究主题必须具体且可实现，使作者在撰写过程中有明确的方向。一个准确得当的题目能够帮助作者聚焦研究问题，同时也便于读者快速把握论文所解决的问题和所做出的贡献。

（2）简短精练。

撰写题目时，应力求简短精练，通常建议控制在20字以内。短小精悍的题目既便于记忆，也有助于在论文数据库、索引和目录中快速检索。如果论文内容较为丰富，有时可以考虑增加副标题。

①副标题在主标题的基础上进一步补充和说明论文的研究范围、方法或主要发现。

②撰写副标题时，应遵循简明扼要的原则，确保语言清晰、直观，并与主标题形成有机衔接。副标题通常用冒号、破折号等符号与主标题分隔，其内容应对论文的具体内容进行适当扩展，而不是简单重复主标题的信息。这样既保证了题目的完整性，又能为读者提供更为详细的研究背景和研究意义。

（3）外延与内涵要准确。

题目的外延指的是其涉及的研究范围和领域，而内涵则是对论文核心内容的高度概括。一个好的题目应在这两方面都做到准确无误，即既不能过于宽泛以致论文失去了具体性，也不能太狭隘而无法涵盖论文的重要观点。准确的外延和内涵能够确保论文在题录、关键词提取、文摘编写等环节中起到应有的指导作用，从而使论文更易于被检索和引用。

（4）醒目。

题目是论文的“门面”，必须具备吸引读者眼球的作用。醒目的题目不仅能使该篇论文在众多论文中脱颖而出，还能激发读者的阅读兴趣。为达到这一效果，可以在题目中适当使用新颖的表达、独特的视角或具启发性的词语，使读者在第一时间就感受到论文的独特价值和学术魅力。

一个理想的论文题目应具备：内容准确具体、语言简洁精练（建议 20 字以内）、能够准确反映论文的研究范围与核心内容，并具有一定的吸引力。这样的题目不仅能够为整篇论文定调，还能有效提升论文的传播效果，使读者在浏览时迅速捕捉到论文的精髓。精心设计的题目，不仅为论文增色，也为后续的索引、文摘撰写及学术交流奠定了坚实基础。

2.摘要

摘要是论文的重要组成部分，其主要作用在于对全文核心内容进行精练的概括，使读者在最短时间内了解研究的基本思路、主要方法、核心论据以及最终结论。摘要不仅是摘录论文的要点，更是论文整体内容的高度浓缩，其文字应简明扼要、语言准确，避免冗长和空洞。撰写摘要时，作者需要充分把握论文的研究目的和创新点，将最具代表性的观点和成果以简洁的文字表达出来，使摘要既具有信息量，又便于读者快速抓住论文精髓。

（1）摘要的四要素。

摘要应以研究目的、研究（或实验）方法、结果和结论这四个要素为脉络，逻辑清晰、层次分明地呈现论文的核心内容。研究目的为全文定调，研究（或实验）方法确保研究过程的可操作性，结果是论文的核心数据和发现，而结论则为整体研究成果做出高度概括。通过这四个方面的精练表达，读者能够在最短时间内了解论文的主要内容和学术贡献，从而决定是否继续阅读全文。

①研究目的。研究目的部分需明确指出论文的研究背景和研究意义。

a.研究背景：说明当前研究领域存在的不足或争议，为何需要进行该项研究。

b.研究意义：阐明该研究对理论发展或实践应用的重要性。

②研究（或实验）方法。这一部分简要介绍为实现研究目的所采用的方法或实验设计。

a.技术路线：概述采用的理论框架、技术手段或实验方案。

b.实验设计或数据分析方法：说明如何进行实验、数据采集及分析，确保方法具有科学性和合理性。

c.操作步骤：可适当提及关键环节，帮助读者了解研究方法的可重复性。

③结果。结果部分是摘要的核心，应用简明的语言展示研究或实验取得的主要成果。

a.主要数据或现象：列举最关键的实验数据、观察结果或理论推导成果。

b.关键发现：突出与预期目标相关的创新成果，表明研究取得的实际进展和突破。

c.对比或趋势：在必要时，可简述数据对比、趋势变化等，为后续结论提供支撑。

④结论。结论部分需要对研究结果进行归纳总结，并指出其意义和应用价值。

a.成果总结：概括性地说明研究是否达到了预定目标，并指出最具代表性的发现。

b.理论或实践贡献：明确阐述研究成果对现有理论的补充、对行业的改进或实际应用中的效果。

c.展望与建议：必要时，可简单提及研究中存在的不足和未来可能的研究方向，但重点仍应放在论文主要贡献的归纳上。

（2）摘要的写法要点。

①摘要字数与篇幅要求。摘要作为论文内容的浓缩，既要反映出研究的全貌，又要保持精练。通常，中文摘要的字数建议控制在 300 左右，哈尔滨学院学士学位论文的规范中推荐 300~400 字为宜。这一范围既能充分涵盖论文的主要观点、研究方法、结果与结论，又不会因篇幅过长而使读者失去兴趣。外文摘要则应严格控制在 250 个实词以内，经专业教师和同行专家反复校对后，确保语言简洁且准确。摘要的篇幅要求不仅关系到全文的整体质量，还影响到学术期刊数据库的检索和索引。过短的摘要可能无法全面传递论文的核心信息，而过长的摘要则可能使信息显得冗杂。因此，合理的字数控制在规范化要求中具有重要意义，同时也便于后续文摘、关键词提取和学术引用工作的开展。

②摘要中图表与符号的使用。摘要的主要功能在于通过文字准确传达论文的核心内容，因此在撰写过程中应尽量避免使用图、表、化学结构式以及非公知公用的符号和术语。图表虽然在正文中能直观展示数据和实验结果，但摘要需要以文字为主，确保信息传递的简洁性和连贯性。当必须使用图示或符号时，应慎重，确保其不会干扰读者对文本信息的理解。原则上，除非遇到学科领域内确有必要说明的情况，否则摘要应保持纯文本的表达形式。这样既有助于减少阅读时的干扰，也便于跨语言、跨领域的学术交流。总体来说，摘要中的内容应以文字描述为主，力求清晰、简练、准确地传递研究的主要成果和结论。

③摘要的位置。在论文的整体结构中，摘要的位置尤为关键。通常，摘要位于论文题名、作者、单位等基本信息之后，而在正文之前。这一安排的目的是让读者在正式进入正文阅读之前，能够先通过摘要获得论文研究内容的总体概览，从而判断是否继续阅读全文。摘要的位置不仅对论文整体的美观和逻辑结构有着直接影响，还能方便学术期刊和数据库在编制题录、目录和索引时的统一处理。良好的布局有助于读者迅速捕捉关键信息，使论文在众多文献中更易被检索和引用，同时也体现出作者在撰写过程中的严谨态度。

④摘要的结构和表达要求。摘要应有严密的结构和准确的表达，通常需要包含研究目的、研究（或实验）方法、结果和结论四个基本要素。整个摘要应做到语言简洁、逻辑清晰、术语准确，避免冗长和歧义，使读者在最短的时间内就能把握论文的核心内容和创新之处。结构严谨的摘要不仅提高了论文的学术传播效果，也为后续的文献检索和引用提供了有力支持。

⑤摘要的记述方式及主语选择。摘要的撰写应采用客观、第三人称的表述方式，以保持学术表达的严谨性和客观性。建议使用“对……进行了研究”“报告了……现状”“开展了……调查”等记述方式来明确文章的主题和研究过程。这样不仅能够使摘要内容更加客观、中立，还能突出研究的实际操作过程和成果。应尽量避免使用“本书”“作者”等第一人称主语，因为这类表达容易使论述显得主观，影响整体学术面貌。通过采用第三人称，读者更容易将注意力集中于研究内容本身，而非作者的个人表达，从而对论文的学术价值形成更为公正的评价。此外，客观的记述方式也有助于提高摘要的可读性和推广效果，使其在学术交流中发挥更大的作用。

⑥摘要中禁止包含的内容。在撰写摘要时，还必须注意一些禁止事项，以保证摘要

的纯粹性和独立性。首先，摘要中不得包含任何引文或直接引用其他文献的内容。摘要应完全由作者自行撰写，体现其对研究成果的概括，而非引用外部信息。其次，摘要不应写成论文的简介，而必须突出研究目的、方法、结果和结论四个核心要素，全面反映论文的学术贡献和实际意义。引文的存在不仅会分散读者的注意力，也可能影响摘要的独立性和完整性。总之，摘要应做到言简意赅、内容独立、重点突出，确保读者在阅读摘要时能迅速获取论文的关键信息，为进一步阅读全文打下坚实基础。

3.关键词

关键词（key words），也称“主题词”，是从论文中精选出来，能够准确表达论文主要内容和研究主题的词或词组。它们承载着科技文献的核心要素和实质意义，是一种广泛使用的检索语言。需要注意的是，关键词与规范化的主题词存在区别：主题词经过标准化处理，具有固定的词汇形式，而关键词则属于自由语言，灵活性和广泛性较强。因此，在实际应用中，可以将主题词作为关键词使用，但并非所有关键词都符合主题词的规范要求。目前，关键词和主题词均作为检索工具使用，为信息查找提供了多条途径。

准确选择关键词至关重要。只有选取到能够真实反映论文主题的关键词，才能帮助读者迅速了解文献的主要内容，从而判断是否值得花时间阅读全文。一篇论文若配备了多个关键词，就能从不同角度为读者提供检索入口，减少遗漏重要文献的可能性，显著提高文献检索的覆盖率和效率。然而，由于关键词通常采用未经规范化处理的自然语言，其内部常存在同义词、近义词以及多义词等问题，这可能导致文献标引或检索时产生误差，从而引发漏检或误检现象，降低检索效率。这也是关键词作为情报检索语言的主要缺陷之一。另外，关键词索引系统往往无法显示关键词之间的等级关系和相互关联性，它们仅用于编制临时性的主题索引，以加快检索刊物的速度，而不适合作为长期稳定的检索工具或方法。

关键词在论文写作与文献检索中起着不可替代的重要作用。科学、准确地选择和使用关键词，不仅可以提高文献检索的效率，还能为读者提供多个检索途径，确保研究信息的全面覆盖。因此，在论文编写和文献标引过程中，作者应格外重视关键词的选取和规范化处理，从而更好地服务于学术传播与知识交流。

（1）关键词的书写格式。

在论文撰写过程中，关键词的选取是一个不可忽视的重要环节。通常，一篇论文会选择 3~5 个关键词，而极个别的论文可能会多于 5 个关键词。设置关键词是为了简明扼要地反映论文的主题和主要内容，便于读者在检索文献时迅速捕捉到研究的核心信息，从而判断该论文是否符合自己的研究兴趣和需求。

关键词一般排列在摘要的下方，另起一行书写。这样的排列方式不仅使版面整洁，也便于各类数据库进行自动化的标引和检索。通过在摘要之后单独罗列关键词，读者能够在短时间内通过这些词语了解论文涉及的研究领域、研究对象、所采用的方法以及研究结论等关键信息。正因为关键词在文献检索中具有举足轻重的作用，所以它们的选取必须精挑细选，既要体现出研究的广度，又不能遗漏研究中最具决定性和创新性的内容。

在选择关键词时，作者应着力于“精而又精”的原则。所谓精而又精，要求作者所选的关键词不仅要准确地表达论文所研究事物或过程的本质，还要包含研究所涉及的时空环境、背景条件以及最终所得到的结论性概念。例如，在描述一个关于环境污染治理的研究时，除了“环境污染治理”这一核心概念外，还可以适当选用“水体修复”“重金属降解”“生态恢复”等词语，从多个侧面展示研究的重点和细节。这样做不仅有助于构建完整的检索链条，也能提高文献的检出率和引用率。

由于关键词大多是以自然语言表达，未经过严格的规范化处理，因此在使用时容易出现同义词、近义词或多义词的问题，可能会导致检索误差。因此，作者在确定关键词时还应考虑学科内已有的标准词汇和行业惯用语，尽量选用那些既符合学科标准又能准确描述论文主题的词语。尽管如此，关键词仍然具有一定的灵活性，可以根据论文的具体内容和特色进行适当调整，以便更好地满足检索和交流的需要。

关键词作为论文内容的“精华摘要”，不仅要在形式上整齐、规范地排列在摘要之后，更要在内容上做到高度概括和准确表达。只有通过科学、合理的关键词设置，才能为读者提供多条检索途径，降低漏检风险，提高文献的传播效果。对于作者来说，关键词的选取不仅反映了对自己研究工作的深刻理解，也直接影响到论文在学术数据库中的曝光率和影响力。因此，在论文写作过程中，花费足够的时间和精力对关键词进行反复斟酌和修改，是确保论文质量和学术传播效果的重要环节。

（2）选择关键词应注意的几个问题。

①关键词不能与主题词表中的副主题词组配。在选取关键词时，不能直接使用主题词表中的副主题词。副主题词的作用仅限于对主题词进行修饰或限定，不能独立作为关键词。例如，在环境生态工程领域，“土壤污染治理”是一个常见的研究主题，其中“治理”是“土壤污染”的限定词，因此“治理”不能单独作为关键词，而应选择“土壤污染”这一主题词。

②避免使用易引起歧义的词语。由于汉语和英语中均存在一词多义或多词一义的现象，选取关键词时应尽量使用广泛接受且已被相关标准主题词库（如 MeSH、AGROVOC、LCSH 等）收录的词语，以避免词义混淆。例如，在 GIS 领域，若论文涉及“空间数据挖掘”，关键词不能直接选用“spatial data mining”，因为这一表达在某些上下文中可能会产生歧义，建议使用更为规范的“spatial pattern analysis”或“geospatial data mining”等表述，以确保关键词的准确性。

③中文关键词的词序应符合汉语习惯。中文关键词的排列应遵循汉语的正常表达顺序，避免“中式西化”。例如，在环境科学领域，“重金属污染”不应写成“污染，重金属”；在地理信息科学中，“遥感影像分类”不应写成“影像分类，遥感”。按照 MeSH 或 AGROVOC 的标准，中文关键词应按照学科习惯表达，以提高检索的准确性和一致性。

④中文关键词不可直接逐字直译成英文关键词。选定的中文关键词不能按照汉语习惯直接翻译成英文，而应在专业主题词库（如 MeSH、AGROVOC 等）中查找相应的标准英文术语。例如，在环境生态工程研究中，“植被覆盖”不能简单翻译为“vegetation cover”，而应使用更符合国际检索习惯的“vegetation index”或“land cover”。在地理信息科学中，“数字高程模型”应使用“digital elevation model （DEM）”，而非“digital terrain model”，因为两者的定义有所不同。如果某词未在主题词库中收录，也应遵循专

业术语的国际惯例进行翻译，确保检索的准确性。

⑤避免选取缺乏检索意义的词语。避免将具有完整语义的词组拆分为多个关键词。例如，“可持续发展”作为整体概念，应作为一个关键词，而非分别拆分为“可持续”和“发展”。冠词、介词、连词、代词、情态动词等虚词同样不宜作为关键词。此外，某些缺乏检索价值的副词和形容词，如“重要的”“显著的”“综合的”等，也不应被选为关键词。

⑥化学分子式不能作为关键词。在环境生态领域，化学分子式不宜直接作为关键词。例如，“NO_2”应写作“二氧化氮”，“CO_2”应写作“二氧化碳”。对于复杂的有机化合物，应选择基本结构名称作为关键词，如“苯并芘”而非“BaP”（Benzo[a]pyrene）。若某些取代基位置或立体异构信息对研究至关重要，则需保留，例如“α-多环芳烃”应明确区分，以避免混淆。

⑦关键词数量适中，避免过多或过少。关键词的数量应控制在合理范围内，一般每篇论文选取 3~5 个关键词。关键词过少会导致检索覆盖面不足，影响论文的可见性；关键词过多则可能降低检索精准度，影响文献索引的编排。例如，在地理信息科学研究中，一篇关于“城市热岛效应模拟”的论文可以选择“urban heat island（UHI）”“remote sensing”“land surface temperature”“GIS-based simulation”等关键词，但若关键词设置过多，如加入“temperature analysis”“climate change”“weather prediction”等，可能会使研究主题变得模糊，影响论文的有效检索。

⑧避免使用未被广泛认可的缩写词作为关键词。在专业领域尚未得到广泛认可的缩写词，不能作为关键词使用。例如，在环境生态工程领域，“NDVI”是“归一化植被指数（normalized difference vegetation index）”的国际通用缩写，可以作为关键词使用，但“LST”（地表温度，land surface temperature）在不同领域可能存在歧义，因此不宜单独使用，而应以“land surface temperature”完整术语为关键词。在地理信息科学研究中，虽然“GPS”较为常见，但“GNSS”（全球导航卫星系统，Global Navigation Satellite System）更为准确，因此应根据具体研究内容选择最合适的术语作为关键词。

二、正文部分

1.引言

引言又称前言，在长篇论文中也可称导论、导言、序言、绪论等。它是论文的引子，目的在于引出正文。

（1）引言的内容。

在撰写学术论文时，引言部分不仅向读者展示研究的起点和逻辑脉络，而且为整个研究工作的展开奠定基础。一个精心构思的引言能够帮助读者迅速了解研究的缘由、目标和背景，同时展现出研究在理论与实践方面的重要性和创新性。在实际写作过程中，引言既要体现出研究问题的产生背景，又要说明前人的研究成果及其局性，同时还要对所采用的理论、实验基础以及研究方法做出简明扼要的说明，使整篇论文呈现出严密的逻辑结构和鲜明的特色。

引言的核心在于明确陈述研究的缘由和目的，帮助读者理解为何选择这一课题进行深入探讨。在论述中，研究问题的提出应紧密结合实际情况与学术背景，通过描述现实中或理论上的矛盾、疑问或不足，引发人们对该问题的关注。文中可以说明研究对象的基本特征，并对前人所做的工作进行回顾，客观指出现有成果中的不足之处，从而自然而然地引出当前研究的必要性。这样的描述不仅增强了论述的说服力，还使研究的定位更加明确，为后续部分的详细阐释提供了清晰的脉络。

在介绍研究的理论依据和实验基础时，文中应当对涉及的既有理论、观点以及前期实验数据进行归纳整理，并借助相关文献加以佐证。引用权威学者的观点或自己以往的研究成果，能够在理论上为新问题的探讨提供有力支撑。在描述这些理论依据时，不必拘泥于晦涩的学术术语，而应力求在准确表述专业内容的同时，做到语言流畅、易于理解。如果在研究过程中引入了新的概念或方法，必要的解释和说明就显得尤为重要。通过将新概念与传统理论进行对比，突出其独到之处和应用前景，读者能够对研究的创新性有更直观的认识。

有关研究方法和思路的部分，则是对整个研究过程的一个概括性描述。无论是采用实验、调查、模型构建还是数据分析，每种方法的选择都有其内在逻辑和实际依据。文中可以简要介绍研究的构想、实施步骤以及数据处理的方式，以便让读者了解研究如何从理论假设逐步转化为可验证的结果。这种描述不仅有助于提高论文方法论部分的可信度，同时也为后续章节中详细讨论研究步骤和数据分析方法提供了铺垫。借助对前期实验或调研成果的适当介绍，能够进一步增强研究的说服力和实际操作性，使整体论述更具逻辑性和系统性。

对研究成果及其预期效果的展望，则是引言中不可或缺的一环。通过对未来可能取得的成果进行合理预测和定位，作者可以向读者展示研究的潜在贡献与应用前景。例如，可以阐述研究成果在推动理论发展、解决实践问题或技术创新方面可能发挥的作用，以及对相关领域未来研究的引领意义。这种前瞻性的讨论不仅体现了作者对研究全局的把握，也有助于激发读者对论文后续内容的兴趣和关注。与此同时，对预期结果的讨论应建立在充分的理论和实验基础之上，使其既具有科学性，又能体现出实际应用的可能性。

撰写整篇引言的过程中，语言的准确性和逻辑的严密性同样至关重要。应避免无谓的赘述和过于复杂的句式，在保证学术严谨性的前提下，使内容条理清晰、层次分明。对研究背景、理论依据、实验基础以及方法论等各个环节的合理衔接，能够使整个论述紧凑而富有内涵。同时，注重文献引用的准确性和全面性，有助于体现研究工作的深度和广度，也为感兴趣的读者提供了进一步了解相关领域的参考依据。

在实际写作中，引言不仅需要传达出对研究问题的敏锐洞察，更应体现出作者在该领域的学术积累和研究思考。通过对研究动机、理论支撑、方法路径和预期成果的全方位展示，读者可以在较短时间内对论文的整体框架和核心观点形成较为清晰的认识。这不仅增强了论文的学术感染力，也为后续章节的深入讨论打下了坚实基础。与此同时，引言部分也承载着作者与读者之间的沟通桥梁作用，既要满足专业人士对细致严谨内容的需求，也应照顾到对该领域不甚熟悉的读者，使其在阅读过程中既能获得信息，又能激发其进一步探究的兴趣。

论文中各部分内容虽然侧重点不同，但彼此之间又相互呼应，共同构成了论文的布局。通过对研究背景的详尽描述，论文不仅展示了问题的复杂性和重要性，同时也引导读者关注研究所要解决的核心矛盾。对理论依据和实验基础的全面介绍，则为研究提供了坚实的理论支持，使整个论述更具权威性和说服力。而对研究方法和思路的简明概括，则让读者清晰地看到研究从构想到实施的全过程，并对后续章节充满期待。对预期成果及其意义的探讨，既展示了研究者的远见卓识，也为整篇论文赋予了鲜明的目标导向。

一个高质量的引言部分应当在内容上做到全面细致，在表达上保持简洁流畅，使整篇论文从开头便能够引起读者的浓厚兴趣，并为后续的论述打下坚实基础。通过对研究缘由、背景、理论支撑、方法路径及预期成果的系统展示，论文不仅能够清晰地传达出研究的核心理念，也能在学术交流中体现出严谨务实和创新求实的精神。无论是对专业领域内的专家，还是对跨学科领域的读者而言，这样的引言都将起到至关重要的引导作用，帮助读者更好地理解和关注论文所探讨的重大问题。

（2）引言的写作要求。

①简洁明了，突出重点。引言部分要求语言精练，直指核心内容。写作时要避免冗长和多余的铺陈，以最少的文字传达出研究的关键论点。每一句话都应经过仔细斟酌，确保它们能够迅速、准确地引导读者理解研究主题。适当时，一个层次的表达甚至可以仅用一两句话来呈现，这样既节省篇幅，又能增强论述的冲击力，使读者在最短时间内抓住研究的重点。

②直接切入主题，不绕弯子。引言的开篇要开门见山，直接进入论文讨论的核心问题。过多的背景介绍或无关的铺垫会分散读者的注意力，使论文主题模糊。应避免拐弯抹角或长篇累牍的铺垫，而是用简洁有力的语言迅速引出研究问题。直接切入主题不仅可以提高读者的阅读效率，也能让读者在第一时间内理解研究的目的和意义，为后续论述建立良好的逻辑基础。

③保持科学严谨，避免陈词滥调。在撰写引言时，必须体现出对科学精神的尊重。语言表达既不应过于谦虚也不宜夸大其词，而应客观、中肯地反映出研究的实际情况。常见的诸如“经费有限”“时间仓促”“错误在所难免”等措辞，容易给人留下草率或不严谨的印象，因此应予以避免。保持科学严谨不仅要求研究者在数据、论证和理论方面做到准确无误，也体现在语言表述上力求新颖、真实，避免使用俗套的表达，从而更好地展示研究的创新性和学术价值。

④客观真实，如实评述。在引言部分，作者需要对前人的研究和自身工作进行公正、客观的评价。应如实地陈述已有文献或成果中的优势与不足，既不过分吹捧自己，也不轻易贬低他人的工作。准确恰当的用词能够使论述更具说服力，同时也体现出作者严谨的学术态度。客观真实的评述有助于构建起信任的学术氛围，为论文后续部分的深入论述奠定坚实基础，并为读者提供一个全面而中肯的研究背景。

引言的写作要求就是要用简洁、直接的语言展现研究主题和意义，同时坚持科学严谨、客观真实的原则。这样的写作方式不仅可以迅速抓住读者的注意力，也能为论文的整体论述提供一个明确、扎实的开端。

2.材料与方法

材料与方法（materials and methods）作为论文中论据的主要载体，不仅是阐述论点、引出结论的重要环节，更是展示作者创造精神与实验设计水平的核心所在。无论是对环境生态工程专业中的生态系统、污染物迁移或生态修复等问题进行研究，还是对地理信息科学专业中的遥感数据处理、空间分析及模型构建进行研究，材料与方法都决定着整个研究的科学性和先进性。若该部分描述不当，后续得出的结论便如同空中楼阁，难以令人信服。因此，详细、准确地阐述实验对象、实验材料、仪器设备、具体操作步骤及数据处理方法，是保障论文质量的关键所在。

（1）材料与方法的主要内容。

①实验对象与研究对象。对于环境生态工程专业，实验对象可能包括现场采样点、土壤、水体、植被样本等。作者应详细说明样本的选择标准、采样方法、样本数量、采样时间与地点、环境条件以及样本前处理过程。例如，在研究城市河流水质改善的实验中，需注明采样地点的水质类别、采样的深度、采样时间及气象条件等。对于地理信息科学专业，研究对象通常为各种空间数据，如遥感影像、DEM、GIS 数据库、卫星观测数据以及其他地理统计数据。这一部分需明确数据来源、数据类型、空间分辨率、时间分辨率、数据采集方法及预处理过程，以确保数据的准确性和可比性。

②实验仪器与软件设备。环境生态工程研究中常涉及各种物理和化学分析仪器，如气相色谱仪、质谱仪、原子吸收光谱仪、环境监测传感器及现场采样设备等。研究者应注明仪器设备的生产厂家、型号、精度、校准方法及操作规程；若对现有仪器进行了改进，也需要详细说明改进之处并附上必要的技术参数或图示。在地理信息科学领域，实验仪器主要体现在计算机硬件和专业软件方面。常用的软件包括 ArcGIS、ENVI、ERDAS Imagine、QGIS 等，同时可能涉及无人驾驶飞行器（UAV），其用于高分辨率数据采集。对于自制或改进的数据采集系统、地理数据库的设计以及开发的分析算法，也应详细说明其设计原理、主要功能及操作流程，并提供软件版本及使用说明。

③实验材料与数据源。环境生态工程中所用的试剂、化学品、培养基、土壤改良剂等材料必须注明其名称、成分、规格、纯度、供应商、出厂批号及使用方法。对于野外调查，还应详细描述所用采样工具、包装材料及运输保存条件，确保样本从采集到检测过程中保持一致性。地理信息科学研究则重点在于数据的收集与处理。此处需要列明数据的来源（如卫星数据、航空影像、政府或科研机构提供的地理数据库等）、时间范围、空间范围、格式及预处理方法。对于自建数据集，需说明数据采集设备、采集方法、数据校正及处理流程等，以便后续同行评估和复现研究结果。

④实验方法与条件。这一部分是整个论文的重中之重，必须详细叙述实验操作、数据采集、处理方法和分析流程。对于环境生态工程研究，可以介绍野外调查、样品采集、室内分析、数据统计及模型构建等步骤。比如，在进行植被恢复试验时，应写清种植方法、施肥与灌溉方案、监测周期、记录指标以及数据统计方法。若采用新方法或改进技术，需要说明改进的原因、具体操作步骤及实验验证过程。在地理信息科学研究中，方法部分可能涉及遥感图像的预处理（如几何校正、大气校正、图像融合等）、空间数据分析（如缓冲区分析、叠加分析、网络分析等）以及模型构建（如空间插值、空间自相

关分析、回归模型构建等）。同时，还应介绍所用统计方法、算法原理及其参数设置，必要时附上流程图或示意图，使读者对整个数据处理和分析过程有直观的了解。

（2）材料与方法的写作特点。

①内容详略得当。“材料与方法”部分的详写与略写需根据具体研究内容而定。对于全新技术、创新实验设计或重要改进部分，要求详细描述设计原理、操作要点、数据记录方法、仪器安装及调试过程，并配以必要的示意图或流程图，确保他人能够重复实验并验证结果。对于公知或公认的方法，则只需写出方法名称及要点，文中注明出处即可。例如，在环境生态工程中，如果采用某种前沿的生态修复技术，则应详述土壤处理、植物种植、监测指标及评价方法；而对于常用的水质检测方法，仅需简要介绍并引用权威文献。对于地理信息科学，如果开发了一套新的影像分类算法，需要对算法原理、关键参数及实验验证进行详细说明；而对于经典的遥感影像预处理方法，则可简略叙述，附上参考文献。

②按逻辑顺序组织内容。撰写“材料与方法”部分时应遵循研究工作的内在逻辑和科学规律，而非单纯按时间先后顺序排列。环境生态工程研究可根据研究区域的自然条件、污染物分布及生态恢复进程来组织材料和实验过程；地理信息科学研究则可按照数据采集、预处理、分析建模和结果验证的逻辑顺序展开。对于那些重复性较强但对阐述观点作用不大的数据和步骤，可另行整理于附录中，供有兴趣的读者查阅。同时，利用图表、流程图或示意图展示实验方法之间的内在关系，能使复杂内容一目了然。

③方法与结果的结合。在某些情况下，实验方法与实验结果密切相关，难以分割，此时可以将“方法”与“结果”合并描述。无论是采用单独章节还是合并章节，都要确保逻辑清晰、层次分明，使读者在了解实验过程的同时，对实验结果有直观的认识。例如，环境生态工程中描述某项新型水质净化技术的实验可以采用“方法与结果”形式，边介绍操作步骤，边展示实时监测数据和效果图；地理信息科学中对新算法的验证也可同时描述算法流程及其分类精度、误差统计等结果。

④标题根据研究性质灵活调整。根据论文的具体性质和研究内容，“材料与方法”部分的标题可做适当调整。对于环境生态工程类研究，如主要关注现场数据采集和实验过程，标题可以拟为“样本采集与试验方法”“现场调查与实验设计”等；对于地理信息科学类研究，如果重点在于数据分析和模型构建，标题则可以拟为“数据来源与处理方法”“空间分析与建模方法”等。标题的调整应准确反映该部分内容的实质，既能概括主要论述，又便于读者迅速定位重点内容。

“材料与方法”部分是整篇论文科学性和创新性的重要体现。对于环境生态工程和地理信息科学专业的研究来说，既要保证数据与实验过程的准确翔实，又要体现出作者对实验设计和数据处理的深刻理解。明确描述研究对象、仪器设备、实验材料、操作步骤及数据分析方法，不仅为论文结论提供坚实的支撑，也为同行在后续研究中重复实验和方法验证创造了条件。只有严谨而又翔实的“材料与方法”，才能使论文在学术交流中赢得广泛认可，体现出研究者严谨务实、勇于创新的精神。

3.实验结果

实验结果（results）集中展示了作者通过调查、观察或实验所获得的研究成果，是整篇论文核心论证的基础。论文的主要结论、讨论、判断以及建议均由此部分推导而出，其科学性和准确性直接影响论文的整体质量。无论实验结果显示成功还是失败，只要数据真实，就具有学术价值。因此，这部分内容必须严谨、客观，为评判课题的可靠性和创新性提供充分支持。

（1）实验结果的内容及表达方式。

①数据展示。所有经过统计学处理后的关键数据都应如实、具体地呈现。通过对原始数据进行分组、排列，制作频数表、计算均值、百分比、标准误差或标准差，并进行显著性检验等统计处理，确保数据不仅具有代表性，而且便于后续分析。在数据展示中，通过定性与定量分析揭示数据背后的内在规律。文字说明应指出数据反映的主要趋势、比较结果及显著差异，从而让读者明白实验结果所揭示的现象和其在研究中的意义。经过数据描述后，适当对数据进行初步解释，说明实验条件、变量之间的关系以及可能影响结果的因素，从而为进一步讨论提供理论依据。

②图表。选用合适的图形（如折线图、柱状图、饼图等）来直观显示实验数据和变化趋势。图表应简洁、易读、便于比较，既能展示具体数值，也能揭示数据之间的内在联系。对于现场实验或观察所得的直观现象，采用照片进行展示，可以帮助读者直观理解实验情境与实际效果。

③文字说明。对所有图表、照片和数据均需配以准确的文字说明，明确指出这些结果所反映的现象、实验对象的表现及其科学意义。文字描述应客观、简洁，重点解释“结果说明了什么”和“为何会产生这样的结果”，为后续的讨论部分做铺垫。

（2）实验结果的写作要求。

①逻辑顺序与结构安排。按照实验目的、数据呈现、现象描述和初步解释的逻辑顺序组织内容。每个部分可单独分节或分段，并配以适当的小标题，确保读者能清晰捕捉到“得到哪些实验结果”“这些结果说明了什么”“为什么会得到这样的结果”等关键信息。在各段开头简述该部分实验的目的和意义，再依次列出最具代表性的数据、图表、照片等，并通过文字说明对比和解释现象。

②坚持实事求是与客观准确。无论实验结果是否符合预期，都必须真实记录。对实验结果的描述要避免主观臆断或不必要的议论，确保数据的完整性和可靠性。文字说明主要用于解释图表和数据所反映的现象，并指出这些现象所证明的科学问题。需要简要讨论实验结果出现的原因，譬如实验条件、变量控制、样本特性或外界干扰等因素，从而使读者理解为何会出现这样的结果。

③内容的原创性与独立性。实验结果部分应仅展示作者的研究数据和发现，不混杂前人已知信息。各段描述的内容均为作者独立获得的实验成果，避免在这一部分加入外部文献的讨论或评价。每段内容专注于一个研究方面的实验数据，既说明“得到哪些实验结果”，也回答“实验结果说明了什么”，并对“为什么会得到这样的结果”做出简要解释，确保各部分内容清晰、逻辑严谨。

④适当整合结果与讨论。在某些实验中，当数据与其背后的解释密不可分时，可以将“结果”与“讨论”合并为一节。但需明确区分数据的客观呈现与后续的理论推导。确保在展示结果时，先客观记录数据，再以简洁文字说明现象及可能原因，避免主观臆

断或扩展性的讨论，后者可在讨论部分详细展开。

实验结果部分不仅要如实呈现实验获得的各种数据和现象，还需通过图表、照片和文字说明回答三个核心问题：

a.得到了哪些实验结果？——通过数据、图表和照片详细展示实验获得的客观结果。

b.实验结果说明了什么？——通过定性和定量分析阐明数据背后的规律和现象，明确指出结果对研究假设或理论的支持情况。

c.为什么会得到这样的结果？——结合实验条件和变量关系，简要解释实验结果出现的原因，为后续深入讨论提供依据。

只有严谨、准确、逻辑清晰地展现实验数据和现象，才能使论文结论站得住脚，为后续理论讨论和结论推导提供坚实的支持。

4.讨论

讨论（discussion）是论文中最关键的部分，通过对实验、观察以及调查所获得的数据、现象和文献资料进行归纳和理论分析，作者不仅验证研究假设，还说明结果背后的内在机理和应用价值。讨论部分对研究结果的解释能为结论提供坚实的理论依据，同时展示作者对课题的深刻理解和创新思考。无论是环境生态工程中对生态系统动态、污染扩散与生态修复的探讨，还是地理信息科学中对空间数据分析、遥感影像处理和模型构建的深入研究，讨论都起着承上启下的关键作用。

（1）讨论部分的主要内容及应回答的问题。

①结果的理论解释与比较。讨论部分首先要明确指出实验或观察结果所揭示的主要现象和数据规律。例如，在环境生态工程中，可能是某种污染物在不同环境条件下的迁移与沉降情况；在地理信息科学中，则可能是遥感影像中空间分布特征的变化。作者应对这些现象进行定性或定量分析，指出结果对原假设、模型预期或现有理论的支持或偏离情况。

对结果进行分析十分必要。分析时应结合实验条件、变量控制、样本特性以及可能存在的外界干扰等因素，从理论上解释为何会出现这种结果。可以引用国内外最新的研究成果或新观点，对比分析本研究与前人研究的异同，揭示影响结果的关键因素及因果关系。

②结果的理论意义与应用价值。讨论部分应阐明实验结果在理论层面的意义。例如，环境生态工程领域中，可以探讨结果对污染物扩散模型、生态恢复机制或生态系统稳定性的理论贡献；地理信息科学领域中，则需分析结果对空间数据精度、遥感影像分类算法或地理模型构建的理论支撑作用。

进一步讨论研究成果在实际应用中的指导意义，如在环境治理、生态修复或城市规划中的应用前景，以及对提高资源利用效率、降低环境风险等方面产生的潜在经济效益和社会效益。

③作用机制、变化规律与研究动态。结合实验数据和现有理论，深入探讨所观察现象的内在机制和变化规律。可以引用其他领域的研究成果予以佐证，但对尚无充分资料支持的观点应谨慎表述。通过对比国内外同类课题的研究进展，客观分析本研究在数据来源、方法创新或结果应用方面的独特性（新、异、优），指出本研究成果在国际或国

内学术水平中的地位，并明确提出需要进一步探讨的问题。

④异常现象、局限性及改进建议。对实验中出现的与预期不符或尚未充分解释的异常现象，作者应予以客观描述，并探讨其产生的可能原因。这不仅体现了研究的严谨性，也为后续研究提供了改进方向。结合研究过程中的实践经验，客观评价实验方法和数据处理过程中的优点与不足，总结经验教训，提出如何减少或避免误差的措施。在讨论的最后，明确指出研究中尚未解决的问题，并对进一步完善实验设计、优化数据分析方法或扩展应用范围提出建设性建议，为后续工作指明方向。

（2）讨论部分的写作特点与注意事项。

①紧扣研究课题，突出主题。讨论必须以实验结果为依据，始终围绕研究假设和论文主题展开。作者要做到观点明确、论据充分、条理清晰，归纳分析过程中既要摆事实讲道理，也要避免泛泛而谈。

②科学解释，逻辑严密。讨论过程中应用科学理论解释观察现象，分析结果背后的必然性与偶然性。对于不同的观点和假说，要加以对比说明，明确肯定或反对的理由。对于异常现象或不足之处，不回避问题，而是提出可能的改进方法，并指出今后研究的重点方向。

③文献引用规范，观点独到。在讨论中引用前人研究结果时，要注意提炼主要观点和数据，并在适当位置以脚注或括号注明文献出处。引用应与自己的研究结果有机结合，避免单纯罗列文献。对于新观点、新理论，必须表述清楚、依据充分，力求使读者信服。

（3）讨论部分的目标与意义。

①说明研究结果的意义，通过对实验结果的深入讨论，明确研究在理论和实践中的贡献，为论文的结论提供坚实的依据。

②发表作者独到的见解，在归纳、比较和分析的基础上，展示作者对研究问题的深刻理解和独特见解，突显论文主题。

③指明未来研究方向，针对研究中的不足和未解问题，提出今后实验设计、方法改进和应用拓展的建议，为后续工作和相关领域的研究指明方向。

讨论部分要求作者从实验或观察结果出发，结合科学理论进行深入分析和综合论证，既客观反映研究成果，又提出富有创造性的见解。无论是在环境生态工程中探讨生态修复和污染控制的机制，还是在地理信息科学中研究空间数据的内在规律和模型构建，讨论都应做到论据充分、逻辑严密、观点独到。只有这样，才能使论文在学术上具有较高的说服力和影响力，为进一步的研究提供宝贵的理论支持和实践指导。

5.结论

结论（conclusions）部分又称总结、小结、结语或结束语。结论是根据作者的实验结果，以及参照前人的结果，对全文做出的恰如其分的概括与总结，既体现了研究者经过理论分析和数据推理后的深刻认识，又为全文定下了明确的基调和发展方向。

（1）内容上的要求。

结论不是前述部分的简单重复，也不是研究成果的罗列。它应是在理论分析、实验结果基础上，经过深入分析、推理、判断和归纳形成的更深层次的认识和总体观点。因此，结论应重点阐述以下内容。

①研究结果说明了什么问题：要明确指出实验或调查结果所揭示的核心问题和研究主题，说明研究对于理解某一现象或解决实际问题所起到的作用。

②得出了什么规律：在总结实验数据和观察结果的基础上，归纳出具有普遍意义的规律或趋势，这些规律可以解释现象背后的内在机理。

③解决了什么理论或实际问题：结合前人的研究成果，说明本研究在理论创新或实际应用上取得了哪些突破，为相关领域提供了哪些新的思路或方法。

④有何新的见解：在归纳分析的基础上，提出自己独到的观点和创新见解，这些见解应建立在充足数据和逻辑推理的基础上。

⑤存在哪些不足之处和尚待解决的问题：客观指出研究中的局限性和不足，以及当前研究尚未解决的问题，并为未来的进一步研究提出建议。这不仅体现出研究的严谨性，也为同行提供了宝贵的改进方向。

（2）文字上的要求。

结论部分的措辞必须严谨，具有严密的逻辑性，文字表达应鲜明具体。具体要求如下。

①每一句结论用词必须准确、鲜明，避免含糊其辞、模棱两可。

②不要使用“大概”“或者”“可能是”“也许”这类词语，以免给人造成一种似是而非的感觉。

③对于得出的新观点、新见解，可用“揭示”“指出”“表明”“证实”等词语引出，但要慎用“发现”，以确保论述的严谨性。

④对于不能明确或无确切把握的结论，可以用“印象”二字表达，同时宜使用“提示”“看来”“似乎”等留有余地的词语，既不夸大也不草率地下结论。

（3）格式上的要求。

结论部分如内容较多时，可以分条并标出序号，但不加小标题；如内容较少，就不必分条编号。具体要求如下。

①当结论内容较为丰富时，可将各个主要观点分条列出，使结构更加清晰、条理更加明晰；但应避免分条后内容支离破碎，要保证整体连贯。

②一些重要的数据和关键结论也可以在此部分以简明形式出现，以增强说服力。

③如果研究未能得出明确的结论，可以不单独设“结论”一节，或只写“小结”，确保表述与实际情况相符。

④若讨论部分内容较少，而所得结论又较为简单，则可以不另列“结论”或“小结”，而将讨论和结论合并为“讨论与结论”或“讨论与小结”。

⑤目前，部分期刊已不单独设立结论部分，而将此项内容并入讨论中或在摘要中体现，作者应根据期刊要求灵活处理。

总之，结论部分必须是在充分论证和严谨数据基础上得出的总结，既不流于空洞的重复，也不只是简单的结果罗列，而是要形成一个既概括研究成果，又为未来研究指明方向的科学总结。只有如此，才能使论文在整体上具有较高的逻辑性和学术说服力，同时为读者提供一个清晰、明确的研究全景。

6.致谢

致谢（acknowledgements）部分是论文中特别设置的一节或注释，用于表达作者对在研究过程中给予帮助和支持的个人、机构及经费资助单位的感谢。

（1）致谢的作用。

①表达谢意：通过致谢，作者礼貌地回馈在研究和论文写作过程中给予帮助的各方，体现学术合作精神和人文关怀。

②体现学术诚信：公开承认和说明各方面的支持，有助于增强论文的透明度和可信度，体现出作者严谨求实的学术态度。

③展示支持背景：明确经费资助来源及技术支持，有助于读者了解研究工作的资源保障和合作背景，为研究成果提供间接佐证。

（2）致谢的内容与对象。

①经费资助说明。在致谢部分应明确列出研究工作所获得的经费资助来源，通常包括资助机构名称及经费代码。通过对经费资助的详细说明，不仅体现出对资助单位的感谢，也反映出研究项目在资金保障上的可靠性。

②人员与机构的帮助。对在研究过程中提供帮助的人员或机构进行感谢。应按照贡献大小分别予以说明，并对被感谢人员冠以其专业技术职务或职称，以示尊重和礼貌。

（3）致谢的位置与格式。

常见方式是单独设立“致谢”一节，置于论文正文之后、参考文献之前，使致谢部分与正文区分开来。

另一种形式是在论文首页下方以“注”的形式，用简短的话语对相关单位或个人表示感谢，具体格式可根据学校或期刊要求进行调整。

作者在撰写致谢部分时既要做到内容翔实、表达真挚，又要格式规范；既体现出对资助及帮助单位的感激之情，也展现出学术诚信和严谨治学的精神。

三、其他部分

1.参考文献

（1）著录参考文献的意义。

著录参考文献是指在学术论文或其他研究成果中，将所引用的文献资料按照一定的格式和规范进行记录和展示的过程。它通常包括作者、题名、出版信息等关键信息，能够准确标明文献的出处，为读者提供追溯原始资料的依据。规范的文献著录，不仅体现了作者对前人成果的尊重和学术诚信，还避免了抄袭和剽窃问题的发生。同时，详细的参考文献为学术交流搭建了桥梁，促进了知识的共享和传播，增强了研究成果的可靠性和权威性，对推动学科发展具有重要意义。

（2）参考文献的内容。

①著作者。著作者指的是文献的创作人或编写者，他们是文献内容的主要贡献者，也是确保文献质量和权威性的关键人物。对读者来说，著作者的信息不仅有助于鉴别文献的可靠性，还能帮助确定文献在相关领域的影响力和代表性。了解作者背景及其在专

业领域内的地位，可以为后续的研究提供重要参考依据。

②题名或书名。题名或书名是文献的名称部分，如论文的题目、图书的书名等，这些名称通常经过精心设计，力求简洁而准确地反映出原文的核心思想和主题信息。文献的题名不仅概括了原文的中心意义，而且往往包含了关键词和学科领域的重要提示，便于读者迅速识别和定位相关文献。同时，题目也是进行文献检索和归类的重要依据，对文献的传播和引用具有举足轻重的作用。

③出版事项。出版事项是指文献的出版信息，包括版次、出版地、出版年、卷、期、页码等详细内容。这些信息不仅标明了文献的正式出处和出版情况，而且为读者查找原文提供了精确的导航。版次反映了文献的版本和修订情况，出版地和出版年则说明了文献的历史背景和时代特征；而卷、期、页码则是期刊文献中重要的细节，确保读者能够顺利获取到具体的文献内容，从而实现精准引用和深入阅读。

（3）著录参考文献的原则。

①著录最必要、最新的文献。将论文所涉及的历史渊源、技术方法、引用数据以及与作者研究密切相关而观点相近或相反的论著列为参考文献，能够为读者提供关于这些内容的详细资料。因此，除个别具有特殊历史意义的文献外，应优先选用最新（通常为近 3～5 年内出版的）且最主要的文献，避免使用过时，仅在教科书中公知或次要的文献。有些作者错误地认为，参考文献著录得越多越能显示论文的水平，因而将新的、旧的、重要的和次要的文献混杂在一起，形成一个与论文质量不相称的“长尾巴”。因此，许多科技学术期刊对参考文献的数量也有所限制，本科毕业论文一般控制在 10～15 条，以保证引用的精练和针对性。

②著录亲自阅读过的和在文中直接引用的文献。参考文献的著录必须基于作者亲自阅读过的文献和在论文中直接引用的内容。未亲自查阅全文的文献不能作为正式参考文献列入，以保证引用资料的真实性和准确性。由于条件限制，若作者仅能获得文献的摘要，则除非该文献对科研工作具有特别重要的启示作用，否则一般不应将其列为参考文献。只有那些对本科研工作提供显著帮助或在论文中直接引用的文献，才应被收录，切勿将与研究无关的文献混入其中。

③只著录公开发表的文献。参考文献必须为已经公开发表的文献资料。公开发表是指在国内外正式发行的报刊、书籍或其他类似正式出版物上发表的文献。对于仅在内部交流的刊物上发表的文章或其他内部参考资料，均不应作为参考文献引用。另外，全国性或国际性学术会议上交流的论文虽然也属于一种发表形式，但由于交流范围较小且查阅不便，一般也不宜作为正式的参考文献列入。

④采用规范化的著录形式。在著录参考文献时，必须采用统一、规范的书写符号、标注方法和排列顺序。国际标准化组织颁布的《信息和文献 参考文献和信息资源引用指南》ISO690:2010（E）及《信息与参考文献著录规则》（GB/T 7714—2015）等，都对参考文献的著录做出了明确规定。严格执行这些规范，可以确保文献著录的准确性和一致性，便于读者查找原文，同时也提升了论文的学术规范性和整体质量。

（4）参考文献的著录格式。

①连续出版物。

[序号] 主要责任者.题名：其他题名信息[文献类型标识/文献载体标识].年，卷（期）.出版地：出版者，出版年[引用日期].获取和访问路径.数字对象唯一标识符:起止页码.例如：

[1] 赵哲英，马玉龙.电负载对压电振动系统特性的影响[J].声学报，1981，3（2）:92-102.

②专著。

[序号] 主要责任者.题名：其他题名信息[文献类型标识/文献载体标识].其他责任者.版本项.出版地：出版者，出版年：引文页码[引用日期].获取和访问路径.数字对象唯一标识符.例如：

[2] 刘国梁，王成.图书馆史研究[M].北京:高等教育出版社，1979:15-18，31.

③会议论文集。

[序号] 主要责任者.文献题名[A].主编.论文集名[C].出版地:出版者，出版年:起止页码.例如：

[3] 杭勇，杨明，陆娟.基于 NI 产品的高压共轨柴油机电控单元测试系统的开发[A].基于计算机的测试测量和自动化应用方案论文集[C].上海:美国国家仪器中国分公司，2006:1-5.

④学位论文。

[序号] 主要责任者.题名[D].保存地：保存单位，年份.例如：

[4] 张京.水利水电理论[D].武汉：武汉大学，1997.

⑤报告。

[序号] 主要责任者.题名[R].报告地：报告会主办单位，年份.例如：

[5] 冯宜章.核反应堆压力容器的 LBB 分析[R].北京:清华大学核能技术研究院，1997.

⑥专利文献。

[序号] 专利申请者所有者或专利题名：专利号[文献类型标识/文献载体标识].公告日期或公开日期[引用日期].获取和访问路径.数字对象唯一标识符.例如：

[6] 姜锡州.一种温热外敷药制备方案：88105607.3[P].1983-08-12.

根据《信息与文献　参考文献著录规则》（GB/ T 7714—2015）规定，以单字母方式标示以下各种文献类型和标识代码，见表 8.1。

表 8.1　参考文献的标识

参考文献类型	文献类型标识代码	参考文献类型	文献类型标识代码
普通图书	M	学位论文	D
会议录	C	报告	R
汇编	G	标准	S
报纸	N	专利	P
期刊	J	数据库	DB
计算机程序	CP	舆图	CM
电子公告	EB	数据集	DS
档案	A	其他	Z

2.附录

附录（appendix） 是正文主体部分的补充项目，主要用于对专门技术问题进行较为系统的介绍，或提供参考资料、推荐某种方法等。附录并非所有论文的必备部分，只有在特别需要时，才将其列在参考文献之后，以便为有需要的读者提供更详细的技术资料或背景信息。

（1）附录的内容和类型。

附录的类型主要可分为两大类：补充性附录和参考性附录。

①补充性附录：指的是在论文已送交刊物后，作者发现有新的资料或需要补充的重要内容，可以以附录的形式补充出来，而无须对论文主体部分进行修改。举例来说，有些实验或观察到的现象，虽然未对整体研究工作产生实质影响，若直接纳入正文可能会冲淡主要观点，但如实记录下来又对其他研究者具有参考价值，这样的内容就可以作为补充性附录列出。

②参考性附录：包括那些比正文更为详尽和原始的资料，如更完整的实验数据、重要公式的详细演算、推导和证明过程，或对关键仪器、设备的深入解释与说明。此外，还可包括辅助资料，如计算机框图、程序软件说明、重要统计表、曲线图、照片、图纸以及建议阅读的参考文献题录等。一些不便直接列入正文，但对同行具有较高参考价值的内容，也应归入参考性附录。

附录内容的选取应遵循以下原则。

①对于直接插入正文后可能破坏编排条理性和整体完整性的材料。

②篇幅较大、不便于在正文中详细展开的内容。

③属于第二手资料或极为珍贵、罕见的资料。

④对一般非专业读者来说不是必需，但对本专业同行具有重要参考价值的信息。

（2）附录的写作要求。

一篇论文可以没有附录，也可以有多个附录，其写作格式已有统一规定。具体要求如下。

①“附录”两字应居中书写，单独占一行，确保醒目且格式统一。

②附录可以另拟标题，该标题应位于“附录”两字之下，单独占一行，进一步明确附录内容的性质或主题。

③附录内部的分节段采用大写拉丁字母，从 A 起顺序编号；每个附录内的小节，如需要更细分，可用 A_1、A_2……的方式连续编号。

④附录中的图、表也应在各自的附录内进行独立编号，如图 A_1、图 A_2 分别表示附录 A 中的第一、第二幅图，确保读者能够清晰辨识和查找。

⑤附录的页码应与正文连续编码，保证整篇论文的页码统一，便于查阅和引用。

通过严格按照上述内容和要求进行撰写，附录不仅能够作为论文正文的有益补充，提供更多细致的信息和技术细节，也为同行在研究过程中查阅和复现提供了重要参考资料。

第三节　毕业论文的任务书和开题报告

一、任务书的含义与作用

1.任务书的含义

毕业论文任务书是一份详细描述研究目标、方法和计划的文件，通常在开题报告之前完成，可以看作是开题报告的一部分。其主要功能是明确毕业论文的具体要求和任务，确保能够按照规定的时间和进度完成论文。

2.任务书的作用

任务书向学生传达毕业论文的具体工作任务，起到指导、启发和规范的作用。

任务书应明确指出毕业论文需要解决的主要问题，并指出研究的具体方向和方法。

指导教师会制订工作程序和时间计划，学生需严格按照这一计划进行研究和写作。

任务书通常会推荐一些文献，这些文献应包括中文的和外文的，以便学生了解课题的国内外研究动态。

毕业论文任务书如图 8.1 所示。

①毕业论文任务书中学生及指导教师信息请按照规范填写，确保相关信息无错别字，英文字体（字母、数字）为 Times New Raman，专业方向和所在班级应当与学生教务系统中的专业班级完全一致。

②论文题目为上报并经学校审核后确定的题目，题目需与学院下发选题统计表中的题目保持完全一致（一个字都不能错），题目中英文字体（字母、数字）为 Times New Raman。题目在单元格中居中显示。

③论文进度安排根据学院安排的具体时间填写，注意时间应为 Times New Raman 字体。任务书中的论文进度安排一般以表格形式呈现，有多栏表格，每个环节均需要填写“工作任务”和“起止日期”。这部分需要学生自己留意论文写作过程各个环节的时间和具体内容，如何时确定指导教师，何时初步选定论文题目，指导教师给过什么参考意见，何时开始收集文献，提交论文大纲，师生何时讨论和修改大纲。何时提交初稿，指导教师给出什么主要修改建议。何时提交第二稿，何时进行中期检查，结果如何。何时提交第三稿。何时提交论文终稿，打印装订。何时进行毕业论文的小组答辩。何时进行毕业论文的大组答辩以及提交毕业论文成绩的时间。

二、毕业论文开题报告的含义与作用

1.毕业论文开题报告的含义

开题报告是在课题方向确定后，课题负责人基于广泛的文献调研而撰写的一份论述性文件，主要阐明课题选择的依据及其实施方案。它不仅汇集了调研成果，集中展示了相关领域的最新进展和现有问题，还明确指出了研究的重点和创新方向。通过开题报告，研究者能够对课题的研究范围、目标和方法进行系统规划，为后续研究工作奠定坚实的理论与实践基础。此外，开题报告既起到聚焦文献调研成果的作用，也为整个课题的实施提供了一个出发点和定位依据，从而使研究工作能够有条不紊地展开。简言之，开题报告是课题研究工作中不可或缺的重要环节，对指导整个研究进程、保证研究质量具有关键意义。

毕业论文任务书

<table>
<tr><td>论文题目</td><td colspan="8"></td></tr>
<tr><td>院系名称</td><td colspan="2"></td><td>学生学号</td><td></td><td>所在班级</td><td></td><td>下达日期</td><td></td></tr>
<tr><td>专业方向</td><td colspan="2"></td><td>学生姓名</td><td></td><td>指导教师</td><td></td><td>完成日期</td><td></td></tr>
<tr><td>论文解决的主要问题与要求</td><td colspan="8"></td></tr>
<tr><td rowspan="8">论文进度安排</td><td colspan="2">工作任务</td><td colspan="2">起止日期</td><td colspan="2">工作任务</td><td colspan="2">起止日期</td></tr>
<tr><td colspan="2"></td><td colspan="2"></td><td colspan="2"></td><td colspan="2"></td></tr>
<tr><td colspan="2"></td><td colspan="2"></td><td colspan="2"></td><td colspan="2"></td></tr>
<tr><td colspan="2"></td><td colspan="2"></td><td colspan="2"></td><td colspan="2"></td></tr>
<tr><td colspan="2"></td><td colspan="2"></td><td colspan="2"></td><td colspan="2"></td></tr>
<tr><td colspan="2"></td><td colspan="2"></td><td colspan="2"></td><td colspan="2"></td></tr>
<tr><td colspan="2"></td><td colspan="2"></td><td colspan="2"></td><td colspan="2"></td></tr>
<tr><td colspan="2"></td><td colspan="2"></td><td colspan="2"></td><td colspan="2"></td></tr>
<tr><td colspan="5">指导教师签名
年 月 日</td><td colspan="4">主管副院长签名
年 月 日</td></tr>
</table>

注：所有表格内填写的内容中文字体为小四号宋体，英文为小四号 Times New Roman，行距 1.25。

图 8.1 毕业论文任务书

2.毕业论文开题报告的作用

开题报告是毕业论文撰写的第一步，它不仅为整个研究工作奠定基础，而且在研究过程中起到了指引方向、明确目标的重要作用。撰写开题报告时，学生需要系统地阐明自己的研究目标、研究方向、主要内容以及所采用的方法，同时对研究的可行性和创新性进行评估。这一过程实际上是对研究思路的进一步深化和细化，它促使学生在开始正式研究前，就对课题的各个方面进行全面思考，确保在后续的研究工作中始终保持聚焦，不至于因盲目拓展而偏离主题或失去方向。

在开题报告中，学生通常要对所涉及的理论背景、国内外研究现状以及存在的主要问题进行详细梳理，从而找出研究的切入点和突破口。报告中还需要明确提出研究假设或设计方案，并说明其理论依据和实践意义。这种自我总结和规划的过程，不仅有助于发现研究中的不足和潜在风险，而且能激发新的思路和创新点，为整个课题的顺利开展提供坚实保障。此外，开题报告还是一个极为重要的沟通工具。通过撰写开题报告，学生能够将自己的研究规划和初步思路以书面形式系统呈现给导师和评审专家，使他们能够提前了解课题的整体思路和研究框架，从而为后续工作提供有针对性的指导和改进建议。导师在审阅报告的过程中，往往会指出研究设计中的不足、论证环节的薄弱之处或者潜在的改进方向，这对于学生完善研究方案、提升研究质量具有极大的帮助。可以说，开题报告搭建起了学生与导师之间有效沟通的桥梁，使得双方在后续研究过程中能够保持密切联系，共同推动课题向纵深发展。

开题报告不仅是研究工作启动前的一次全面规划，也是提高论文质量的重要环节。通过明确研究目标、规划研究方向、详细论述研究内容和方法，开题报告为后续的实验设计、数据采集和论文撰写提供了明确的指导和方向。同时，它也是一个促进师生交流、实现学术创新的重要平台，确保整个研究过程具有科学性、系统性和创新性，为最终形成高质量的毕业论文打下坚实基础。

（1）撰写开题报告是提高选题质量和水平的关键环节。

撰写开题报告的首要目的在于促使学生理清思路、完善研究设计。通过撰写开题报告，学生可以将自己对所研究课题的认识、理解以及前期准备工作进行整理和概括，从而使具体的研究目标、步骤、方法、措施、进度和条件等内容得到更明确、更系统的表达，为后续研究工作奠定坚实基础。

（2）制订开题研究的行动计划是解决课题中提出问题的重要途径。

开题报告不仅初步规定了课题研究各方面的具体内容和实施步骤，更起到了指导整个研究工作的作用。一个好的开题方案能够使学生在整个研究过程中保持清晰的方向，避免出现一段时间后因思路不清而不知道下一步该如何推进的情况，确保整个研究工作有条不紊地进行。因此，可以说没有科学严谨的开题报告，就不可能产出科学而有价值的研究成果。

（3）开题报告是对课题价值与可行性进行论证和认定的重要文件。

开题报告的内容主要是说明课题具有的研究价值、证明自己具备进行该项研究的条件以及详细阐述如何开展研究等。换句话说，开题报告是在课题方向确定之后，基于调查研究所撰写的。这样既能使他人信服所选课题具有新颖性和理论上的补充意义，又能证明研究者有能力顺利完成该项研究。开题报告，使研究过程从一开始就有了明确的方向，指导教师也能根据研究计划进行有效监督和指导，并且在必要时其能够作为课题修正的重要依据，从而确保学位论文的质量。

（4）开题报告是学生科研知识和能力的“缩影”，是选题阶段的主要文字表现。

开题报告实际上起到了连接备题、开题、审题及立题四大环节的纽带作用。通过撰写开题报告，学生不仅展示了对课题的全面认识和深入思考，还为后续各阶段工作提供了明确的方向和科学依据，从而保障了毕业论文（设计）整个研究过程的系统性和严谨性。总之，开题报告既是研究工作的起点，也是确保学位论文质量、提高学术水平的重要保障。

3.毕业论文开题报告的内容

毕业论文开题报告如图 8.2 所示。

（1）论文拟研究解决的问题。

开题报告首先要明确提出论文所要解决的具体学术问题，即课题的创新点。开题者应详细说明。

①研究问题的明确性：清晰界定论文所关注的核心问题，并说明这一问题在国内外研究中已经提出的主要观点、结论及阶段性成果。

②文献评述：对相关前沿文献进行简要评述，指出现有研究成果的不足与局限，为提出自己的观点打下理论基础。

③核心观点与研究方法：提出自己准备论证的核心观点或解决方法，并简述初步理由、研究设计与实验方案。

通常建议围绕一项大问题分解出三个或四个子问题，或者列出几个并行的相关问题，以便导师或专家能判断所选课题的研究价值和可行性，进而认可课题的新颖性和学生的研究能力。

（2）国内外研究现状。

在这一部分，开题报告需要列举与论文拟解决问题密切相关的国内外前沿文献，并对这些文献进行简要评述。要求包括以下内容。

①文献选择：重点挑选那些直接关涉论文研究问题的权威文献和最新成果，确保文献内容与所拟研究问题高度相关。

②简要评述：对所列文献的研究成果、理论框架和存在的不足进行概括性评论，指出当前研究中的空白和不足之处。

③关联性说明：说明这些文献如何为自己的研究提供支持，以及打算从哪些角度加以突破。

其他相关文献可在文献综述中进行更为详细的讨论，开题报告主要突出与研究问题直接相关的前沿成果。

（3）论文研究的目的与意义。

此部分要求简明扼要地说明论文研究的目的和意义，具体包括以下内容。

毕业论文开题报告

学生姓名		所在院系		所在班级		指导教师	
学生学号		专业方向		开题时间		导师职称	
论文题目							

选题来源：

国内外研究现状：

研究内容：

研究思路和方法：

主要参考文献：

指导教师意见：

导师签名：

年　月　日

学院意见：

院长签名：

年　月　日

说明：1. 学生应通过调研和资料搜集，在指导教师的指导下完成开题报告。开题报告需经各系或学位论文答辩委员会审查合格后，方可正式进入下一步学位论文(设计)创作阶段。

2. 各类专业开题报告的字数要求等内容可由相关学院根据专业特点统一提出。

图 8.2　毕业论文开题报告

①基本概念与背景：介绍与研究问题相关的基本概念、理论背景和研究现状。

②明确具体问题：清楚地指出论文将解决的具体学术问题和技术难题。

③学术与实践价值：简述如果能够解决这些问题，将对学术理论的推进、实际工程应用或政策制定等方面产生怎样的积极影响。

这一部分既要基于“论文拟研究解决的问题”展开，又可适当重复部分内容，以确保研究目标和意义得到充分表达。

（4）论文研究主要内容。

开题报告要求开题者初步提出整个论文的写作大纲或内容结构，体现研究的主要环节和核心内容。具体要求包括以下方面。

①整体框架：构建论文的基本框架，明确论文各部分的结构和层次，突出中心论点。

②重点与次要内容：区分论文中关键部分与辅助部分，确保各环节之间层次分明、逻辑清晰。

③研究步骤与方法：简要列出各个研究阶段的具体内容和实施步骤，包括理论分析、实验设计、数据采集与处理、模型构建以及结果讨论等。

这一部分既不同于“论文拟研究解决的问题”，又是论文研究目的的具体落实，为整个研究工作提供路线图，保证研究过程有条不紊地展开。

4.毕业论文开题报告需要考虑的要素

开题报告的撰写既是一个对课题进行深入思考的过程，也是为后续研究工作奠定坚实基础的重要环节。在撰写开题报告时，必须考虑以下几个关键要素，并注意报告的写作要点，确保研究设计科学、目标明确、方法得当，最终使课题具有较高的创新性和应用价值。

研究目标是整个课题的核心。只有目标明确、重点突出，才能保证研究方向清晰，排除研究过程中各种外界因素的干扰。目标的设定要求开题者明确指出课题拟解决的具体学术问题，界定研究范围和深度，确保论文所探讨的问题具有实质性和创新性。与此同时，研究内容应严格依据研究目标来确定，既要全面翔实又要周密有序，避免把研究目的和意义简单地当作内容展开，否则会使研究进程陷入被动，无法有效推动问题的解决。

此外，研究方法的选择在课题确定后显得尤为关键。方法的科学合理直接影响研究成果的可靠性和创新性。开题报告要求学生在充分调研的基础上，选择最适合解决研究问题的方法。不能不顾及研究对象的实际情况而盲目套用常规方法，相反，即使是已经研究过的课题，只要从新的视角出发，采用新的方法，也能取得突破性的成果。创新点的突出是整个研究的核心所在，开题报告中应明确阐述所选课题与同类其他研究的不同之处，表明新方法、新视角在弥补现有研究空白方面的潜力和意义。

在具体的开题报告写作中，需要注意以下三个方面：首先，要写“什么”。也就是在已有文献综述的基础上，客观介绍国内外在该领域的研究现状，陈述前人观点，并对其不足进行评述，进而提出计划探究的问题。只有通过系统的文献综述，才能确保选题不被前人深入研究过，从而彰显自己的研究价值。其次，要说明“为什么”写这个课题。这部分主要阐述选题的意义，既包括理论上的创新价值，也包括实际应用的潜在意义，明确指出所选课题在相关领域中所处的地位和发展前景。最后，要说明“怎么写”。即如何解决研究问题，介绍总体思路和研究方法，如文献分析、访谈、问卷调查、定量研究、实验方法、理论分析或模型检验等。

撰写开题报告是学生必备的基本能力。一份科学、周密的开题报告不仅能够为课题的顺利开展提供明确的指导，还能在研究过程中不断调整和优化研究方案，确保最终取得具有创新性和实践意义的成果。

5.任务书与开题报告的区别

毕业任务书更注重学生毕业任务的整体规划，完成毕业任务书之后才能明确接下来的工作如何展开，为后续工作提供导向，它既包括毕业论文的写作，也包括其他工作事宜。而开题报告则更具体，更针对毕业论文的写作，将论文选题中的研究问题、研究思路清晰地罗列在开题报告中，让导师可以就论文研究思路给予评价和建议，师生一起交流探讨，较早地确定研究思路的可行性。

第四节　论文中期报告

论文中期报告是毕业论文进行过程中对学生研究进展情况进行检查和评估的重要文档。它不仅能反映课题研究的阶段性成果，还能为后续研究提供明确指导和调整依据。下面将对中期报告的主要内容、写作要求及方法进行整理和总结。

一、主要内容

1.课题简介

中期报告首先要用 PPT 对课题进行简要介绍，包括研究目标和主要内容。研究目标应明确指出论文拟解决的具体学术问题或工程难题，突出研究的创新点；研究内容则应全面、详细地描述涉及的理论、方法、实验设计和数据采集情况，体现课题整体研究框架。

2.前期研究概述

按照时间顺序，对已完成的研究工作进行概述。报告应详略得当、主次分明地陈述之前完成的各阶段工作、关键实验、数据分析和文献调研成果。此部分不仅展示前期进展，还帮助评审者了解课题研究的整体脉络。

3.已解决的问题及解决方法

这一部分需要客观陈述当前研究工作取得的阶段性成果和所解决的关键问题。应列举已采用的研究方法、实验方案和数据处理方式，以及这些措施带来的具体成果，为后续工作奠定基础。

4.准备解决的问题及方法

针对尚未解决的研究难题，报告中应实事求是地分析其原因，并提出初步的解决思路和方法。包括对可能遇到的技术或理论难题进行预判，为后续调整研究方案做好准备。

5.后续研究安排

结合前期工作中发现的不足与问题，总结研究的优缺点，并制订详细的后续工作计划。要明确后续研究的重点、步骤、进度安排以及可能需要的补救措施，确保整个研究过程有条不紊地推进。

二、写作要求

1.明确写作目的

中期报告不仅用于汇报已完成的工作，更要阐明为何选择该研究课题、课题在学术和实际应用上的意义。通过文献综述，展示当前领域的研究现状及不足，从而证明所选题目的必要性和可行性。

2.结构清晰、内容翔实

报告结构应层次分明，每一部分都要言之有物，既要充分反映前期工作，又要对后续计划提出明确要求。文字应简练而充实，既能展示科研成果，又能突出研究思路和方法。

3.客观反映研究进展

在报告中，要如实陈述论文的完成情况，既包括已取得的成果，也包括仍存在的问题。对未解决的问题应提出初步解决方案，咨询导师意见，以便及时调整研究方向。

4.注重反馈与交流

撰写完毕后，应主动向导师和同行专家征求意见。通过交流与反馈，可以发现报告中未尽之处，进一步完善报告内容，使之更符合学术规范和实际需要。

论文中期报告作为检查毕业论文进展的重要工具，要求全面回顾前期研究工作，客观展示所取得的成果和存在的问题，并对后续研究工作进行详细规划。中期报告既是对研究思路和方法的进一步深化，也是与导师和评审专家有效沟通的桥梁。科学、严谨、翔实的中期报告能为整个研究过程的顺利推进提供有力保障，为最终获得优秀的毕业论文打下坚实基础。

三、中期报告检查要点

1.创作态度

在中期检查中，导师首先关注学生的创作态度。良好的创作态度不仅体现在对课题的热情与专注上，还体现在对科研工作严谨求实的精神上。

（1）积极主动与严谨求实。

学生在研究过程中主动查阅文献、广泛调研，不仅能展现对课题深入思考的态度，还能在遇到问题时及时调整思路。导师应通过定期讨论和反馈，鼓励学生保持好奇心与持之以恒的探索精神。

（2）自我反思与总结。

鼓励学生在写作过程中定期自查，通过自我反思不断发现不足，及时记录思路转变和新见解。导师可以要求学生撰写工作日志或阶段性总结，以便了解其研究过程中的心理状态和思维动态。

（3）虚心求教与团队合作。

学生应表现出乐于接受指导、主动向导师和同伴请教的态度。导师可以通过小组讨论、专题辅导等方式，帮助学生建立良好的沟通机制，使其在修改过程中不断提升，避免固执己见。

2.任务完成情况

在任务完成情况方面，主要考查学生是否按计划推进研究工作，以及各阶段成果是否达到预期。

（1）阶段性目标的达成。

要求学生在中期报告中明确列出已完成的各项任务和阶段性成果。导师应检查这些成果是否与既定目标一致，分析工作是否按预期进度进行，并对未达标部分给予具体改进建议。

（2）数据与论据的充实性。

学生需要提供充分、可靠的实验数据、文献综述及论证材料，确保任务成果具有科学依据。导师应注重评价材料的质量和完整性，并指导学生如何通过补充实验或查找新文献来弥补不足。

（3）工作计划与进度调整。

检查学生是否制订了详细的研究计划，并能根据实际情况进行动态调整。教师可要求学生提交时间表或进度报告，从而了解学生任务完成情况，并对后续工作提出切实可行的进度安排建议。

3.存在问题及采取措施

在中期检查中，导还需帮助学生客观识别研究中存在的问题，并提出解决方案，确保后续工作顺利开展。

（1）问题识别与分类。

要求学生在中期报告中详细列举遇到的技术难题、数据不足、结构不清等问题，并对这些问题进行分类整理。导师可以引导学生采用“问题清单”的方式，对每个问题进行分析，找出问题的根源。

（2）制定改进方案。

对于已识别的问题，导师应鼓励学生提出初步解决方案，并就改进措施进行讨论。具体可以通过专题讨论、指导会议等形式，帮助学生理清思路，并制定切实可行的改进方案。

（3）反馈与持续监控。

建议学生建立定期反馈机制，随时跟进问题的整改情况。导师可以要求学生在后续阶段报告中更新问题解决进度，并对改进措施的效果进行评估，确保问题得到彻底解决。

对毕业论文中期报告的检查，不仅要关注学生的创作态度和任务完成情况，还要重点帮助他们识别所存在的问题并制定解决措施。通过以上分析，学生能更好地规划研究过程、完善研究设计和提高论文质量。毕业论文中期报告示例如图 8.3 所示。

毕业论文中期检查表

<table>
<tr><td>学院名称</td><td></td><td>学生</td><td></td><td>指导教师</td><td></td></tr>
<tr><td>专业班级</td><td></td><td>学号</td><td></td><td>检查日期</td><td></td></tr>
<tr><td>论文题目</td><td colspan="5"></td></tr>
<tr><td>创作态度</td><td colspan="5"></td></tr>
<tr><td>任务完成情况</td><td colspan="5"></td></tr>
<tr><td>存在问题及采取的措施</td><td colspan="5"></td></tr>
<tr><td>质量评价</td><td colspan="2">□优　□良　□中　□差</td><td>建议结果</td><td colspan="2">□通过　□修改后通过　□不通过</td></tr>
<tr><td colspan="6">指导教师意见及建议：

导师签名：　　　　　　　　　　　　年　月　日</td></tr>
<tr><td colspan="6">教研室意见：
　　按要求完成中期检查任务，请按指导教师意见继续修改论文。

教研室主任签名：＿＿＿＿＿＿
　　　　　　　　　　　　年　月　日</td></tr>
</table>

"质量评价"和"建议结果"分别在对应选项"□"上划"√"。

图 8.3　毕业论文中期报告示例

第五节　毕业论文撰写安排及注意事项

毕业论文作为高等院校本科阶段最重要的学术成果之一，其写作不仅是对所学知识的系统整理和深化，更是培养科学研究能力和学术表达能力的重要实践。无论是自然科学、社会科学还是人文学科，毕业论文都必须遵循学术论文的基本要求，即论述必须具有科学性、独创性和严谨性，同时在文字表达上做到明确、简洁、逻辑严密。

一、怎样安排写作

毕业论文的写作是一项系统而严谨的学术活动。尽管不同学科和研究领域各有特点，但总体而言，毕业论文属于论说文范畴，其基本要求体现在三个方面：必须有明确的论点、充实的论据和严密的论证。撰写论文时，首先需要认识到论文是作者对某一学科问题研究成果的总结，其论述必须建立在客观事实和科学理论的基础之上。无论是从文献中获得的历史事实，还是通过观察、实验和调查等方式获得的第一手资料，都应真实可靠、出处明确。只有确保所有数据经过严格考证且能够重复验证、材料经过严谨核实，才能为论文的结论提供坚实依据，避免因凭空捏造或夸大渲染而影响论文的科学性和可信度。

毕业论文在论证过程中要求逻辑推理严密，表达准确。论文的每一项假设、推论或概括都必须建立在充分的证据之上，并且与本学科的既有理论相符。尤其是在自然科学领域，严密的逻辑推理不仅是理论建立的前提，更是检验研究成果是否站得住脚的重要环节。为此，撰写时应当详细记录计算过程、实验步骤以及调查方法，既方便指导老师了解学生的研究思路，也能使读者清晰地理解每个论证环节，确保论文内容不留漏洞。

论文的写作还必须遵循各自学科的特定体系和格式规范。不同学科论文的结构虽有差异，但大多可归纳为几种主要类型。例如，数学和物理等以理论推导为主的学科，通常要求论文包括论证前提（即学科的理论基础和前人研究成果）、详细的推导过程和最终的论证结果；而现象观察型论文一般分为引言、材料与方法、结果与分析以及结论与讨论四个部分；调查描述性论文则可能需要设置引言、背景介绍（如地理环境或情境说明）、材料与方法、结果与分析以及讨论与结论等章节。无论哪种形式，都必须确保论文结构严谨、层次分明，并符合所在学科或院校的写作规范。

在整个写作过程中，毕业论文不仅仅是对所学知识的简单总结，更是一次对自身综合能力的锻炼。通过对大量资料的搜集、整理和分类，学生能够在研究中逐步形成独到的见解，并不断完善自己的论点。“初稿—修改—定稿”的反复推敲，不仅提高了论文的质量，还培养了学生严谨细致的学术态度和解决实际问题的能力。此外，论文写作过程中虚心请教有经验的指导老师和前辈，也是提升写作水平的重要途径。只有在不断沟通和交流中，才能及时发现并改正论文中的不足，使整篇论文趋于完美。

一个明确、科学、具有创新意义的选题是论文成功的起点。选题时，既要从自身兴趣和专业优势出发，也要关注现实问题与理论研究的结合，从具体的小问题入手，逐步深入挖掘。只有选题准确，才能保证后续研究过程既有针对性又充满创新性。总之，毕业论文的写作不仅考验学生对专业知识的掌握，更是一种科学研究方法和严谨思维能力的综合训练。通过这一过程，学生不仅能够系统地整理自身的知识体系，还能为今后走向社会、进入职场打下坚实的基础。

二、撰写注意事项

在撰写毕业论文的过程中，有几项注意事项必须引起高度重视，这不仅关系到论文的质量，更直接体现了学生的学术态度和综合能力。

第一，要真正重视毕业论文。当今高校毕业生在就业压力日益突出的情况下，部分学生容易将主要精力放在就业上，认为毕业论文与未来工作关系不大，从而采取一种敷衍了事的态度。实际上，毕业论文不仅是对所学专业知识的系统总结，更是展示个人研究能力和独立思考水平的重要成果。一篇高质量的论文可以在学术上留下浓墨重彩的一笔，也能为今后步入工作岗位或继续深造打下坚实基础。因此，从一开始就要端正态度，认真对待论文写作的每一个环节。

第二，科学选题是论文写作成功的关键所在。选题是论文的起点，直接影响论文的整体质量和学术水平。一个好的选题不仅要符合学科的发展要求，还应结合自身的兴趣和专业优势，从现实问题中提炼出具有理论价值和实践意义的课题。切勿贪大求全，而应从小处着手、逐步深入，力争在研究过程中有所创新。只有选题准确、切中要害，才能使论文的研究工作有的放矢，为后续的资料收集和论证打下坚实基础。

第三，充分的准备工作是写好论文的重要保障。在正式动笔前，应广泛收集、认真学习和系统整理前人的研究成果。利用学校图书馆、网络数据库等多种渠道获取相关文献和资料，可以帮助学生了解研究现状、发现存在的问题，并为论文的论点提供有力的支撑。资料准备充分，不仅能节约后期写作的时间，还能使研究思路更加清晰，避免因资料不足而导致写作时出现断层或漏洞。只有建立在扎实的文献基础上，论文内容才能更加充实和具有说服力。

第四，合理安排写作进程也是论文顺利完成的关键。多数院校将本科学位论文的撰写安排在最后一个学期，通常整个周期约为 15 周，但实际用于撰写的时间往往不到 10 周。许多学生在前期准备和调研过程中进展缓慢，到了后期仓促写作，导致论文质量大打折扣。因此，提前制订详细的写作计划至关重要。应将论文写作的各个阶段细分成具体任务，合理分配时间，并定期与指导老师沟通，及时调整写作进度，确保每一个阶段都能顺利衔接，不至于在最后陷入慌乱和应付状态。

第五，在撰写过程中要始终紧扣论文主题，避免偏题。无论是在选材、论证还是讨论过程中，都必须确保所有内容与研究主题密切相关。随意扩展或增加与主题无关的内容，不仅会分散注意力，还可能使论文论述显得冗杂、缺乏层次感，从而影响整体效果。只有始终围绕主题展开，才能构建逻辑严谨、条理清晰的论证体系，进而使论文内容紧凑而富有说服力。

第六，注意文字表达和格式规范也是写作的一项基本要求。学位论文作为一种正式的学术文献，不仅要求论证充分、论据确凿，更要求语言表达准确、简洁、生动。撰写时应避免使用晦涩难懂的词汇和冗长啰唆的句子，而应力求由浅入深、由表及里地展开论述。同时，引用文献、数据和图表时必须严格标注出处，确保不曲解原意，维护学术诚信。只有在语言和格式上都做到规范严谨，论文才能在形式上给人以良好的第一印象，进而为内容增色。

毕业论文的写作是一项系统而综合的工程，它既考验学生的专业知识和学术能力，也反映出其严谨的工作态度和良好的时间管理能力。只有从重视论文、科学选题、充分准备、合理安排、紧扣主题到注意文字表达和格式规范等各个方面都精益求精，才能写出既具学术价值又体现个人风采的优秀毕业论文。这不仅是一次学术训练，更是为未来职业发展积累经验、锤炼能力的重要历程。

第九章　学术成果与评价

科学的每一次伟大进步，皆源于想象力的大胆突破。（Every great advance in science has issued from a new audacity of imagination.）——约翰•杜威

第一节　学术成果概述

随着社会的不断进步，学术研究已成为一项具有高度专业性的职业工作，同时也成为部分学者谋生的重要手段或职业选择。对于这些学者而言，其工作业绩主要体现在研究成果的公开发表上。学术成果不仅是对某一问题系统研究和深入认知的体现，更是衡量学者综合业务水平的重要指标。学术成果的主要表现形式包括公开发表的论文以及正式出版的学术著作。

无论是学术论文还是学术著作，其核心要求都是具有独到的见解和创新性的发现，必须在现有研究成果的基础上提供新的信息和价值。因此，学者在进行研究时，需要紧密关注学术动态，深入了解前人的研究成果，并在此基础上进行自主探索。换句话说，任何学术论文和学术著作的研究成果都建立在前人研究的基础之上，但其价值在于创新性地推进学科的发展。

一、学术论文与著作的核心要素

学术论文和著作的撰写包含两个核心要素：科学内涵与表达形式。

1.科学内涵（科学价值）

科学内涵决定了一篇论文或一部著作的学术价值，其核心在于研究设计的科学性以及所取得的研究成果的质量。高水平的论文或著作必须建立在严谨的研究基础之上，确保研究成果具有创新性、实用性和理论贡献。如果研究结果本身缺乏科学价值，那么即使表达技巧再优秀，也难以形成有影响力的学术成果。

2.表达形式（写作技能）

良好的表达形式是高水平论文或著作不可或缺的要素。表达形式包括研究结果的整理、学术语言的运用、逻辑结构的安排以及论述的严谨性等方面。即使研究成果本身具有较高的科学价值，但如果缺乏清晰的表达和良好的逻辑，也难以在学术界产生较大的影响。优秀的论文与著作不仅要展现科学发现，还要在表达形式上遵守学术规范，使读者能够清晰理解研究成果及其学术价值。

学术论文和著作属于原著类研究成果，即基于作者自行设计和实施的实验所得出的研究数据，或基于作者的独立思考与深入分析，所形成的具有原创性的学术见解。学术

成果的撰写既是前一阶段研究工作的总结，同时也是下一阶段学术探索的重要基础。

二、学术成果的核心价值体现

在表达学术成果时，应当努力突出学术研究的核心价值，主要体现在以下几个方面。

1.新发现

任何学术研究都应注重发现新的科学现象或未被充分认识的问题。研究者需要深入讨论这些现象，并分析其对现有理论体系的影响或在实际应用中的价值。例如，在某一领域的研究过程中，若发现了新的生物特性、环境变化趋势或社会行为模式，研究者应当重点探讨这一发现对学科发展的启示，并提出可能的应用方向。

2.新观点

学术研究的核心之一是提出新的学术观点，这不仅是对已有理论的补充或完善，更是推动学科进步的重要途径。在科学研究中，研究者需要基于实验数据、理论分析或文献综述，尝试提出新的学术观点，或对已有观点进行验证、修正或补充。这些新观点可能涉及新的理论模型、对现有假设的挑战或对复杂现象的新解释。例如，在环境科学领域，研究者可能会通过多源数据分析发现新的生态系统相互作用规律，从而提出不同于传统理论的新观点。此外，研究者还可以通过跨学科研究，将其他学科的方法论引入本领域，形成新的研究思路。新观点的提出需要扎实的研究基础，必须经过严谨的论证过程，以确保其科学性和可行性，从而推动相关学科的发展。

基于本研究以及迄今为止的相关研究，研究者应尝试提出新的学术观点，或对已有观点进行证实或修正。学术研究的价值在于推动知识体系的不断完善，因此在论文或著作中，需要明确表述研究结论与现有研究的关系，并阐述研究成果如何推动该领域的理论创新。例如，通过对历史数据的分析，研究者可能会发现某种环境变化的成因不同于以往的认知，这种新观点的提出将有助于学科理论的深化。

3.新方法

研究方法的创新是学术研究的重要推动力，它直接影响研究成果的质量和科学价值。研究者可以通过开发新的实验方法、数据分析技术或数学模型，来提高研究的准确性和可重复性。例如，在生态环境监测领域，结合遥感技术和机器学习算法，可以实现更加精准的环境评估。与此同时，对已有研究方法的改进也具有重要价值，例如优化传统的统计分析方法，使其适用于大规模数据集，或结合不同学科的方法以解决跨学科问题。此外，创新方法不仅限于技术改进，还包括研究设计的优化，如更合理的实验流程、更精确的变量控制以及新的测量指标体系。新方法的应用不仅能提高研究的效率，还能为后续研究提供更可靠的数据支撑，从而拓展学科的研究边界。在学术研究过程中，研究方法的创新至关重要。一项高质量的研究不仅要提供新发现和新观点，还应在研究方法上有所突破。创新方法具体包括：

①在实验研究中采用新的技术手段，如更精准的测量仪器或数据分析方法；

②对经典方法进行重要改进，使其适用于新的研究领域或提高研究效率；

③跨学科融合不同领域的方法，形成具有创新性的研究范式。

例如，在环境科学研究中，研究者可能会结合遥感技术与人工智能算法，提出一种全新的生态环境监测方法，从而提升研究的精确度和适用性。

4.论文或著作的学术价值

论文或著作的最终价值在于其对学科发展的贡献，这体现在理论创新、方法改进、实际应用等多个方面。高质量的学术论文应当围绕核心研究问题，深入探讨其科学意义，并结合前人研究进行系统分析，以突出研究的独特贡献。在论文或著作的讨论部分，研究者应综合已有文献，详细阐述本研究的创新点，强调其对学术界的价值。例如，在可持续发展研究中，一篇高水平的论文可以通过数据分析揭示新的资源利用模式，从而对政策制定产生影响。此外，论文或著作的价值也体现在其应用潜力上，如提出能够解决实际问题的理论框架或技术方案。通过清晰地表达研究成果的学术意义，研究者不仅能增强论文的影响力，还能为未来的研究奠定坚实基础。在论文或著作的讨论部分，研究者应结合相关文献对自身研究的价值进行分析，并在引言、方法、结果等部分围绕核心问题形成连贯一致的论述。强调研究成果的核心贡献，有助于提升学术论文或著作的影响力，使其得到学术界的认可。

三、学术成果的撰写原则与展望

在撰写学术成果时，研究者应遵循以下原则，以确保研究的科学性、创新性和表达的规范性。

1.严谨求实

研究过程必须严格遵循科学原则，这是确保研究成果可信度的关键。在研究设计阶段，应明确研究目标，合理选择研究方法，确保研究方案的科学性和可行性。在数据采集过程中，应采用严谨的实验设计和数据收集方法，确保数据的准确性、完整性和代表性，并尽量减少实验误差和主观偏差。在数据分析和结果讨论阶段，应采用科学合理的分析方法，确保研究结果的客观性和一致性。同时，研究者应保持客观公正的态度，尊重事实，严谨推理，避免夸大或歪曲研究结果。在研究成果的发表和传播过程中，应遵守学术道德，严禁数据造假、抄袭和篡改研究结果，确保研究成果的真实性和学术诚信。

2.逻辑清晰

学术论文和著作的逻辑性是确保研究成果易于理解和传播的关键因素。一篇优秀的论文应当具有清晰的层次结构，研究问题、研究方法、研究结果和讨论部分紧密相连，形成一个连贯的逻辑体系。在论文撰写过程中，研究者应遵循“总—分—总”的结构，即先概述研究背景和问题，再进行具体论述，最后总结归纳，确保论文的逻辑性。此外，研究者需要注重段落与段落之间的过渡，使论述连贯流畅，避免信息碎片化或论述跳跃。此外，合理使用图表、数据和示例，有助于增强论文的可读性，使复杂的信息更加直观，从而提高研究成果的传播效果。逻辑清晰的论文不仅能帮助读者快速理解研究内容，还能使研究成果在学术界获得更高的认可度。论文或著作的结构安排要层次分明，研究问题、研究方法、研究结果和讨论部分要有机结合，形成连贯的逻辑体系。

3.注重创新

学术研究的价值核心在于创新，创新体现在研究问题的独特性、研究方法的突破性以及研究成果的贡献度上。研究者应当致力于探索尚未被深入研究的课题，结合最新的理论和技术手段，提出新的研究假设或解决方案。创新不仅仅是发现新现象或提出新观点，也包括对现有方法的改进、数据分析的新视角以及跨学科的融合。例如，在环境科学研究中，创新可能体现在数据分析方法的优化、遥感技术的应用或是不同学科理论的结合上，从而提出新的生态系统评估模式。此外，创新性研究还需要具有前瞻性，能够为未来的研究方向提供启示，为学科发展贡献新的思路。学术研究的创新不仅能推动知识体系的不断完善，也能增强学术影响力，使研究成果在学界和应用领域获得更广泛的认可。学术成果应体现原创性，避免重复已有研究，并努力提出新的研究方向或应用价值。

4.规范表达

学术论文或著作的表达方式直接影响其学术价值和影响力。研究者需要严格遵循学术写作的格式要求，确保语言精准、逻辑清晰、表达严谨。学术写作应避免使用模糊不清的语言或过于主观的描述，而应采用符合学术规范的专业术语和表达方式，以增强研究的科学性和权威性。此外，研究者应注重数据和结论的准确性，确保研究结果的可重复性和可靠性。引文的准确性和完整性也是学术规范表达的重要组成部分，研究者应严格按照国际或国内期刊要求，正确引用相关研究成果，避免学术不端行为。合理使用图表、表格和参考文献，不仅能增强论文的可读性，还能有效支撑研究结论，使论文更加具有说服力。良好的规范表达不仅能提升研究成果的传播效果，还能增强论文的学术影响力，使其更易被同行认可和引用。综上，学术成果应遵循学术写作的格式要求，合理使用学术语言，并确保引文的准确性和参考文献的完整性。

随着科技的不断进步和学术交流的全球化，学术研究的形式和方法也将不断演进。人工智能、大数据分析、跨学科合作等新技术和新模式的应用，将为学术研究提供更多的可能性。同时，学术研究的评价体系也将更加注重研究的社会影响力和实际应用价值。因此，研究者在从事研究的过程中，不仅需要关注学科前沿，更要思考如何将研究成果转化为社会价值，以推动学术研究与社会发展的良性互动。

学术成果是研究者研究工作的核心体现，其质量直接影响学术影响力和职业发展。高水平的学术论文与著作需要兼具科学价值与良好的表达形式，并能够在新发现、新观点、新方法等方面做出贡献。未来，随着学术研究的发展和技术的进步，学术成果的表达方式和影响力将持续拓展，推动科学知识的创新与应用。

第二节　毕业论文答辩

论文答辩是学位申请过程中至关重要的环节，主要是对学士、硕士和博士学位论文进行评审。答辩委员会成员会在答辩会上对论文中阐述不清楚、不详细、不确切或不完善之处提出问题，作者需当场作答或经过短暂准备后予以回应。这一过程旨在进一步考查论文作者关于相关问题的知识基础、创造性见解和论证能力，确保其具备独立从事科研工作的能力。论文答辩不仅是对学位论文的最终检验，也是对学位申请人学术水平和研究能力的综合评估。

一、论文答辩的目的

论文答辩的核心目的是对学位论文的质量及研究者的学术能力进行最终考核。

（1）论文答辩能够验证研究者对研究课题的理解深度和当场论证能力。

论文的撰写受篇幅和结构限制，可能未能充分论述部分关键问题，答辩委员会通过提问，可以进一步考察研究者对相关内容的掌握程度，以及其运用所学知识进行分析和推理的能力。

（2）论文答辩检验研究者对专业知识的掌握深度和广度。

研究者在撰写论文过程中可能对某些知识点理解透彻，但也可能存在薄弱环节。通过答辩，研究者需要系统性地回答委员会成员的提问，展示其专业素养，提升综合运用知识解决问题的能力。

（3）论文答辩是保障学术诚信的重要环节。

研究者应当基于真实的数据和研究成果独立完成论文。然而，部分论文可能存在数据造假或抄袭问题。答辩委员会成员可以通过现场提问，鉴别论文的真实性，并评估研究者是否真正掌握了论文内容，从而确保研究质量。

（4）论文答辩是研究者学术成长的关键环节。

答辩要求研究者在有限时间内清晰、准确地表达研究内容，并迅速回应专家的提问，这不仅锻炼了研究者的学术表达能力和思维能力，也有助于其未来在科研领域的进一步发展。

论文答辩不仅是对论文质量进行最终审核的环节，同时也是研究者学术成长的重要契机。其主要意义体现在以下几个方面。

（1）论文答辩能够有效提升研究质量。

通过答辩委员会的提问与建议，研究者能够发现论文中可能存在的不足，并在后续修改完善研究成果，使论文更加严谨和科学。委员会的专家通常具有丰富的学术经验和研究背景，他们的意见可以帮助研究者优化论文结构、改进研究方法、深化理论分析，使研究成果更加具有学术价值。

（2）论文答辩有助于增强学术表达能力和逻辑思维能力。

在答辩过程中，研究者需要在限定时间内清晰、精准地陈述研究内容，并合理应对提问，从而提升学术交流和演讲能力。面对答辩委员会成员的提问，研究者需要迅速组织语言，逻辑严密地回答问题，这不仅有助于提升其学术写作和表达能力，同时也培养了他们临场应变和批判性思维能力。

（3）论文答辩可以拓展研究者的学术视野。

在答辩过程中，委员会成员可能会提出涉及研究领域前沿的问题，甚至从不同的学科视角对论文内容进行探讨。这种学术交流不仅可以帮助研究者获得新的研究思路，还能促进跨学科合作，进一步推动研究领域的发展。研究者通过与专家学者的互动，不仅能加深对自身研究的理解，也能借鉴不同学科的研究方法，为未来的学术研究提供启发。

（4）论文答辩还是检验研究者临场应变能力的重要途径。

在面对委员会成员的提问时，研究者需要迅速理解问题，并在短时间内组织语言进行回答。这一过程不仅考验其对研究内容的熟悉程度，也要求其具备良好的应变能力和心理素质。能够在高压环境下做出清晰、合理的回应，是优秀学术研究者必备的素养。

（5）论文答辩促进了学术交流。

答辩为研究者提供了与学术专家深入交流的机会，使其能够获得专业性的反馈，并优化自身的研究路径。委员会成员的提问和建议往往能够引导研究者从新的角度思考问题，帮助他们改进研究方法或优化研究方向。此外，答辩过程中所建立的学术联系也可以为研究者未来的学术发展提供支持。

论文答辩不仅是学术评价的重要手段，更是关乎研究者成长和发展的关键环节。通过答辩，研究者能够更好地理解自己的研究课题，提高学术水平，并为未来的科研工作积累宝贵经验。

二、论文答辩的意义

顺利毕业是答辩者参加论文答辩的直接目的，但是论文答辩还具有其他多方面的意义。

（1）论文答辩是一个增长知识、交流信息的过程。

为了参加答辩，答辩者在答辩前要积极准备，仔细审查文章的所有部分，再次熟悉有关知识和继续收集与此有关的各种资料，做好解说和弥补的准备。这种准备的过程本身就是积累知识、增长知识的过程。在答辩过程中，答辩委员也会就论文中的某些问题阐述自己的观点或者提供有价值的信息。这样，答辩者又可以从答辩委员那里获得新的知识。当然，有时答辩者的独创性见解或在答辩中提供的新材料，也会使答辩委员得到启迪。

（2）论文答辩是答辩者向答辩委员和有关专家学习、请求指导的好机会。

毕业论文尤其是学位论文答辩委员会，一般由拥有较丰富的实践经验和较高专业水平的教师和专家组成，他们在答辩会上提出的问题一般是本论文涉及的本学科学术问题范围内具有基本性质的最重要的问题，是答辩者应具备的基础知识，却又是论文中没有阐述周全、论述清楚、分析详尽的问题，也就是论文中的薄弱环节和答辩者没有认识到的不足之处。通过提问和指点，答辩者就能够了解自己毕业论文中存在的问题，为今后研究其他问题提供参考。对于自己还没有搞清楚的问题，还可以直接请求指点。总之，答辩会上提出的问题，不论答辩者能否当场做出正确、系统的回答，都是对答辩者一次很好的帮助和指导。

（3）论文答辩是答辩者学习、锻炼辩论技术的一次良机。

当今社会是一个竞争的社会，能言善辩是在竞争中取胜所不可缺少的重要手段，也是现代人必须具备的重要素质。擅长交际、能言善辩的学生要比成绩优秀但性格孤僻内向的学生被聘用的概率大，在社会上成就事业的可能性也更大。

论文答辩是一种重要的，有计划、有组织、有鉴定、比较正规的论文审查形式。为了搞好毕业论文答辩，在举行答辩会前，院（系）、辩委员会、答辩者三方都要做好充分的准备。

三、答辩的准备

1.院（系）的准备工作

院（系）需要在答辩前进行一系列的组织和筹备工作，以确保答辩的顺利进行。主要包括以下几个方面。

（1）审定答辩资格。

参加毕业论文答辩的学生需满足以下条件：修完学校规定的全部课程，所有考试考查科目均合格，并取得规定的学分。此外，毕业论文须经指导教师审阅，并签署同意答辩的意见。只有同时满足以上条件，学生才能获得答辩资格。

（2）组织答辩委员会。

答辩委员会是负责毕业论文答辩的临时机构，承担组织、领导答辩工作的职责，并对论文进行公正评审。委员会一般由 5~9 名专家组成，另设秘书 1 人，委员多为具有高级职称的教师。委员会需提前熟悉论文、指导教师评语及相关材料，并确保答辩安排和答辩委员会名单提前公布。

（3）制定答辩程序。

制定科学、严谨的答辩程序是保证答辩质量的关键环节。完整的答辩程序通常包括论文陈述、答辩委员会提问、答辩者作答、答辩委员会讨论并给出最终评价等环节。通过系统化的流程安排，可以确保答辩过程的公平、公正，提高答辩质量。

（4）拟定评价标准。

为了确保评分的客观性和一致性，答辩委员会需提前制定论文评价标准。评价标准通常包括论文的学术价值、研究方法的科学性、数据的可靠性、论证的严谨性以及答辩者的表达能力等方面。

（5）布置答辩会场。

答辩会场的布置会直接影响答辩气氛和答辩者的心理状态。因此，应尽量营造庄重、安静的环境，避免不必要的干扰。

（6）营造良好的答辩氛围。

为了缓解学生的紧张情绪，提高答辩表现，院（系）应鼓励学生进行模拟答辩，并在正式答辩时创造轻松但严谨的氛围，使学生能发挥出最佳水平。

2.答辩委员会的准备

（1）制定提问原则。

答辩委员会成员需提前阅读论文，拟定问题，并确保提问符合以下原则。

①以论文内容为基础，结合相关学科知识进行提问。

②难度适中，由浅入深，考查学生的理解深度和综合运用能力。

③既关注理论问题，也涉及实际应用，使考查更加全面。

（2）制定提问方式。

答辩委员会的提问方式主要分为两类："事先提出"和"临场抓题"。

①事先提出：提前10分钟交给学生，使其有短时间的思考准备。

②临场抓题：根据答辩过程随时提问，以考察学生的思维敏捷性。

此外，问题类型可分为"复述型"和"引申型"。复述型问题主要考查学生对论文内容的掌握情况，而引申型问题则更具挑战性，考查学生的学术深度和创新能力。

3.答辩者的准备

（1）熟悉论文内容。

答辩者应熟悉论文全文，尤其是研究方法、数据分析和结论部分，确保能够自信地回答相关问题。同时，应检查论文是否存在逻辑不清或表达不准确的地方，并做好补充解释的准备。

（2）编写答辩提纲。

答辩者需提前准备一份清晰的答辩提纲，提纲应涵盖以下内容。

①研究课题的选题背景和意义。

②研究方法和实验设计。

③研究成果及其创新点。

④论文可能存在的不足和改进方向。

（3）准备讲稿和多媒体材料。

答辩者应准备简洁明了的讲稿，并可辅以PPT、图表、实验演示等，以增强答辩的说服力和表现力。

（4）进行模拟答辩。

通过与同学或导师进行模拟答辩，有助于提前发现答辩中的问题，并进行有针对性的改进。同时，模拟答辩有助于提高口头表达能力，使答辩者在正式答辩中更加从容。

（5）心理调整与临场应对。

答辩者应保持良好的心态，避免过度紧张。在答辩过程中，若遇到未准备到的问题，应冷静思考，条理清晰地回答。同时，可利用反问或补充解释的方式，争取更多时间组织语言，避免仓促应对。

充分的准备，不仅可以使论文答辩顺利通过，还能帮助答辩者提升学术表达能力、逻辑思维能力和综合素质，为未来的学术研究和职业发展奠定坚实基础。

四、毕业论文答辩

1.答辩程序

（1）开始答辩。

答辩委员会主席首先登台，向全体在场人员详细宣布答辩会场的各项纪律和注意事项。主席不仅要介绍答辩会的总体流程，还要详细说明各环节的时间安排、会场内需要遵守的秩序以及可能出现的突发情况的应对措施。为了保证整个答辩过程严谨而高效，主席还会提醒大家注意仪容仪表，要求所有参会人员保持安静，并遵循事先制定的答辩流程和规章制度，确保整个会场氛围庄重而有序。

（2）主持会议。

答辩委员会主席在宣布正式开始后，将全程主持答辩会议。主席不仅负责控制会议进度，还要对各个环节进行适时的引导和过渡。在此过程中，主席需要协调各位答辩者的发言时间，适时地提醒每位答辩者控制好陈述时间，防止超时或过于仓促，同时注意监督现场纪律，确保答辩过程中不会出现打断、喧哗等干扰情况。主席的主持能力和临场调控能力对答辩整体效果起至关重要的作用。

（3）资格审查。

在正式进入论文陈述之前，答辩秘书负责介绍答辩者的资格审查情况。秘书将详细说明每位答辩者的材料审核情况，包括论文提交的完整性、各位评阅人对论文的初步意见以及答辩者是否满足所有答辩条件等。这个环节不仅是对答辩者学术成果的一次初步检验，也为后续评审工作奠定基础，确保在座各位答辩委员对每位答辩者的基本情况都有一个清晰、客观的认识。

（4）论文陈述。

答辩者首先进行简要的自我介绍，说明姓名、专业、年级和班级等基本信息，以便答辩委员会对答辩者的背景有初步了解。随后，答辩者根据事先确定的提纲，系统地介绍论文的主要内容。内容方面应详细覆盖以下几个部分。

①选题背景与意义：对研究选题的动机进行说明，介绍国内外相关研究现状，强调该课题的理论与实践意义，以及该研究对学科或行业发展的贡献。

②论文观点：明确阐述论文的核心论点和基本假设，说明所持观点的独特性和创新性，并指出与现有理论的差异或改进之处。

③使用材料：介绍数据来源、实验材料或文献资料，详细说明资料的可靠性和代表性，以及选择这些材料的理由。

④论证过程：以逻辑清晰的步骤介绍研究方法、数据分析过程和论证步骤，着重突出研究中的创新点、关键技术或理论突破。

⑤研究结论：总结研究结果，阐述主要发现，并对这些结果在实际应用或理论推广中的意义做出详细解析。

⑥进一步设想与建议：针对研究过程中发现的问题和不足，提出未来可能的改进方向和研究计划。答辩者可适时采用板书、幻灯片或其他多媒体工具进行辅助说明，以期在讲解过程中达到图文并茂、条理清晰的效果。为展示自己的熟练程度和对论文内容的深刻理解，建议答辩者尽量做到脱稿陈述。

⑦时间要求：本科生陈述时间通常控制在10~15分钟；研究生陈述时间一般为20~30分钟；若论文涉及实验成果或现场演示，答辩委员会可要求在计算机房或实验室进行展示，演示时间通常不超过10分钟，以便更直观地说明研究成果。

（5）答辩问答。

论文陈述结束后，答辩进入问答环节。这一阶段由答辩委员会成员和到会人员共同参与，针对论文的理论、方法、数据分析及结论等方面提出各种问题。答辩者需要在规定时间内（一般不少于30分钟）回答问题，现场回答问题不仅考验答辩者对论文内容的掌握情况，还反映其临场应变能力。在回答过程中，答辩者应始终保持站立姿态，正面面对提问的老师和听众，认真聆听每个问题，并用笔做好详细记录。回答时要言简意赅、条理清晰，可根据需要重述或补充先前讲述过的内容，也可引用新的数据或证据进行补充说明。答辩者应保持耐心和自信，即使面对看似尖锐或刁钻的问题，也不要慌张，应通过充分思考后给予合理、充分的解释。特别是在论文主要观点与主答辩老师意见不一致时，答辩者可以适当展开辩论，但必须确保讨论内容基于事实和数据，同时语言要保持文明礼貌，避免情绪化言辞。

（6）暂时退场。

当问答环节结束后，为了确保答辩评审的公平性和内部讨论的严谨性，答辩者及列席人员需按照规定暂时离开会场。为答辩委员会提供一个安静、无干扰的环境，使委员们能够就答辩者的表现进行深入讨论和评议。

（7）答辩委员会讨论。

在答辩者离场后，答辩委员会成员召开内部会议，讨论并评议答辩过程。会议中，委员们会详细讨论论文的各个方面，逐一回顾答辩者的陈述和回答，并结合评阅人意见进行综合打分。此环节中，委员们不仅要对论文的学术价值、论证逻辑、创新性及表达能力做出评价，还需就是否通过答辩、是否授予学位进行最终的表决。讨论过程要求客观公正、依据充分，确保评分标准透明合理。

（8）公布结果。

经过内部讨论和表决后，答辩委员会主席将重新召集答辩者及列席人员入场，并正式公布论文评议和答辩表决结果。主席在宣布结果时，会详细说明评审意见和评分情况，并明确告知答辩者是否通过答辩、是否获得学位，以及如未通过答辩需要进行哪些补充或改进工作。整个公布环节要求言辞清晰、解释详细，让答辩者对评议结果有充分了解。

2.主答辩老师的提问策略

在答辩会上，主答辩老师的提问方式不仅考查答辩者的专业水平，也影响整个答辩会的气氛和讨论效果。为了最大限度发挥答辩的作用，主答辩老师应采取如下提问策略。

（1）先易后难原则。

主答辩老师一般会针对每位答辩者提出三个或以上问题，这些问题应从简单到复杂、从基础到深入。先提出一些基础性问题，既可以让答辩者放松心情，又能展示其对基础知识的掌握；随后再逐步转向更具挑战性的问题，以检验答辩者对复杂学术问题的思考和应答能力。

（2）逐步深入法。

为准确检测答辩者对专业知识的理解和运用情况，主答辩老师有时会将一个较为宏观的问题拆解成若干个具体的小问题。这种逐步深入的提问方式不仅使问题层次分明，还能引导答辩者系统地展开回答，从而全面展示答辩者的学术素养和研究能力。

（3）温和讨论法。

在提问过程中，若答辩者提出的观点与主答辩老师存在差异，老师应以温和、商讨的语气与答辩者进行讨论。这种方法既能鼓励答辩者表达自己的见解，又能使讨论气氛保持友好。通过温和的讨论，答辩者可以获得更多启示，同时也能够更好地辩证分析和完善自己的论文观点。

（4）启发引导法。

当答辩者回答问题出现偏离主题或陷入思考困境时，主答辩老师应采用启发式和引导式的提问方式，帮助答辩者逐步回归正题。比如，老师可以提出一些关键性提示或补充性问题，引导答辩者聚焦核心问题，从而使回答更加准确和系统。这种方法不仅考验答辩者的知识储备，也体现了老师在教学中的启发与引导作用。

3.论文答辩技巧

论文答辩是整个毕业论文工作的重要环节，既考查论文的书面表达质量，也检验答辩者的现场表达能力、逻辑思维能力和临场应变能力。为此，答辩者需在准备和现场表现中注意以下技巧。

（1）材料齐全，信心十足。

在答辩前，答辩者应仔细核对所有必备材料，包括论文底稿、答辩演讲稿、幻灯片、实验数据、参考文献和相关辅助资料。所有资料的完整性和准确性是答辩成功的重要保证。答辩者还应准备好必要的辅助工具，如笔记本、笔、激光笔及实物展示材料，以便在现场能迅速查找相关内容。充分的准备工作可以大大缓解紧张情绪，提升答辩者的自信心，从而让答辩者在答辩过程中更加从容不迫地应对各类问题。

（2）开宗明义，消除紧张。

答辩现场氛围虽庄重严肃，但答辩者必须学会调节紧张情绪，展现最佳状态。首先，答辩者应注意自身形象，保持整洁得体的着装、精神饱满的状态以及自信自然的微笑。一个有力的开场白是消除紧张的重要手段，答辩者应提前设计并反复练习开场词，通过简洁明了的话语迅速引起听众兴趣，明确论文研究的意义和价值。适当的肢体语言，如手势和眼神交流不仅可以帮助传递信息，还能缓解现场的紧张气氛，使整个答辩过程更加流畅和自然。

（3）时间灵活，演示多样。

答辩过程中，合理的时间分配至关重要。答辩者应提前规划演讲结构，合理安排每一部分的讲解时间，从研究背景、方法、数据分析到结论和展望，每一环节都应清晰分明。通过多次试讲，答辩者可以调整语速和内容详略，确保在限定时间内既不遗漏重点，又能充分展示研究成果。

此外，采用多种演示方式能够有效提升现场效果。

①多媒体幻灯片：幻灯片应设计得简洁美观，文字、图表和图片相互补充，确保信息传达直观有效。根据不同层次的研究内容，对于幻灯片页数，本科生一般为15~20页，硕士生可适当增加至25~30页。

②现场板书或挂图：在关键数据或理论模型解释时，现场书写或绘图可以让听众更直观地理解复杂内容。

③实物或动态演示：对于实验性研究，现场展示实物、视频或动态演示可以直观反映研究成果。

使用这些工具时，应提前进行设备调试，确保内容、顺序、色彩搭配及转换速度均达到最佳展示效果，使听众能充分吸收并理解展示内容。

（4）言语简练，口齿伶俐。

论文答辩要求语言表达准确、简洁明快，避免冗长赘述。为此，答辩者应在平时大量练习讲稿，并进行多次模拟答辩，力求在答辩时做到脱稿、流畅且自信。答辩过程中，注意语速、语调和停顿的合理安排，使每个观点都能够被清晰传达，同时避免因紧张出现结巴或过多的口头禅。结尾时，答辩者需对论文的主要论点和结论进行有力总结，使听众在短时间内对论文内容有全面而深刻的印象，避免因时间把控不当而导致现场气氛冷淡。

（5）思路清晰，沉着应对。

答辩不仅需要做好论文内容的阐述，更需要面对现场提问和辩论。答辩者在听取问题时应保持高度集中，认真记录问题要点，并在必要时请求提问者重复或澄清问题，确保准确理解。回答时应迅速抓住问题核心，层次分明地陈述自己的思路和论证过程，同时结合论文中的数据和理论进行翔实说明。遇到较复杂或富有争议性的问题时，答辩者应保持冷静，适当停顿思考，再从容回答，切勿急于作答，以免导致回答不准确或逻辑混乱。这样的从容应对不仅能展现答辩者的扎实学术功底，也能赢得评委和听众的信任和赞赏。

（6）论证有据，礼貌辩论。

在答辩过程中，面对与自己观点不一致的提问时，答辩者应以充分的事实依据、数据和理论支持自己的立场。对于基础性问题，应提供准确无误的回答；而对于学术探讨性问题，答辩者可以进行深入的讨论和比较，但必须始终保持谦逊、礼貌和开放的态度。答辩者应使用委婉且专业的语言表达不同意见，既要维护自己经过深思熟虑的观点，也要尊重提问者的意见，从而在讨论中达到互相启发和共同进步的效果。这种有据可依、礼貌得体的辩论方式，不仅能展示答辩者的学术水准，还能有效化解现场可能出现的分歧，促使评委和听众对论文结论有更深刻的理解和认可。

五、答辩成绩评定

所有毕业论文答辩结束后，答辩委员会将依据学生答辩过程中的表现、论文的学术质量和评阅人的意见，按照预定的毕业论文（设计）答辩成绩表的评价指标进行综合评分。具体程序如下。

（1）综合评议。

结合指导教师的汇报、评阅人提供的详细意见以及答辩者现场的答辩表现，对论文的理论创新、数据处理、论证逻辑、写作规范及现场表达能力等进行全面评价。

（2）评分讨论。

委员会成员在内部讨论中，依据既定的评分标准对每个评价指标进行量化打分，并撰写详细的评语，确保评分过程公开、公正、透明。

（3）成绩通报。

在规定时间内，由答辩委员会将最终成绩、评语及是否授予学位的决定正式通告申请人。

根据有关规定，若论文答辩不合格，将不予颁发毕业证书，亦不得获得学位证书，并按结业处理。

但同时规定，这些学生可在毕业后一年内返回学校补做毕业论文，并重新参加答辩。具体补做的课题和时间由各学院、系或所统一安排，补做论文合格并通过答辩后，学校将为其换发毕业证书并补发学位证书。

第三节 毕业论文的评价

论文评价是一个复杂而困难的过程，其根本原因在于论文的性质、类型及用途各不相同。譬如，人文社会科学论文与自然科学论文在研究方法、研究对象及理论构建上存在本质差异；理论性论文与应用性论文在创新性、实用性及数据支持上侧重点不同；学术论文与学位论文不仅在目的上有所区别，而且在要求的严谨性和规范性上也不尽相同。因此，不同类型论文的评价标准和方法自然也会有所不同。论文作为一种精神产品，其内涵主要体现在思想性、创造性和知识含量上，对其进行量化评价往往难以做到完全客观准确。此外，若完全放弃量化评价，则难以对大量论文进行横向比较和公平评选，从而影响学术交流和人才选拔。

尽管论文评价存在上述种种困难，但实践表明，论文评价仍可依托两个基本维度进行衡量：学术价值与应用价值。学术价值主要考查论文的理论创新、学术深度和对现有知识体系的补充或突破；而应用价值则侧重于论文成果在实践中的转化能力、实际效益以及对社会经济发展的推动作用。在自然科学领域，国家在评定发明专利时所运用的新颖性、先进性和实用性标准，以及国家三大奖（国家技术发明奖、国家自然科学奖和国家科技进步奖）所强调的科学技术水平、社会效益、经济效益和对科技进步的贡献，均能很好地反映这一评价原则。而在社会科学领域，论文的评价同样需要兼顾理论性与实用性，既要求论文在理论构建、观点阐释上具有深度，又要求其在解决现实问题中体现出应用效果。因此，学术价值与应用价值基本涵盖了各种论文的核心评价标准，只不过在具体评价时，不同性质和类型的论文会根据研究领域、方法和目标的不同而在侧重点上有所区分。下面主要以毕业论文为例，详细论述其评价步骤和方法。

一、毕业论文评价步骤

毕业论文的考核及成绩评定是一项严谨而系统的工作，不仅全面反映了学生在整个学习过程中的理论水平和实践能力，也在一定程度上体现了学校的教学质量和科研水平。因此，毕业论文的评价必须遵循程序化和规范化的原则，严格把控每一个环节。只有在严格要求的前提下，才能做到公平公正、客观准确地评定成绩，从而激发学生的积极性、创造性，同时推动教师严谨治学、促进教学改革与学术进步。按照教育行政部门的有关规定，毕业论文的考核及成绩评定主要分为“审阅”“评阅”和“答辩”3 个环节，各环节均需撰写相应的评语，给出具体分数，最终综合形成学生的毕业论文成绩。

在答辩前，学生必须将经过指导教师审定并签署意见的毕业论文一式三份，连同论文提纲、草稿等材料一起提交给答辩委员会。答辩委员会的评阅教师在仔细阅读论文内容的基础上，确定初步评定成绩，并根据论文中的关键问题拟定相应的提问，为答辩的顺利进行提供依据。

1.指导教师审阅

学生完成毕业论文或毕业设计说明书后，指导教师首先会对论文进行认真、负责的审阅。这个环节是论文评价的第一道关口，要求指导教师不仅全面了解学生的选题背景、研究方法、数据采集与分析、结论论证等方面，还要对论文中体现的创新性、实用性和综合应用所学知识的能力做出客观评价。

具体来说，指导教师在审阅过程中需要关注以下几个方面。

（1）任务难度与完成情况。

考察论文选题的难度、研究工作量以及任务完成的情况，评价学生在整个研究过程中的投入和努力。

（2）理论与实践结合。

评估学生综合应用基础理论与专业知识的能力，看其是否能够将理论与实际问题相结合，提出解决方案。

（3）创新性。

重点考查论文是否具有独到的见解，是否在某些方面有所突破或创新。

（4）信息获取与资料查阅能力。

观察学生在查阅文献、获取数据和分析问题时所表现出的严谨态度和方法。

（5）工作态度与能力。

反映学生在论文撰写过程中是否勤奋努力、认真负责，以及是否具备较强的自主学习和科研能力。

（6）存在的问题与错误。

指出论文中存在的不足之处和错误，提出有针对性的修改建议。

根据毕业论文指导教师审阅表中的评价指标，指导教师会初步给出成绩评定，并在评阅意见中详细记录论文的亮点与不足，为后续的答辩和最终评定提供依据。

2.答辩会的评价

答辩会是毕业论文评价过程中至关重要的环节，通过现场答辩，可以全面了解学生对论文的理解和掌握情况，同时检验学生的应变能力和表达水平。答辩会结束后，答辩委员会将组织讨论，根据论文质量和答辩过程中学生的表现，最终确定学生是否通过答辩以及具体的答辩成绩。答辩会评价主要包括以下几个步骤。

（1）投票表决。

答辩委员会在学生完成答辩后，会先将学生请离会场，进行闭门讨论。讨论结束后，委员们采用无记名投票的方式决定学生是否通过答辩。一般要求至少有 2/3 以上的答辩委员投赞成票，才能确定学生通过论文答辩。投票结果需严格记录在案，作为成绩评定的重要依据。

（2）答辩成绩。

答辩委员会在综合学生论文初评成绩和现场答辩表现后，根据预定的评分标准，对论文各个方面进行分项计分，并最终按百分制进行统分。成绩一般分为优秀、良好、中等、及格和不及格五个档次，其中优秀和良好的界线往往取决于论文是否具有独创性见解。评定过程中，还会结合文献综述、专业业务水平、论文质量、工作量和研究难度等多个指标，确保评价体系全面、科学。

（3）拟定评语。

在评分的同时，答辩委员会还需撰写详细的评语，对论文的整体质量和答辩过程中学生的表现进行总结评价。评语内容通常包括对论文内容和结构的具体评述、论文中存在的主要问题、学生在论文写作和答辩中的态度与表现，以及改进的建议和指导意见。评语不仅为学生提供了宝贵的反馈，也为学校进一步改进教学和培养方案提供了依据。

（4）宣布结果。

答辩委员会讨论评议结束后，学生将重新入场，由答辩委员会主席正式宣布论文评议及答辩表决的结果。在这一环节中，主席会当面向学生公布成绩及评语，并对未能通过答辩的学生提出具体的修改意见和建议，明确指出其不足之处。对于未通过答辩的学生，学校通常允许其在规定时间内（如半年或一年后）重新修改论文并再次参加答辩。学生在听取评判意见后，应认真反思，总结经验，进一步提高自己的学术研究能力和论文写作水平。

3.学位论文存档

学位论文作为学生多年学习和科研工作的总结，其质量和规范性直接关系到学术传承和档案管理。学位论文通常篇幅较长，需要以单行本形式提交给学位审定委员会，最终形成正式存档文件。为了确保论文存档的规范化和长期保存，学校对论文的封面、目录及格式均有明确要求。

（1）封面要求。

封面设计必须简洁大方，清晰地标明论文题目、学生姓名、所在单位、指导教师姓名及职称、申请的学位及专业名称，以及完成论文的具体日期。封面的规范设计不仅体现了学校的办学水平，也有助于日后论文资料的查阅和管理。

（2）目录和排版。

为方便阅读和查找，学位论文应包含完整的目录，目录中要详细列出论文的篇章结构、章节标题及对应的页码。合理的排版和目录设置不仅使论文整体结构更加清晰，而且有助于评阅教师迅速把握论文的脉络和重点。

（3）资料装订和存档。

学生个人的毕业论文资料袋应包括以下主要内容。

①毕业论文任务书。

②毕业论文开题报告。

③中期检查报告。

④毕业论文正文。

⑤导师评阅表及评阅人评阅表。

⑥毕业论文答辩成绩表。

同时，同一专业所有毕业生的毕业论文汇总资料，也必须以纸质形式和电子文档（如光盘）的方式装入专业汇总资料袋中。所有这些资料要求按照学校的统一标准进行整理、装订和存档，以确保论文能够长期保存、便于查阅和利用，并为学校的教学和科研成果存档提供可靠依据。

通过上述各环节的严格把控，毕业论文评价不仅能够客观反映学生的学术水平和实践能力，而且对学校教学质量的改进、学术风气的营造以及人才的选拔和培养都起到了积极的推动作用。学生在整个毕业论文写作和答辩过程中，既要充分认识到论文评价的重要性，又要以积极的态度、严谨的作风对待每一个环节。同时，既要在答辩中全力展示自己的学术水平，又要在接受评议中不断总结和提高，为今后的科研和职业生涯打下坚实基础。

二、毕业论文评定标准

毕业论文的拟定成绩采取“优秀”“良好”“中等”“及格”和“不及格”五级记分。拟定成绩须由答辩委员会根据指导教师给出的评语，以及答辩的实际情况进行评定，力求真实反映学生的业务水平和综合能力。

（1）优秀的基本标准。

①学习主动与表现突出。学生在整个毕业论文的撰写过程中表现出极高的主动性，能自觉钻研课题，对学习充满热情，勤奋认真，严格遵守学校各项规章制度，课堂内外表现优异，展现出良好的综合素质。

②论文撰写及知识应用能力强。能够按时、独立且圆满地完成毕业论文的撰写任务，并在论文中充分展现扎实的基础理论、专业知识和基本技能的运用。在综合分析问题和解决实际问题方面，表现出较强的判断和推理能力，并能提出具有独到见解的观点，展示出一定的创新意识和独立思考能力。

③立论严谨，论证充分。论文论点正确、立论科学，所引用的材料充分且具有代表性，论证过程条理清晰、论据充分，能够通过逻辑推理得出合理的结论。在论文中体现出较强的独立研究能力和严谨的科学态度，内容充实。

④论文结构与写作质量优异。毕业论文整体结构完整、层次分明，各部分之间衔接自然；基本概念界定准确、论述翔实，文笔流畅，语句通顺，严格符合学校和相关规范要求。

⑤答辩表现出色。在答辩过程中，学生能够保持思路清晰、条理分明、论点明确，回答问题时不仅有扎实的理论根据，而且对基本概念解释准确，对主要问题能做出深刻而有说服力的回答，口齿伶俐、反应迅速，充分展示出较高的学术水平和沟通能力。

（2）良好的基本标准。

①态度积极，表现较好。学生整体上比较努力，遵守纪律，在论文撰写和各项任务完成过程中表现出较高的责任感和较好的自我管理能力，虽未达到“优秀”级别，但整体表现仍属上乘。

②论文撰写及理论应用较为成熟。能按时独立完成毕业论文的撰写任务，较好地运用所学的基础理论、专业知识和基本技能解决实际问题；论文能够体现一定的新意，说

明学生在某些方面已经开始探索和尝试创新。

③论证较为严密，材料较为丰富。论文立论正确、论据较为充分，论证过程逻辑性较强，得出的结论合理；同时，论文也显示出学生具有一定的独立研究能力和科学作风，整体水平较高。

④论文结构完整，书写质量良好。毕业论文结构较完整，层次清晰，基本概念明确，论述内容正确、语句通顺，基本符合相关写作规范，但在细节上尚有提升空间。

⑤答辩表现较为稳定。在答辩过程中，学生思路较为清晰，基本论点正确，能够正确回答主要问题，表达清晰明了，但在部分细节或深度上还存在一定的欠缺。

（3）中等的基本标准。

①工作态度一般，表现较为平稳。学生在毕业论文的撰写过程中较为努力，基本能够遵守学校规定和指导教师的要求，但整体表现平平，没有突出的亮点。

②论文撰写基本能独立完成。基本上能在规定时间内独立完成论文的撰写任务，能较准确地运用所学基础理论和专业知识，并具备一定的分析问题和解决问题的能力，虽整体水平一般，但能完成基本要求。

③论证过程基本合理。论文立论正确，所用材料较为充分，能够对问题进行阐释和论证，结论基本正确，但在论证过程或逻辑推理上可能存在不足，显示出学生在独立工作能力上的局限性。

④论文结构及写作质量中规中矩。毕业论文整体结构完整，层次较为清晰，内容基本正确，但个别章节可能存在论述错误或表达不够清晰的问题；虽然文字、符号基本符合规范，但论文整体质量略显一般或小有缺陷。

⑤答辩回答基本准确。在答辩环节，学生对主要问题的回答基本正确，但在解释深度和逻辑性方面仍显不足，部分回答可能需要经过启发后才能做出，整体表现较为一般。

（4）及格的基本标准。

①研究态度和表现处于最低要求。学生在整个毕业论文撰写过程中态度和表现均属于一般水平，可能存在不够积极主动、效率低下或有轻微违反论文写作规范情况，但总体上尚能满足基本要求。

②论文撰写基本达标。在指导教师的帮助下，学生能够在规定时间内完成论文撰写任务，虽独立研究能力较差，且在某些细节上存在疏漏或遗漏，但在运用基础理论和专业知识时未犯严重错误，基本掌握必要的基本技能；论文中缺乏明显的个人独到见解。

③论点论据基本成立。论文中论点、论据和论证过程基本成立，总体上能够达到毕业论文的最低要求，但可能在论证深度和严谨性上有所欠缺。

④论文结构及书写存在不足。毕业论文的结构虽然基本完整，语句整体通顺，但在叙述方式、表达清晰度以及文字和符号的规范性方面可能存在一定问题，影响论文的整体质量。

⑤答辩回答较为勉强。在答辩过程中，学生对主要问题能做出回答，但往往需要经过教师启发或提示后才能回答，回答内容较为肤浅，未能全面展示其对论文核心内容的理解。

（5）不及格的基本标准。

一般来说，若学生毕业论文（设计）存在下列情况，则可评定为“不及格”。

①研究态度极差。学生在整个毕业论文撰写过程中不努力，有明显违纪行为，表现极为糟糕，无法满足学校的基本要求。

②论文结论存在严重错误。论文得出的结论存在较为严重的错误，可能由于数据分析错误或逻辑推理不严谨，导致整个论文失去可信度。

③论点空洞，缺乏论据支撑。学生的论文虽然有提出论点，但未能提供相应的论据支持，或者简单机械地照搬教材和参考书上的内容，未能体现出对知识的理解和消化吸收。

④弄虚作假或抄袭行为。若发现论文中有弄虚作假现象、抄袭行为，或部分内容由他人代写，则明显违反学术诚信原则，必然评定为“不及格”。

⑤论文质量极差。毕业论文中存在多处概念不清、语句不通，且书写格式严重不符合有关规范，整体质量远低于毕业论文的基本要求。

⑥答辩回答存在根本性错误。在答辩过程中，学生对主要问题的回答出现原则性错误，并且在经过提示后仍不能及时纠正或给出合理解释，显示出对论文内容掌握不足。

2.以多样化创作成果替代毕业论文的学生成绩

对于采用其他创作成果（如项目、设计、创意作品等）替代传统论文的情况，其成绩评定仍由指导教师综合评价，同时答辩小组将根据学生现场答辩的表现给予相应成绩。各学院须结合本专业的实际情况制定具体的评分细则，确保各类成果的评价具有科学性和公平性。

3.毕业论文成绩的公布与录入

最终的毕业论文成绩由学院主管院长审核确认后，向学生正式公布，并同步录入教务管理成绩系统，作为学生毕业和学位授予的重要依据。整个流程力求做到公开、公正、透明，以确保评价结果真实反映学生的实际水平。

通过上述评定标准，学校力求从多个角度全面考查学生在毕业论文过程中的学术能力、创新精神和实际操作水平。每个评价等级均有明确的标准和要求，不仅为教师评分提供了详细依据，也为学生指明了今后努力改进的方向，进而推动教学和科研水平的不断提升。

三、指导教师的条件和职责

毕业论文的指导教师应具有良好的思想品德和业务素质，具备较强的责任心和使命感。一般情况下，由系或教研室选派具有丰富教学经验、讲师以上职称的教师担任指导工作；而对于部分新设专业，也可根据实际需要，聘请校外同行专家、教授作为指导教师。毕业论文实行指导教师负责制，指导教师对毕业论文撰写全过程的指导活动承担全面责任。充分发挥指导教师在论文选题、写作、修改和答辩等各个环节中的引导作用，是提高毕业论文质量和学术水平的关键因素。

1.指导教师的条件

为确保指导工作质量，各院（系）通常规定每位教师指导的毕业生不超过 6 名。各教研室和学院（系）应根据本专业的实际情况，从符合以下基本条件的教师中选定毕业论文指导工作者。

（1）为人师表，思想作风正派，有责任心。

要求指导教师在平时的教学和科研中，起到良好的榜样作用，具有高尚的师德和严谨的工作作风，能够以身作则，认真负责地指导学生完成毕业论文，帮助学生树立正确的学术态度和道德规范。

（2）身体健康，能承担指导工作任务。

要求指导教师身体状况良好，精力充沛，能够适应繁重的教学与科研任务，及时解答学生在论文写作过程中遇到的各种问题，并能在学期内坚持定期指导与跟踪。

（3）具有讲师以上职称或硕士及以上学历。

指导教师应具有较高的学术水平和专业知识储备，这既是对学生进行科学指导的重要保障，也有助于学生在毕业论文中获得深刻的理论指导和实践经验。

（4）了解学术论文的基本格式和要求。

要求指导教师熟悉国内外学术论文的撰写规范和标准，能够为学生提供规范化的写作指导，包括论文结构、格式、引用及参考文献的编排等，确保论文符合学术规范。

（5）具有较高的业务水平和丰富的实践经验。

指导教师不仅要掌握扎实的理论知识，还应具有丰富的科研实践经验和项目操作经验，能够将理论与实践有机结合，帮助学生在论文中体现创新思路和实际应用价值。

（6）鼓励硕士生导师、博士生导师担任本科生毕业论文指导教师。

具有高层次培养经验的导师往往在科研方法、论文写作及学术思维方面具有独到见解，他们能够为本科生提供更高质量的指导，促进学生整体学术水平的提升。

2.指导教师的职责

指导教师对毕业论文的指导不仅关系到学生能否顺利完成学业，更对学生日后科研能力和职业发展产生深远影响。因此，指导教师必须具备强烈的责任感和事业心，积极投入到指导工作中。其主要职责如下。

（1）帮助学生选定毕业论文题目。

指导教师应根据学生的兴趣、专业背景和当前学科前沿，为学生提供多个合理、科学的选题方向，帮助学生确定既具有研究价值又符合实际情况的论文题目，为后续论文写作奠定坚实基础。

（2）协助指导学生进行材料的选取、收集和整理。

指导教师应引导学生掌握信息检索和资料收集的基本方法，指导学生筛选权威文献和数据，培养学生的资料整合和归纳能力，从而保证论文论据的充实性和科学性。

（3）指导学生制订论文写作计划。

要求指导教师与学生共同商定详细的论文写作进度和阶段目标，并按统一格式填写毕业论文计划任务书，明确论文题目、研究条件、写作要求、质量标准、预期成果以及完成时间，确保论文写作有条不紊地进行。

（4）指导学生选择合适的观察、实习、调查和试验方法。

在论文涉及实证研究或应用实践时，指导教师应根据课题特点，帮助学生设计合理的观察、实验、调查等方案，并指导学生获取相关数据和资料，保证研究方法科学可靠。

（5）定期掌握学生论文的进展情况。

指导教师应主动与学生保持密切联系，定期检查论文进度（一般要求每周至少见面两次），及时了解学生在写作过程中遇到的问题，并提供有针对性的指导与建议，确保论文顺利推进。

（6）正确引导学生拟定论文提纲。

帮助学生理清论文整体结构，确定论文各章节的重点和逻辑顺序，针对论文写作过程中存在的难点和疑问，给予具体指导，确保论文思路清晰、层次分明。

（7）指导学生掌握论文写作规范。

要求指导教师向学生详细讲解毕业论文的基本格式、撰写要求以及引用规范，指导学生正确编写摘要、目录、正文、参考文献等部分，确保论文书写规范、格式正确。

（8）配合学校对论文进行检查与考核。

指导教师应积极响应学校、院（系）、教研室的工作安排，对学生的论文进行定期检查或抽查，考察学生的工作态度、出勤情况和纪律情况，并根据学生的表现给出客观、准确的毕业论文评语。

（9）抓好关键环节，调动学生的积极性。

在论文写作的关键环节，指导教师既不能放任自流，也不应包办代替，而是要通过耐心指导、启发提问等方式，激发学生的主动性和创造性，使学生在独立完成论文过程中不断提高自身科研能力和实践水平。

（10）审阅毕业论文，评定初步成绩。

在论文定稿后，指导教师需认真审阅论文全文，结合论文的研究内容、论证质量和写作规范，给出初步的成绩评定，并撰写详细的评阅意见，为答辩委员会提供参考依据。

（11）向答辩委员会报告论文情况。

指导教师应及时向答辩委员会汇报学生毕业论文的总体任务、写作要求、研究质量、论文价值及存在的争议问题，详细说明论文的完成情况，以便答辩委员会在评定时有更全面的了解。

（12）积极参加毕业论文答辩工作。

根据院（系）的安排，指导教师应主动参与毕业论文的答辩工作，出席答辩会并与答辩委员会共同讨论学生的论文质量，确保答辩结果客观、公正，切实履行指导和考核职责。

3.指导教师的选择

毕业论文的课题一般采取命题与自选相结合的方式。若采用命题形式，学校或系会在公布命题的同时明确列出指导教师的姓名；学生可根据自身研究兴趣和方向，选择与自己选题相符的指导教师。若采用自选题形式，学生可以根据平时对各位老师科研方向、研究专长及指导风格的了解，向教研室提出申请，最终选定一位最符合自己研究需求的老师担任毕业论文的指导工作。

每位指导教师除了承担一定的基础课和专业课教学任务外，其学科研究方向和专业特长也是选择的重要依据。理想的指导教师应对学生所选研究课题具有深入研究和丰富经验，其专长能够使学生在论文写作中获得专业的点拨和深入的学术启发。事实上，许多学生在毕业论文写作过程中，正是在导师的悉心指导下，才将一个初步模糊的想法逐步发展为具有学术价值的研究成果。这不仅提高了论文的质量，也为学生未来从事相关科研工作打下坚实基础。

第四节　学术报告

学术报告泛指各种向他人展示自己研究成果或介绍某一学科前沿动态的口头报告，是学术交流和科技成果传播的重要形式。通过学术报告，报告者能够在较短时间内将自己在某一领域的研究思路、实验数据、理论创新及实际应用等内容进行系统梳理和展示，使听众对该领域有一个较为全面的了解，并能获取大量有价值的信息。学术报告不仅适用于学术研讨会议和学术论坛，也常用于师资培训、课程改革培训等各类专业培训场合。无论是对专业领域内的同行，还是对跨学科或非专业的听众，学术报告都能起到引领学术讨论、激发思维碰撞和促进知识普及的作用。

一场完整的学术报告通常包括以下几个基本步骤：首先，根据报告主题确定主要内容，拟定详细的报告提纲；其次，依据提纲收集、整理并筛选相关资料，充实报告内容；再次，精心制作与报告内容相辅相成的幻灯片，通过文字、图表等直观地提升报告的表达效果；最后，在报告结束后预留充足的时间供听众提问，并对提出的问题进行解答，从而形成良好的互动交流氛围。

学术报告既是信息传递的过程，也是报告者展示学术思维和表达能力的重要平台。通过报告，报告者不仅可以分享自己的研究成果和经验，还能借助听众的反馈发现自身的不足，从而不断完善和提高自己的科研水平。与此同时，学术报告也是学科内部知识更新和跨领域交流的重要纽带，对推动科学技术进步和学术创新具有重要意义。

学术报告有如下注意事项。

一、学术报告具体内容的选择

在确定了报告主题之后，报告者应根据听众的构成和背景有针对性地选择报告内容。若听众主要由同行专家组成，则报告内容应尽量体现专业深度，详细介绍研究方法、理论依据、数据分析和创新成果，以便于进行深入讨论和学术交流。相反，如果听众中有较多非专业人士或跨领域人员，则报告内容应趋于通俗化和普及化，避免过于专业的术语和复杂的理论描述，着重用简明易懂的语言阐释基本概念和研究意义，从而吸引听众的兴趣并便于听众理解。报告内容的选择不仅要考虑听众的需求，还应充分展示报告者自身的研究优势和独特见解，使报告既有学术深度，又不失广泛的传播效果。

二、幻灯片的制作和预演

幻灯片是学术报告中重要的辅助工具，其制作质量直接影响报告效果。制作幻灯片时，应遵循“简明扼要、图文并茂”的原则，避免将所有讲解内容原封不动地全部写入幻灯片中，而应精选关键信息、数据和图表展示重点内容。文字不宜过多，以防听众因阅读负担而分散注意力，影响对报告核心信息的把握。幻灯片的设计应保持整体风格一致，注意字体、颜色和排版的协调，增强视觉效果。在制作完幻灯片后，报告者必须提前在报告场地进行预演，检查演示设备的兼容性、软件运行情况以及幻灯片转换效果，确保在正式报告时能够顺畅无误地进行演示。特别是使用 PowerPoint 等软件时，不同计算机系统可能存在兼容性问题，通过预演可以及时发现并解决技术故障，从而避免因设备问题影响报告质量。

三、报告时间的控制

学术报告的时间安排是报告内容完整、节奏紧凑的重要保障。一般来说，一场学术报告的时间控制在 1 小时左右，但也存在因培训、研讨或论坛等不同形式而时间长短不一的情况。报告者应根据具体场合和时间要求，对报告内容进行合理规划，既要确保核心内容得到充分讲解，又要避免因内容过多而导致报告超时或拖沓。在报告准备过程中，应制订详细的时间计划，将各部分内容分配到合理的时间段，并在正式报告前进行多次排练，确保每个环节的时间控制得当。同时，还应预留出一定时间用于听众提问和现场互动，这不仅有助于澄清听众疑问，而且能进一步推动学术讨论和思维交流。在进行学术报告时，报告者还应注重会后的资料整理与经验总结。报告结束后，及时收集听众的反馈意见、现场问答记录及录音录像资料，对报告内容、幻灯片制作、演示节奏以及互动效果进行反思，总结经验教训，为今后改进报告水平提供参考。随着网络技术和信息传播手段的不断发展，学术报告的形式也日趋多样化，例如线上直播、虚拟现实等新技术的应用，为报告者提供了更广阔的展示平台，同时也对报告者的技术能力和表达水平提出了更高要求。只有不断适应时代变化，更新报告形式，才能使学术报告在传播学术思想、促进知识交流方面发挥更大作用。

学术报告作为一种高效的信息交流和学术传播方式，在内容选择、幻灯片制作和时间管理等各个环节都需要精心准备和不断打磨。只有确保报告内容既充实又精练，形式既生动又规范，同时报告者在现场能够灵活应变、准确回答听众问题，学术报告才能真正达到预期效果。通过不断参加和组织高质量的学术报告，报告者不仅能提高自身的学术表达和演讲能力，还能促进学科间的跨界交流，推动科技创新和学术进步，为自身职业发展奠定坚实基础。学术报告的成功举办离不开充分的团队协作和后勤保障。会议组织者应提前做好场地布置、设备调试、时间安排和现场协调工作，确保报告过程顺畅无误；而报告者和技术人员之间的密切配合也同样重要。只有各方面协调一致，才能真正体现学术报告的价值和意义，助力学术交流和知识传播不断迈上新台阶。

第五节　专利申请

一、我国专利的分类简介

我国专利主要分为发明专利、实用新型专利和外观设计专利三大类。

1.发明专利

发明专利是指针对产品、方法或其改进所提出的全新技术方案。发明专利要求申请者提供详尽的说明文件，内容必须使所属技术领域的技术人员能够按照说明实现发明。申请文件包括请求书、说明书（含必要的附图）、摘要以及权利要求书。权利要求书必须以说明书为依据，明确限定专利保护范围。发明专利的保护期限为20年，自申请之日起计算。

2.实用新型专利

实用新型专利侧重于产品的形状、构造或各部分组合所提出的适于实际应用的新技术方案。与发明专利相比，实用新型专利对创新性要求相对宽松，但同样需要提供完整的申请文件，包括请求书、说明书（含必要的附图）、摘要和权利要求书。实用新型专利的保护期限为10年，自申请之日起计算。

3.外观设计专利

外观设计专利主要针对产品的外形、图案、色彩或它们的组合，要求设计新颖且富有美感，同时适用于工业应用。外观设计专利的申请文件相对简略，通常只需提交请求书以及能够清晰展示设计的图片或照片，并注明该设计所应用的产品及其类别。外观设计专利的保护期限同样为10年，自申请之日起计算。

申请发明专利或实用新型专利时，申请人必须在请求书中写明发明或实用新型的名称、发明人或设计人的姓名、申请人（或单位）的名称、地址及其他必要事项。说明书则需对技术方案做出清楚、完整的描述，并附必要图示；摘要应简明扼要地说明技术要点。外观设计申请文件则应突出图像展示和设计构思。我国专利制度在保护创新成果的同时，也为技术成果的推广应用提供了法律保障。

二、国际专利分类简介

国际专利分类法（international patent classification，简称IPC）是一种全球通用的专利文献管理和利用工具，其作用在于帮助检索、归类和分析各个技术领域的专利文献。

1952年，欧洲理事会成立了专利分类小组，随后于1954年12月19日，法国、德国、英国、意大利、瑞士、荷兰、瑞典等国签署了《关于发明专利国际分类法欧洲协定》，为专利分类奠定了基础。1967年，BIRPI（即现今世界知识产权组织WIPO的前身）采纳欧洲专利分类法，并将其推广为国际通用分类法。1968年9月，第一版IPC正式生效。

IPC分类体系涵盖了与发明创造相关的所有知识领域，整个分类表共分为八个部分，每个部分用英文大写字母A至H表示。具体分册内容如下。

A 部：生活需要。涵盖食品、日用品、医药、家用电器等与人类日常生活密切相关的技术领域。

B 部：作业和运输。涉及机械加工、运输工具、包装、仓储等工业和物流领域。

C 部：化学和冶金。包括化工、冶金、材料科学等技术领域。

D 部：纺织和造纸。涉及纺织品设计、纺织机械及造纸工艺。

E 部：固定建筑物。涵盖土木工程、建筑结构、园林绿化及基础设施建设等。

F 部：机械工程、照明、加热和爆破。包括各类机械设备、照明技术、供暖系统及爆破技术。

G 部：物理。涉及力学、声学、光学、计量等物理学领域。

H 部：电学。主要针对电力、电子技术、通信和信息处理等领域。

IPC 采用层级结构，从部到分部、大类、小类、主组、小组逐级细分，便于针对不同技术领域进行精确检索和统计分析。该分类法为全球专利信息的共享与交流提供了统一标准，促进了各国在专利保护和技术创新方面的合作。

三、我国专利申请审批程序

我国专利申请审批程序旨在确保对发明创造的合法性、创新性和实用性进行全面、严格的审查。针对发明专利、实用新型专利和外观设计专利，审批程序略有不同，其中发明专利审批流程较为复杂，主要包括以下五个阶段，而实用新型与外观设计专利在审批过程中不进行早期公布和实质审查，通常只设立三个基本阶段。

1.申请受理阶段

专利申请受理是审批流程的起点。根据专利法规定，国家知识产权局（原中华人民共和国专利局）负责受理和审查各类专利申请。为方便申请，专利局在沈阳、济南、长沙、成都、南京、上海、广州、西安及武汉等地设立了代办处，申请人可以直接将申请文件或其他相关文件递交至专利局受理窗口或各代办处，也可采用邮寄方式。申请文件送达后，专利局将首先对其是否符合受理条件进行形式审查，核实文件内容及格式。符合要求的申请，将确定申请日，赋予申请号，并在核对文件清单后发出受理通知书，确认收到申请文件。

2.初步审查阶段

在缴纳相应申请费用后，专利申请自动进入初步审查阶段。对于发明专利申请，初审前还需进行必要的保密审查，确保涉及国家秘密的部分按规定处理。与此同时，实用新型和外观设计专利申请在进入初审阶段前，还会给予申请人大约 3 个月的主动修改期限，以便及时纠正格式或内容上的瑕疵。初步审查主要检查申请文件是否齐备，格式是否符合国家知识产权局的统一要求，例如申请文档的撰写、表格填写以及附图的绘制是否满足相关实施细则和审查指南。对于发明专利申请，经初审合格的申请将收到初审合格通知书。

3.公布阶段

一旦发明专利申请通过初步审查，申请将进入等待公布阶段。从初审合格通知书发出之日起，申请便等待公布。如果申请人提出提前公布请求，则申请将立即进入公布准备程序；若无提前公布请求，则自申请日起满 15 个月后，方可进入公布程序。公布阶段包括格式复核、编辑校对、计算机处理、排版印刷等步骤，整个过程大约需要 3 个月。公布后，专利公报上会刊登申请文档，同时出版说明书的单行本。自申请公布之日起，申请人便获得一定的临时保护，即他人实施该发明时需支付相应费用。

4.实质审查阶段

公布之后，发明专利申请进入实质审查阶段，但前提是申请人已办理实质审查请求手续并缴纳费用。若申请人未及时提出实质审查请求，则自申请日起满 3 年，申请将视为自动撤回。在实质审查中，审查员将在检索相关技术文献的基础上，对申请是否具备新颖性、创造性和实用性等实质性条件进行全面审查。如果发现申请文件中存在缺陷或不符合授权条件，审查员将通知申请人，要求其在规定期限内（通常为 4 个月）进行答复或修改；若申请人逾期未答复，则申请被视为撤回。经过至少 1 次答复或修改后，如申请仍不符合要求，则最终予以驳回。

5.授权阶段

对于经过实质审查且未发现驳回理由的发明专利申请，专利局将制作授权通知书，申请进入授权登记准备阶段。此阶段由授权形式审查人员对授权文本进行复核，确保著录项目的正确性和法律效力。经核对无误后，专利局将发出正式的授权通知书和办理登记手续通知书。申请人在规定期限内办理登记手续并缴纳相关费用后，专利局将正式授予专利权，颁发专利证书，并在专利登记簿上进行记录。随后约 2 个月，授权信息将在专利公报上予以公布。专利权自颁发专利证书之日起生效。

对于实用新型和外观设计专利申请，由于不进行发布及实质审查，审批流程相对简化，一般仅经历受理、初步审查和授权三个阶段，但在申请文件格式、内容要求等方面同样需要严格遵守规定。

四、国际专利申请审批程序

随着我国加入专利合作条约（PCT），我国申请人自 1994 年 1 月 1 日起即可通过 PCT 途径申请外国专利，从而实现专利保护的国际化。国际专利申请审批程序主要分为国际阶段和国家阶段两个部分。

1.国际阶段

国际阶段是整个国际申请审批程序的第一个环节，其主要内容如下。

（1）国际申请的受理。

申请人向具有国际受理资格的国家知识产权局或国际受理单位提交国际专利申请文件。

（2）形式审查。

对提交的申请文件进行形式审查，检查文件是否符合 PCT 规定的格式要求。

（3）国际检索。

由指定的国际检索机构对申请文件进行检索，编制国际检索报告，列明相关现有技术，为后续审查提供参考。

（4）国际公布。

经过规定期限后，国际申请文件将由世界知识产权组织（WIPO）公开公布，使全球范围内的技术人员能够了解该申请的基本信息。

（5）国际初步审查（可选）。

申请人可在规定时间内提出国际初步审查请求，国际初步审查机构将对申请的实质性内容进行进一步评价，为申请人在进入国家阶段时提供有力依据。

整个国际阶段为申请人提供了一段较长的准备时间，使其在决定进入国家阶段之前能够评估专利的商业价值和技术竞争力，同时也为各国专利局提供了统一、透明的检索和审查依据。

2.国家阶段

国际申请进入国家阶段后，申请人需要在希望获得专利保护的国家或地区的专利局办理相关手续。国家阶段的主要内容如下。

（1）手续办理。

申请人应向各指定或选定的国家专利局提交必要的文件和翻译文本，按照当地专利法规定办理进入国家阶段的手续。

（2）本国审查。

各国家专利局依据本国专利法规，对申请文件进行审查，包括形式审查和实质审查，判断申请是否满足该国专利法规定的各项条件。

（3）授权决定。

经过国家审查后，专利局决定是否授予专利权。若审查合格，专利局将颁发专利证书并公布相关信息；若审查不合格，则拒绝授予专利权。

国际申请进入国家阶段后，各国专利局会根据自身法律和审查标准进行独立判断，最终是否授予专利权由各国的审查结果决定。这种两阶段的审批模式既保证了国际申请的统一管理，也尊重各国在专利保护方面的自主权，促进了国际技术和信息的交流合作。

我国专利制度与国际专利体系相互衔接，通过明确的分类、严格的审批程序以及国际申请机制，为发明创造提供了坚实的法律保护和有效的技术推广途径。无论是国内发明、实用新型及外观设计专利，还是利用 PCT 途径进行国际申请，均体现了我国在鼓励科技创新、推动知识产权保护方面的努力与进步。通过规范审批程序和国际合作，我国不仅提升了自身专利质量和管理水平，也为企业和科研机构在全球范围内进行技术布局提供了有力支持，从而进一步促进了科技成果的转化和产业升级。

参考文献

[1] 周新年. 科学研究方法与学术论文写作[M]. 2 版. 北京：科学出版社，2019.
[2] 毕润成. 科学研究方法与论文写作[M]. 北京：科学出版社，2008.
[3] 张伟刚. 科研方法论[M]. 天津：天津大学出版社，2006.
[4] 栾玉广. 自然科学技术研究方法[M]. 合肥：中国科技大学出版社，2003.
[5] 季子林，陈士俊，王树恩. 自然科学方法论概论[M]. 呼和浩特：内蒙古人民出版社，1983.
[6] 魏尔清，陈红专. 生物医学科研：基本知识和技能[M]. 北京：科学出版社，2001.
[7] 梁世瑞，李魁武，梁恒. 科技大师创新成功的奥秘[M]. 北京：新时代出版社，2002.
[8] 史京山，孟庆湖. 文献检索与实践[M]. 长沙：中南工业大学出版社，1992.
[9] 杨昌俊. 信息检索基础[M]. 西安：西北大学出版社，2002.
[10] 明道绪. 生物统计附试验设计[M]. 3 版. 北京：中国农业出版社，2002.
[11] 朴雪涛. 教育研究方法基础[M]. 北京：当代世界出版社，2001.
[12] 袁振国. 教育研究方法[M]. 北京：高等教育出版社，2000.
[13] 杨晓明. SPSS 在教育统计中的应用[M]. 北京：高等教育出版社，2004.
[14] 周淑敏. 学术论文写作[M]. 北京：中国建材工业出版社，1997.
[15] 陈学飞. 谈学术规范及其必要性[J]. 中国高等教育，2003（11）：23.
[16] 黄文，谢珊，张瑜. 提升学生学术诚信意识营造诚实守信良好学风[J]. 教育教学论坛，2025（3）：5-28.
[17] 余祥，聂建强. 人工智能生成物的风险透视和法律治理[J]. 出版发行研究，2024，（11）：81-88.
[18] 刘宏森. 学术期刊学术引领功能论[J]. 出版与印刷，2024（4）：84-92.
[19] 谢晓尧，黄炜杰. 超越著作权法：剽窃的性质与治理[J]. 知识产权，2024，34（8）：81-98.
[20] 湛中乐. 我国《学位法》的主要内容及其理论解读[J]. 中南大学学报（社会科学版），2024，30（4）：1-13.
[21] 张红. 电子文献与纸质文献的比较研究[J].现代情报，2003，23（9）：10-12.